STRATEGIC PLANNING AND PERFORMANCE MANAGEMENT

전략적 기획과 성과관리

제3판

박홍윤 · 박규동

DY 도서출판 대영문화사

제3판 머리말

2014년 개정 이후 10년이 지났다. 그동안 행정환경은 엄청난 변화가 있었다. 그 변화에 맞추어 행정기관뿐만 아니라 모든 공공부문의 관리도 커다란 변화가 있었다. 오늘날 우리나라 공공부문의 관리에 기본 패러다임은 전략적 기획을 바탕으로 한 성과관리를 기반으로 하고 있다. 이러한 변화에 맞추어 제3판은 제목을『공공조직을 위한 전략적 기획론』에서『전략적 기획과 성과관리』로 바꾸게 되었다.

2009년 초판은 우리의 행정관리에서 전략적 기획의 필요성에 초점을 두었고, 개정판은 전략경영 차원에서 전략적 기획과 성과관리를 연계하는 틀 속에서 행정관리 문제를 다루었다. 제3판은 지난 10여 년 동안에 중앙정부, 지방정부 및 공공기관에서 정착되고 있는 전략적 기획과 성과관리를 이해하는 데 초점을 두면서 바람직한 방향을 모색하고자 하였다.

「정부업무평가 기본법」과「국가재정법」을 기반으로 우리의 행정관리는 기관의 임무와 목표, 성과목표로 구성된 전략계획을 바탕으로 매년 집행계획인 성과관리 시행계획을 수립하여 집행하고, 집행 결과에 대하여 성과평가를 한다. 이는 기관전략 이외에 사업전략의 경우에도 비슷한 형태로 이루어지고 있다.

그러나 우리의 전략적 기획과 성과관리는 제도적으로「정부업무평가 기본법」에 의해서 운영됨으로써 전략적 기획과 성과관리가 성과평가 중심으로 변질하여 본래의 목적을 등한시하고 있다. 전략적 기획과 그의 결과인 전략계획의 핵심은 정부와 기관이 한정된 자원 속에서 해야 할 일과 하지 말아야 할 일을 구분하고, 해야 할 일을 먼저 해야 할 일과 나중에 할 일의 우선순위를 설정하고, 우선순위에 의해서 예산과 자원을 배분하여 공공부문의 성과를 향상하는 데 있다. 그러나 아직도 많은 기관에서는 성과를 향상하기보다는 어떻게 하면 더 좋은 평가를 받을 수 있을 것인가에 초점을 두고 있다. 이에 의해서 전략계획과 시행계획 및 성과지표가 왜곡되고 있다.

전략적 기획과 성과관리가 신공공관리를 이념적 기반으로 하여 근본적인 비판을 받을 수 있다. 이에 가장 큰 문제는 민간부문과 같이 성과에 대한 명확한 정의가 없고 이를 판단할 기준과 지표가 모호하다는 것이다. 우리의 경우 전략적 기획과 성과관리를 바탕으로 한 행정관리가 그 본래의 목적을 달성하기 위해서는 이에 대한 고민도 지속해야 할 것이다.

제3판도 기본의 편제를 크게 바꾸지는 않았다. 전략적 기획보다는 전략적 경영의 차원에서 제1장에서 제5장은 전략적 기획을 다루고, 제6장과 제7장은 협의적인 성과관리 부분에 해당한다.

각 부문에 대한 이해를 돕기 위해서 개념을 설명하고, 다음으로 먼저 사례를 제시하였다. 사례는 가능한 최신 사례를 중심으로 크게 기관전략과 관련된 사례와 사업전략과 관련된 사례로 구분하여 제시하고자 하였다. 개개의 사례에 대하여는 규범적인 차원의 이론을 바탕으로 평가가 함께 있을 필요가 있지만, 교재의 분량이라는 제약으로 그러하지 못했다. 대신 참고할 수 있는 참고문헌 목록을 제시하였다. 이들 자료는 정부업무평가 포털(https://www.evaluation.go.kr), 정책연구관리시스템(https://www.prism.go.kr), 국가정책연구포털(https://www.nkis.re.kr)과 미국의 'http://performance.gov/' 및 OMB 등에서 얻을 수 있는 것들이다. 이들을 참고하기 바란다.

이 책은 저자가 정년 퇴임을 한 뒤에 준비하고, 같이 행정학과 정책학을 연구하는 박규동 교수가 추가하고 사례 등을 정리하였다.

마지막으로 항상 많은 관심을 둬주시는 대영문화사 임춘환 사장님과 임현준 부장님, 그리고 편집과 교정을 담당하시는 선생님들께 감사를 드린다.

2024년 1월

저자 대표 박홍윤

개정판 머리말

전략적 기획은 조직을 관리하기 위한 수단이다. 많은 공공조직이 전략적 기획의 관점에서 조직을 관리하고자 하고 있지만, 아직은 형식적인 틀을 극복하지 못하고 있다. 전략적 기획은 전략계획서를 만들기 위한 것이 아니다. 이를 작성하고 집행하는 과정에서 전략적 사고와 인식 능력을 향상하고자 하는 것이 목적이다. 전략적 사고는 뚜렷한 방향과 목표의식을 바탕으로 해야 할 것과 하지 말아야 할 것, 먼저 해야 할 것과 나중에 해야 할 것을 구분하는 의식의 변화를 추구하기 위한 것이다. 그리고 조직을 둘러싸고 있는 내적·외적 환경에의 변화에 대한 능동적이고 적극적인 대응을 요구한다.

개정판을 구상하면서 전략적 기획 분야의 연구 변화를 최대한 반영하도록 노력했다. 그러나 개정판의 기본적인 틀은 초판을 변경하지 않는 범위에서 이루어졌다. 초판이 나온 지 많은 시간이 지났지만, 전략적 기획 및 관리 분야에 새로운 이론이나 접근방법이 제시되고 있지는 않다. 그동안 많은 연구가 있었지만 대부분 구체적인 논의로 이를 소개하는 것이 오히려 전략적 기획의 기본 시각을 이해하는 데 혼란을 가중시킬 위험이 있어서 가능한 한 다루지 않았다. 대신 필요한 부분은 각주로 소개하여 대신하는 방법을 사용했다.

개정판에서는 중요도가 적거나 중복적인 것을 빼고자 노력했으나 만족스럽지는 못하다. 특히, 사례를 최신 것으로 바꾸고 관련 부분의 이해를 돕기 위해 참고자료를 추가했다. 그리고 전략적 기획 단계별로 활용할 수 있는 기법을 추가했다. 대표적인 것으로 제3장의 환경평가와 내부 능력평가에서 볼드리지 성과 향상 프로그램, EFQM Excellence 모형 및 조직진단 모형, 고객 분할과 관련된 모형, 제4장의 전략적 방향 설정에서 전략적 목표 설정에 참고될 수 있는 모형, 제5장의 전략 형성에서 앤더슨과 코틀러의 전략 유형, 블루오션 전략과 민간기업에서 널리 사용되는 것 가운데 대표적인 기법을 소개했다. 그리고 전략적 대안 탐색방법으로 창의적 방법을 위한 기법에 대해 많은 부분을 새롭게 추가했다. 제6장의 전략적 계획의 집행 부분에서는 협력적 기획을 위한 거버넌스 관리를, 제7장에서는 성과평가와 관련하여 실제 수행되고 있는 것을 중심으로 정리했다. 그러나 전략적 기획에 대한 개론서로의 기능을 위해 세부적인 것까지 소개하지는 못했다. 이들 과정에 사용될 수 있는 기법에 대해서는 "조직을 위한 전략적 관리 기법 200가지"라는 이름으로 정리하여 활용할 수 있도록 했다.

공공조직을 위한 전략적 기획론을 저술하면서 전략적으로 접근했는가에 대해 지속해서 자문을 했다. 이러한 고민을 개정판에서 해결하고자 했으나 결과는 만족스럽지 못하다. 이에 대해 저자로서 지속적인 책임 의식을 가지고 노력하겠다는 말씀을 독자에게 드리고자 한다.

마지막으로 행정학 분야에 많은 애정을 가지고 출판을 해준 대영문화사의 임춘환 사장님과 편집진에게 깊은 감사를 드린다.

2014년 1월

저자 訂泫 박홍윤

초판 머리말

현대를 전략의 시대라 한다. 그러나 우리의 공공조직은 전략적이지 못하다. 아직도 관료제의 시대적 굴레에서 벗어나지 못하고 있다. 미래보다는 과거 지향적이고, 성과보다는 투입 지향의 행정을 극복하지 못하고 있다. 정책에는 비전이 없고, 계획은 모든 것을 나열하고 있는 백화점식 계획이고, 만들어진 계획들은 담당자의 서랍 속에만 있는 책상서랍증후군을 극복하지 못하고 있다.

지난 30여 년 간 공공행정은 신자유주의의 물결에 의해 국가가 해야 할 것을 전략적으로 할 수 있도록 하는 데 초점을 두고 있다. 이는 국가 및 공공기관의 임무를 결과와 성과에 초점을 두는 패러다임의 변화를 가져왔고, OECD 국가를 중심으로 선진 국가 행정개혁의 기본방향이 되고 있다.

조직관리 분야는 유행의 첨단을 걷는 분야이다. MBO(Management by Objective), TQM(Total Quality Management), BPR(Business Process Reengineering), 블루 오션(Blue Ocean), 지식경영(Knowledge Management) 등 무수히 많은 관리기법이 기업경영 분야에서 개발되어 유행처럼 활용되다 사라지고 있다. 이러한 유행 속에서도 끊임없는 관심을 가지는 것이 전략적 기획 및 전략적 경영에 대한 논의라 할 수 있다.

이 책은 기업 분야에서 발전되어 온 전략적 경영에 대한 이론을 공공조직에 도입하기 위해 계획되었다. 지금까지 우리나라의 기획론은 1960년대 이후 발전행정의 전통을 바탕으로 논의되어 온 거시적인 발전기획이론의 틀을 벗어나지 못해 이론과 실제의 괴리가 심했다. 이 책은 조직을 대상으로 한 중범위적인 기획에 초점을 두고 있다.

이 책은 이론보다는 실제 활용의 측면을 강조하고 있다. 특히, 중앙 및 지방행정 수준에서 매년 작성하는 주요 업무계획을 염두에 두면서 쓰여졌다. 그러나 비교적 규모가 큰 조직을 생각하고 다루었기 때문에 작은 규모의 조직이나 프로그램 수준의 전략적 계획을 수립하는 데 활용하기에는 많은 군더더기가 있을 것이다. 실제적인 측면을 강조하기 위해 이론보다는 공공조직을 위해 개발된 전략적 기획에 대한 OECD, EU 및 미국 주정부 매뉴얼들을 많이 참고했다. 그리고 민간기업의 이론들을 비교할 수 있도록 제시하여 도움을 얻도록 했다.

이 책은 일곱 개의 장으로 구성되어 있다. 제1장은 공공조직에서 전략적 기획의 이해로 민간부문에서 개발된 전략적 기획 및 관리를 공공조직에 적합하게 도입하기 위한 논의에 초점을 두었다. 제2장 이하는 전략적 기획의 과정에 따라서 편성했다. 제2장은 기획을 위한 계획으로 전략적 기획을 위한 프로젝트 기획을 다루었다. 전략적 기획은 조직의 내적 강점을 활용하여 외부 환경의 기회를 극대화하고 위협 요인을 극소화하며, 내적인 약점을 줄여서 조직의 성과를 극대화하기 위한 활동이다. 이를 위한 전제가 『손자병법』의 지피지기(知彼知己)를 하게 되는데, 이를 제3장의 외부 환경평가와 내부 능력평가에서 다루었다. 전략적 기획은 명확한 방향 의식을 강조하게 된다. 이러한 방향 의식으로 임무, 비전, 전략적 목적 및 목표 설정 등을 제시해야 한다. 이를 제4장의 전략적 방향 설정에서 논의했다. 다음은 이러한 미래의 바람직한 상태를 달성하기 위한 수단인 전략적 대안의 모색과 선택을 제5장의 전략 형성에서 다루었다. 제6장은 전략적 계획의 집행을 다루었고, 제7장은 집행 결과에 대한 평가와 평가를 활용한 통제 문제를 살펴보았다. 그러나 지면 관계로 많은 사례를 넣지 못하고 뺄 수밖에 없는 것이 아쉬움으로 남는다.

이 책은 매우 오래전부터 계획했지만 두 차례에 걸친 대학의 기획 업무 등을 담당한다는 핑계로 늦어졌다. 그러나 다행히 인도 델리대학교에 일 년 간 교환교수로 가는 기회를 활용하여 마무리하게 되었다. 대학의 기획 업무를 담당하면서 실제 기획의 모습을 볼 수 있었으며, 기획이 가지는 정치적 속성을 이해할 수 있는 귀중한 경험을 했다. 이러한 경험은 이 책을 쓰는 데 소중한 밑거름으로 활용했다.

계획은 만들어질 때부터 낡은 것이 된다고 한다. 이 책을 쓰면서 더 쉽고 체계적으로 이해할 수 있는 것을 만들어야 하겠다는 수정과 개정을 계획하면서 책을 내게 되었다.

이 책이 나오기까지 감사해야 할 분들이 많이 있다. 은사님들, 학과의 동료 교수, 대학 행정을 하면서 도움을 준 모든 분에게 감사를 표한다. 무엇보다도 교수라는 이유로 휴일도 함께하지 못한 가족들에게 미안하고 고마운 마음을 전한다.

마지막으로 어려운 사정에서도 이 책의 출판을 흔쾌히 맡아주신 대영문화사 임춘환 사장님께 깊은 감사를 드린다.

2008년 12월

겨울 햇살이 창가를 비추는 연구실에서

저자 박홍윤

차례

제 2 장 전략적 기획의 준비 단계

제 3 장 외부 환경평가와 내부 능력평가

제 4 장 전략 방향설정

제 5 장 전략형성

제 6 장
전략계획의 집행과 성과관리

제 7 장

전략적 평가와 활용

제1장

전략적 기획의 이해

전략적 기획과 성과관리

국가는 내일을 위한 계획이 있기 때문에 형성되고 그 생명이 유지된다.
– 오르테가 이 가세트(José Ortega y Gasse)

제1절 사회변화와 전략적 기획 및 성과관리

오늘날은 변화만이 변화하지 않고 있다. 이러한 변화로부터 자유로운 개인이나 조직은 없다. 21세기 사회변화는 그 내용과 속도에서 과거 사회의 변화와 다른 모습으로 우리에게 나타나고 있다. 이러한 거대한 변화의 물결이 공공부문에 주는 의미를 보면 다음과 같다. 정부는 공공서비스의 생산성을 근본적으로 증진해야 하고, 국민의 증가하는 욕구를 충족시키기 위해 국민과의 관계를 변화시켜야 하며, 더 나은 서비스를 전달하기 위해 조직의 관점을 재설정하고, 정책결정과 관리활동의 핵심으로 문화적 변화를 가져와야 하며, 유능한 인재를 영입하기 위해 민간부문과 경쟁하기 위한 새로운 방법을 모색해야 한다(Barber et al., 2007).

변화에 대응하기 위해 20세기 이후 다양한 경영관리 기법이 제시되었으나 많은 기법이 하나의 유행처럼 등장했다가 사라졌다. 그러나 전략적 기획(strategic planning) 및 전략적 관리(strategic management)는 끊임없이 발전하면서 조직관리의 핵심을 구성하면서 기업 분야에서 가장 많이 사용되는 관리기법이 되고 있다(Rigby & Bilodeau, 2018).

민간기업 중심으로 개발된 전략적 기획 및 관리 기법을 공공조직에 도입하는 데 비판의 목소리도 있지만(Long & Franklin, 2004), 1980년대 신공공관리의 조류와 함께 전략적 기획은 공공 및 비영리조직과 중앙 및 지방의 모든 정부 수준에서 가장 보편적 관리 도구가 되어 있다(Bryson et al., 2018; Joyce & Drumaux, 2014; Ferlie & Ongaro, 2015; Albrechts et al., 2016; Hamlin et al., 2019). 전략적 기획은 오늘날 정부가 변화에 효율적으로 대처할 수 있는 효율적인 도구로 입증되면서(George et al., 2019) 많은 국가와 지방정부에서 행정개혁의 수단으로 활용하고 있다(Hințea et al., 2018).

2000년대 이후 새로운 환경 속에서 공공조직은 성과에 초점을 두면서 정책이나 프로그램이 무엇(what)을 달성하였는지를 측정하고자 하는 성과운동, 정책과 프로그램이 성과를 가져온 이유(why)를 확인하고자 하는 증거운동, 그리고 정책이나 프로그램이 어떻게(how) 집행되었는가에 초점을 두는 행동운동을 통하여 정부의 성과와 생산성을 향상하는 데 관심을 두고 있다(Kamensky, 2023).

우리의 경우도 「정부업무평가 기본법」과 「국가재정법」을 제정하여 전략적 기획을 기본으로 하는 성과관리를 정부와 공공부문의 기본 관리 패러다임으로 제도화하여 운영하고 있다. 이 새로운 관리 패러다임은 투입에서 성과 중심으로, 수단에서 목적으로, 공급자 중심에서 고객 중심으로의 변화를 추구하고 있다.

포이스터(Poister, 2010)는 공공부문의 관리에서 전략적 기획이 더 중요한 역할을 할 필요가 있다면서 전략적 기획의 미래 발전 방향으로 다음 세 가지를 제시하였다. 이 책은 다음과 같은 포이스터의 주장을 반영하여 전략적 기획과 성과관리를 논의하게 될 것이다.

1 전략적 기획에서 전략적 관리로의 전환

공공부문의 전략적 기획에 대한 논의와 실제는 장기적 비전과 전략목표를 설정하는 계획에서 이를 실천하고 행동으로 옮기는 활동을 포함하는 광범위한 전략적 관리로 전환해야 한다. 전략적 관리는 전략의 효과적 실현을 위한 전략적 학습, 전략적 사고 및 지속적인 행동 장려와 관련이 있고, 전략적 이니셔티브를 구현하기 위한 모든 관리 수단을 포함한다. 이러한 노력 없이 전략계획은 바람직한 가치를 실현할 수 없다. 이와 관련된 활동으로 다음과 같은 것들이 있다.

- 전략적 이니셔티브를 구현하고 전략목적과 목표를 달성하는 과정을 추적하기 위한 적절한 성과측정 방법과 모니터링
- 정기적인 전략 검토회의를 통하여 성과자료를 평가하고, 필요에 따라 집행과정을 수정 또는 조정하는 활동
- 전략적 우선순위에 따라 예산을 배분하고, 새로운 전략 이니셔티브에 자금을 할당하며, 기관의 예산안과 전략 발전을 위한 둘의 연계 확보
- 전략계획의 목표와 개인의 성과계획 및 평가를 통합하고 조직발전에 기여할 수 있도록 보상하는 것
- 조직 전체가 조직의 임무와 비전에 관심을 가지고 몰입할 수 있도록 전략적 기획에 대한 내적 커뮤니케이션 활성화
- 외부 이해관계자에게 전략을 전달하고 필요에 따라 협력과 참여를 유도
- 관리기관, 감독기관 및 기타 선거구민의 신뢰성과 지원을 구축하기 위한 외적 커뮤니케이션 활성화

2 성과측정에서 성과관리로의 전환

미국의 경우 결과지향적인 성과관리로 성과측정을 하였으나 측정된 성과정보가 전략적 의사결정에 적극적으로 활용되지 못한다는 비판을 받는다. 우리의 경우도 이러한 경향을 보이는데, 대부분 공무원에 대한 성과평가 결과가 인적자원관리에서 승진, 보수 결정 등에 활용되고 있고, 전략적 기획과정에서 형식적으로 활용되고 있다. 이러한 문제를 해결하기 위해서 미국은 2010년 GPRA 근대화법(GPRA Modernization Act of 2010, 이하 GPRAMA)과 2018년 증거기반 정책수립 기본법(Foundations for Evidence-Based Policymaking Act of 2018)을 제정하였다. 성과측정을 성과관리와 연계하기 위해 다음 활동에 관심을 가질 필요가 있다.

- 정기적으로 프로그램을 담당하는 관리자와 함께 성과 자료를 검토하여 지속해서 성과가 낮은 이유를 평가하고 시정조치 계획을 수립하도록 함
- 프로그램을 보다 효과적으로 수립하기 위해 예산과 프로그램 간의 연계성을 강화하도록 함
- 서비스 제공 인력에 대한 교육과 품질 및 생산성 향상 이니셔티브를 강화하여 성과문제를 극복하도록 함
- 파트너, 계약업체 및 공급업체와 협력하여 성과문제에 대한 해결방법 모색
- 성과가 지속해서 낮은 경우 성과문제를 조사하기 위해 태스크 포스 구성이나 외부에 형성평가를 의뢰

3 보다 효과적으로 전략과 성과관리를 연계

성과관리는 조직의 목표를 설정하고 목표를 달성하여 최종적으로 원하는 결과를 얻기 위해 조직을 효과적으로 관리하는 프로세스이다. 이런 의미에서 전략적 관리는 전략적 수준의 성과관리라 할 수 있다. 일반적으로 전략계획은 장기적 수준에서 기관의 방향을 제시하나 기관의 다양한 수준에서 개별적으로 이루어지는 성과관리는 주로 현재 진행 중인 프로그램과 운영에 초점을 둔다. 이에 조직의 여러 부문에서 구축되어 운영되는 성과관리가 전략계획과 무관하게 운영되는 경우가 많이 있다. 전략에 기반을 두지 않는 성과관리는 사전에 설정한 성공기준에 따라 성과를 유지 또는 개선할 수는 있지

만, 장기적으로 조직이 나아가야 할 방향을 간과하게 된다. 즉, 성과관리가 아지리스(C. Argyris)가 주장하는 단일순환학습(single-loop learning)에 초점을 두다 보면 근본적인 문제 해결을 강조하는 이중순환학습(double-loop learning)의 기회를 잃게 된다.

이를 극복하기 위해 기관의 성과관리 시스템을 포괄적인 전략적 관리 접근방식으로 전환하여 전략계획을 더욱 의미있게 만들어야 한다. 그리고 기관은 단순히 성과만 측정하지 말고 성과정보를 시스템적 노력에 통합하여 성과를 개선해야 한다.

제1장

제2장

제3장

제4장

제5장

제6장

제7장

제2절 전략적 기획의 의의

1 전략의 의의

1) 전략의 개념

전략적 기획(strategic planning)은 전략과 기획의 복합어이다. 전략(strategy)이란 용어는 주로 군과 관련하여 사용되었지만, 오늘날 경영 및 조직관리 분야에 사용되면서 매우 다의적으로 쓰이면서 가장 남용되고 있는 단어 가운데 하나가 되고 있다. 전략이란 말은 고대 그리스어에서 군대라는 의미의 stratos와 이끈다는 의미의 ago가 결합한 strategos라는 지휘 능력(generalship) 또는 전략가란 말에서 나왔다(Blackerby, 1994). 군에서 사용되는 전략에 대하여 『웹스터(*Webster*) 사전』은 "전쟁의 목적을 달성하기 위해 전쟁을 수행하는 사람의 힘을 무장하는 과학이면서 하나의 기술(art)로서 적을 자기에게 유리한 상황에 두려는 군 지휘자의 과학이고 기술"이라고 정의하고 있다. 한편 『표준국어대사전』에서는 "전략은 전쟁을 전반적으로 이끌어 가는 방법이나 책략, 전술보다 상위의 개념이다. 정치, 경제 따위의 사회적 활동을 하는 데 필요한 책략"으로 정의하고 있다.

고대 그리스부터 제2차 세계대전까지의 전쟁과 전투를 연구한 리델-하트(Liddell-Hart, 1967)는 여러 정의를 검토한 뒤에 "전략은 정책의 목적을 달성하기 위해 군사적 수단을 분배하고 적용하는 기술(art)"로 정의했다. 이처럼 군대에 기원을 둔 전략의 개념은 항상 큰 그림을 목표로 하고, 초점을 산출(outputs)보다는 결과(results) 또는 성과(outcomes)에 두고 있다. 이러한 군대의 용어가 기업이나 조직관리에 사용되면서 전략은 다음과 같이 다양한 의미로 사용되고 있다(Johnson, 2016).

① 계층적 정의

계층적 정의는 가장 일반적으로 사용되는 개념으로 전략을 조직의 목표를 달성하거나 임무를 수행하기 위한 수단 또는 방법으로 보는 시각이다(Nickols, 2012). 계층적 정의로는 다음과 같은 정의에서 볼 수 있다.

- 전략은 조직에 의해 채택된 종합적인 우선순위 또는 행동방침이다. 전략은 조직의 임무를 달성하기 위한 가장 좋은 방법을 선택하는 것이다(Allison & Kaye, 1997).
- 전략은 장기적인 전략목적을 달성하기 위한 수단으로 목표를 달성하는 방법을 알려준다(Wells, 1996).
- 전략은 조직의 기본적인 장기적 목적과 목표를 결정하고, 이러한 목적을 달성하는 데 필요한 행동 과정의 결정과 자원을 배분하는 것이다.

② 절충적 정의

절충적 정의는 조직의 성과에 영향을 미칠 수 있는 광범위한 현상을 포괄하여 전략을 정의한다. 대표적으로 민츠버그(H. Mintzberg)는 전략을 이해하려면 다음의 5P 정의가 필요하다고 한다(윤규상 옮김, 2012).

- 전략은 하나의 계획(plan)이다. 계획으로서 전략은 특별한 목적을 달성하기 위한 행동계획이며 조직을 운영하는 방법으로 본다. 즉, 전략을 미래로 가기 위한 행동의 방향, 지침 또는 과정으로 이해한다.
- 전략은 일종의 행동 유형(pattern)이다. 행동 유형으로서 전략은 특정 조직의 의사결정이나 행동에서 발견되는 일관성을 의미한다. 예로, 조직운영에서 '사람을 가장 중시한다'와 같은 것이 이에 해당한다.
- 전략은 지위(position)이다. 지위로서 전략이라고 하면 그의 환경에서 조직의 위치를 의미한다. 조직이 높은 경쟁력을 가진다거나, 그 제품은 우리 회사의 전략상품이라고 말할 때 지위의 개념으로 사용된다. 기업의 경우 경쟁우위를 추구하는 것은 지위로서 전략을 의미한다.
- 전략은 관점(perspective)이다. 관점으로서 전략은 조직의 기본적인 일 처리 방식

을 의미한다. 즉, 조직구성원들이 공유하고 있는 특정한 시각으로 업무를 수행하는 방법을 의미한다. 지위가 외부 환경과 관련하는 개념이나 관점은 조직 내부 및 조직 내 집단에 있는 사람들의 머릿속에 있는 것을 중시한다. 장기적 또는 시스템적 관점에서 조직을 이해하는 것 등이 이에 해당한다.

- 전략은 책략(ploy)이다. 책략은 반대자나 경쟁자를 속이기 위한 특별한 묘책을 의미한다. 제갈공명이 적벽대전에서 뛰어난 계략으로 조조 군을 물리친 것은 책략에 속한다.

공공조직의 전략적 기획을 연구한 브라이슨(Bryson, 2018)은 전략이 가지는 이러한 다양한 차원을 포괄하여 "전략은 조직의 실체가 무엇이고, 조직이 무엇을 하고, 그것을 왜 하는가를 정의하는 목적, 정책, 프로그램, 활동, 의사결정 또는 자원 배분의 한 형태(pattern)"라고 정의하고 있다.

③ 정합적 정의

정합적 정의(matching definition)는 전략을 조직이 환경의 위협과 기회에 대응하면서 강점을 활용하고 약점을 피하고자 취하는 활동으로 정의한다. 정합적 정의의 사상은 다윈(Charles Darwin) 등의 생물학 이론에서 전략의 기원을 찾는 헨더슨(Henderson, 1989)의 주장에서 볼 수 있다. 그는 "전략이란 자연 경쟁을 관리하는 것이다. 그 결과 시간을 압축하는 것이다"라고 정의한다. 정합적 정의는 조직으로 하여금 환경의 중요성을 인식하게 하고, 조직 내부의 강점과 약점이 전략 선택에 영향을 미친다고 생각한다.

2) 전략의 특징

전략에 대해 통일된 개념이 존재하지 않는 이유는 조직의 전략적 활동이 다차원적이고 복잡하므로, 전략의 개념을 명확하게 하면 할수록 전략 가운데 일부분만 강조하는 오류를 가져오기 때문이다(Mintzberg, 1987). 이에 전략의 개념을 정의하기보다는 전략이 가지는 특징을 봄으로 전략을 이해하는 것이 필요하다. 전략이란 말이 조직 수준에서 가지는 속성을 살펴보면 다음과 같은 것을 들 수 있다(Steiner, 1979; Hax & Majluf, 1996; Bryson et al., 2018; McNabb & Lee, 2021).

- 전략은 장기적 범위(3~10년)에서 조직의 목적을 결정하고 제시한다.
- 전략은 조직의 목적과 목표를 달성하기 위해 수행해야 할 일을 선택한다.

• 전략은 조직의 개개 업무가 그의 환경이 주는 기회와 위협, 조직의 강점과 약점에 적절하게 대응하여 장기적으로 확보할 수 있는 이점을 얻을 수 있도록 한다.
• 전략은 일관되고, 통일되며, 통합적인 의사결정의 유형이다.
• 전략은 해야 할 일의 우선순위를 결정하고 우선순위에 초점을 둔다. 이를 위해 처음에는 광범위하게 탐색하고 이어서 선별적으로 결정범위를 좁히게 된다.
• 전략은 조직의 핵심적 경쟁력을 개발하고 육성하는 것을 목적으로 한다.
• 전략은 변화, 특히 혁신적 변화를 추구한다.
• 전략은 특정한 목적을 가지고 다양한 구성요소 간의 상호관계를 중시하는 시스템 사고를 강조한다.
• 공공조직의 전략은 선출직, 임명직 등 다양한 이해관계자에 관심을 가진다.
• 오늘날 전략에는 창발적, 창의성, 혁신 등을 중시하고 있다.

2 기획의 의의

1) 기획의 개념

기획(planning)이란 용어는 그리스어로 flat surface란 의미의 planum에서 연유한다. 이것이 17세기 영어에서 지도나 청사진과 같은 형식적인 문서란 의미로 확대되어 사용하기 시작했다. 인간의 삶에서 기획은 매우 다양한 형태로 나타나기 때문에, 조직과 국가행정 체제에서 기획을 명확한 정의하는 것은 어렵다(Mintzberg, 1994b).

개념의 모호성에도 많은 학자가 기획에 대해 정의하고 있다. 이들 정의는 기획 활동 대상의 수준에 따라 미시적, 중범위적, 거시적 차원으로 구분해 볼 수 있다. 이 세 가지 차원에서 전략적 기획은 중범위적 시각에서 기획을 본다.

• **미시적인 개인 차원의 정의:** 뉴먼(Newman, 1963)은 “기획은 무엇을 할 것인가를 사전에 결정하는 것이다. 즉, 계획은 설계된 행동 노선이다. 이에 의할 때 기획은 대단히 광범위한 인간 행태이다”라고 정의한다.
• **중범위적인 조직 차원의 정의:** 행정을 POSDCoRB로 규정한 귤릭(Gulick, 1937)은 기획을 관리과정의 한 단계로 이해하면서 “기획이란 사업을 위해 설정된 목적을 달성하기 위해 수행되어야 할 일들과 이를 수행하는 방법을 개괄적으로 만드는 것이다”라고 정의한다.

- 거시적인 국가 차원의 정의: 기획을 국가사회의 변화와 발전의 도구라는 면에서 드로(Dror, 1968)는 "기획은 국가 목표를 달성하기 위한 수단으로서 미래의 행동에 대한 일단의 결정을 준비하는 과정이다"라고 정의한다.

2) 기획의 특징

전략과 기획은 특정한 목표를 달성하기 위한 행위라는 차원에서 같지만, 전략과 기획은 서로 다른 유형의 사고를 한다. 전략은 큰 그림을 의미하고, 기획은 이를 구체화하고 전술은 이를 실천에 옮기는 것을 의미한다. 이에 전략, 전술, 기획 간의 차이를 다음과 같이 비유하기도 한다.

- 전략 = headwork: 머리싸움, 특히 전략적 사고를 필요로 함
- 기획 = handwork: 손으로 하는 구체적인 연구를 의미
- 전술 = footwork: 발로 뛰는 행동이나 직접 업무를 수행하는 것

이러한 기획 활동이 가지는 기본적 속성을 보면 다음과 같다.

① 기획은 목표 지향적 활동이다

기획은 목표를 달성하기 위한 수단이다. 모든 기획이 명확한 목표를 전제로 하는 것은 아니지만, 기획은 항상 목표 의식을 가지는 의식적인 노력이다.

② 기획은 미래에 대해 생각하고 준비하는 것이다

기획은 앞으로 다가올 미래를 예측하고, 이에 대해 준비하는 행위이다. 이에 "기획은 인간이 장래에 관해 미리 사고하는 과정"(Chadwick, 1971) 등으로 정의되고 있다.

③ 기획은 미래를 통제하는 것이다

기획은 단순히 미래를 생각하는 것을 넘어서 미래의 행동을 통제하기 위한 활동이다. 조직에서 기획은 다양하게 분화된 구성요소들이 조직의 목적을 향하도록 상호 조정하면서 행위를 통제한다.

④ 기획은 일단의 의사결정 활동이다

기획은 목표를 달성하기 위해 여러 대안 가운데 합리적인 대안을 의식적으로 선택하는 지속적인 의사결정 행위이다. "기획은 목적을 달성하기 위해 설계된 행동 과정을

의식적으로 결정하는 것이다"(Koontz & O'Donnell, 1959).

⑤ 기획은 합리성을 추구한다

오늘날 기획은 합리적 활동과 동일시되고 있다. "기획은 합리적 선택의 보편적 규범을 구체화하는 것이다"(Wildavsky, 1973). 기획은 목적과 수단과의 관계에 대한 분석을 바탕으로 목적을 달성하기 위한 최선의 수단을 선택하는 일련의 과정이다.

⑥ 기획은 하나의 과정이다

기획은 그것이 달성하고자 하는 결과보다는 목표를 달성하기 위한 과정이다. 기획은 결과물인 계획(plan)을 준비하는 과정이며, 최선의 대안을 선택하기 위한 과정이며, 미래의 바람직한 결과를 얻기 위한 과정이다.

3 전략적 기획의 의의

1) 전략적 기획의 개념

전략적 기획은 앞서 살펴본 전략과 기획을 합친 개념이지만 단순한 복합어 이상의 의미가 있다. 전략적 기획은 매우 다양하게 정의되고 있는데 연구자들의 정의를 보면 다음과 같다.

- 브라이슨(Bryson, 2018): "전략적 기획은 조직이 무엇인지, 조직은 무엇을 하는지, 그리고 왜 하는가를 형성하고 인도하는 근본적인 의사결정과 행동을 위해 심사숙고하는 훈련된 접근방법이다."
- 앨리슨과 케이(Allison & Kaye, 2015): "전략적 기획은 조직이 임무를 달성하는 데 핵심이 되는 우선순위에 대한 합의-이로써 주요 이해관계자 간에 실질적 참여를 구축-를 통해 조직환경에 대응하는 체계적 과정이다."
- UN(2018): "전략적 기획은 미래를 내다보고, 조직의 우선순위를 정하기 위해 트렌드와 이슈를 확인하는 과정이다."
- OFM(2018): "전략적 기획은 기관이 일정 기간에 달성하고자 하는 것과 이를 수행하는 방법을 결정하는 프로세스이다."
- GPRA Modernization Act 2010: "전략계획은 기관의 임무, 장기 목표, 계획된 전략과 기관의 임무와 관련된 특정 국가 문제, 요구사항, 도전 및 기회를 다루는 진행

상황을 모니터하는 데 사용할 수 있는 접근방법이다."

2) 전략적 기획의 특징

전략적 기획에 대한 정의는 연구자에 따라 서로 다르지만, 전략적 기획을 설명할 때 공통으로 다음과 같은 특징을 언급한다(NPR, 1997; Ansoff, 1998; Allison & Key, 2015; Ferlie & Ongaro, 2015). 이러한 특징은 공공조직에서 전략적 기획이 필요한 이유이기도 하다(DiNapoli, 2003).

① 전략적 기획은 목표 지향의 활동이다

전략적 기획은 조직이 존재하는 이유인 임무와 조직이 기대하는 비전을 달성하기 위한 목표 지향적 활동이다. 전략적 기획의 관점은 미래 지향적이다. 그러나 전략적 기획은 미래의 결정을 다루는 것이 아니라 현재의 의사결정과 행동이 가지는 미래의 의미를 평가하고자 한다(Koteen, 1989).

② 전략적 기획은 신축적인 관리 도구이다

전략적 기획은 조직을 관리하기 위한 유일한 최고의 방법은 없다는 생각에 바탕을 둔다. 공공부문의 전략적 기획은 특정 상황에서 민감하고 적용되어야 하는 개념, 절차, 도구 및 관행에 대한 것이다. 전략적 기획에는 다양한 일반적 접근법이 존재하고, 이들 사이의 경계가 명확하지 않으며, 실제 다양한 관리개념이 혼합된다(Bryson et al., 2018; Ferlie & Ongaro, 2015). 또한 전략은 환경의 소용돌이에 적합해야 할 뿐만 아니라 조직 능력이 전략에 적합해야 성공할 수 있다고 본다.

③ 전략적 기획은 우선순위를 강조하는 관리활동이다

전략적 기획은 조직의 임무와 비전을 달성하기 위해 먼저 해야 할 것과 나중에 해야 할 일의 우선순위를 결정하고 이를 실행함으로써, 정부의 한정된 자원의 효율성을 확보하는 관리활동이다. 전략적 기획은 모든 것을 다하는 것이 아니라 치료를 위해 한 방에서 인체의 경혈을 누르거나 찔러서 환부에 결정적인 영향을 가하는 것과 같이 선택과 집중의 논리에 의한 문제 해결 과정이다.

④ 전략적 기획은 체계적이다

전략적 기획은 전략의 성공은 하나의 구성요소에 의하기보다는 다양한 구성요인의 상호작용에 의한다는 복합 구성요인의 능력가설을 바탕으로 한다. 전략적 기획은 이러한 시스템을 만드는 것이다(Mintzberg, 1994b). 전략적 기획은 조직의 모든 구성요소를 하나의 통일된 전체로 관리하여 조직의 임무, 지속적 성공과 높은 성과를 달성하고자 한다(Baldrige Performance Excellence Program, 2023).

⑤ 전략적 기획은 환경을 중시한다

전략적 기획은 환경이나 맥락이 주는 기회를 조직이 가지는 강점으로 극대화하고 환경의 위협과 조직의 약점을 극복하기 위해 『손자병법』의 지피지기(知彼知己) 논리를 중시한다. 전략적 기획은 내적인 강점과 약점, 외적인 기회와 위협에 초점을 두고 기회를 조직의 강점으로 극대화하는 데 초점을 둔다.

⑥ 전략적 기획은 거버넌스와 참여를 요구한다

오늘날 정부의 전략적 기획은 통치 거버넌스를 구성하는 다양한 구성요소 간의 협력과 조정을 강조하고, 시민과 이해관계자의 참여(engagement)를 강조한다. 공공부문의 전략적 기획은 부서 간의 조정과 협력, 부서 간의 우선순위 결정을 비롯하여 전략적 기획과정과 성과관리에 시민과 이해관계자의 참여와 협력을 강조한다. 이는 공공조직의 전략적 기획이 가지는 정치적 속성을 반영하는 것이기도 하다(Bryson et al., 2015).

⑦ 전략적 기획은 학습 과정이다

전략적 기획은 생각하고, 행동하고 학습하는 방법이다(Bryson & Alston, 2004). 이는 단순히 목적을 달성하기 위한 전략계획서를 만드는 것 이상의 의미가 있고, 계획서보다 조직관리에서 전략적 사고와 행동을 중시한다. 전략적 기획은 조직에 중대한 변화 또는 차별화를 유도하는 생각과 행동이다(Koteen, 1989). 전략적 기획은 조직의 성장과 발전을 위한 비판적 사고, 최적화, 동기부여의 원동력이자 결과이다.

4 전략적 기획의 유형

전략적 기획은 계획이 수립되는 계층을 기준으로 〈표 1-1〉과 같이 기관전략 기획, 사업전략 기획, 기능전략 기획으로 구분할 수 있다. 그러나 실제 기획에서는 이들이 혼합되는 경우가 많다.

〈표 1-1〉 전략적 기획의 유형

구분	기관전략 기획	사업전략 기획	기능전략 기획
주요 책임자	최고관리층	중상위 관리층 및 사업 최고책임자	기능별 관리자
기간	장기	중기	단기
전략의 범위	조직 전체	개별사업	관련 사업이나 기능: 인사, 예산, 정보
신축성	높은 신축성	신축적	낮은 신축성
조정 및 협동의 필요	높음	보통	낮음
구체성의 정도	일반적, 추상적	구체적, 운영적	특정성
양화(量化)의 유무	질적	양적	양적

1) 기관전략

기관전략(agency strategy)은 기관 전체를 대상으로 하는 기획으로 조직 최고관리자의 책임으로 추진된다. 기관전략은 주로 '우리는 무슨 일을 하는가?(What business are we in?)'를 다루게 된다. 기관전략은 조직의 정체성 확립, 임무, 목적과 같이 미래 조직의 모습을 결정하고, 조직과 환경과의 관계를 분석・설정하며, 자원 배분의 우선순위 결정, 고객 범위의 결정 및 제공되는 주요 재화와 서비스의 종류 등을 결정하는 활동 등이 포함되는 기획이다. 기관전략에는 우리의 「정부업무평가 기본법」에 의한 중앙행정부처의 '성과관리 전략계획', 미국의 연방정부에 의해서 작성하는 '기관 전략계획(Agency Strategic Plan)'과 같이 계획의 범위가 조직 전체를 아우르는 계획이 이에 해당한다.

2) 사업전략

사업전략(program strategy)은 주로 이슈 기반의 계획으로 조직이 직면하고 있는 특정한 문제를 해결하기 위한 전략적 기획이다. 사업전략은 기관전략이 추구하는 것을 '어떻게 달성할 것인가?(How will we achieve it?)'에 대한 기획이다. 사업전략은 개별사업을 대상으로 하고, 계획의 시간적인 범위는 중기로서 기관전략보다는 구체적이고 운영 지향적 성격을 가진다. 사업전략은 고객의 욕구 만족을 위해 사업부서의 활동 범위를 정하고, 한정된 활동영역 내에서 사업부서의 목표를 설정하고, 이들 목표를 달성하기 위한 전략을 선택하게 된다. 기업에서 단위 사업별 전략은 주로 경쟁 우위를 확보하는 데 관심을 두어서 경쟁전략으로 부르기도 한다. 사업전략 기획의 예로는 환경부 주관의 『국가물관리기본계획』, 법무부의 『국가인권정책기본계획』, 고용노동부의 『고령자고용촉진기본계획』, 교육부의 『인적자원개발기본계획』 등을 들 수 있다. 이외에 지자체가 각종 정부 사업을 신청하기 위해서 사업계획서를 수립하는 것도 이에 해당한다.

3) 기능전략

기능전략(functional strategy)은 조직의 하위 계층에 속하는 전략적 기획으로 사업전략을 지원하기 위한 수단으로 단기적 성향이 있다. 기능전략은 주로 '어떻게 사업을 지원할 것인가?(How to support the business?)'에 초점을 둔다. 대부분의 기능별 전략은 조직의 자원 배분과 관련된 전략이다. 이러한 기능별 전략의 예로는 「국가공무원법」에 의한 『인사교류계획』, 「지능정보화 기본법」의 『지능정보사회 종합계획』이 있다.

5 전략적 기획과 전략적 관리

경영관리 분야에서는 전략적 기획보다는 전략적 관리(strategic management) 또는 전략경영이란 용어가 더 많이 사용되고 있다. 데이비드와 데이비드(David & David, 2017)는 "전략적 관리는 조직이 목적을 달성할 수 있도록 기능적으로 연계된 의사결정을 하고, 이를 집행하고, 평가하는 기술이며 과학이다"라고 정의한다. 많은 경우 전략적 관리를 전략적 기획과 혼용하여 사용되나 둘은 차이를 가진다. 전략적 기획은 장기적 관점에서 조직의 임무, 비전, 목적 및 목표를 정의하고, 이를 달성하는 방법에 대한 계획을 개발하는 과정이다. 그러나 전략적 관리는 조직이 목표를 달성하는 데 필요한 모든 것을 지속해서 계획, 모니터링, 분석 및 평가하는 과정이다. 전략적 관리는 전략계획과 이를 집행하는 활동을 통합하여 구성된다(Talbot, 2010; David & David, 2017; Witcher, 2020; Bryson, 2018). 이는 아무리 좋은 전략계획이라고 하더라도 이를 효과적으로 집행하지 않으면 종이 호랑이에 불과하다는 생각이 내포되어 있다.

전략적 기획이란 용어는 1950년대 시작되어 1960~1970년대 중반 사이에 유행하였다. 그러나 전략적 기획이 기업에 성과를 내지 못하면서 1980년대 유행에서 멀어졌다가 1990년대 전략적 기획이 부활하면서 지금까지 기업의 가장 중요한 관리기법으로 자리 매김하고 있다. 1970년대부터 기업경영 분야에서 사용된 전략적 관리에 대하여 앤소프(Ansoff, 1988)는 전략적 기획은 최적의 의사결정에 초점을 맞추나 전략적 관리는 전략적 성과에 주안점을 두고, 전략적 기획은 분석적 과정이나 전략적 관리는 조직적 행동과정이며, 전략적 기획은 사업 · 경제 · 기술 분야를 강조하나 전략적 관리는 심리적 · 사회적 · 정치적 변수에 관해 관심을 확대한다고 한다. 특히, 전략적 관리는 해야 할 일에 관심을 두는 전략적 기획과는 달리 이를 실천하는 사람에 초점을 둔다. 전략적 기획을 기초로 하는 전략적 관리는 전략적 기획과 집행을 통합한 것이다(Bryson, 2018). 이에 전략적 관리는 전략적 기획을 바탕으로 이를 실현하기 위해 행동계획을 수립하고, 진행과정을 모니터링하고 성과를 평가하고 환류하는 지속적 과정으로 이해할 수 있다.

1980년대 공공부문에 신자유주의 이념의 대두와 함께 전략적 관리의 의미를 가진 전략적 기획이 1980년대 말과 1990년대 초부터 사용되기 시작하였다(Koteen, 1989; Toft, 1989; Nutt & Backoff, 1992; Poister & Streib, 1999). 그러나 공공부문에서는 전략적 관리보다는 전략적 기획 또는 전략계획이란 용어가 더 일반적으로 사용되고 있다. 그러면서 공공조직에서 전략적 기획은 전략계획의 수립에 한정하지 않고, 이의 집행과 평가까지 포괄하는 전략적 관리의 의미로 사용되고 있다. 이에 공공조직에서 전략적 기획은 중장기적인 전략계획과 이를 집행하기 위한 연차별 성과계획을 포괄하여 전략적 성과관리(Strategic Performance Management)라는 용어를 사용하기도 한다. 전략적 성과관리는 조직의 사명, 전략 및 목표에 대한 체계적인 정의를 통해 조직의 운영이 이루어지는 프로세스로, 중요한 성공 요인과 주요 성과지표를 통해 이를 측정하여 조직을 유지하기 위한 시정 조치를 할 수 있도록 하는 프로세스로 정의하고 있다(Wall, 2001). 이처럼 오늘날 전략적 기획은 단순한 전략계획의 수립이 아닌 성과관리 및 집행과 연계하여 조직의 성과를 달성하고자 하는 것이 기본바탕을 구성한다(Miller & Cadinal, 2010; Poister, 2010).

이 책은 기본적으로 전략적 관리의 시각에서 공공부문의 성과를 높이기 위한 일련의 과정을 논의하게 될 것이다. 이에 먼저 전략적 기획을 다루고 이어서 전략적 기획으로 만들어진 전략계획을 성과관리 차원에서 집행과 평가 및 환류하는 과정을 다루게 될 것이다.

6 전략적 기획과 전략적 사고

1) 전략적 사고의 의의

개인이나 조직이 성공하거나 목표를 달성하기 위해서는 전략적 사고가 습관이 될 것을 요구한다. 일반적인 규범모형에 의하면 '생각 → 의사결정 → 행동'의 관계를 이야기한다. 이에 의할 경우 전략적 의사결정의 결과인 전략계획은 전략적 사고를 바탕으로 해야 올바른 전략적 결정과 행동을 가져올 수 있다(ESCWA, 2020).

경영관리의 대가인 피터 드러커(Peter F. Drucker, 2002)는 전략 차원에서 해야 할 것을 올바르게 하는 효과적인 지도자가 되기 위해서 가져야 할 마음의 습관으로 다음의 다섯 가지를 제시하고 있다.

- 자신의 시간을 안다. 효과적 지도자는 자기의 시간이 어디로 가는지를 안다. 효과적 지도자는 자기에게 주어진 시간을 체계적으로 관리하면서 일을 한다.
- 나는 무엇에 이바지할 수 있는가? 효과적 지도자는 대외적인 기여에 초점을 둔다. 그들은 일보다는 결과에 노력을 기울인다. 효과적 지도자는 업무처리 기술이나 도구로 수행하는 일보다는 '나에게 기대하는 결과가 무엇인가?'에 대한 질문으로 시작한다.
- 강점을 바탕으로 성과를 낸다. 효과적 지도자는 강점에 기반을 두어 일을 한다. 자신의 강점, 상관, 동료, 부하의 강점에 기반을 두고, 상황이 주는 기회, 즉 그들이 할 수 있는 것에 기반을 두고 일을 한다.
- 중요한 것을 먼저 한다. 효과적 지도자는 우수한 성과를 낼 수 있는 몇 가지 분야에만 집중한다. 우선순위를 정하고 우선순위에 의해서 일을 한다. 그들은 가장 중요한 것을 가장 먼저하고, 두 번째 것은 거의 하지 않는다. 그 외의 것은 아무것도 하지 않는다. 효과적 지도자는 우선순위를 정하고, 그것을 고수한다.
- 체계적이고 근본적인 의사결정을 내린다. 효과적 지도자는 효과적으로 의사결정을 한다. 그들은 효과적 의사결정이란 올바른 순서에 의하여 올바른 단계로 이루어지는 시스템의 문제라는 것을 안다. 그들은 효과적 의사결정은 사실에 대한 합의보다는 반대하는 의견에 근거하여 항상 판단하여야 한다는 것을 안다. 그들은 성급한 의사결정은 잘못된 결정을 내릴 수 있다는 것을 알고 있다. 필요한 것은 근본적인 의사결정으로 요란스러운 전술보다는 올바른 전략이다.

전략적 사고는 전략적 행동을 가져오고, 전략적 행동은 그에 따른 결과를 가져오게 된다. 전략적 기획은 전략적 사고를 기반으로 할 때 제대로 실현된다. 조직에서 전략적 기획을 도입하는 것은 전략계획서를 작성하는 것보다 조직구성원의 전략적 사고를 형성하여 조직의 경쟁력을 향상하는 것이 더 중요한 목적이 되어야 한다. 전략적 사고가 없는 전략계획서는 운영계획서에 불과할 뿐이다. 전략계획만으로 문제를 효과적으로 해결하고 목표를 달성할 수는 없다. 전략계획이 이러한 전략적 사고나 행동을 대체할 수는 없다(Bryson, 2018).

그러나 전략이 다의적 개념으로 사용되듯이 전략적 사고에 대한 명확한 정의는 없다. 그러면서 전략적 사고가 중요하다는 데 많은 사람이 동의하고 있다(Covington, 2014). 몇몇 연구자들의 전략적 사고에 대한 정의를 보면 다음과 같다.

- 전략적 사고는 넓은 관점에서 기회와 문제를 분석하고, 자신의 행동이 다른 사람들에게 미칠 수 있는 잠재적 영향을 이해하는 것에 대한 것이다(Harvard Business School, 2010).
- 전략적 사고는 합리적이고 수렴적인 접근방법과 창의적이고 발산적인 사고 과정을 결합하여 전략적 문제를 해결하는 방법이다(Bonn, 2005).
- 전략적 사고는 전략계획과 달리 비판적 이론에 기초하여 복잡한 인지 능력의 통합으로 지원을 받는 문제 중심적이고 목적(intent)에 의하여 운영되는 접근방법이다(Sloan, 2020).

전략적 사고는 2000년대 들어와서 전략적 기획과 전략적 관리가 계획대로 집행되지 못하는 이유로 전략적 사고의 부족을 지적하면서 중요시되고 있다. 전략적 사고와 전략적 기획의 관계에 대하여 전략적 사고는 전략적 기획을 위한 활동, 전략적 기획을 개선하기 위한 것이라는 주장(Bates & Dillard Jr., 1993; Zabriskie & Huellmnatel, 1991)과 전략적 기획은 전략적 사고를 지원하기 위한 것(Mintzberg, 1994a; Bonn, 2001; Porter, 1987)이라는 대립적 시각이 존재한다. 그러나 효과적인 전략적 관리를 위해 전략적 기획과 전략적 사고를 변증법적으로 통합하여 둘 간의 균형을 강조하고 있다(Heracleous, 1998; Liedtka, 1998).

2) 전략적 사고의 특성

전략적 사고는 전략적 행동을 가져온다. 전략적 사고의 특성에 대하여 가장 널리 인용되는 것으로 리에드카(Liedtka, 1998)는 시스템적 관점(systems perspective), 목표에 초점(intent focused), 시간 속에서 생각(thinking in time), 지적 기회주의(intelligent opportunism), 가설 지향(hypothesis driven)을 들고 있다. 이러한 전략적 사고는 미래의 바람직한 상태를 달성하기 위해 다양한 사고를 응용하는 통합된 사고로 다음과 같은 속성을 가진다(박홍윤, 2023).

- 전략적 사고는 목표 지향적 사고이다. 전략적 사고는 싸움에서 이기고, 경쟁에서 우위를 차지하고, 문제 해결을 위한 수단이다. 즉, 전략적 사고는 사고 자체가 목적이 아닌 목표를 달성하기 위해서 생각하는 것이다. 전략적 사고가 목표를 달성하기 위한 사고이기 때문에, 목표가 없는 사고는 전략적 사고가 아니다.
- 전략적 사고는 시간을 생각하는 사고이다. 전략적 사고는 시간의 의미를 강조하고 시간 속에서 생각한다. 전략적 사고는 관점이 미래 지향적 사고이고, 장기적 사고이며 기회로서 시간을 강조한다. 전략적 사고는 환경이 주는 기회를 포착하여 자기의 강점을 활용하여 목표를 달성하고자 한다. 전략적 사고는 자원으로 시간을 효율적으로 사용하는 것을 강조한다. 무엇보다 전략적 사고는 변화로서 시간의 의미를 생각한다.
- 전략적 사고는 통합적 사고이다. 전략적 사고는 분석적 사고, 창의적 사고와 같은 사고의 유형이 아닌 다양한 사고를 상황에 적합하게 응용하는 통합적 사고이다. 특히, 전략적 사고는 비판적 사고와 창의적 사고를 시스템적 관점에서 통합하는 변증법적 사고를 요구한다.
- 전략적 사고는 협력적 사고이다. 조직 차원에서 사고가 전략적이기 위해서는 조직의 다양한 구성원과 이해관계자와 함께 생각하는 협력적 사고를 요구한다. 전략적 사고는 문제 해결을 위해서 혼자서 생각하는 것이 아니라 열린 마음으로 다른 사람의 생각을 받아들이고, 함께 생각하여 문제를 해결하고자 하는 사고이다. 전략적 사고가 협력적 사고를 강조하기 때문에, 조직에서는 참여와 거버넌스의 개념을 요구하고 협력을 위한 커뮤니케이션 사고를 중시한다.
- 전략적 사고는 학습 사고이다. 전략적 사고가는 아는 사람이 아닌 학습하는 사람이다(Liedtka, 1998). 전략적 사고는 타고나는 것이 아니라 학습으로 형성되고 개

발될 수 있다. 전략적 사고가 학습사고를 요구하는 것은 해결하여야 할 문제가 지속해서 변화하기 때문이다. 학습은 시스템적 관점에서 환류 과정을 중시하고 끊임없는 질문과 자기 성찰 과정을 중시한다.

- 전략적 사고는 행동 지향적 사고이다. 전략적 사고는 생각에 따라 행동할 수 있는 능력을 요구한다. 전략적 사고는 생각으로 끝나는 것이 아니라 행동으로 목표를 달성하고자 하는 것이다. 행동 지향적 사고는 도전과 모험 및 끊임없는 노력만이 목표 달성을 달성할 수 있다고 생각한다.

3) 전략적 사고를 저해하는 요인

관료제를 기본으로 하는 공공조직의 기본적 특성인 폐쇄적 조직관, 명확한 계서주의, 법규에 의한 지배, 과도한 분업, 점증주의적 의사결정 행태 등은 전략적 사고를 어렵게 한다. 실제로 많은 민간기업 및 공공조직에서 전략적 기획을 추진하고 있지만 구성원의 전략적 사고는 매우 부족한 것으로 조사되고 있다. 예로, 호워스(Rich Horwath)[1]는 25개 기업의 500명의 관리자에 대해 조사한 결과 임원진의 85%가 한 달에 한 시간 미만을 전략을 논의하는 데 쓰고 있다고 한다. 그리고 하버드 대학의 연구에 의하면 대기업 직원의 95%가 회사의 전략을 모르거나 이해가 부족하고, 핵심 리더의 전략적 기획에 대한 몰입도를 보면 72%가 조직의 전략에 몰입하지 않는다고 한다. 조직에서 전략적 사고를 어렵게 하는 이유를 보면 다음과 같은 것이 지적되고 있다(Daltas & McDonald, 1987).

- **현재의 환경에 집착**: 기업 환경에 대한 근시안적인 선입견은 현재의 판매량을 어떻게 유지할 것인가?와 같은 단기적인 문제에 집착하도록 한다.
- **조직구성원의 무능**: 개인은 자신의 재능, 기술, 경험, 태도 및 심리적 구성이 조직의 문제 해결과 일치하지 않을 때 조직 내에서 효과적으로 행동할 수 없게 된다. 조직구성원이 행동할 수 있는 능력이 없을 때 개인이나 집단은 조직 전체의 전략적 관점보다는 기능이나 운영적인 문제에 집중하게 된다. 이는 조직의 리더십 등과 밀접하게 관련이 있다.
- **자기 파멸적 인센티브 프로그램**: 단기적 성과 중심의 인센티브 제도는 전략적 사고를 파괴한다. 이들 프로그램은 조직의 장기적이고 창의적인 해결책에 관심을 두

---

1) https://www.strategyskills.com/top-10-barriers-great-strategy/

기보다는 현상 유지와 주어진 틀 속에서 제한된 성과에 집중하도록 한다.

- **부적절한 리더십과 부적절한 팀**: 조직이 적절한 리더나 구성원을 가지지 못하면 새로운 문제를 해결하기 위한 동기, 대안 탐색 등을 할 수 없게 된다. 무엇보다 새로운 변화를 추구하고자 하는 동기가 부족하게 된다.
- **제한적인 전략적 틀과 나약한 과정**: 변화를 위한 전략계획이 없는 경우 예산편성이 전략을 대체하거나 새로운 아이디어를 평가하는 기준을 제공하지 못한다. 무엇보다 장기적 목표를 제공하지 못한다.
- **구속적인 조직구조**: 관료적 조직구조는 최고관리자와 구성원을 연계시키지 못하고, 중요한 결정을 위한 계층의 수가 많고, 계획하는 사람과 실행하는 사람을 분리하며, 일에 대한 책임을 불명확하게 한다. 시스템에서 구조가 사람의 행태에 영향을 주기 때문에 제한적 구속적인 조직구조는 전략적 사고를 억제한다.
- **비효율적인 커뮤니케이션**: 비효율적인 커뮤니케이션은 조직 전략을 이해하지 못하게 한다. 이는 구성원의 지식, 정보 등에도 영향을 미쳐서 전략의 개발 및 구현을 어렵게 한다.
- **숨막히게 하는 기업 문화**: 숨 막히게 하는 기업 문화는 관리자와 직원 모두에게 자신의 아이디어에 대하여 혼자라는 생각을 가지게 하고, 현상 유지를 벗어나는 모든 것을 의심하게 만드는 경향이 있다.

4) 전략적 사고 향상 방법

조직 차원에서 전략적 사고를 향상하기 위해서는 다음과 같은 사고의 습관을 기를 것을 요구하고 있다(Sloan, 2020; 박홍윤, 2023).

- 조직의 리더가 전략적 사고 역량을 가져야 한다.
- 조직구성원 모두가 전략적일 수 있다는 인식을 해야 한다.
- 조직구성원이 조직의 임무, 비전, 전략을 인지하도록 해야 한다.
- 개인의 업무를 조직의 전략과 연계하도록 해야 한다.
- 조직구성원이 자기 생각을 표현할 기회를 주도록 해야 한다.
- 전략적 사고를 강화하는 방향을 조직문화를 육성해야 한다.
- 전략적 사고의 속성과 비판적 성찰 과정을 개발하기 위해 예술 활동과 창의적 생활 경험 활동을 촉진하고 지원해야 한다.

- 액션 러닝, 수평적 사고, 학습 민첩성과 같은 학습 과정을 지원하고 촉진해야 한다. 이들은 전략적 사고의 속성을 강화하고 경험을 사업전략의 맥락으로 전환하는 도구이다.
- 성찰의 시간을 제도화한다. 이를 통하여 전략적으로 생각할 수 있는 시간을 주어야 한다.
- 학습조직을 구축하고 활성화되도록 해야 한다.
- 사람들이 비판적 성찰에 관심을 가지도록 학습하는 데 도움을 주는 가장 좋은 방법으로, 비판적 성찰적 사고가 기여할 수 있는 것과 그러한 상황에 대하여 이야기하도록 한다.
- 전략적 사고에 대하여 인정하고 보상을 해야 한다.

7 전략적 기획의 사례

1) 기관전략의 사례

(1) 미국 농무부의 전략계획

〈표 1-2〉와 〈표 1-3〉은 미국 농무부 『2022~2026 회계연도 전략계획(Strategic Plan: Fiscal Years 2022-2026)』을 보여주고 있다.

〈표 1-2〉 미국 농무부 전략계획의 전략목적과 전략목표

전략목적 1	미국의 경작지, 자연자원과 지역사회를 위해 기후변화와 싸운다.
전략목표 1.1	기후 친화적 관리와 신뢰할 수 있는 과학을 활용하여 농토의 건강과 생산성을 향상한다.
전략목표 1.2	농업 및 산림 분야에서 기후변화의 결과에 적응하기 위해 주도적 노력을 이끌어 낸다.
전략목표 1.3	하천을 복원, 보호, 보존하여 깨끗하고 풍부하며 지속적인 물 자원을 확보한다.
전략목표 1.4	탄소 포집을 증가시키고, 온실가스 배출량을 줄이며, 순환 경제 기회를 증진한다(저탄소 에너지 솔루션을 개발).
전략목적 2	미국의 농업 시스템이 공정하고 생태 복원성을 가지고 번영하도록 한다.
전략목표 2.1	주요 질병, 해충 및 야생동물과 충돌을 최소화하여 농업 건강을 확보한다.
전략목표 2.2	탄력적인 식품 시스템, 인프라, 공급망을 구축한다.
전략목표 2.3	농업 혁신을 촉진한다.

전략목적 3	모든 농산물 생산자들을 위한 공정하고 경쟁력 있는 시장을 육성한다.
전략목적 4	모든 미국인에게 안전하고 영양가 있는 식품을 제공한다.
전략목적 5	농촌 및 부족사회의 경제발전 기회를 확대하고 삶의 질을 향상한다.
전략목적 6	농림부를 자랑스럽게 대표할 열정적이고 동기부여된 유능한 인재를 유치하고 영감을 주어 유지하도록 한다.

출처: U.S. Department of Agriculture(2022).

〈표 1-3〉 미국 농무부 전략계획

농무부 2022~2026 회계연도 전략계획
(Strategic Plan: Fiscal Years 2022-2026)

□ 임무, 비전, 핵심 가치

■ 농무부 임무(mission)

모든 미국인에게 효과적이고 혁신적이며 과학 기반의 공공 정책 리더십을 제공하여 농업, 식품과 영양, 자연 자원 보호 및 관리, 농촌 개발과 관련 문제에 대응하며, 공정하고 기후 친화적인 기회를 실현하는 데 헌신하여 미국이 번영할 수 있도록 노력한다.

■ 농무부 비전(vision)

모든 미국인의 건강, 영양, 삶의 질을 보호하고 향상하며, 건강한 땅, 숲, 깨끗한 물을 제공하고, 미국 농촌이 번영하고 세계에 식량을 공급하는 공정하고 기후 친화적인 식품 및 농업 경제를 구축한다.

■ 농부무 핵심 가치(Core Values)

- 존중과 존엄성(Respect and Dignity): 우리는 모든 사람을 예의와 존중으로 대하고, 개인의 타고난 존엄성을 존중한다.
- 형평성과 포용성(Equity and Inclusion): 우리는 어디서나 유형을 가리지 않고 모든 형태의 차별을 종식하고, 미국 전역에서 도움이 필요한 사람과 지역사회에 서비스와 기회를 확대한다. 이것을 우리의 직원부터 시작한다.
- 신뢰와 정직(Trust and Integrity): 우리는 공무원으로서 하는 모든 일에 대해 국민의 신뢰를 받고 최고의 정직을 가지고 행동한다.
- 서비스와 결과(Service and Results): 우리는 내부 및 외부 고객의 의견을 청취하며, 다양한 고객들에게 최선의 서비스를 제공하고 모든 미국인의 삶에 크고 긍정적인 영향을 미칠 수 있도록 그들의 아이디어를 적극적으로 반영한다.
- 과학적 리더십(Science Leadership): 우리는 신뢰할 수 있고 적시에 제공되며 관련성이 있으며, 정치적 간섭 없는 과학과 데이터를 기반으로 결정하고 정책을 수립한다.

■ 부처 과제(Cross-Cutting Themes)

- 기후변화 대응을 위한 기후 친화적 농업, 산림, 재생 에너지 문제 해결
- 인종적 정의, 형평성과 기회 증진
- 국내외 생산자와 소비자들을 위한 더 많고 더 나은 시장 조성
- 식품과 영양 불안과 식품 안전 문제 해결
- 미국 농무부를 모두에게 좋은 직장이 되도록 함

출처: U.S. Department of Agriculture(2022).

임무: 데이터와 시스템에 기반한 정부혁신, 지역활력 제고와 균형발전 추진, 일상이 안전한 사회 구현

비전: 일 잘하는 정부, 함께 잘 사는 안전한 나라

- **전략목표 Ⅰ**: 일 잘하고 신뢰받는 정부 구현, 데이터 기반의 서비스 행정을 추진한다.
  - 성과목표 Ⅰ-1: 소통 · 협력 · 행정과정 재설계를 통해 일 잘하고 신뢰받는 정부혁신을 추진한다.
  - 성과목표 Ⅰ-2: 국민수요에 기반한 과학적 데이터 행정을 구현한다.
  - 성과목표 Ⅰ-3: 국정성과 창출을 뒷받침하기 위해 정부조직을 전략적으로 관리한다.
  - 성과목표 Ⅰ-4: 국가기록물의 체계적 관리 및 국민 중심의 기록정보 서비스를 강화한다.
- **전략목표 Ⅱ**: 세계를 선도하는 개방과 소통의 디지털정부를 구현한다.
  - 성과목표 Ⅱ-1: 언제 어디서나 공유 협업하는 업무환경을 구현한다.
  - 성과목표 Ⅱ-2: 안정적 · 효율적 디지털 정부 인프라를 강화한다.
  - 성과목표 Ⅱ-3: 국민 중심의 안전한 디지털정부를 구현하고 구체적 확산을 도모한다.
- **전략목표 Ⅲ**: 지방분권과 균형발전을 촉진하고 시민사회의 성장을 지원한다.
  - 성과목표 Ⅲ-1: 획기적인 지방분권 강화와 주민 참여 확대를 촉진한다.
  - 성과목표 Ⅲ-2: 중앙-지방 간 소통 · 협력 강화 및 시민사회의 성장을 지원한다.
  - 성과목표 Ⅲ-3: 국가균형발전 및 공동체 활성화를 지원한다.
  - 성과목표 Ⅲ-4: 지역 기반 활용을 통해 지역활성화 및 주민 삶의 질 향상을 지원한다.
- **전략목표 Ⅳ**: 튼튼한 지방재정 운용으로 지역경제 활력을 제고한다.
  - 성과목표 Ⅳ-1: 건전재정기조 확립으로 지방재정의 지속가능성을 제고한다.
  - 성과목표 Ⅳ-2: 합리적인 과세체계 마련을 통해 자주재원을 확충한다.
  - 성과목표 Ⅳ-3: 지역경제 침체 위기 속에서 지역경제 회복을 지원한다.
  - 성과목표 Ⅳ-4: 지방재정세입 정보화로 지능형 업무환경을 구현하고 대국민서비스를 혁신한다.
- **전략목표 Ⅴ**: 국민과 함께 안전사고를 사전에 예방한다.
  - 성과목표 Ⅴ-1: 안전정책 총괄 · 조정 기능을 강화한다.
  - 성과목표 Ⅴ-2: 국민이 체감할 수 있는 생활안전 대책을 수립 · 추진한다.
  - 성과목표 Ⅴ-3: 지속가능한 예방안전 체계를 구축한다.
- **전략목표 Ⅵ**: 재난에 철저히 대비하여 국민의 피해를 최소화한다.
  - 성과목표 Ⅵ-1: 선제적 대비 중심의 재난관리 정책을 구현한다.
  - 성과목표 Ⅵ-2: 현장 중심의 재난 관리체계를 강화한다.
  - 성과목표 Ⅵ-3: 국민의 기대에 부합하는 복구 · 구호 체계를 확립한다.
- **전략목표 Ⅶ**: 사회재난 예방 · 대응체계 구축을 통해 국민안전 수준을 향상시킨다.
  - 성과목표 Ⅶ-1: 체계적인 사회재난 관리체계를 확립하고 실효성 있는 안전 점검을 실시한다.
  - 성과목표 Ⅶ-2: 사전 대비체계 구축으로 사회재난 대응역량을 강화한다.
- **전략목표 Ⅷ**: 국민보호를 위한 비상대비 · 민방위태세를 확립한다.
  - 성과목표 Ⅷ-1: 정부 비군사 분야 비상대비 역량을 강화한다.
  - 성과목표 Ⅷ-2: 민방위사태 대비 주민보호 체계를 강화한다.
- **전략목표 Ⅸ**: 기관 효율성 제고 및 대내 · 외 협력 강화를 통해 정책성과를 극대화한다.
  - 성과목표 Ⅸ-1: 기관 효율성 제고를 위한 총괄 · 지원 기능을 강화한다.
  - 성과목표 Ⅸ-2: 수요자 중심의 성과 창출을 통해 정책 만족도를 극대화한다.
  - 성과목표 Ⅸ-3: 대내 · 외 협업 · 소통 강화를 통한 기관 신뢰도를 향상한다.

출처: 행정안전부, 『성과관리 전략계획(2023~2027)』.

[그림 1-1] 행정안전부 성과관리 전략계획(2022~2027) 전략계획의 목표체계

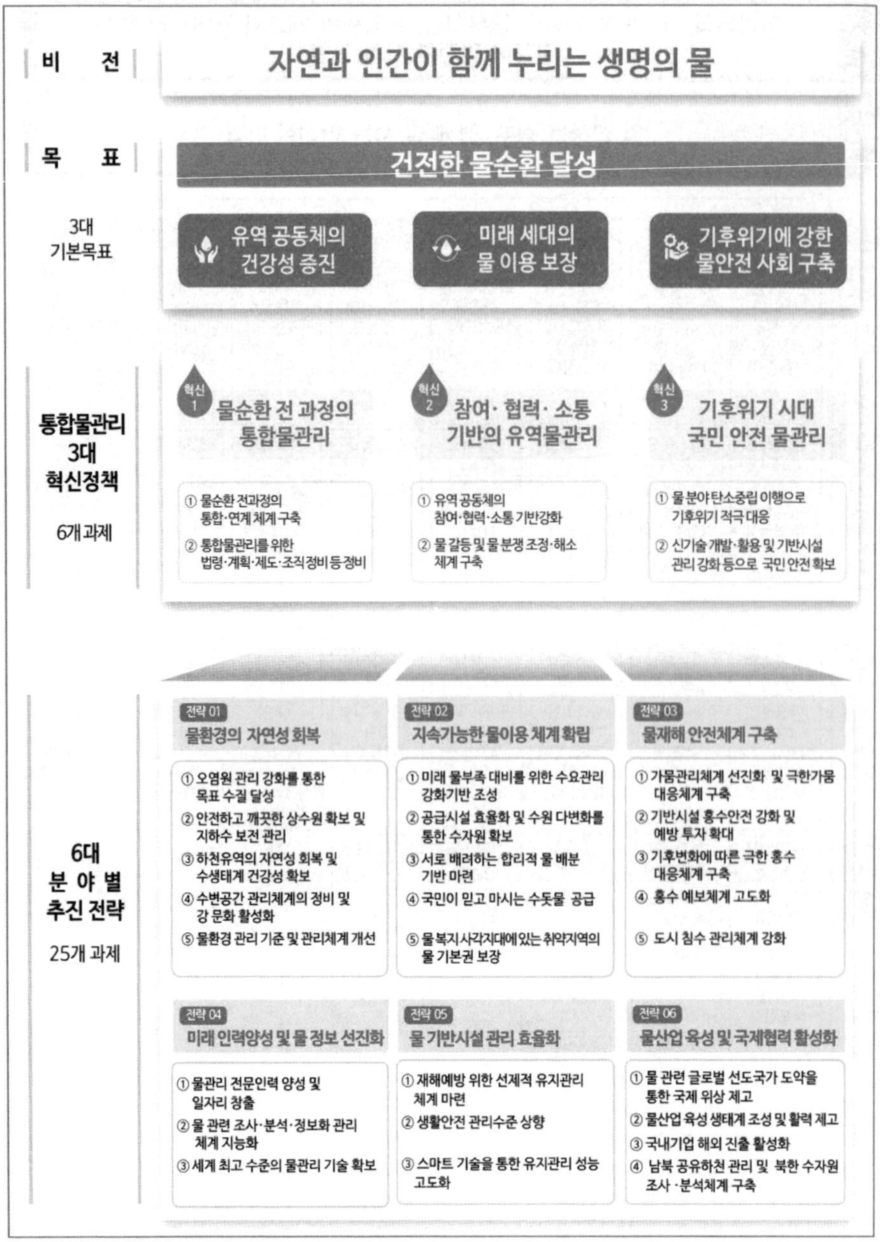

출처: 관계부처 합동(2021). 『제1차 국가물관리기본계획(2021~2030)』.

[그림 1-2] 제1차 국가물관리기본계획(2021~2030) 비전 체계도

(2) 중앙행정기관의 전략계획

「정부업무평가 기본법」(제5조)은 중앙행정기관의 장은 소속기관을 포함한 당해 기관의 전략목표를 달성하기 위한 '성과관리 전략계획'을 수립하도록 하고 있다. 성과관리 전략계획에는 당해 기관의 임무·전략목표 등을 포함하여야 하고, 최소한 3년마다 그 계획의 타당성을 검토하여 수정·보완 등의 조치를 하도록 하고 있다. [그림 1-1]은 행정안전부 『성과관리 전략계획(2023~2027)』을 보여주고 있다.

2) 사업전략의 사례

(1) 제1차 국가물관리기본계획(2021~2030)

사업전략으로 국가물관리기본계획은 「물관리기본법」(제27조)에 의하여 환경부 장관이 매 10년마다 수립하고, 여건 변화 등을 고려하여 5년마다 변경하도록 하고 있다. 국가물관리기본계획을 바탕으로 10년마다 유역물관리종합계획을 수립하도록 하고 있다. 『제1차 국가물관리기본계획(2021~2030)』은 '자연과 인간이 함께 누리는 생명의 물'이라는 비전 하에 [그림 1-2]와 같이 3대 기본 목표, 6개 과제, 25개 과제로 구성되어 있다(https://me.go.kr).

사례 **중앙행정기관의 대표적인 사업 전략(예)**

부처	제목	근거
국토교통부	제5차 국토종합계획(2020~2040)	국토기본법 제6조
보건복지부	제5차 국민건강증진종합계획(2021~2030)	국민건강증진법 제4조
문화체육관광부	제4차 관광개발 기본계획(2022~2031)	관광진흥법 제49조
고용노동부	고용정책에 관한 기본계획	고용정책 기본법 제8조
기상청	제4차 기상업무발전 기본계획(2023~2027)	기상법 제5조
교육부	제5차 평생교육진흥기본계획(2023~2027)	평생교육법 제9조
기획재정부	2021~2025년 국가재정운용계획	국가재정법 제7조
농촌진흥청	제3차 농촌진흥사업 기본계획(2023~2027)	농촌진흥법 제5조
행정안전부	제4차 국가안전관리기본계획(2020~2024)	재난안전관리 기본법 제22조
환경부	제5차 국가환경종합계획(2020~2040)	환경정책기본법 제14조

출처: 각 부처 홈페이지 및 공공데이터 포털(https://www.data.go.kr)

(2) 제5차 과학기술기본계획(2023~2027)

「과학기술기본법」 제7조에 의해서 과학기술 발전에 관한 중·장기 정책목표, 기본 방향 및 추진과제에 대하여 관계부처 합동으로 수립한 『제5차 과학기술기본계획(2023~2027)』의 비전 체계는 [그림 1-3]과 같다.

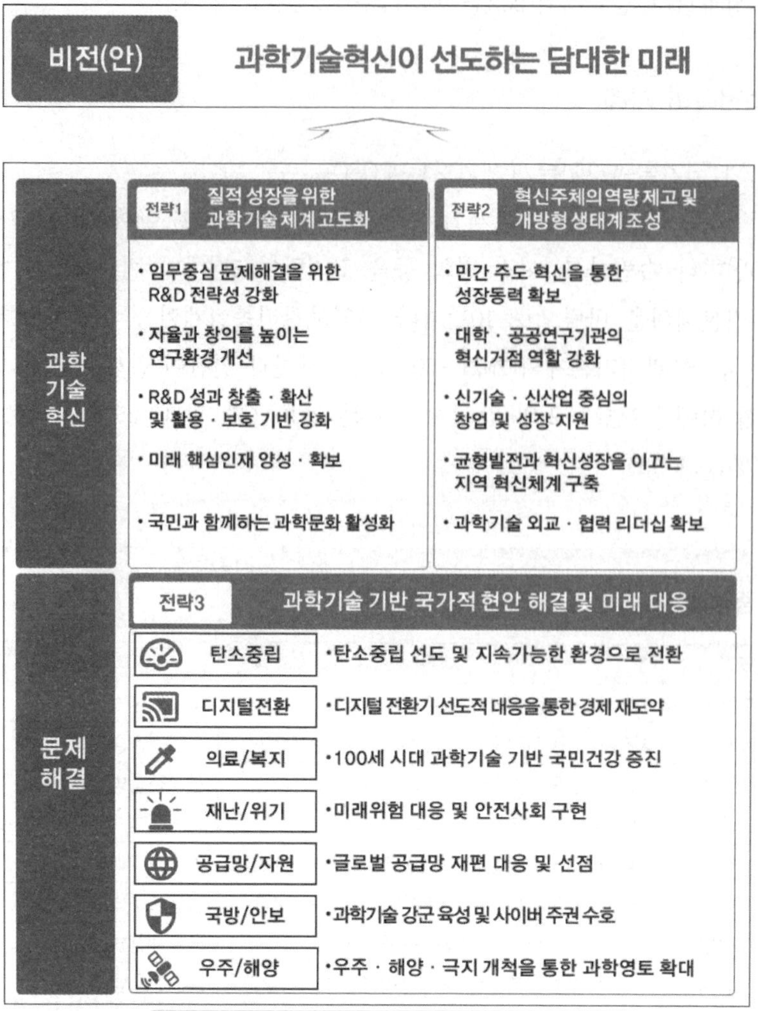

출처: 과학기술정보통신부. 『제5차 과학기술기본계획(2023~2027)』.

[그림 1-3] 비전 및 전략

제3절 전략적 기획의 도입 목적, 이점, 한계

1 공공조직에 전략적 기획의 도입 과정

1) 미국에서의 도입 과정

공적 목적을 위해 전략적 기획을 이용한 역사적 뿌리는 매우 깊은 데 주로 군과 국가 계획과 관련이 있다(Bracker, 1980; Freedman, 2013). 전략적 기획의 이념은 1960년대 맥나마라(Robert S. McNamara) 국방장관에 의해 도입된 미국의 계획예산제도(Planning, Programming, Budgeting System: PPBS)에서 부분적으로 볼 수 있다. PPBS의 전통은 미국 국방성의 무기 획득 시스템 분야에서 지금까지 활용되고 있다. 개념적으로 PPBS는 기업의 전략적 기획과 같이 투자 포트폴리오 차원에서 군사력과 물자를 획득하고 관리하기 위한 것이다. 그러나 PPBS는 기획에 대해 많은 관심을 기울이지는 않았다. 이 밖에 공공조직 관리기법으로 도입된 목표관리(Management by Objectives: MBO), 영기준 예산제(Zero-Base Budgeting: ZBB) 등이 전략적 기획의 기본 이념과 유사하다(Young, 2013).

1970년대 들어와서 몇몇 학자가 공공부문에 전략적 기획의 도입할 것을 주장하기 시작했으나, 1980년대 중반까지 전략적 기획은 주로 영리를 목적으로 하는 기업의 전유물이었다. 1980년대 초반에 비영리조직들이 전략적 기획을 이용하기 시작했으나, 그 형태는 매우 초보적인 단계로서 민간의 전략적 관리와는 커다란 간격이 있었다. 이 당시 전략적 기획에서 사용되는 조직환경과의 경쟁, 고객, 마케팅, 성장, 위기관리 등의 개념은 공공부문에서는 낯선 것이었다. 민간부문의 전략적 관리가 외부 환경과 관련하여 결과와 성과 지향적인 데 반해, 공공관리는 투입과 지출, 남용, 낭비, 부정행위와 같이 주로 내부관리 지향적인 문제에 관심을 뒀다.

공공부문에 전략계획은 1980년대 미국에서 본격적으로 수립되기 시작하였다(Eadie, 1983; Ferlie & Ongaro, 2015). 1980년대 중반 이후 공공 분야에서 전략적 기획에 관심을 두게 된 이유는 행정을 둘러싸고 있는 환경이 급격하게 변화되고, 신자유주의 물결이 확대되면서 행정과 경영의 경계가 희석된 데에서 찾을 수 있다. 공공조직에서 전략적 기획 접근방법을 도입하게 된 배경은 다음과 같은 전통적인 관료제 이론에 대한 비판에서 시작되었다.

- 관료제 조직은 폐쇄적인 조직운영으로 환경의 변화에 대한 대응성이 떨어진다.
- 관료제 조직의 공급자 중심의 운영은 수요자인 고객과 주민의 요구에 대한 적응성이 떨어진다.
- 투입 중심의 관료제 조직의 운영은 결과나 성과를 등한시하고, 조직운영에 대한 평가 기능을 제대로 확보하지 못한다.
- 관료제 조직은 조직의 목표보다는 수단인 법규나 운영 절차를 중요시한다.
- 관료제 조직은 의사결정 권한의 집중으로 자율적 창의성 있는 조직운영을 어렵게 한다.

미국에서 이러한 변화에 먼저 대응한 것은 주정부였다(GAO, 1995; 나태준 · 김성준, 2003). 시민의 요구로 전략적 기획을 도입한 오리건 주의 전략적 기획모형은 기관을 축소하고, 기관의 성과를 높이기 위해 벤치마킹(benchmarking) 시스템에 의한 성과지향 행정 체제를 구축하고자 했다. 이에 의해 오리건 주는 목표, 임무 선언, 벤치마크, 성과측정의 네 가지를 구성요소로 하는 전략적 기획을 작성하여 예산제도와 통합하려고 했다(Tryens, 1997). 텍사스 주는 1991년에 모든 주정부 기관으로 하여금 매년 다음 연도의 전략계획서 제출을 의무화하는 법안을 만들었다. 개별 기관의 전략계획은 그들 계획이 주 전체의 목적에 어떻게 이바지하는지를 밝혀야 하고, 전략계획을 성과예산과 연결하고자 했다(GAO, 1995).

연방 차원에서 전략기획의 필요성과 도입을 제도화한 것은 1993년 만들어진 '정부의 성과와 결과법(Government Performance and Results Act: GPRA)'이다. 이 법은 모든 연방기관에 전략계획의 수립을 요구하고 있다. 법에서는 기관의 임무, 결과를 기초로 한 목적과 목표, 목표 달성의 방법, 필요한 자원과 목적을 성과계획과 연결하는 방법, 목표에 대한 외부 영향 요인의 목록, 프로그램 평가계획으로 구성된 계획서를 작성하도록 하고 있다. 그리고 GPRA는 연간 성과계획, 성과보고서 및 계획한 성과기준과 실제를 비교한 보고서 제출을 의무화하고 있다. 이 법은 각 기관이 이를 준수하도록 인사, 보수 및 자금 지원 등의 조처를 하고 있다. GPRA에 의한 가장 커다란 변화는 정부조직관리를 내부 지향에서 외부 고객 지향으로의 전환을 추구하고 있다는 것이다. GPRA는 2010년 정부의 성과와 결과 근대화법(GPRA Modernization Act of 2010: 이하 GPRAMA)

을 제정하여 더욱 체계화하고 있다.

2) 우리나라의 도입 과정

우리의 공공기획은 1960년대 경제기획원을 중심으로 한 경제개발 5개년계획에서 그 원형을 찾을 수 있다(김신복, 1982). 이 중장기계획은 1990년대까지 국가발전에 중요한 역할을 하였다. 그러나 1990년대 이후 급격한 사회변화와 함께 국가 차원의 발전계획의 효용성이 줄어들면서 국가 차원의 종합계획은 사라지고 부처 단위의 계획을 수립하여 운영하게 되었다.

우리의 전략계획은 미국의 제도를 원형으로 2006년 제정된 「정부업무평가 기본법」으로 제도화되었다. 이와 함께 「국가재정법」은 재정사업 성과관리를 효율적으로 실시하기 위해 5년마다 재정사업 성과관리 기본계획을 수립하도록 하고 있다(동법 제85조의4). 「정부업무평가 기본법」은 성과관리 전략계획에 「국가재정법」의 국가재정운용계획을 반영하도록 하고 있어서 두 제도의 연계성을 제시하고 있다. 이외에 2000년 이후 기존 공공부문의 사업계획들은 그 형식과 내용 차원에서 전통적 계획에서 벗어나서 전략적 기획의 이념과 형식을 받아들이면서 전략적 기획과 성과관리가 중앙과 지방행정의 핵심적인 관리 모형이 되고 있다.

2 전략적 기획의 도입 목적과 이점

1) 전략적 기획의 도입 목적

공공조직에서 기획제도를 도입하는 목적은 국가 및 조직의 상황에 따라서 다양하다. 그러나 가장 기본적인 목적은 공공조직의 성과와 효과성을 높여 공익을 실현하는 것이다. 공공부문에서 전략적 기획은 변화하는 환경 속에서 결과 지향의 관리 도구로 시민의 요구에 대응할 수 있는 고객 맞춤형 관리 방법이며, 참여적 관리로 공공기관의 책임성을 향상하기 위해 도입하고 있다. 우리의 경우 성과관리 전략계획 및 성과관리체계는 중앙행정기관 · 지방자치단체 · 공공기관 등의 국정운영의 능률성 · 효과성 및 책임성을 향상하는 것을 목적으로 하고 있다(정부업무평가 기본법 제1조).

미국의 GPRAMA는 전략계획의 목적으로 다음을 들고 있다.

• 프로그램 결과 달성에 대해 연방 기관에 체계적으로 책임을 지워서 연방정부의 능력에 대한 국민의 신뢰를 향상하기 위해
• 기관 목적을 설정하고, 해당 목표에 대한 성과를 측정하여, 진행상황을 공개적으로 보고하도록 요구함으로써 프로그램 성과를 개선하기 위해
• 결과, 서비스 품질 및 고객만족에 중점을 둠으로써 연방 프로그램의 효율성과 공공 책무성을 개선하기 위해
• 연방 관리자가 프로그램 목적을 달성하기 위한 계획을 수립하도록 요구하고, 프로그램 결과 및 서비스 품질에 대한 정보를 제공함으로써 연방 관리자들이 서비스 전달에 대한 개선을 지원하기 위해
• 법으로 규정한 목적 달성과 연방 프로그램과 지출의 상대적 효과와 효율성에 대하여 더 많은 정보를 제공하고 의회의 의사결정을 개선하기 위해
• 연방정부의 내부 관리를 개선하기 위해
• 공공 보고를 현대화하여 성과와 프로그램 정보의 유용성을 향상하기 위해

지방정부 차원에서 전략적 기획의 역할과 기능으로 기본적으로 다음과 같은 것을 들기도 한다(Council of Europe, 2022).

• 장기적 시각에서 개발정책의 방향을 제시하고 개발정책 집행의 지속성을 확보하기 위해
• 특정한 투자나 프로젝트를 수행하기 위한 중앙정부나 외부자금을 획득하기 위해
• 전략계획의 수립과 집행을 통하여 지방자치단체의 통합과 공론화의 장을 제공하고, 다양한 이해관계자 간에 타협점을 찾고, 집행에 대한 모니터링과 평가를 통하여 학습기회를 제공하여 지역 개발 사업의 개선을 위해

2) 전략적 기획의 이점

많은 학자가 전략적 기획의 이점을 이야기하고 있다. 이들이 주장하는 것을 모두 종합하면 전략적 기획은 조직관리의 만병통치약처럼 보인다. 그러나 전략적 기획의 이점은 전략적 기획이 어떠한 목적으로 누구에 의해 도입되고 운영되느냐에 따라서 다르다. 조직의 성과를 향상하기 위해서 전략적 기획은 조직의 리더십, 계획, 관리 및 참여 활동에서 다양한 기능을 한다(OMB, 2022). 공공조직에서 전략적 기획은 체계적으로 수

립되어 운영된다면 다음과 같은 이점을 가진다(나태준 · 김성준, 2003; Bryson, 2018; Young, 2013).

① 전략적 기획은 정부나 조직이 나아가야 할 방향을 명확하게 한다

전략적 기획은 정부, 조직이나 사업이 어디로 가고, 어떻게 그곳에 도달할 것인가에 대한 로드맵을 제공해준다. 전략계획은 기관 관리자, 직원, 파트너, 의회 및 대중에게 기관의 미래에 대한 비전을 전달하는 유용한 도구이다.

② 전략적 기획은 더 나은 의사결정을 가능하게 한다

전략적 기획은 미래의 관점에서 현재의 의사결정의 질을 개선하기 위한 활동이다. 증거를 기반으로 우선순위에 의해서 만들어진 전략계획은 기관의 자원 배분의 효과성을 높이고 그 결과를 개선하도록 한다.

③ 전략적 기획은 조직목표를 더 효과적이고 효율적으로 달성할 수 있도록 한다

전략적 기획은 조직이 수행하여야 할 목적과 목표를 명확하게 하여 조직의 성과를 높여준다. 일반적으로 목적과 목표가 명확하면 명확할수록 이를 달성할 가능성이 높아지게 된다. 전략적 기획은 명확하고 우선순위에 의한 목표에 효율적으로 자원을 배분할 수 있도록 한다. 이를 통하여 합리적 예산편성과 집행을 가능하게 한다(Bryson & Edward, 2017).

④ 전략적 기획은 고객 및 환경의 변화에 대한 대응성을 높인다

전략적 기획은 항상 조직환경에 대한 분석과 평가를 바탕으로 조직이 직면하고 있는 이슈와 과제를 확인하고 정리할 수 있도록 한다. 특히, 일반국민과 고객의 욕구를 충족하는 데 관심을 둔다. 전략적 기획은 기존의 공급자 중심의 논리를 수요자 중심의 고객 중심 행정 체제로 전환을 추구할 수 있도록 한다.

⑤ 전략적 기획은 정부의 책임성 및 지속가능성을 높인다

전략적 기획은 성과와 결과 중심의 관리를 추구한다. 전략적 기획이 추구하는 측정 가능한 목표 체계와 이에 대한 모니터링 및 평가는 조직운영 및 사업의 성과와 결과에 대한 고위관리들의 관심을 높일 수 있다. 또한 전략적 기획은 시민과 이해관계자를 만족하게 하고, 합리적 비용으로 공공가치를 창출하도록 하여 조직의 정당성(legitimacy)을 확보할 수 있도록 한다(Suddaby et al., 2017). 그리고 장기적 관점과 환경변화를 생

각하게 하여 급변하는 상황에 효과적으로 대처하는 역량을 개선하여 조직의 지속가능성을 강화한다(Borins, 2014).

⑥ 전략적 기획은 효과적인 거버넌스 체제 구축을 촉진한다.

전략적 기획은 기존의 통치행위를 거버넌스의 관리 체제로 전환하는 역할을 한다. 전략적 기획과정에서 강조하는 고객이나 이해관계자의 참여는 조직의 정당성을 확고하게 하고, 관련 이해관계자를 조직의 지지 기반으로 바꾸는 기능을 하여 강력하고 협조적인 거버넌스 체제를 구축할 수 있게 한다(Bryson et al., 2016).

⑦ 전략적 기획은 조직 내외의 커뮤니케이션을 촉진한다

참여적 전략적 기획은 조직 내외부와 활발한 커뮤니케이션을 바탕으로 다양한 이해관계자의 참여와 구성원 간의 합의를 중시한다. 전략계획은 중요한 커뮤니케이션 도구로서 메시지 전달자의 역할을 한다. 특히, 조직의 관리 계층과 구성원 간의 가교 역할을 하여 조직 통합에 이바지한다.

⑧ 전략적 기획은 전략적 사고, 행동과 학습을 촉진한다

많은 학자가 전략적 기획이 구성원의 전략적 사고와 행동을 촉진한다면서, 이를 다른 어떤 이점보다 중요시한다(Bryson, 2018). 이러한 전략적 사고는 주요 이해관계자 간의 전략적 대화와 심의를 통해서 이루어지게 된다. 전략적 기획은 최고관리자와 구성원에게 전략적 사고를 학습할 기회를 제공한다(Bunning, 1992; Kaplan & Beinhocker, 2003).

3 전략적 기획의 한계

기획은 마술이 아니다. 조직은 원하는 것을 항상 얻을 수는 없다(Goldbard, 1999). 똑같이 전략적 기획은 조직의 모든 문제를 다 해결해줄 수 있는 관리의 마술은 아니다. 전략적 기획에 대한 많은 연구가 전략적 기획이 공공부문의 성과에 긍정적 영향을 준다(George et al., 2019)고 하나 기대한 것만큼의 효과를 얻지 못하고 있다는 연구도 상존하면서 지속적인 논쟁의 대상이 되고 있다(Johnsen, 2017). 이러한 한계를 극복하기 위해서는 무엇보다 전략이나 전략계획이 완벽한 것은 아니라는 인식을 하여야 한다(Martin, 2014).

이는 전략적 기획이 다음과 같은 한계를 가지는 활동이기 때문이다(Arlene, 1999; Bryson, 2017).

- 전략적 기획은 많은 시간이 필요하고 비용을 수반한다. 전략적 기획의 이점은 장기적인 노력에 의해서만 얻어지는 관리활동이다. 전략적 기획활동은 조직의 관리자에게 추가적인 시간과 능력을 요구하게 된다. 비전이 현실화되기까지는 5년 이상이 걸릴 수도 있다.
- 전략적 기획은 전략적 기획 자체를 관리할 수 있는 능력을 요구한다. 그러므로 능력이 없는 조직이 도입하면 전략적 기획은 형식화될 뿐이며, 추구하는 목표를 달성할 수 없게 된다.
- 전략적 기획이 좋은 의사결정을 보장해 주지는 않는다. 조직은 종종 검증되지 않은 가설이나 육감에 의존하여 계획을 수립한다. 잘못된 가설을 기반으로 한 기획의 효과는 문제를 해결하지 못하고 남겨두게 된다.
- 전략적 기획은 인간의 판단을 포함한다. 이에 잘못될 가능성을 항상 가진다.
- 전략적 기획은 종종 조직의 신축성을 감소시킬 위험이 있다. 어떤 사람들은 자신이 설계한 도면대로 건축이 이루어지지 않으면 시공자를 비난한다. 그러나 조직은 판자와 못으로 이루어진 인공건조물이 아니다. 집을 짓는 것과 달리 조직을 건설하는 것은 결코 완전할 수 없다.
- 전략적 기획은 다른 관리 전략과 같이 올바른 전략계획을 수립하기 위해서는 다양한 지식, 훈련, 그리고 경험이 뒷받침되어야 한다.
- 전략계획 자체가 결과를 가져오는 것이 아니다. 적절하고 적시에 이루어지는 행동에 의해서만 결과를 가져올 수 있다.
- 전략적 기획 시스템만으로 조직관리의 효율성을 높일 수 있는 것은 아니다. 전략적 기획이 성공하려면 조직의 다른 관리활동과 적절한 연계가 요구된다. 그러나 분업을 기반으로 하는 관료제 조직에서 이를 확보하기 어렵다.

제4절 전략적 기획의 성공 조건

1 공공조직과 민간조직의 전략적 기획

전략적 기획 및 전략적 관리는 민간기업의 관리기법으로 개발되었다. 이를 공공조직에 도입하고자 할 때는 공공조직의 특성을 반영하여야 한다. 공공조직과 민간기업의 유사점인 특정한 목적을 달성하기 위한 협력적 활동이란 차원에서 전략적 기획의 본질은 두 조직에 그대로 적용될 수 있다. 단지 운영 과정에서 두 조직이 가지는 차이가 있을 뿐이다(Rainey & Perry, 1992; Bozeman, 1984, 1988; Emmert & Crow, 1988). 이에 공공조직에 전략적 기획을 도입하고자 할 때는 다음과 같은 두 조직의 차이를 고려하여야 한다.

1) 환경적 요인

공공조직의 전략적 기획은 공공조직을 둘러싸고 있는 경제, 법, 정치적 영향을 고려하여야 한다.

- **시장에의 노출 정도**: 공공조직이 제공하는 공공재화와 서비스는 독점성이 강하여 시장 메커니즘의 핵심적 가치인 경쟁, 생산성, 효율성의 개념을 적용하는 데 어려움이 있다. 이에 공공조직의 전략적 기획은 시장의 경쟁보다는 공공재를 제공하는 주체 간의 상호 협력과 협동을 중시해야 한다.
- **법적 · 형식적 제약 문제**: 법규에 의하여 지배되는 공공조직은 전략적 기획에서 공공조직과 관리자의 자율성과 신축성을 제한하게 된다(Buchanan, 1974; Warwick, 1975). 이에 공공조직은 민간기업과는 달리 법규나 상위계층의 지시 등과 같은 위임사항(mandates)을 정확하게 검토할 필요가 있다.
- **정치적 영향**: 민간조직과 비교하여 공공조직은 정치적인 맥락에서 운영된다. 공공조직의 정치적 속성은 결과 중심 기업의 전략적 기획과는 다른 접근을 요구한다. 공공조직의 정치적 속성은 전략적 기획과정에 다양한 이해관계자와 시민을 포함해야 하고, 형평성 및 공평성과 같은 가치문제를 다룰 수 있도록 참여적이고 민

주적인 기획이 요구된다(Downs, 1966; Ring & Perry, 1985).

2) 교류적 제약 요인

공공조직의 조직과 국민, 기업의 기업과 고객과의 관계는 서로 다른 속성을 가진다. 전략적 기획은 이러한 차이를 고려하면서 추진해야 한다.

- **공공 관계의 확보**: 공공조직의 전략적 기획은 외부의 참여가 필요하고, 집행은 행정 및 정치적 감시 체제와 유권자와의 협력에 의존해야 한다(Campbell & Garnett, 1989). 그러나 공공조직의 폐쇄성으로 전략적 기획과정에서 정책이나 기획의 지침을 일반국민에게 정확하게 전달하지 못하는 결과를 가져올 수 있다(Ring & Perry, 1985). 이에 공공조직의 전략적 기획이 성공하려면 외부 환경과의 적절한 커뮤니케이션이 요구된다.
- **객관성의 확보**: 전략적 기획은 의사결정 과정이다. 의사결정이 합리적으로 이루어지기 위해서는 객관적이고 분석적인 자료와 정보가 있어야 한다. 그러나 공공조직은 전략적 기획에 필요한 정보가 체계적으로 축적되고 관리되지 못하는 경우가 많다. 공공부문에서 자료와 정보의 객관성 확보를 위해 전략적 기획과 통합된 정보관리 시스템의 구축과 운영이 요구된다.
- **강제성**: 공공조직을 제약하는 법적·행정적 명령이나 법원의 판결은 공공조직에 강제력을 행사할 수 있는 권력을 준다(Stahl, 1971). 또한 공공조직이 가지는 독점적 성격도 간접적으로 강제력을 행사할 수 있는 요인이 된다. 전략적 기획과정에서 공공조직은 이러한 법적 권위를 적절하게 사용하여 이해관계자 간의 갈등을 해결할 수 있다(Bozeman, 1987).
- **영향력의 범위**: 공공조직은 민간조직보다 영향력이 더 넓고 더욱 다양한 문제를 가진다. 반면에 민간조직이나 기업은 그 기능의 외부성이 매우 한정되어 있다(Mainzer, 1973). 이에 공공조직이 가지는 기능의 외부성을 조직의 임무나 목적을 설정하고 기술할 때 고려해야 한다.
- **공적 감시**: 민간조직의 전략적 기획은 대부분 비밀스럽게 추진되지만, 공공조직의 사업은 공공성이 증대할수록 조직의 활동과 관련인의 행동에 대해 대중의 관심이 커지게 된다(Stahl, 1971). 공공조직의 의사결정이 가지는 공개성은 민간기업보다 공공관리자에게 더 큰 제약 요인으로 작용한다(Ring & Perry, 1985). 공공조

직이 가지는 공개성의 특성을 전략적 기획과정에 반영하려면 객관적이고 투명한 정보제공과 전략적 기획과정에 다양한 고객과 이해관계자를 참여시키는 것이 필요하다.

- **공공의 기대**: 제한된 소유권을 인정하는 민간조직과는 달리 공공조직에 대한 소유권(ownership)은 누구에게나 있다. 모든 시민에게 공공조직에 대한 소유권이 있으므로, 공공조직은 시민에게 신뢰성, 공평성, 대응성, 정직과 책임성을 보여줄 의무가 있다(Caiden, 1971). 그러므로 공공조직은 전략적 기획과정에서 대중의 의견을 수렴할 기회를 확대해야 한다.
- **고객에 의존하지 않는 수입원**: 기업과 같은 민간조직은 수익자 부담의 원칙에 따라 재화와 서비스를 제공하게 된다. 그러나 공공조직의 수입원은 다양할 뿐만 아니라 예산기관이나 의회가 배정하는 예산을 주요 수입원으로 한다. 그러므로 공공기관은 전략적 기획과정에 예산을 관장하는 의회나 의원들을 참여시키는 메커니즘을 항상 가지고 있어야 한다.
- **공공조직의 폐쇄적 특성**: 공공조직은 자기의 영토를 엄격하게 주장하는 내적인 타성이 있다. 이러한 타성에 의해 나타나는 부처 할거주의(sectionalism)는 사업의 중복성, 조정의 어려움, 사업 지연 등의 원인이 된다. 공공조직의 폐쇄적 관리를 극복하기 위해 개방적이고 창의적인 마인드를 요구한다. 때로는 부처 간의 조정을 위한 조정위원회와 같은 제도적인 장치도 필요하다.

3) 조직구조 및 과정적 제약 요인

공공조직과 민간조직은 조직구조, 구성원의 행태, 자원 동원방법, 운영과정 등에서 차이를 가진다. 이러한 차이를 고려하여 전략계획을 수립하고 집행하여야 할 것이다.

- **변화에 저항하는 조직문화**: 공공조직의 관료제는 위험을 극소화하고 변화에 저항하는 문화가 지배적이어서 변화에 대한 인센티브가 적고, 규칙과 규제가 관리자들의 자유재량권을 제한한다. 성공적인 전략적 기획에 장애가 되는 조직문화를 극복하기 위해 조직 최고관리자와 전략기획가들의 전략적 사고가 요구된다.
- **의식과 욕구의 부족**: 공공조직의 최고관리자나 구성원이 전략적 기획의 필요성에 대한 의식 부족은 도입에 가장 큰 장애 요인이 된다. 이러한 의식의 전환을 위해 교육, 새로운 조직문화의 정착, 변화에 대한 인센티브, 성과측정, 다양한 커뮤니

케이션이 요구된다.

- 지식의 부족: 조직의 최고관리자나 구성원이 조직을 새롭게 변화시켜야 한다는 의식과 욕구가 있다고 하더라도 이를 추진하는 데 필요한 지식이 없다면 도입을 어렵게 한다. 전략적 기획이 무엇인지 모르거나, 전략적 기획의 편익을 알지 못하면 도입을 꺼릴 수 있다. 이러한 문제를 극복하기 위해 지속적인 교육 훈련과 성공한 조직에 대한 벤치마킹으로 실증적인 결과를 보여주는 것이 필요하다.
- 조직목표의 다양성과 모호성: 공공조직과 민간조직의 가장 중요한 차이점은 목표에서 나온다. 공공부문에는 민간조직과 같이 명확하게 목표를 정의하는 것이 어렵다는 것이 도입에 부정적인 주장자들의 대표적인 논거가 된다(Miller, 1989). 공공조직의 전략적 기획과정에서 목표가 가지는 문제점을 극복하려면 목표를 측정할 수 있도록 설정하고, 전략 활동의 성과를 측정하기 위한 다양한 척도와 방법을 개발해야 한다.
- 성과에 대한 기대: 공공조직의 특징인 목표의 모호성과 다양성은 구성원의 성과에 대한 기대를 감소시킨다. 성과에 대한 기대를 높이기 위해 집행에 관한 책임을 명확하게 하고, 정기적으로 성과를 측정할 필요가 있다.
- 인센티브: 전략적 기획은 성과를 측정하고 측정 결과를 조직구성원의 동기유발을 위한 수단으로 이용하고자 한다. 이때 공공조직에서 사용할 수 있는 인센티브는 민간조직과는 다른 메커니즘이 요구된다. 공공조직의 구성원은 금전적 보상보다는 직업 안정, 업무와 역할의 중요성, 권력을 더 강조하는 성향을 보이기 때문에, 이를 반영한 보상 메커니즘을 개발하고 활용할 필요가 있다(Banfield, 1977; Koteen, 1989).
- 성과측정의 문제: 전략적 기획은 주기적인 성과측정과 측정 결과에 의한 통제를 요구한다. 공공조직에서는 기업과 같은 손익분기점을 가지고 있지 못하고, 성과측정의 기준이 되는 목표가 모호하기 때문에, 효과성이나 효율성 등의 객관적 성과측정을 어렵게 한다(Ring & Perry, 1985). 이를 극복하기 위해 목표의 명확한 설정, 성과측정 단위와 방법을 지속해서 개발하고 개선해야 한다.
- 최고관리자의 문제: 공공조직의 최고관리자는 임기가 있어서 장기적인 전략계획을 추진함에 있어서 한계를 가진다. 이에 공공조직의 전략계획은 최고관리자의 임기와 연계하거나 전략적 기획을 법규로 제도화하는 것이 필요하다.

2 공공조직에서 바람직한 전략적 기획의 조건

1) 볼드리지 프로그램의 높은 성과 조직의 특징

질 관리의 대표적 표준을 제시하고 있는 볼드리지 프로그램(Baldrige Program)은 높은 성과 조직에서 발견될 수 있는 일련의 신념과 행동 및 핵심 가치로 다음을 제시하고 있다(Baldrige Performance Excellence Program, 2023).

① 시스템 관점

시스템 관점은 조직의 모든 구성요소를 하나의 통일된 전체로 관리하여 임무, 지속적 성공 및 높은 성과를 달성하는 것을 의미한다. 시스템 관점은 조직의 상호 연결된 생태계의 맥락에서 조직을 관리하는 것을 의미한다. 높은 조직의 성과를 관리하는 조직은 핵심 역량, 전략목표, 실행 계획, 작업 시스템, 인적자원 등 주요 관리요소를 통합하고, 계획, 프로세스, 활동의 일관성을 확보하기 위해 이들을 상호 연계하여 관리한다.

② 비전 리더십

높은 성과 조직의 고위 리더는 조직에 대한 비전을 설정하고, 고객 중심을 만들고, 명확하고 가시적인 조직 가치와 윤리를 보여주며, 높은 인적자원에 대한 기대치를 설정하면서 이들 상호 간에 균형을 추구한다. 리더는 지식과 역량을 구축하고, 구성원에게 권한을 부여하고, 다양성을 육성하고 활용하며, 혁신을 촉진하고, 위험을 관리하고, 탄력성을 보장하고, 책임을 요구하고, 탁월한 성과를 달성하기 위한 전략, 시스템 및 방법을 만들어 조직을 관리해야 한다. 선임 리더는 전체 직원이 조직에 기여하고, 개발하고, 배우고, 혁신하고, 변화를 수용하도록 영감을 주고 격려해야 하며, 고위 리더는 구성원의 행동과 성과에 대해 책임을 져야 한다. 이를 위해 고위 리더는 윤리적 행동과 계획 수립에 관심을 가지고 역할 모델이 되어야 하며, 혁신을 위한 환경을 제공하고, 소통하고, 코칭하고, 직원에게 동기를 부여해야 한다.

③ 고객 중심의 우월성

고객은 조직의 성과와 제품 및 서비스의 품질에 대한 최종 판단자이다. 이에 높은 성과를 위해 조직은 고객에게 가치를 제공하는 모든 조직 활동에 관심을 가져야 한다. 이는 고객만족, 신뢰, 충성도로 이어져서 조직의 지속적 성공의 기반이 된다. 특히, 현재의 고객 욕구를 이해하고, 미래의 고객 욕구 잠재력을 예측하여 준비하는 것도 중요하다. 고객 중심은 단순히 제품과 서비스의 결함과 오류를 줄이고, 불만을 줄이는 것 이상을 의미한다.

④ 사람 중심

조직의 성공은 의미 있는 작업, 명확한 조직 방향, 학습 기회와 성과에 대한 책임성과 관련된 참여 구성원에 달려 있다. 이러한 인력을 위해 안전하고 신뢰할 수 있으며 협력적인 환경을 갖추어야 한다. 성공적인 조직은 직원, 파트너 및 공동 작업자의 다양한 배경과 특성, 지식, 기술, 창의성 및 동기를 활용하는 평등과 포용의 문화를 가지고 있다. 성공적인 조직은 고객, 커뮤니티 구성원 및 조직과 이해관계를 가진 모든 사람을 소중하게 생각한다. 사람 중심(valuing people)에는 구성원의 참여, 학습 및 자기계발, 복지에 관심을 가진다는 것도 포함된다.

⑤ 민첩성 및 탄력성

끊임없이 변화하는 글로벌 경쟁환경에서 성공하기 위해서는 민첩성(agility)과 조직 탄력성(resilience)이 확보되어야 한다. 민첩성을 위해 신속한 변화와 운영의 유연성이 필요하다. 조직의 탄력성은 위기상황에 대한 대응력을 의미한다. 민간재 이외에 공공재에 대한 수요도 급격하게 변화되고 있고 짧아지고 있는 수명주기에 대응할 수 있도록 신속한 의사결정, 관료주의 감소, 작업 프로세스의 단순화, 민첩하고 효율적인 공급업체 및 파트너 네트워크 등이 요구된다. 위기에 대응할 수 있는 탄력성을 위해 리더는 기회와 위협을 예측하고 변화하는 상황에 맞게 전략을 조정하며 신뢰 문화를 바탕으로 강력한 거버넌스를 갖추어야 한다.

⑥ 조직학습

학습은 성과가 높은 조직의 필수 속성이다. 최고 수준의 조직 성과를 달성하려면 체계적인 과정을 통해 지식 공유를 포함한 조직학습이 이루어져야 한다. 오늘날 지식정보화 사회에서 조직의 훈련된 인력과 지식은 효과적 조직관리의 중요한 자산이다. 조직 학습에는 기존 방법의 지속적인 개선, 모범사례 및 혁신의 채택 이외에 조직운영방법의 개선을 가져오는 학습도 필요하다.

⑦ 성공과 혁신에 집중

조직의 현재와 미래의 성공을 위해서는 조직과 환경에 영향을 미치는 단기 및 장기 요인을 이해하고 조직 혁신을 주도할 수 있는 능력이 필요하다. 조직이 지속적 성장과 성과 리더십을 구축하려면 고객, 인력, 주요 이해관계자에게 장기적 비전과 이를 달성하고자 하는 강한 의지를 보여주어야 한다. 그리고 고객과 조직환경 변화에 대한 대응, 기술 변화 등에 대한 민첩성과 조직 탄력성이 있어야 한다. 이러한 변화에 대응하기 위해 조직은 새로운 차원의 성과와 성공을 위해서 혁신이 필요하다. 혁신과 함께 점진적 변화와의 균형도 요구된다. 혁신이 성공하기 위해서는 조직의 일상업무와 통합되어야 한다. 혁신을 위해 새롭게 축적된 지식을 신속하게 전파하고 활용할 수 있는 능력, 조직 거버넌스, 협업도 중요시된다.

⑧ 사실에 의한 관리

사실에 의한 관리를 위해서는 조직 내부와 경쟁환경 모두에서 조직의 성과를 측정하고 분석해야 한다. 측정은 조직의 임무 및 비전과 전략에서 파생되어야 하며, 주요 프로세스, 산출물, 결과, 관련 기관의 성과에 대한 중요한 데이터와 정보를 제공해야 한다. 조직은 성과를 효과적으로 관리하기 위해 많은 유형의 데이터와 정보가 필요하다. 특히, 조직 활동에 대한 성과정보가 필요하다. 이를 위한 성과측정에는 고객, 서비스 및 프로세스 성과측정이 포함되어야 한다. 성과를 측정하는 척도 또는 지표는 고객, 운영, 재무, 시장 및 사회적 성과를 향상하는 요소를 잘 보여주어야 한다. 사실에 의한 관리를 위한 데이터에 대한 분석이 필요하다. 분석이란 평가, 의사결정, 개선 및 혁신을 지원하기 위해 데이터 및 정보에서 더 큰 의미를 추출하는 것을 의미한다. 조직의 전략과 관리는 이에 의해서 만들어진 정보를 기반으로 하여야 한다.

⑨ 사회공헌

조직의 리더는 대중에 대한 기여와 사회의 복지 및 이익을 중시하고 강조해야 한다. 리더는 공중 보건, 안전 및 환경 보호에 있어 조직과 인력의 역할 모델이 되어야 한다. 이는 오늘날 민간과 공공기관에서 중요시하는 ESG 경영으로 강조되고 있다. 효과적인 사회공헌을 위해 문제를 줄이거나 예방하고, 문제가 발생하면 솔직하게 대응하여 대중의 인식, 안전 및 신뢰를 유지하는 데 필요한 정보와 지원을 제공하여야 한다. 사회공헌 차원에서 사회적 웰빙과 이익을 고려한다는 것은 자원의 한계와 조직의 영향력 범위 내에서 환경, 사회 및 경제체계를 이끌고 지원하는 것을 의미한다. 리더십과 지원에는 환경, 안전, 교육, 건강 관리 및 기타 서비스 개선이 포함되고, 이를 실천하기 위해 고객 및 이해관계자와 거버넌스 네트워크 구축이 요구된다.

⑩ 윤리 및 투명성

조직은 모든 이해관계자와 거래 및 상호작용에서 윤리적 행동을 강조해야 한다. 조직의 윤리적 원칙은 문화와 가치의 기초로 옳고 그름을 구별하는 기준이다. 투명성은 지속해서 솔직하고 개방적인 커뮤니케이션, 책임, 리더십과 경영진의 명확하고 정확한 정보 공유를 특징으로 한다. 그리고 투명성은 구성원, 고객과 이해관계자의 참여와 신뢰성을 기반으로 한다.

⑪ 가치와 결과 제공

주요 이해관계자에게 가치를 제공하고 균형을 유지함으로써, 조직은 충성도를 구축하고 조직의 성과와 사회에 기여하게 된다. 조직과 관련된 이해관계자들의 욕구는 서로 대립할 수도 있다. 이들 간에 적절한 균형을 유지하는 것이 필요하다. 이외에 선행과 후행 성과의 균형, 단기 성과와 장기 성과의 균형도 필요하다. 성과 지향의 조직은 조직이 제공하는 가치와 결과에 대한 성과측정으로 지속적인 가치와 결과를 제공하고자 한다.

2) 전략적 기획의 성공 조건

포포비치 등(Popovich et al., 1999)은 높은 성과를 내는 정부조직의 특성으로 다음을 제시하고 있다.

- 높은 성과를 내는 조직은 자신의 임무가 명확하다.
- 높은 성과를 내는 조직은 성과를 정의하고 결과에 초점을 둔다.
- 높은 성과를 내는 조직은 구성원에게 권한을 부여한다.
- 높은 성과를 내는 조직은 성공에 대해 동기부여를 하고 영감을 준다.
- 높은 성과를 내는 조직은 신축적이고 새로운 조건에 민첩하게 적응한다.
- 높은 성과를 내는 조직은 성과를 위해 경쟁적이다.
- 높은 성과를 내는 조직은 고객의 욕구를 충족하기 위해 업무 과정을 재구조화한다.
- 높은 성과를 내는 조직은 이해관계자와 커뮤니케이션을 활발하게 한다.

공공조직에서의 바람직한 전략적 기획이 성공하기 위한 조건에 대해서 다음과 같이 많은 연구자나 기관에서 다양하게 제시하고 있다(NPR, 1997; PBM SIG, 2001a; Bryson & Alston, 2011; Iglesias, 2015: Boland et al., 2018).

① 정부의 전략적 기획과 성과관리를 제도화해야 한다

정부는 정부조직의 전략적 관심을 향상하기 위한 종합적 접근방법을 개발하고 이를 법규 등으로 제도화해야 한다. 정부는 이를 통하여 성과관리 속에서 기관이 전략적 활동에 초점을 두도록 결과를 요구하고, 성과평가와 예산의 엄격하게 연계 및 환류 과정을 의무적으로 수행하도록 해야 한다.

② 전략적 기획은 최고관리자의 적극적인 지지와 관심이 있어야 한다

조직에서 전략적 기획이 성공하려면 최고관리자의 적극적 헌신(commitment)과 지지가 필수 조건이다. 최고관리자의 관심과 지지는 모든 연구에서 최우선적으로 제시하는 조건이다. 전략적 기획이 성공을 위해서는 전략적 기획을 시행하기 전부터 최고관리자의 승인과 지원에 대한 약속이 있어야 하며, 계획의 수립과 집행 과정에서도 직접적인 참여와 행동이 있어야 한다. 조직의 최고관리자가 전략적 기획에 대해 부정적인 시각을 가지고 소극적으로 대응한다면 아무리 좋은 계획이라고 하더라도 집행되지 못한다.

③ 전략적 기획은 명확한 목표 및 방향설정과 성과측정이 있어야 한다

공공조직에 전략적 기획을 도입하는 것은 조직의 관리 방법을 결과 및 성과 지향으로 전환하기 위한 것이다. 성과 지향의 전략적 기획을 위해서는 구체적이고 명확한 목적과 목표를 설정하고, 성과를 측정할 수 있는 기준이나 지표를 개발하도록 지속적인 노력이 요구된다.

④ 전략적 기획은 참여적 기획이 되어야 한다

전략적 기획이 성공하기 위해서는 조직구성원이 이를 추진할 수 있는 전문관리적 능력 이외에 조직구성원 및 이해관계자의 헌신과 참여가 있어야 한다. 공공조직에서 전략적 기획은 조직 내의 다양한 계층뿐만 아니라 외부의 다양한 이해관계자가 전략적 기획의 모든 과정에 참여하는 참여적인 기획이 되어야 한다. 공공조직의 전략적 기획과정에서 다양한 참여는 전략계획의 성공에 핵심요소이다(Dyson & Foster, 1982).

⑤ 전략적 기획은 계선관리자의 주요 업무가 되어야 한다

전통적 기획에서 기획은 참모의 업무였지만, 전략적 기획에서는 그 중심이 계선관

리자가 되어야 한다. 전략적 기획에서 핵심적인 계선관리자의 의지와 능력이 전략적 기획의 성공에 중요 요인이 된다. 전략적 기획에서 기획 부서나 전문가는 기획하기보다는 기획과정을 이끄는 촉진자, 촉매자, 탐구자, 교육자, 그리고 통합자로서 기능을 해야 한다(Hax & Majluf, 1996). 이를 위해 계선관리자의 전략적 기획 역량이 있어야 하고, 역량 구축을 위한 조직의 지원이 있어야 한다.

⑥ 전략적 기획은 조직 전체의 관리와 통합되어야 한다

조직의 일반관리와 별개로 운영되는 전략적 기획은 조직 변화에 기여하지 못한다. 전략적 기획이 조직 전체의 변화에 유용하기 위해서는 조직 전체의 관리와 통합되어야 한다(Atkinson & McCrindell, 1997). 공공부문의 전략적 기획은 전략적 관리 차원에서 조직의 예산, 인적자원 계획, 프로그램 평가, 정보기술, 성과 모니터링과 성과보고 활동과 통합되어야 한다.

⑦ 전략적 기획은 하나의 학습 과정이 되어야 한다

전략적 기획은 단순히 전략계획서를 작성하기 위한 것으로 이해해서는 안 된다. 전략적 기획은 전략적 이슈를 가진 조직의 관리자나 구성원에게 익숙한 학습 과정이 되어야 한다. 일회적 활동으로 목표를 달성할 수 있는 정책이나 프로그램은 존재하지 않는다. 전략적 기획과정은 지속적이고 반복적인 활동이다. 항상 변화하고 개선을 추구하면서 평가를 통한 자기 성찰과 이를 통한 환류는 지속가능성을 확보하기 위한 학습조직의 필수조건이다.

⑧ 전략적 기획은 구성원의 전략적 역량과 사고에 의해서만 달성될 수 있다

전략적 기획이 조직에 유용한 것이라는 인식이 있고, 이를 실천할 수 있는 구성원의 역량이 구축되어야 전략적 기획이 성공할 수 있다. 전략적 사고가 없는 전략적 기획은 단순한 계획에 불과하다. 공공조직에 필요한 전략적 사고는 뚜렷한 비전과 명확한 목표 의식, 현상에 대한 개방적인 문제의식, 신축적인 사고, 성과 지향, 우선순위에 의한 선택과 집중, 고객 지향의 사고 등을 요구한다. 전략적 사고는 열린 마음에 의해서만 형성될 수 있다. 이를 위해 전략계획과 그의 목적을 이해하도록 하는 조직문화를 육성하도록 해야 한다(Lenz, 1987).

⑨ 전략적 기획은 우선순위의 논리에 의해서 의해 추진되어야 한다

전략적 기획은 모든 것을 다하고자 하는 관리기법이 아니다. 제한된 자원을 전략적

이슈에 집중적으로 투자하여 효과를 극대화하는 활동이다. 이를 위해 전략적 기획은 해야 할 것과 하지 말아야 할 것을 구별하는 우선순위에 의한 관리기법이라는 것을 인식하고 이를 실행하여야 한다.

3 전략적 리더십

1) 의의

기업뿐만 아니라 공공조직에서도 전략적 기획의 성공에 가장 중요한 요인은 전략적 기획과정에서 고위 리더의 관심(commitment), 참여(engagement)와 전략적 사고이다(OMB, 2022). 공공조직의 전략적 기획과 관련된 모든 관리 책임은 기관장인 최고관리자에게 있다. 최고관리자의 전략적 리더십은 실현 가능한 조직의 미래를 창출하기 위해 예측하고, 계획하며, 신축성을 유지하며, 전략적으로 생각하고 다른 사람과 협력하여 업무를 수행하는 개인의 능력을 의미한다(Ireland & Hitt, 1999).

전략적 기획에서 최고관리자 및 고위 지도자들은 다음과 같은 역할을 하게 된다.

- **비전 제시자**: 조직의 최고관리자는 조직이 나아갈 전략 방향을 제시해야 한다. 전략적 기획에서 효과적인 리더가 수행해야 할 중요한 과제는 조직구성원과 이해관계자에게 실현 가능하며, 희망을 줄 수 있는 비전을 제시하는 것이다(Bennis & Nanus, 1985).
- **전략적 조직문화의 형성자**: 최고관리자는 조직의 가치와 운영 원리를 명확하게 하고, 이를 조직구성원이 공유하도록 하는 문화를 장려해야 한다.
- **전략적 관리 시스템의 관리자**: 조직의 최고관리자는 조직의 전략적 관리 능력을 개선·개발해야 한다. 효과적 전략적 관리 시스템은 신축적이고, 혁신적이며, 사용자 지향적이고, 권력과 밀접한 연계성을 확보할 수 있어야 하고, 갈등을 효과적으로 해결하며, 변화에 대한 저항을 효율적으로 억제하는 체제여야 한다.
- **환경의 감시자**: 전략적 기획은 환경 지향적인 관리 체계이다. 최고관리자는 조직의 환경에 대해 정확하게 분석하고 예측해야 한다. 최고관리자는 환경의 변화를 정확하게 파악하기 위해 조직에 영향을 주는 외부 이해관계자와 항상 밀접한 관계를 맺고 있어야 한다.
- **주요 자원의 동원자**: 최고관리자는 전략의 형성 및 집행 과정에서 필요한 인적, 물

적, 정보자원을 동원하는 역할을 해야 한다. 특히, 전략적 기획에서 최고관리자는 조직의 모든 구성원이 그들의 잠재 능력과 창의성을 최대화할 수 있는 인적자원 역량을 조성하는 역할을 해야 한다.

- **성과의 감시자**: 최고관리자는 다양한 조직의 구성요소를 조직의 목적 달성을 위해 조정하고 통제하는 역할을 해야 한다. 이러한 통제 수단으로 전략적 기획은 성과 평가와 평가에 대한 다양한 인센티브를 활용하게 된다.
- **변화 주도자**: 전략적 리더십은 변화 지향의 리더십을 요구한다. 특히, 조직의 공동 비전을 추구하는 데 있어 헌신의 내용을 구체화하고, 상호 신뢰가 바탕이 되는 환경을 조성하는 변혁적 리더십(transformational leadership)을 요구한다.

2) 전략적 리더십의 역량

(1) NPR의 성공한 리더십의 특징

일찍이 NPR(1997) 보고서는 성공한 공공조직에 대한 벤치마킹을 바탕으로 성공한 리더십의 공통적 특징으로 다음의 네 가지를 제시하고 있다.

- **직접 개입**: 효과적 리더십은 전략적 기획의 모든 면에 직접 개입한다. 효과적 리더십은 조직 전반에 대해 명확하고, 일관되며, 가시적이고 실질적으로 참여한다. 최고관리자는 전략관리팀의 한 일원으로 조직의 비전이나 전략에 관해 이야기한다.
- **비전과 가치**: 효과적 리더십은 비전을 현실로 바꾸는 능력이다. 리더는 조직의 임무, 전략 방향과 비전을 구성원이나 외부 고객에게 명확하게 전달한다. 성공한 조직은 조직 전체수준에서 비전과 가치(vision & values)를 설정하나 전략 방향 설정과 관련된 많은 부분을 부나 사업 단위에서 할 수 있도록 한다.
- **절박감**: 효과적 리더십은 일종의 절박감(sense of urgency)을 가지고 조직을 운영한다. 성공한 조직의 리더들은 조직의 모든 계층에 조직의 비전을 열성적으로 전달하고, 전략목표를 강조하며, 고객 중심을 구성원에 대한 보상과 엄격하게 연결함으로써 고객 중심의 필요성에 대한 절박감을 조장했다.
- **성공을 위한 틀**: 성공적인 리더십은 최고관리자의 시간, 노력, 개인적 능력뿐만 아니라 성공을 위한 틀(framework for success)을 구축한다. 이 틀을 바탕으로 조직의 계층과 상관없이 모든 구성원의 참여와 혁신을 구조화하여 촉진한다.

(2) 바람직한 전략적 기획의 리더십 관행

전략적 기획의 성공을 위한 바람직한 리더십의 관행을 보면 다음과 같은 것이 제시되고 있다(Kouzes & Posner, 2017).

- **길을 설계한다**(model the way): 리더십은 직위와 계급에 관한 것이 아니라 개인적 책임과 긍정적 본보기를 보여주는 것이다. 즉, 리더십은 리더가 어떻게 행동하는가에 달린 문제이다. 모범적 리더가 되기 위해서는 구성원들이 기대하는 행동 모델을 제시하여야 한다. 이를 위해 자신의 핵심 가치와 행동 원칙을 명확하게 하여야 한다. 그리고 구성원이 이를 공유할 수 있도록 해야 한다.
- **공유된 영감을 고취한다**(inspire a shared vision): 모범적 리더는 비전과 꿈에 대한 절대적이고 완전한 믿음이 있고, 이를 달성할 수 있다는 확신을 갖는다. 그리고 다른 이들을 여기에 참여시켜서 열정과 흥분을 고취해야 한다.
- **과정에 대한 도전**(challenge the process): 도전은 위대함의 도가니이다. 모범적인 리더십은 변화를 추구한다. 이를 위해 모든 역경을 극복하고, 혁신하며, 개선할 기회를 수용한다. 리더는 미지의 세계를 위한 개척자이고 실패로부터 배우고 가능한 많은 실험을 한다. 이러한 경험이 지도자를 성장시킨다.
- **다른 사람이 행동하도록 한다**(enable others to act): 위대한 것을 추구하기 위해 신뢰와 지속적 관계에 의한 팀워크가 필요하다. 누구도 혼자 할 수 있는 것은 없다. 리더는 신뢰를 쌓고 관계를 촉진하여 협업을 추구한다. 리더는 구성원의 대화와 커뮤니케이션을 촉진하여 관계를 더 강하고 탄력적이게 한다.
- **마음을 격려한다**(encourage the heart): 리더가 되기 위해서는 사람들의 공헌에 대한 감사를 표시하고, 공동체 정신을 만들어 가치와 승리를 축하하는 문화를 만들어야 한다. 리더의 가슴에서 우러나오는 축하와 인정은 조직의 강한 집단적 정체성과 공동체 정신을 구축하게 된다.

(3) 전략적 리더의 핵심 역량

쇼메이커 등(Schoemaker et al., 2013)은 전략적 리더에게 필요한 핵심 역량을 실증적으로 분석하여 변화를 보는 예측(anticipate) 능력, 현상을 올바로 볼 수 있는 비판적 사고력(think critically), 복잡한 현상을 해석(interpret)하는 기술, 불확실한 환경과 불완전한 정보를 가지고 신속하게 결정(decide)하는 능력, 이해관계자와 협력하고 제휴(align)하는 기술과 학습(learn) 역량이 필요하다고 한다.

전략적 리더가 되기 위해서는 다음과 같은 핵심 역량과 함께 직무와 관련하여서는 최고의 성과를 위한 동기부여 역량, 프로젝트 관리와 관련된 팀 설계와 구성 역량, 거버넌스 역량, 협상과 갈등관리 역량, 이해관계자와 효과적인 커뮤니케이션 역량을 가져야 한다(British Columbia, 2021).

- **전략적 제휴 구축**: 전략적 기획과정에서 내외부 이해관계자 분석에 참여하고, 이들의 권력을 바탕으로 합의와 협력을 도출하기 위한 지식과 기술이 필요하다.
- **비전과 목적 설정**: 조직이나 부서의 공식 및 운영목표를 설정하고 목표 달성의 효율성을 측정하는 시스템을 구축하는 데 필요한 지식과 기술 역량이 요구된다.
- **변화의 창조와 관리**: 조직의 방향을 설정하고, 지원과 연합체를 형성하고, 널리 소통하고, 변화에 대한 저항 관리를 통하여 성공적인 조직 변화를 구현하는 데 필요한 지식과 기술 역량을 요구한다.
- **창의적 문제 해결**: 비판적 성찰, 문제분석, 위험평가 및 보상 등에 대한 혁신을 통하여 창의적으로 문제 해결을 촉진할 수 있는 지식과 기술 역량이 필요하다.
- **권한부여 촉진**: 하위 체계에 대한 권한부여(empowerment), 위임, 정보 공유 등으로 구성원이 효율적으로 업무를 수행할 수 있도록 하는 데 필요한 지식과 기술 역량이 요구된다.
- **관리자로 존재감 형성**: 관리자로 존재감을 구축하기 위해 개인적인 신뢰성, 리더십, 자신감과 다른 사람의 관점에서 이해하여 구성원에게 영향을 줄 수 있는 지식과 기술적 역량이 요구된다.

4 참여적 전략적 기획

1) 참여의 의의

민간부문의 전략적 기획과 공공부문의 전략적 기획의 가장 큰 차이 가운데 하나는 공공조직의 전략적 기획은 민주적이고 공개적이며 투명하게 이루어져야 한다는 것이다. 초기의 전략적 기획은 하향식 접근방법으로 추진되었으나 오늘날 공공조직의 전략적 기획은 상향식 접근방법으로 발전하여 조직의 다양한 계층에서 일상업무와 연계되어 추진되고 있다(Bryson, 2018; George & Desmidt, 2014). 전략적 기획에서 참여(engagement)는 협의의 시민참여(participation)뿐만 아니라 조직 내외 다양한 이해관계자의 참여를 의미한다. 이해관계자의 참여는 이해관계자가 전략적 기획과정에 영향을 미치는 의사결정과 자원에 영향을 주고 통제를 공유하는 프로세스이다. 공공조직에서 전략적 기획의 적절한 참여는 전략적 기획 추진의 중요한 성공 요인으로 강조되고 있다. 내부 참여 활성화는 조직관리 수준에서 논의되는 과제이고, 여기에서는 주로 외부 이해관계자 차원의 문제를 다루게 될 것이다.

공공부문의 전략적 기획에서 참여를 강조하면서 주요 사업의 추진에서 부처 간 협업, 시민참여, 정책 소통, 공청회 등의 이름으로 법규로 참여를 제도화하고 있다. 예로, 「물관리기본법」 제19조는 물관리 기본원칙으로 "물관리 정책결정은 국가와 지방자치단체 관계 공무원, 물 이용자, 지역주민, 관련 전문가 등 이해관계자의 폭넓은 참여 및 다양한 의견수렴을 통하여 이루어져야 한다"고 규정하고 있고, 「국토기본법」 제11조는 "국토종합계획안을 작성하였을 때에는 공청회를 열어 일반국민과 관계 전문가 등으로부터 의견을 들어야 하며, 공청회에서 제시된 의견이 타당하다고 인정하면 국토종합계획에 반영하여야 한다"고 하고 있다. 그리고 참여를 활성화하기 위해 각종 정부업무평가에서 정책소통 및 협업 등을 중요 평가항목 및 지표로 선정하여 평가하고 있다. 미국의 GPRAMA는 기관의 전략계획 수립에서 의회, OMB, 시민, 부처구성원, 파트너 및 이해관계자의 의견을 반영하여 수립하고, 이들이 전략계획에 쉽게 접근할 수 있도록 하고 있다. 이에 의하여 기관의 전략계획에는 이해관계자 참여(stakeholder engagement)를 필수적 항목으로 하고 있다. 이외에 영국이나 캐나다 등의 대부분 국가가 정부의 전략적 기획과정에 다양한 형태의 이해관계자 참여를 법규로 의무화하고 있다.

오늘날 공공조직의 전략적 기획에서 참여(engagement)는 전통적인 시민참여(participation)와 비교하여 다음과 같은 속성을 가진다.

- 이해관계자 참여는 하향식 이니셔티브로 정부에 의해서 추진된다.
- 이해관계자 참여의 속성은 공식적인 것으로 이해관계자에게 의사결정에 참여하기 위한 도구를 제공한다.
- 이해관계자 참여의 중요한 과제는 이해관계자가 중요시하는 것이 무엇인가를 확인하고, 참여에 필요한 모든 정보를 제공한다.
- 예로, 시민참여 예산제, 여론조사 또는 아이디어 창출 등을 들 수 있다.

전략계획에서 이해관계자의 참여는 다음과 같은 거버넌스 체제의 정부운영과 함께 하고 있다(Klijn & Koppenjan, 2020).

- 정부는 정책과 전략을 실현하는 데 있어 점점 더 다양한 사회적 행위자에 의존하고 있다.
- 오늘날 정부는 이러한 행위자와 관계하는 방법을 발견해야 한다. 정보제공이나 이해관계자의 자문과 같은 전통적인 형태의 참여로는 충분하지 않고, 공동 작업의 협업환경과 과정을 더욱 요구하고 있다.
- 서로 다른 문제의 인식, 목표 및 전략을 가진 다양한 행위자와 조직들은 공공조직과 복잡한 상호작용으로 이어진다.
- 공공조직은 전략의 성공적 운영에서 자율성이 줄어들고 있다. 공공조직의 전략은 다른 당사자들의 요구와 기대와 일치해야 하며, 더 넓은 공공 가치 집합에 대한 기여 차원에서 판단을 요구하고 있다.

고객 및 이해관계자의 참여와 관련하여 우수한 조직의 특성을 보면 다음과 같은 행태를 보이고 있다(EFQM, 2021).

- 조직의 핵심적 주요 이해관계자 집단을 구체적 유형과 범주로 구별하여 식별하고 있다.
- 지속적 참여를 위해 핵심적 주요 이해관계자의 요구사항과 기대사항을 이해하고 이를 활용하고 있다.
- 조직의 전략형성과 지속가능한 가치 창출에 주요 이해관계자를 참여시키고, 그들의 기여를 인식한다.
- 투명성, 책임성, 윤리적 행동 및 신뢰를 바탕으로 주요 이해관계자와의 관계를 구축, 유지하고 더욱 발전시키고자 한다.
- 주요 이해관계자들과 협력하여 공통의 이해와 개발을 통하여 유엔의 지속가능 개발 목표 등을 해결하고자 한다.
- 주요 이해관계자가 연락하기를 기다리지 않고 적극적으로 의견을 수렴한다.
- 주요 이해관계자의 요구와 관련하여 성과를 평가하고, 주요 이해관계자가 인식하는 미래를 위해 적절한 조치를 결정한다.

2) 참여의 목적 및 이점과 한계

(1) 참여의 목적

전략적 기획에서 이해관계자 참여는 다음과 같은 활동을 통하여 전략적 기획의 타당성과 합리성을 높이는 것을 목적으로 한다.

- 내외부 이해관계자 그룹을 식별하고 정책 대상집단의 욕구 파악과 전략목적과 목표 및 집행의 우선순위를 정하기 위한 기준을 수립한다.
- 전략계획 프로세스에 모든 이해관계자 그룹이 효과적으로 참여하여 학습과 공동체 의식을 함양하고자 한다.
- 전략적 기획과정에서 다양성을 확보하고 소외된 집단의 의견이 전략적 기획에 반영되어 형평성을 확보하고자 한다.
- 이해관계자와 상호작용으로 통하여 지속적인 피드백 기회를 확보하고자 한다.
- 가능한 한 많은 이해관계자가 전략계획 프로세스에 대해 인지하고 알 수 있도록 보장함으로써 투명성을 확보하고자 한다.

(2) 참여의 이점

전략적 기획과정에서 이해관계자 참여는 긍정적인 측면과 부정적인 측면을 모두 가지고 있다(Campbell, 1997). 이해관계자들은 전략적 기획의 비용을 경시하는 경향이 있고, 자기집단 중심의 편협한 사고로 의사결정에 객관성과 공공성을 침해할 위험이 있다. 그러나 이해관계자 분석 및 이해관계자를 기획과정에 참여시킴으로써 다음과 같은 이점을 얻을 수 있다(Bryson, 2018; Argenti, 1997; Gregory, 2003; Plant, 2006).

① 직접적 이점

- **전략적 기획의 질 향상**: 이해관계자의 참여에 대한 실증적 연구들은 참여가 관련된 의사결정의 품질을 향상한다고 한다. 전략적 기획을 위해 다양하고 복잡한 정보와 전문지식이 필요한데, 이해관계자의 참여는 더 다양하고 넓은 범위의 지식, 정보, 아이디어, 관점 및 경험을 제공한다.
- **자원 확보**: 강력한 이해관계자의 지지는 더 많은 자원을 획득하는 데 도움이 되고, 전략적 기획을 성공으로 이끄는 힘이 된다.
- **수요자 중심의 전략적 기획**: 기존의 국가 독점에서 참여 기반 거버넌스 체제로 정책 패러다임이 변화함으로써 수요자 중심의 행정을 추구할 수 있다. 수요자의 참

여에 의한 욕구확인, 수요자 지향의 서비스 전달체제 구축 등이 가능하다.

- **정치과정으로 전략적 기획**: 이해관계자 분석 및 참여는 조직이 직면한 정치적 상황에 관한 가치 있는 정보를 제공한다. 이를 통해 조직의 누가 권력을 갖고 조직의 성공에 잠재적인 영향력이 있는지를 확인할 수 있으며, 이러한 권력구조를 활용하여 조직을 변화시킬 수 있는 정보를 얻을 수 있다.
- **프로그램 집행의 효과성 제고**: 전략적 기획의 과정과 집행 및 평가에 이해관계자의 참여는 정책 및 프로그램에 대한 시민의 소유의식 향상, 집행에 대한 순응 확보 등으로 전략집행의 효과성을 높일 수 있다.
- **갈등 해결**: 전략적 기획과정에의 이해관계자의 참여는 서로 다른 이해관계에서 발생하는 갈등에 대한 해결 메커니즘이 되어 갈등을 해소하고 완화하는 수단이 될 수 있다.
- **투명성과 책임성 강화**: 바람직한 참여는 정책과정과 프로그램 운영에 대한 투명한 공개를 전제로 한다. 이를 통하여 행정의 투명성과 책임성을 높여준다.
- **좋은 거버넌스 구축**: 이해관계자의 참여는 프로그램 운영의 민주적 정당성 확보, 책임성 향상, 신뢰 형성, 시민권리 확보 등을 통하여 좋은 거버넌스를 구축하여 공공정책의 효과성과 효율성을 향상할 수 있다. 공공조직은 특히 외부 이해관계자와 관계를 형성, 유지, 개선하는 기회를 제공하여 프로그램의 효과성을 높일 수 있다(Allison & Kaye, 2015).

② 간접적 이점과 목적

- **정부와 시민과의 관계 향상**: 시민과 이해관계자의 참여는 효과적이고 장기적 파트너십을 형성하여 정부와 시민 간의 관계를 향상한다.
- **정부 역량 및 학습**: 참여는 정책결정자와 집행관계자에게 현상에 대한 이해, 인식, 기술을 향상할 수 있는 학습 기회를 주어 정부 역량을 향상한다.
- **사회적 자본 형성**: 시민과 이해관계자의 참여는 관계, 상호주의, 신뢰를 바탕으로 한 사회적 네트워크를 형성하여 민주주의를 구축하고 유지하기 위한 핵심요소인 사회적 자본을 형성하는 데 기여한다. 시민의 적극적 참여는 시민정신(citizenship)을 향상시키고 시민사회의 역량을 개선한다.

(3) 참여의 한계

공공정책에서 참여는 정책상황에 따라서 여러 가지 한계와 도전을 받고 있다(UNDP, 2022). 이들 문제가 해결되지 않으면 시민과 이해관계자의 참여는 효과적이고 효율적인 정책을 어렵게 한다.

- **정치체제의 문제**: 정책을 결정하는 정치체제가 시민과 이해관계자의 참여를 수용하지 않으면 참여는 무의미해진다.
- **정부 권위의 상실 및 독립성 침해**: 이해관계자의 참여는 사업을 주도하는 정부나 기관의 권한을 참여자에게 위임하거나 함께 행사하는 것을 의미한다. 이에 의하여 정부의 권위나 독립성을 상실할 위험이 있고, 정부의 프로그램에 대한 통제 능력을 상실할 위험이 있다.
- **참여의 시간과 비용에 의한 한계**: 참여는 참여자에게 시간과 비용을 요구한다. 즉, 참여를 위해 많은 시간과 비용이 필요하다.
- **참여의 대표성 확보 문제**: 주민투표 등의 직접적 참여를 제외하고, 대부분 참여는 집단이나 이해관계자 집단의 대표가 참여하게 된다. 이들 대표의 대표성은 실제 참여에서 논란이 되는 가장 중요한 변수 가운데 하나이다.
- **기대치 상승**: 정책 과정에서 이해관계자의 참여는 정책 및 프로그램에 대한 기대치를 높일 수 있다. 이를 억제하기 위해서는 처음부터 참여의 범위와 한계를 명확하게 할 필요가 있다.
- **갈등 확대**: 참여 프로세스는 반대되는 견해를 공개하고 근본적인 긴장을 노출함으로써, 이해관계자 그룹 간의 충돌을 촉발할 수 있다. 특히, 특정 집단만 참여하도록 하는 경우에 참여하지 못한 다른 집단의 갈등과 반대를 초래할 수 있다.
- **시민과 이해관계자의 참여 역량**: 시민과 이해관계자의 참여의식 부재, 참여하고자 하는 문제에 대한 지식, 이해의 부족은 더 나쁜 정책을 유도할 수 있다. 특히, 참여자나 대표자가 참여를 개인의 이기심 확보의 수단으로 활용하게 되면 이는 부패의 요인이 될 수 있다.

3) 참여의 기본 원리

전략적 기획에서 올바른 참여를 활성화하기 위해서 다음과 같은 원리를 고려하여야 한다(Reed, 2008; OECD, 2001; British Columbia, 2008; UNDP, 2022).

- 정직한 상호작용과 상호 신뢰를 기초로 한 모든 행위자 간의 상호 존중
- 공공기관의 의견에 동의 여부와 관계없이 참여자의 의견과 독립성을 존중
- 의사결정에 대한 책임과 책무성을 가진 공공기관의 입장에 대한 존중
- 개방성, 투명성 및 책임성
- 모든 행위자가 적절한 피드백을 할 수 있는 대응성
- 소외계층과 취약계층을 포함한 모든 목소리를 청취하고 고려될 수 있도록 비차별적이고 포괄적인 참여
- 청년 · 노인 · 장애인 · 소수자 등 특별한 관심과 요구가 필요한 사람을 포함한 모든 집단의 양성평등 및 평등한 참여
- 명확한 언어와 오프라인 또는 온라인 및 기타 기기를 통한 접근성의 확보

4) 참여의 유형과 방법

전략적 기획 및 관리과정에의 이해관계자의 참여는 다양한 방법으로 이루어질 수 있다.[2] 가장 널리 인용되는 공공부문의 참여 유형으로 안스타인(Arnstein, 1969)의 유형이 있다. 그는 주로 시민 참여를 계층적으로 비참여, 형식적 참여, 그리고 실질적 참여로 구분하면서 다음의 8개 참여 유형을 제시하고 있다.

① 제1단계(비참여 단계)

형식적으로 심의회 등을 통하여 시민 참여를 수용하나 실제 이 단계의 시민참여는 행정책임 회피의 수단으로 활용한다.

- **조작**(manipulation): 공무원이 일방적으로 주민을 교육하거나 설득 · 계도 · 지시를 하고, 주민은 행정기관의 초청에 만족한다.
- **치료**(therapy): 주민의 분출된 요구를 치료해 주는 데 초점을 둔다.

② 제2단계(형식적 참여 단계)

형식적, 명목적, 상징적 참여 단계이다.

- **정보제공**(informing): 행정기관이 일방적으로 주민에게 정보를 제공하는 형식을 가진다.
- **협의**(consultation): 공청회 등의 방법으로 주민에게 정보를 제공하고, 행정으로의

2) Rowe & Frewer(2005)는 이러한 참여 메커니즘을 100여 개 이상을 정리하고 있다.

참여를 유도하는 형식을 취한다.

- 회유(placation): 주민은 의사결정에 약간의 영향력을 가지고 있지만 정책결정에 큰 영향력을 행사하지는 못하고, 주민의 의견수렴은 행정기관의 재량이다.

③ 제3단계(실질적 참여 단계)

시민이 의사결정에 일정한 권력을 행사하는 단계이다.

- 파트너십(partnership): 시민참여가 행정기관의 동반자로 인식하면서 주민의 영향력이 확대된 상태이나 최종 결정은 행정기관에 귀속된 상태이다.
- 권한 위양(delegated Power): 주민들이 특정 계획에 관하여 우월한 결정권을 행사하는 단계로, 오늘날 주민참여예산제도 등이 이에 해당한다.
- 시민통제(citizen control): 시민이 의사결정을 하는 위원회 등을 지배하여 의사결정권을 가지고 있는 상태의 참여 형태이다.

우리나라의 사업 설명회, 주민 의견수렴으로 공청회 등을 사업전략에서 사용하는데 그쳐 실질적 참여가 활성화되어 있지 못하다. 미국 연방정부는 연방정부의 전략적 기획에서 이해관계자의 참여를 계획의 핵심사항으로 관리하고 있다(OMB, 2022). 연방정부의 전략계획 수립 과정에 주민과 이해관계자의 참여에 활용할 수 있는 참여형 혁신전략으로 다음과 같은 방법을 예시하고 있다(GAO, 2016).

- 크라우드 소싱과 시민과학(citizen science): 기관은 다수의 개인에게 해결해야 할 과제의 제출을 요청한다. 그리고 참여자들의 관련 자료 수집과 분석, 해석과 결과 보고에 대한 과학적 연구활동을 지원한다.
- 아이디어 창출: 기관이 참여자에게 특정 문제나 이슈를 해결하기 위한 아이디어를 제시하도록 요청하고, 이들 아이디어에 대하여 다른 참여자가 의견을 제시하도록 하거나 투표를 할 수 있도록 한다.
- 공개 데이터 협력(open data collaboration): 공개적으로 접근할 수 있는 자료들을 공유하고, 탐색하고, 분석하도록 동원하고, 연구에 이들 데이터를 사용하도록 하거나, 데이터의 시각화 또는 사람들이 데이터에 대한 접근과 이용을 할 수 있도록 애플리케이션과 웹사이트를 구축한다.
- 공개적 대화: 기관이 시민, 전문가나 이해관계자로부터 광범위하게 정보, 관찰, 관점을 수집하고 이에 응답하도록 한다.

• 경품제공이나 경연대회: 기관은 해결하고자 하는 문제나 달성해야 할 특정한 목표를 확인한 뒤에 일반 시민들에게 이에 대한 잠재적인 해결방안을 제출하도록 요구하고, 이들 제안을 평가하여 보상을 주거나 우승자를 선정한다.

5 전략적 기획의 저항과 극복방법

1) 전략적 기획에서 저항의 요인

전략적 기획은 계획된 변화(planned change)이다. 계획된 변화는 의도적이며 목표지향적인 변화라는 면에서 자연적인 변화와는 달리 항상 크고 작은 저항을 수반한다. 특히, 의무적인 기관전략을 제외하고, 새로운 사업을 추진하고자 할 때 조직은 다양한 저항에 직면하게 된다. 이러한 저항을 합리적으로 극복하지 못하게 되면 바람직한 성과를 가져올 수 없게 된다. 공공조직에서 전략적 기획에 대한 저항은 다음과 같은 세 가지 차원에서 살펴볼 수 있다.

(1) 개인적 요인

조직의 변화에 대한 저항은 인간의 지각, 욕구, 성격 등의 심리적인 요인에 의해 발생하게 된다. 조직구성원 개인 차원에서 발생하는 저항의 요인으로는 다음과 같은 것이 있다(Robbins, 1996).

• 개인의 습관: 개인은 일상적인 의사결정의 복잡성을 줄이기 위해 정형화된 결정을 하게 된다. 이를 습관이라고 한다. 전략적 기획에서도 이러한 개인의 습관에 의해 항상 하던 방식대로 반응하려는 성향을 보임으로써 변화에 저항한다.
• 안정성: 인간의 본능 가운데 안정성에 대한 욕구는 변화에 대한 저항의 원인으로 작용한다. 이는 기존의 행동 양식에 익숙한 정도가 클수록 더욱 강하게 나타난다.
• 경제적 동기: 전략적 관리나 기획을 도입할 때 자신의 성과에 자신감이 부족한 사람은 평가를 두려워하여 변화에 저항하게 된다. 특히, 전략적 관리와 기획이 개인의 기득 이익을 강화하기보다는 침해할 위험이 있다고 생각할 때 저항은 더욱 크다.
• 미지에 대한 두려움: 인간은 미지의 것에 대해 호기심 이외에 두려움을 가지게 된다. 전략적 기획으로 발생하게 될 편익을 알지 못하고, 오히려 업무에 대한 부담

이 가중된다고 생각하면 저항을 한다. 특히, 전략적 기획의 구체적인 내용을 모르거나 비밀리에 추진되는 경우 저항은 커지게 된다.

(2) 구조적 요인

기본적으로 조직은 보수적인 특성이 있다. 특히, 관료제적 조직은 법규에 지배되기 때문에 변화에 저항하는 특성이 있다. 조직의 구조적 요인에 의해 발생하는 저항을 살펴보면 다음과 같은 것이 있다(Katz & Kahn, 1978).

- **구조적 타성**: 공공조직은 관료제화되어 모든 것을 가능한 일상적이고 체계적인 것으로 만들려고 한다. 그러나 전략적 기획은 현재의 틀에 박힌 활동에 의문을 제시하려고 한다. 이 양자의 갈등에서 전략적 기획은 처음 출발할 때부터 커다란 저항에 부딪힐 위험이 있다.
- **제한된 범위의 변화**: 조직은 다양한 하위 시스템으로 구성되어 있어서 조직 전체의 변화를 추구하는 것은 한계가 있다. 특히, 부처 할거주의가 강한 행정조직에서는 한 부분의 변화로 변화의 궁극적 목적을 달성할 수 없는 경우가 많다.
- **집단의 타성**: 조직 내에는 공식·비공식적인 규범이 존재하게 된다. 이러한 규범은 타성이 되어 개인의 변화를 저해할 수 있다. 예로서, 노동조합의 기본적인 방침이 집행부와 반대되는 정책을 추구할 때 노조원은 노조와 반대 의견을 가지고 있더라도 저항을 하게 된다.
- **전문성에 대한 위협**: 계선 중심의 전략적 관리 체제는 참모부서나 전문가의 저항을 유발할 수 있다. 특히, 기획 업무는 기획부서의 전문영역으로 생각하는 전문가들에 의해 반발을 유발할 수 있다.
- **조직 권력관계에 의한 위협**: 전략적 관리 및 기획은 참여적인 관리 및 집행의 자율성을 강조한다. 권위주의적 중앙집권화된 체제는 권력의 분산을 요구하기 때문에, 기존 세력에 의한 저항의 위험이 있다.
- **기존의 자원 배분에 대한 위협**: 전략적 관리와 기획으로 예산이나 인적자원의 배분구조에 변화가 발생하면 자원이 축소되는 부처는 저항하게 된다.

(3) 환경적 요인

전략적 관리 및 기획에 대한 저항은 이를 도입하는 상황에 의해 발생하기도 한다. 특히, 행정 체제를 둘러싸고 있는 정치적인 갈등이 크거나, 개혁의 내용이 조직을 둘러싸고 있는 사회문화 체계의 가치와 갈등이 있을 때에도 저항은 발생하게 된다. 전략적 기획의 도입을 인정하더라도 추진자, 도입의 시기, 절차, 방법 등과 관련한 갈등으로 도입이 저지되거나 지연되기도 한다. 특히, 전략적 기획이 조직의 발전과 성과를 높이는데 목적이 있기보다는 이를 추진하는 세력들의 개인적인 이익을 추구하게 되면 추진세력에 대한 불신을 가져와서 저항한다.

2) 저항 극복 방법

전략적 기획은 조직을 변화시키기 위한 수단이고 모든 변화에는 저항이 따른다. 이를 원활하게 극복하지 못하게 되면 전략계획의 성과를 확보하기 어렵다. 특히, 공공부문의 전략적 기획이 가지는 정치적 성향을 고려하여 전략적 기획에 대한 잠재적인 지원자나 옹호자들을 확보하고, 이들이 필요성을 인식하고 지원할 수 있도록 하면 저항을 원활하게 극복할 수 있다(Bryson & Roering, 1988).

브라이슨과 앨스턴(Bryson & Alston, 2004)은 도입의 장애 요인을 극복하는 방법으로 다음을 제시하고 있다.

- 최고관리자가 기획활동을 중시하고 많은 관심을 두면서 강력한 리더십을 행사해야 한다.
- 관리자가 적정한 시간, 예산 및 인력을 가지고 기획활동에 참여하고 지원한다.
- 조직의 서비스에 대한 일반 시민의 반응 이외에 고객 욕구 등에 대한 기초 연구를 하도록 한다.
- 기획활동이 관리자 이외에 구성원에게 유익하고 의미 있는 형태가 되도록 참여를 활성화한다.
- 좋은 전략적 기획이 되도록 조직의 활동 범위, 목적 및 목표를 명확하게 제시하고, 기관의 임무 및 벤치마킹과 일치되도록 활동영역을 설정한다.
- 조직은 매년 기획을 수정하고 새롭게 하여, 합리적인 저항이나 의견을 계획에 반영하도록 한다.
- 전략적 기획의 신축성을 확보할 수 있도록 상황적 계획을 수립하도록 한다.

미국의 GPRA를 운영하는 과정에서 가장 널리 사용되고 있는 저항 극복 방법으로는 다음과 같은 것이 있다(Baile, 1998).

- 개방적인 전략적 기획과정으로 협상과 교섭의 기회를 제공하는 방법

- 계획된 과정을 유지하기 위해 이해관계자 간 협력 체계를 구축하는 방법
- 기관의 권위 네트워크상에 있는 사람들의 신념과 요구를 이해하고, 과정을 그들의 신념과 요구에 맞추는 방법
- 내적인 지지를 확보하기 위해 조직의 리더가 관심을 두는 방법
- 전략적 기획을 기관의 예산구조 및 성과측정과 연계하는 방법

제5절 전략적 기획 접근방법과 과정

1 전략적 기획 접근방법

전략적 기획의 접근방법에 대하여 연구자들은 다양한 기준으로 분류하여 설명하고 있다. 민츠버그 등(Mintzberg et al., 2009)은 전략경영 분야에 존재하는 접근법 및 학파를 전략 프로세스에 대한 관점을 기준으로 열 개의 학파로 구분하여 설명하고 있다. 이들 열 개의 학파 가운데 디자인학파, 기획학파, 지위학파는 전략은 어떻게 짜야 하는가에 대한 규범적 성격의 학파이다. 그리고 기업가학파, 인지학파, 학습학파, 권력학파, 문화학파, 환경학파는 실증적 차원에서 전략이 어떻게 형성되고 있는가에 관심을 둔다. 마지막으로 구성학파 또는 통합학파는 모든 학파를 묶어놓고 있다(윤규상 옮김, 2012).

토프트(Toft, 1989)는 전략적 관리의 핵심 구성요소로 비전, 사명, 비교 우위, 목적과 목표, 핵심적 성공요소, 공유하는 가치, 행동 지향의 일곱 가지를 제시하면서 접근방법으로 전략적 감사 접근방법, 형식적 접근방법, 적응적 기획과 집행전략 접근방법, 관리자 훈련 접근방법, 팀 형성과 조직문화 접근방법, 이해관계자 접근방법, 자기 조직화 시스템 접근방법을 제시하고 있다.

이들 접근방법은 상황에 따라서 적합한 접근방법을 사용할 필요가 있다(WMO, 2016).

① 목적 기반 기획 모형

목적 기반 전략적 기획(Goal-based Planning)은 하버드 모형을 바탕으로 하는 가장

기본적인 전략적 기획 방법이다. 이는 전략적 기획이 추구하는 조직의 임무, 비전, 전략 목표를 명확하게 하고, 이를 위한 전략을 수립하는 방법을 취한다. 규모가 작고, 업무가 바쁘며 전략적 기획에 대한 경험이 많지 않은 조직에서 사용된다. 이에 전략적 기획을 처음 도입하는 조직에 바람직한 방법이다.

② 이슈 기반 기획 모형

이슈 기반 기획((Issue-based Planning) 모형은 SWOT 분석 등의 방법으로 조직이 해결하여야 할 이슈와 도전에 초점을 두는 접근방법이다. 이는 목적 기반 모형보다 더 포괄적이고 효과적인 모형으로 자원이 매우 제한되고, 해결해야 한 현안 과제가 있지만, 야심 찬 목표를 달성하지 못하면서, 기존의 전략적 기획에 거의 동조하지 않는 조직에 적합하다. 이 모형은 사업기획이나 전략적 기획에 대한 어느 정도의 경험이 있는 조직에서 사용하게 된다.

③ 정합 모형

정합(整合) 모형(Alignment Model)은 효과적인 운영을 위해 자원을 조직의 임무와 연계하거나 환경이 주는 기회와 위협, 조직의 강점과 약점을 연계하여 기획을 수립하는 방법이다. 정합 모형은 조직 내부의 비효율성을 전략에 적합하게 조정하고자 한다. 예로, 조직 과정의 IT화와 같은 기능전략 등에 효율적이다. 이 모형은 전략을 미세 조정하고자 할 때, 조직의 사명과 부합하지 못하는 문제를 확인하고자 할 때, 목표를 재평가하여 성장을 방해하는 문제영역을 개선하고자 할 때 효용이 있다.

④ 시나리오 기획 모형

시나리오 기획(Scenario Planning) 모형은 미래에 발생 가능한 시나리오를 구성하여 이에 대응하기 위한 전략을 개발하는 것이다. 이 모형은 전략적 사고를 지원하고 다른 모형을 보완하기 위한 수단으로 활용될 수 있다. 이 모형은 외부 요인에 의해서 발생하게 될 전략적 이슈나 목표를 확인하고자 할 때, 그리고 매우 장기적인 이슈에 대응하기 위한 기획에 적합하다.

⑤ 유기적(자기 조직화) 기획 모형

유기적(자기 조직화) 기획[Organic(Self-organizing) Planning] 모형은 기존의 모형이 정적이고 정형화된 과정에 의해서 진행되는 것에 대한 비판으로 제시된 모형이다. 이는 대화를 중요한 가치로 생각하는 비선형 전략기획 모형으로 유기체의 변화 과정을 응용하여 문제를 해결하고자 한다. 이 모형은 전략적 기획에 많은 시간을 할애할 수 있고, 자신의 비전을 명확하게 이해하고 있는 조직에서 활용도가 높다.

⑥ 실시간 기획 모형

실시간 기획(Real-time Planning) 모형은 유기적 모형과 유사하다. 이 모형은 조직의 환경이 빠르게 변화하고 역동적인 특성을 가지는 조직에서 장기적 세부적인 계획의 적합성이 떨어지는 조직에 유리하다. 이를 주장하는 사람들은 조직에 대한 지속적이고 실시간으로 계획을 수립하여 집행할 것을 주장한다. 이 모델은 매우 빠르게 변화하는 환경을 가진 조직에 가장 적합하다.

⑦ 영감 모형

영감 모형(Inspirational Model)은 전략 기획팀이 조직의 목표를 향해 일할 때 영감을 주고 활력을 불어넣는 데 적합하다. 특히, 역동적이고 영감을 주는 창업 문화를 가진 조직, 창의적 아이디어를 창출하고자 하는 조직 및 빠른 해결방안과 전략의 변화를 추구하는 조직에 적합한 모델이다. 이 모형은 기존의 틀보다는 브레인스토밍 등의 창의적 기법을 활용하여 문제를 해결하는 것을 강조한다.

2 전략적 기획과정

전략적 관리 차원에서 전략적 기획과정은 국가의 제도나 연구자에 따라서 다양하게 설명되고 있다. 이들을 살펴보면 다음과 같다.

1) 데이비드의 포괄적 · 전략적 관리모형

민간기업의 전략적 관리에 대한 과정모형을 데이비드(David, 2006)는 [그림 1-4]와 같이 크게 전략형성, 전략집행, 전략평가의 3단계로 구분하고 세분화하고 있다.

2) 브라이슨의 전략적 관리과정

브라이슨(Bryson, 2018)은 전략적 관리과정을 [그림 1-5]와 같이 10단계 모형을 제시하고 있다.

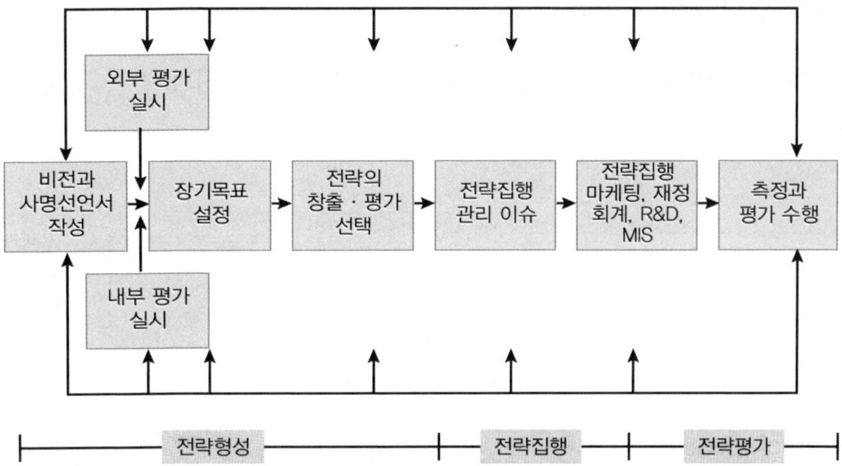

출처: David(2006).

[그림 1-4] 포괄적 · 전략적 관리모형

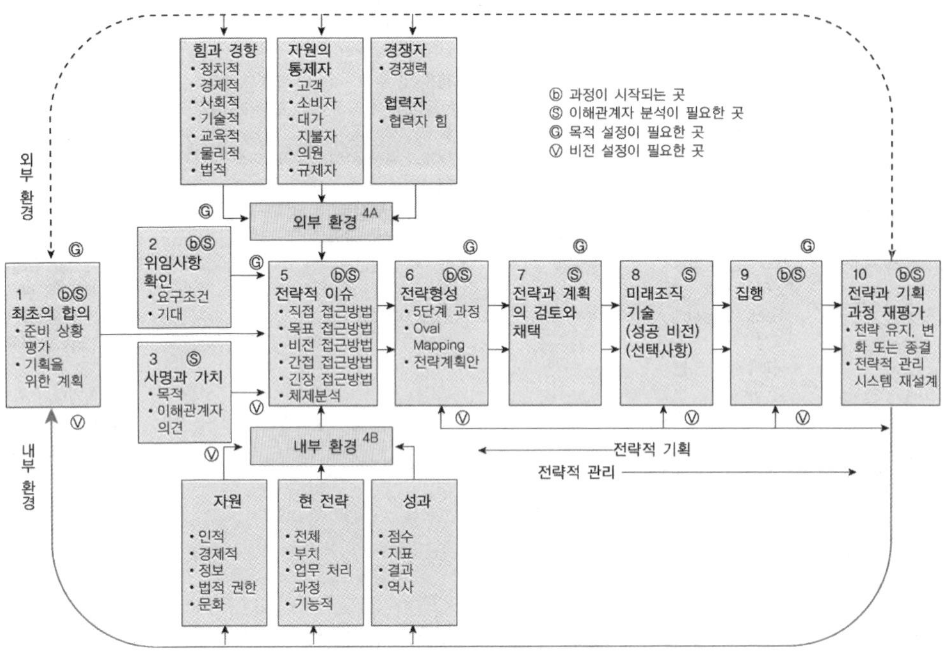

출처: Bryson(2018).

[그림 1-5] 전략 변화 순환과정

3) NPR의 성과관리 과정

NPR(1997)은 성과관리 시스템을 과정 차원에서 [그림 1-6]과 같이 구분하여 제시하고 있다.

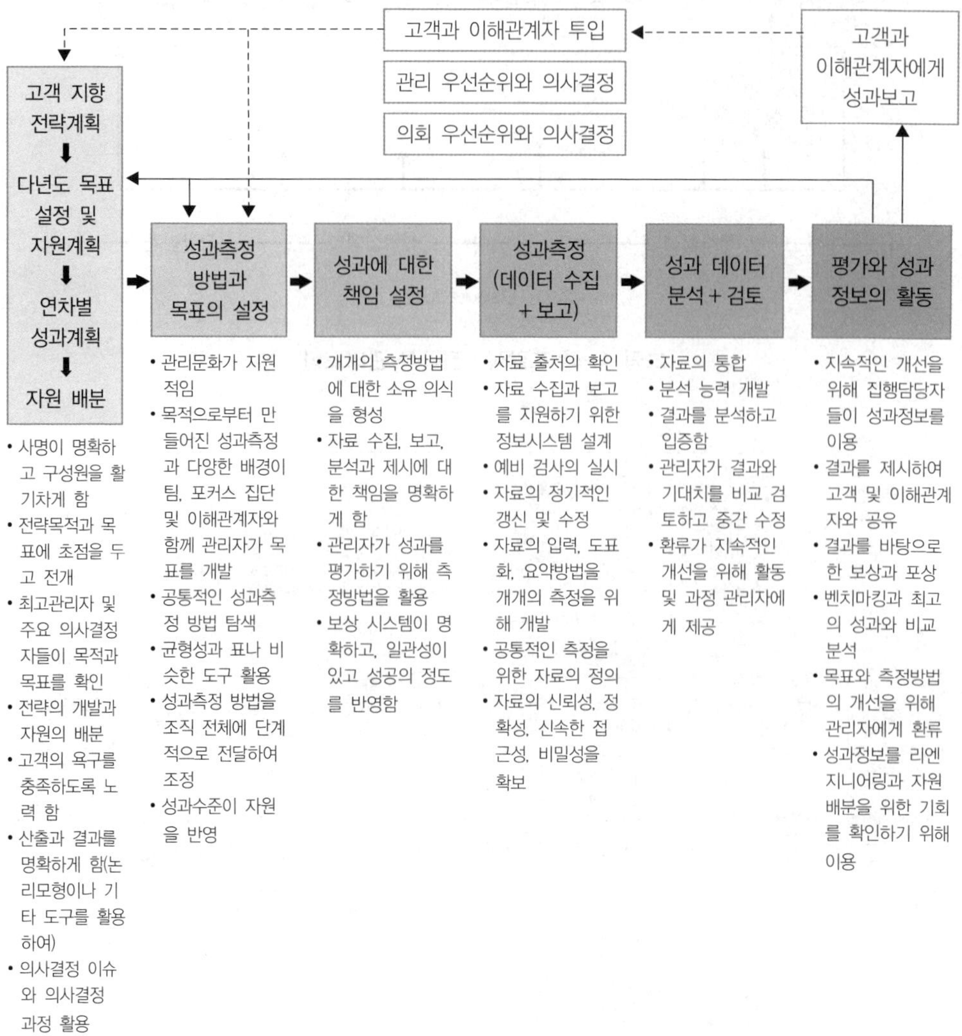

출처: PBM SIG(2001). 재인용.

[그림 1-6] NPR 성과측정 과정모형

4) 우리나라의 성과관리체계

『정부업무 성과관리 운영지침』은 성과관리 차원에서 전략적 관리과정을 [그림 1-7]과 같이 제시하고 있다.

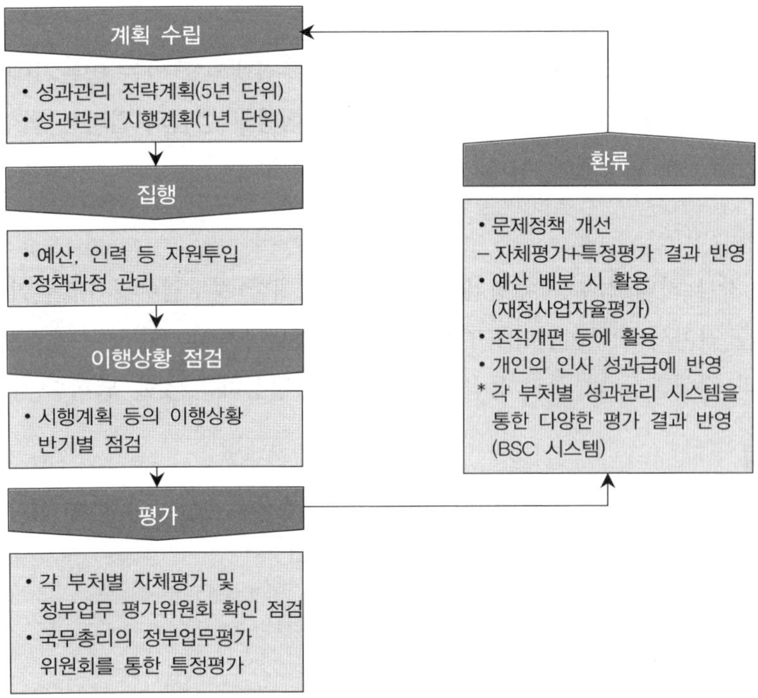

출처: 국무조정실(2022).『2022년 정부업무 성과관리 운영지침』.

[그림 1-7] 정부업무 성과관리 체계

① 계획 수립

계획 수립에서는 전략계획인 5년 단위의 성과관리 전략계획을 수립한다. 이 성과관리 전략계획을 기본으로 각 기관은 1년 단위의 집행계획인 성과관리 시행계획을 수립하게 된다.

② 집행

집행단계는 성과관리 전략계획을 집행하기 위한 성과관리 시행계획을 실천에 옮기는 과정으로 예산 및 인력 등의 자원을 투입하여 시행하게 된다. 성과관리 차원에서 이루어지는 집행은 성과관리 전략계획에서 제시한 임무, 중·장기 목표, 연도별 목표를 달성하기 위해 그 집행과정 및 결과를 경제성·능률성·효과성 등의 관점에서 관리하는 일련의 활동을 말한다.

③ 이행상황 점검

이행상황 점검은 성과관리 시행계획이 계획대로 집행되고 있는 있는가에 대한 모니터링 단계로 반기별로 점검이 이루어지게 된다. 이행상황 점검의 결과는 집행과정의 개선 및 평가 활동에 활용하게 된다.

④ 평가

평가는 각 부처의 경우 자체평가를 하고, 이에 대한 정부업무평가위원회의 확인 점검의 과정을 거쳐서 이루어진다. 기관이 수행한 정책·사업·업무 등에 관하여 그 계획의 수립과 집행과정 및 결과 등을 점검·분석·평정하는 것을 말한다.

⑤ 환류

평가 결과는 다음 연도 예산편성에 반영하고, 조직·예산·인사 및 보수체계에 연계하여 성과관리를 향상하기 위해서 활용하게 된다.

5) 미국 연방정부의 성과관리 사이클

미국 연방정부의 성과관리 과정은 기본적으로 [그림 1-8]과 같은 구성요소로 이루어졌다. 이는 조직의 전략계획에 의한 목표 설정과 목표에 대한 진행상황에 대한 데이터 기반 검토, 기관이 조직성과 및 관리 개선을 추진하는 데 사용하는 평가를 기반으로 하는 성과보고의 주기를 가진다. 특히, 데이터에 기반하여 계획을 갱신하는 조직학습 메커니즘을 강조한다.

① 기획

새 대통령이 선출되면 연방행정기관은 대통령 어젠다를 중심으로 4년 단위의 전략계획을 수립한다. 전략계획은 기관의 장기 목표를 제시하고, 이를 기관이 달성하고자 하는 일반적 목표와 연계한 전략 방향, 비전, 기관이 취할 조치를 제시한다. 전략계획에는 목표를 실현하기 위한 자원 조정 및 기관의 운영을 방해하는 문제 또는 위험을 해결

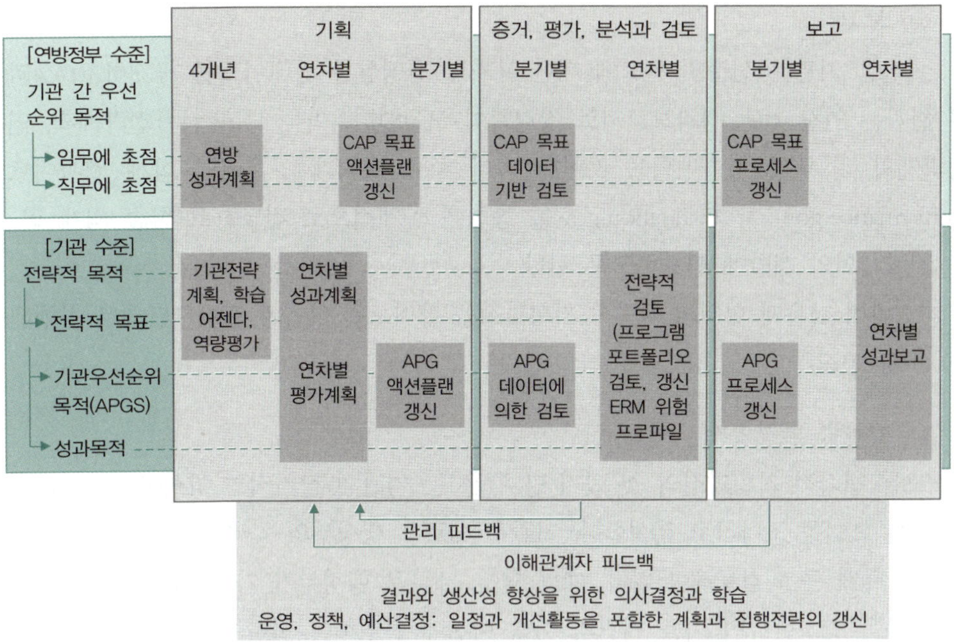

* CAP(Cross Agency Priority); APG(Agency Priority Goal).
출처: OMB(2022).

[그림 1-8] 미국 연방정부의 성과관리 사이클

하는 방법인 전략을 제시한다. 특히, 전략계획은 대통령 어젠다를 기반으로 한 목표의 우선순위를 강조한다. 기관은 전략계획을 바탕으로 매년 2년 단위의 기관 성과계획을 수립한다.

② 증거, 평가, 분석 및 검토

기관은 기관 성과계획을 기반으로 집행한다. 집행을 위해 내부 관리 프로세스를 수립하고, 전략목표, 프로그램 포트폴리오, 기관 우선순위 목표의 성과를 설정하고 집행과정을 모니터링한다. 집행과정에 대한 모니터링은 증거를 바탕으로 정기적으로 검토하고 매년 장기목표의 진행상황을 평가하여 주요 프로그램이 효과적으로 관리되고 있는지를 확인하게 된다. 이를 통하여 기관의 우선순위를 강화하고, 지속적인 학습 및 개선의 기관 문화를 확립하여 기관 리더가 정책이 효과적이고 효율적으로 구현될 수 있도록 한다.

③ 보고

기관은 기관 우선순위 목표에 대한 분기별 진행상황 업데이트를 공개하고, 성과평가 결과는 연간 기관 성과보고서로 정리하여 보고한다. 이들 보고서는 전략계획, 연간 성과계획 및 연간 평가계획을 포함한 기타 주요 조직계획 문서와 함께 웹사이트인 'Performance.gov' 및 'Evaluation.gov'를 통하여 공개적으로 전달하고 학습 의제 및 다음 전략계획의 개발에 활용하도록 한다.

이 과정 가운데 협의의 전략적 기획과정을 살펴보면 다음과 같이 7단계로 진행된다 (Collins, 2022).

① 1단계: 환경평가

모든 전략적 기획과정의 첫 번째 단계에서는 기관의 장기적인 방향에 영향을 미칠 수 있는 요인을 조사하고 분석한다. 기관은 새로운 행정부의 공약, 우선순위, 잠재적인 새로운 규제 등을 검토해야 한다. 예를 들어, 새로운 행정부가 기후변화, 고객 경험, 형평성 등을 강조한다면 이를 기관의 미래 비전에 반영해야 한다.

② 2단계: 내부 분석

기관 외부 환경에 대한 평가 다음으로 기관의 강점, 약점, 기회 및 위협(SWOT)을 포함한 내부 분석을 수행하여야 한다. 이를 위해 연차보고서를 바탕으로 기관 전체의 성과평가를 하고, 직원과 고위관리자의 의견을 수렴하여 분석하게 된다. 분석 결과는 1단계에서 이루어진 행정부의 우선순위와 비교한다.

③ 3단계: 전략 방향설정

기관은 환경 분석과 내부 분석 결과를 바탕으로 기관의 전략 방향을 설정한다. 기관의 이상적이고 영향력이 큰 미래의 비전은 직원과 이해관계자와 회의 및 협력 하에 설정한다. 기관의 전략 방향이 연방정부의 우선순위와 어떻게 연계되는지에 대하여 정당화할 수 있는 논리를 개발한다. 이를 통하여 실제로 무엇을 달성할 수 있고, 이를 위해서 기관이 노력해야 할 것이 무엇인지를 결정한다. 기관의 비전은 미래에 대해 큰 부분을 구성한다.

④ 4단계: 목적과 목표 개발

기관은 비전을 설정한 다음에는 내부 이해관계자 및 고위관리자와 협의하여 기관이 관심을 두게 될 목적과 목표를 설정한다. 그리고 개개의 목적에 대한 전략, 성과지표,

바람직한 결과에 대하여 포커스 그룹 및 전문가 집단의 의견을 수렴하고, 직원 참여, 실무 협의체, 기관 전체 활동에 대한 분기별 검토 등을 통하여 도출한다.

⑤ 5단계: 성과평가척도, 일정 설정, 진행률 추적 방법 설정

목적과 목표가 정해지면 이를 달성하기 위한 세부사항을 결정한다. 세부사항에는 각 목적에 대한 책임 부서 결정, 필요한 자원 결정, 집행일정, 목적 달성 여부를 측정할 수 있는 척도 결정 등이 포함된다.

⑥ 6단계: 전략계획 작성과 공표

5단계에서 결정된 내용을 바탕으로 기관의 입장과 목적을 널리 알릴 수 있는 전략계획을 작성한다. 2단계부터 5단계까지 직원과 이해관계자의 참여는 전략계획이 단순한 문서로서 존재하지 않도록 기관 전체의 지지를 확보하는 데 필요하다. 이들 계획서는 모두 http://performance.gov 사이트에 의무적으로 게시하도록 하고 있다.

⑦ 7단계: 집행을 위한 계획과 미래

기관은 전략계획이 수립된 뒤에 집행계획을 수립하기 시작한다. 여기에는 진행상황을 추적하고 리더십과 직원이 매년 계획을 검토하며, 필요에 따라 목표와 목표를 업데이트할 수 있는 공식적인 시스템과 성과측정 활동이 포함된다. 이상의 모든 과정은 약 1년 반 정도가 걸리게 된다.

3 전략적 기획 단계

1) 전략적 기획의 기본 구성요소

전략적 기획을 통하여 전략계획이 만들어진다. 전략계획은 다음에 대한 답을 얻고자 한다.

① 우리는 어디에 있는가?(Where are we now?)

현재보다 더 나은 상태로 조직을 변화시키기 위해서는 먼저 우리가 누구인지, 지금까지 우리의 성과는 무엇이고, 더 나은 상태로 변화를 위해서 해결해야 할 문제가 무엇인지를 알아야 한다. 전략적 기획은 먼저 조직의 실태를 파악하고, 조직을 둘러싸고 있는 환경이 어떻게 변화하고 있는지를 알아야 한다. 이를 위해 주민이나 이해관계자들의

욕구를 확인하고, 현재 조직의 다양한 정책이나 프로그램의 실태, 조직상황 및 환경을 평가하여야 한다. 이를 통하여 조직을 둘러싸고 있는 환경이 주는 기회와 위협, 조직의 강점과 약점을 확인하게 된다.

② 우리는 어디로 가기를 원하는가?(Where do we want to do?)

전략적 기획은 조직을 미래의 바람직한 상태로 변화하기 위한 수단이다. 이를 위해 조직이 추구하는 미래를 구체화하여야 한다. 전략계획에서 조직이 달성하고자 하는 모습은 조직의 임무, 비전, 전략목적과 전략목표 등으로 표현된다.

③ 어떻게 그곳에 갈 것인가?(How to get there?)

전략계획은 조직이 추구하고자 하는 미래에 어떻게 갈 것인가 하는 방법인 전략을 수립하여야 한다. 전략이 형성되고 나면 이를 바탕으로 전략계획서가 만들어진다.

④ 우리는 어디까지 와 있는가?(How far are we?)

전략계획을 집행하기 위해 실행계획서가 만들어지고 이를 바탕으로 집행하게 된다. 전략적 관리에서 높은 성과를 얻기 위해서는 집행이 계획대로 진행되고 있는지, 목표를 어느 만큼 달성했는지에 대한 진행 과정을 검토하고 지속해서 개선되어야 한다.

⑤ 우리의 성과는 무엇인가?(What are our achievements?)

전략계획의 기간이 마무리되면, 전략목적과 목표의 달성 정도를 평가하고, 평가 결과를 바탕으로 전략계획과 전략관리과정을 개선하여 지속적 발전을 추구하게 된다.

이상의 답을 얻는 과정은 [그림 1-9]와 같이 6단계로 구분할 수 있다. 이들 전략적 기획과정은 단선적인 변화 과정이 아니고 순환적인 과정이며 각 과정은 상호 연계되어 있으며 진행 과정에서 전 단계로 돌아가서 다시 논의하는 것도 필요하다.

2) 전략적 기획의 준비 단계

시작은 일에서 가장 중요한 부분이다. 기획을 위한 계획(plan-to-planning) 과정은 전략적 기획을 준비하는 프로젝트 기획 단계이다. 기획을 준비하는 과정에서 법규에 의한 전략계획을 제외하고, 첫 번째로 해야 할 것은 전략적 기획을 추진할 것인가에 대한 조직 내 합의가 있어야 한다. 여기서 전략적 기획의 필요성 및 목적에 대한 합의와 최

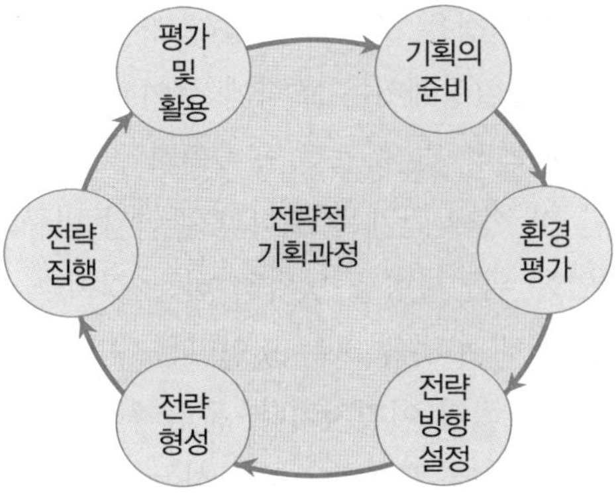

[그림 1-9] 전략적 기획과정

고관리자, 주요 의사결정자, 이해관계자의 적극적 지지와 지원에 대한 정치적 합의가 있어야 한다. 이 단계에서는 조직의 전략적 기획 역량에 대한 객관적인 사전평가도 필요하다. 이 단계에서는 전략적 기획의 대상, 범위, 참여자, 기획에 필요한 자원, 계획 수립 기간 및 일정, 보고서의 양식 등에 관한 결정이 필요하다.

3) 환경평가와 내적 능력평가 단계

환경평가와 내적 능력평가는 '우리는 어디에 있는가?'에 대한 답을 얻기 위한 단계이다. 전략적 기획은 조직의 강점을 이용하고 약점을 극복하며, 조직을 둘러싸고 있는 환경의 기회를 활용하고 위협을 줄여서 조직의 바람직한 미래를 달성하기 위한 과정이다. 이를 위해 우리의 능력과 우리가 일하게 될 조직환경을 알아야 한다. 환경평가는 조직을 둘러싸고 있는 외부 환경이 조직에 기회가 되는지 위협이 되는지를 판단하는 외부 환경평가와 조직이 가진 내적 능력의 강점과 약점을 확인하는 내부 능력평가로 구분된다. 특히, 공공조직의 환경평가에서 외부 고객과 이해관계자 분석은 필수적이다.

4) 전략 방향설정 단계

전략 방향설정은 '우리는 어디로 가기를 원하는가?'에 답을 얻기 위한 과정이다. 여기에는 우리가 해야 할 일이 무엇이고, 무엇을 달성하고자 하는 것인가를 명확하게 하여야 한다. 환경평가와 내적 능력평가가 현재에 초점을 두지만, 전략 방향설정 단계는 그 초점을 미래에 둔다. 방향설정은 조직이 달성하고자 하는 미래의 바람직한 상태를 규정하는 과정이다. 전략 방향설정에서는 조직에 부여된 위임사항, 임무, 비전과 이를 실천하기 위한 운영 원리와 목적 및 목표를 구체화하게 된다.

전략 방향설정을 위한 첫 번째 단계는 조직과 관련된 법규의 명령, 행정명령, 법원의 판결 등이 조직에 위임한 위임사항을 명확히 하는 것이다. 조직의 임무는 조직 및 조직의 프로그램이 누구를 위해 무엇을 하는 것인가를 구체화하는 것이다. 비전은 조직의 바람직한 미래에 대한 개념적인 이미지이다. 운영 원리는 조직의 운영기준이 될 수 있는 핵심적 가치로서 조직운영의 체계성을 확보하는 데 필요하다.

전략목적(goals)은 전략적 기획이 추구하는 미래의 바람직한 최종 결과를 의미한다. 전략적 이슈는 전략목적을 달성하는 데 핵심이 되는 과제이며, 목표(objectives)는 목적을 달성하기 위한 구체적이고 측정 가능한 성과를 의미한다. 이를 위해 전략목표에 대한 성과지표와 성과목표가 설정되어야 한다.

5) 전략형성 단계

전략형성은 '어떻게 그곳에 갈 것인가?'에 대한 답을 찾는 단계이다. 전략은 대부분 전략적 이슈를 해결하기 위한 수단을 선택하는 과정이며, 조직의 임무와 비전을 달성하기 위한 전략목적과 목표를 달성하기 위한 수단 및 방법을 결정하는 것이다. 전략이 결정되게 되면 이를 종합하여 전략계획서가 만들어지게 된다.

6) 전략집행 단계

전략의 집행 과정에서는 특히 '우리가 어디까지 와 있는가?'에 답을 얻는 과정이 중요하다. 전략집행은 전략을 실천에 옮기는 과정이고, 이를 위해 먼저 집행계획 또는 행동계획을 수립할 필요가 있다. 집행계획은 단기적으로 주로 연차별 계획을 수립하고, 예산과 연계된 계획을 필요로 한다. 특히, 집행의 책임성 향상과 결과 지향의 성과관리를 위해 성과목표를 달성하기 위한 하위 성과지표의 설정과 측정 방법이 결정되어야 한다. 다음으로 수립된 집행계획을 실천에 옮기는 활동이 요구된다. 이는 전략계획과 조직관리의 유기적 연계 속에서 이루어진다. 실천 과정에서는 목표의 효과적인 달성을 위해 자원의 신속한 동원, 적극적인 동기부여, 커뮤니케이션 활동이 활발하게 이루어져야 한다. 특히, 집행이 계획대로 진행되고 있는지, 전략목표가 어느 정도 달성되고 있는

지에 대한 모니터링 활동이 중요한 과정으로 강조된다.

7) 평가 및 활용 단계

이 단계는 '우리의 성과는 무엇인가?'에 초점을 두고 답을 얻고자 하는 단계이다. 모든 전략이 1회로 끝나는 경우는 매우 드물다. 전략적 기획활동은 지속적이고 반복적인 순환 과정이며 학습 과정이 되어야 한다. 평가활동은 지금 하고 있는 것과 과거에 한 것을 조사하는 활동이다. 우리는 종종 실패는 성공의 어머니라고 한다. 이는 활동을 평가하고 실패 요인을 확인하여 개선할 때에만 성공할 수 있다는 것을 의미한다. 평가는 조직의 학습활동이며 조직구성원의 책임성을 확보하기 위한 활동이다. 전략적 관리에서 환류 기능을 하는 평가활동은 평가 결과로 얻어진 정보를 바탕으로 전략계획 및 집행과정을 개선하여 조직의 지속적 개선과 발전을 추구하는 것을 목적으로 하게 된다. 이들 성과평가의 결과는 전략의 수정과 개선, 새로운 전략의 도입, 전략 폐기 등의 전략 변화와 전략적 기획과정의 개선활동에 활용된다.

제6절 전략적 기획과정에 필요한 기술

전략적 관리에서 사용될 수 있는 툴(tools)은 매우 다양하게 개발되어 있다(박홍윤, 2013; Krogerus & Tschäppeler, 2012; Shapiro, 2017).[3] 글레이스터와 폴쇼(Glaister & Falshaw, 1999)는 영국의 기업을 조사한 결과 전략적 기획과정에서 많이 활용되고 있는 도구나 기법으로는 순서대로 스프레드시트(spread sheet)의 'what if' 분석, 핵심 성공요인 분석(analysis of key or critical success factors), 경쟁자 재무분석, SWOT 분석, 핵심 능력분석(core capabilities analysis), 기업 모델링/전략기획 소프트웨어(corporate modelling/strategic planning software), 조직문화 분석, 경제적 예측 모형, 이해관계자 분석, 가치 사슬분석(value chain analysis), 포트폴리오 매트릭스(portfolio matrices), 시나리오 구성, 인지 매핑(cognitive mapping), 포터의 산업 매력도 분석, PEST 또는 STEP

3) https://www.ifm.eng.cam.ac.uk/research/dstools/tqm-tools/

분석, 경험곡선 분석(experience curve analysis), 델파이(delphi) 등을 제시하고 있다.

이외에 민간기업의 성과관리를 위해 지속해서 많은 경영관리 기법들이 개발되어 활용되고 있다. 공공부문의 전략적 관리에 이들 관리 기법을 상황에 적합하게 적절하게 활용하는 것도 필요하다(박홍윤, 2013; 박홍윤 · 박규동, 2020a).

전략적 기획은 의사결정 과정으로 의사결정에 대한 합리적 접근방법인 경제적 분서, 비용편익분석, 비용효과분석, AHP 방법 등이 활용된다. 이들 방법에 대하여는 정책분석, 계량분석 등을 참고할 것을 권하고, 이 절에서는 전략적 기획과정에서 주로 사용하는 집단적 합의를 위한 방법과 우선순위 결정 방법을 중심으로 개괄적으로 설명하고자 한다.

1 브레인스토밍

브레인스토밍(brainstorming) 기법은 전략적 관리와 기획과정에서 가장 많이 사용되는 기법이다. 브레인스토밍 기법의 아버지로 불리는 오스본(Alex Osborn)은 "새로운 아이디어를 창출하는 것보다 엉터리 같은 아이디어를 제시하기가 더 쉽다"고 이야기하고 있다. 일반적인 회의방법은 사고를 구조화하고 자유로운 의견의 제시를 어렵게 하여 문제 해결을 왜곡하거나 가능한 대안의 수를 억제한다. 그러나 브레인스토밍에서는 아이디어에 대하여 평가를 하지 않는다. 브레인스토밍은 자유로운 분위기에서 스스로 아이디어를 제시하고 다른 사람의 아이디어로부터 새로운 아이디어를 창출하는 방법이다. 브레인스토밍은 뇌(brain)에 폭풍(storming)을 일으키는 활동이다.

브레인스토밍은 6~12명 정도의 그룹이 적정하다. 그룹에서는 진행자와 기록원을 선발하고, 제시된 아이디어는 화이트보드나 칠판에 기록한다. 회의에 앞서 진행자는 해결하고자 하는 주제와 브레인스토밍 방법에 대하여 간략하게 설명을 한다.

효과적인 브레인스토밍을 하기 위해서는 다음과 같은 규칙을 지켜야 한다.

- 제시된 아이디어나 의견을 평가하지 말아야 한다. 나쁜 아이디어란 없다고 생각하여야 한다. 타인의 아이디어가 엉뚱하다고 웃어서는 안 된다.
- 브레인스토밍에서는 사고를 구조화하려고 하여서는 안 된다. 닭고기를 요리하는 방법을 생각할 때 닭고기를 튀겨서 먹는 방법을 주제로 제시해는 안 된다.
- 브레인스토밍은 양적으로 많은 아이디어를 창출하기 위한 기법이다. 생각할 수

있는 모든 아이디어가 제시될 수 있도록 하여야 한다.

- 다른 사람의 아이디어를 확대, 개선, 표절하는 것도 인정해야 한다.
- 하나의 문제나 이슈에 초점을 두도록 한다. 브레인스토밍에서는 가능한 하나의 주제가 마무리된 뒤에 새로운 주제를 다루도록 하여야 한다.
- 회의 진행자는 참여자가 자연스럽게 회의에 참여하게끔 분위기를 조성하고, 참여자들이 긴장하지 않도록 한다. 주제에 대한 설명은 너무 구체적이어서는 안 되고, 주제를 명확히 하기 위한 질의응답의 시간도 필요하다. 아이디어가 고갈되었을 때는, 우선 중단한 다음에 아이디어를 평가하여야 한다. 그러나 평가를 즉각적으로 행하기보다는 일정한 시간이나 기간을 둔 뒤에 행하는 것이 좋다.

2 스노 카드 기법

스노 카드(snow card) 기법은 단순하지만 어떤 문제에 합의를 도출하기 위한 효과적인 집단 의사결정 기법이다. 전략적 기획의 모든 과정에서 집단의 문제 해결을 위하여 빈번하게 사용될 수 있다(Bryson, 2018). 이 기법은 어떤 문제에 대한 답을 하나씩 개별 카드(또는 포스트잇)에 적은 뒤 이들 카드를 내용별로 분류하여 공동의 주제에 대한 다양한 의견을 그룹화하는 방법이다. 예로, 브레인스토밍으로 12명의 참석자가 조직 환경 변화를 예측하는 회의를 할 경우 참가자들은 사전에 관련 자료 등을 숙지한 뒤에 회의에 참여한다. 참여자들은 자기가 생각한 모든 생각을 하나씩 한 장의 포스트잇에 작성한다. 12명이 10장씩 쓰면 총 120개의 생각이 작성된다.

스노 카드 기법을 사용하기 위해서는 다음과 같은 지침을 고려할 필요가 있다(Bryson, 2018).

- 회의의 진행자를 선발한다.
- 참여자를 구성한다. 이상적인 참여자의 수는 5~9명 정도이지만 최대 15명 정도까지도 운영할 수 있다. 참여자가 많으면 집단을 다시 세분화할 수 있다.
- 포스트잇을 붙일 수 있는 보드 가까이에 탁자를 놓고 참여자들이 둘러앉는다.
- 논의하고자 하는 하나의 질문, 문제, 이슈를 제시한다.
- 참여자들은 물음에 대하여 가능한 한 많은 아이디어를 생각해 내어서 개인 연습지에 기록한다.

- 개인들에게 자신들의 생각 가운데 좋다고 생각하는 5~7개 정도를 선택하여, 포스트잇에 각각 하나씩 적도록 한다.
- 포스트잇을 섞은 후 이를 한 장씩 보드에 비슷한 내용별로 그룹화하여 붙인다. 참여자들이 범주별로 선택한 이름을 붙이도록 한다. 이렇게 모인 아이디어가 마치 눈보라(blizzard)를 닮았다고 하여 스노 카드 기법이라는 이름이 붙여졌다.
- 그룹의 이름은 구별하기 쉽게 다른 색의 포스트잇으로 붙이거나, 이름을 다른 색으로 표시하도록 한다.
- 그룹별로 분류된 항목들은 참석자들이 동의할 때까지 수정하고 재분류를 한다. 이 과정에서 새로운 항목이 추가될 수도 있고, 기존의 항목이 제거될 수도 있다. 때로는 하위 범주로 재분류할 수 있다.
- 참여자들이 그룹화와 내용에 만족하게 되면, 결과에 대하여 토론하고 비교하며 서로 비교하도록 한다.
- 다음으로 참여자들은 그룹화한 항목들의 우선순위를 결정하도록 한다. 우선순위를 결정하기 위하여 참여자들에게 7~8개 정도의 스티커를 주어서 중요한 항목에 1개씩을 붙이도록 하여 스티커의 수에 의하여 우선순위를 결정한다.
- 회의가 끝나면 순서별로 정리한다. 정리에는 항목 선정과 우선순위 결정의 이유 등이 개괄적으로 제시되어야 한다.

3 우선순위 비교 방법

전략적 기획은 모든 것을 다 하는 것이 아니라 조직의 성과에 중요한 것에 집중할 것을 요구한다. 따라서 전략적 기획에서는 조직이 무엇을 하고, 그것을 실행하기 위한 전략적 이슈는 무엇이고, 이슈를 해결하기 위해 자원 배분을 어떻게 하며, 무엇에 관심을 가지고 운영할 것인가를 항상 생각해야 한다. 이는 파레토 법칙으로 불리는 80 : 20 법칙에서 강조하는 것과 같이 선택과 집중을 요구하고 일의 우선순위를 항상 생각해야 한다. 합리적 선택 접근방법에서는 관련된 주제에 대한 모든 것을 경제적으로 분석하여 결정할 것을 요구하나 많은 시간과 비용을 요구하기 때문에 그 활용이 제한된다. 이외에 많이 사용하는 방법으로 투표방법을 사용하게 된다. 여기에서는 주로 집단적 합의로 우선순위를 결정하는 기법을 소개하고자 한다(박홍윤, 2013).

1) 투표방법

가장 일반적인 방법으로 참석자의 투표로 결정하는 방법이 많이 사용된다. 투표방법은 다음과 같이 다양한 방법이 있다.

① 단순다수 투표

대안이나 후보자가 한 표라도 많으면 많이 얻은 것을 선택하는 방법이다. 여기서 기권투표는 계산되지 않는다. 이 방법은 대안이나 후보자의 수가 많은 경우 소수의 득표로 선택이 결정되는 문제가 있다.

② 절대다수 투표

절대다수는 여러 개의 대안이나 후보자 가운데 전체수의 반보다 최소한 하나라도 많이 득표한 것을 선택하는 방법이다. 기권표는 전체 수에 포함한다.

③ 결선투표 방법

1차 투표에서 과반수가 나온 안건이나 후보자가 선정되지만, 과반수 득표가 없는 경우에 상위 2명을 대상으로 투표하는 방법이다.

④ 1인 2표 및 다수 투표제

투표자가 2개의 대안이나 2인의 후보자를 선택하고 합산하여 다수 득표자를 선택하는 방법이다. 선거에서는 가장 낮은 지지자가 당선되는 모순이 나타날 수도 있다.

⑤ 콩도르세(Condorcet) 방법

모든 대안이나 후보자를 쌍으로 투표하여 승리한 수가 많은 대안이나 후보자를 선택하는 방법이다.

⑥ 보르다(de Borda) 방법

대안이나 후보자에 대하여 투표자가 자신의 선호에 따라서 순위를 매겨서 투표한다. 각 순위에 가중치(1위 10점, 2위 9점 등)를 주어 이를 합하여 순위를 결정한다.

2) 아이젠하워 매트릭스

이 방법은 시간 관리의 한 방법으로서 중요한 것과 위급한 것을 판단하는 데 도움을 준다. 미국 대통령 아이젠하워(Dwight D. Eisenhower)는 "가장 위급한 것이 항상 가장 중요한 것은 아니고, 중요한 것이 항상 위급한 것은 아니다"라고 말했다.

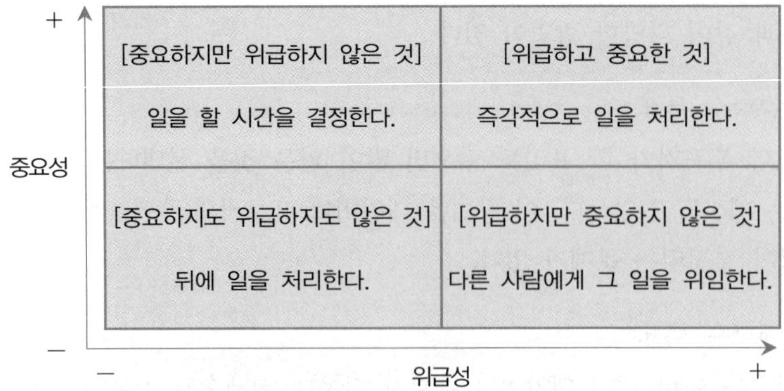

[그림 1-10] 아이젠하워 매트릭스

아이젠하워 대통령이 종종 사용하였다는 아이젠하워 매트릭스는 어떠한 문제가 발생하면 먼저 [그림 1-10]의 매트릭스로 일을 분류하여 적어 놓고, 그 일을 어떠한 방법으로 처리할 것인가를 결정을 한다.

어떤 일이 위급하고 중요한 사안이라면 즉시 의사결정을 해야 한다. 한편 그 일이 중요하지만 위급하지 않은 것이라면, 전략적이고 장기적인 의사결정이 필요한 영역이다. 이들은 위급성이 나타나기 전에 미리 준비하는 활동이 필요하다. 만약 어떤 일이 위급하지만 중요하지 않다면 부하에게 위임하여 처리할 필요가 있다. 중요하지도 위급하지도 않은 일이라면 시간적인 여유가 있을 때 개별적으로 처리한다.

3) 그리드 기법

그리드(grid) 기법은 우선 참여자나 이해관계자가 우선순위를 결정하고자 하는 주제나 이슈를 합의를 통하여 도출한다. 그리고 참여자들은 각 대안이나 의견에 대하여 기준별로 평가하고 평가 점수를 종합하여 우선순위를 결정한다. 〈표 1-4〉는 전략적 문제를 해결하기 위하여 제시된 4개의 안에 대한 우선순위를 결정하는 예이다. 사례에서 우선순위는 전체 합을 기준으로 1안, 3안, 2안, 4안의 순으로 결정된다.

우선순위를 정하는 방법으로는 기준별로 매우 매력 3점, 보통 매력 2점, 낮은 매력

1점으로 결정하여 항목별로 판단자가 점수를 주고, 이를 합산하는 방법과 합의를 통해 각 항목에 대하여 점수를 주어서 결정하는 방법이 있다. 이외에 우선순위 결정기준에 대하여 기준별로 가중치를 달리하여 결정할 수도 있다.

〈표 1-4〉 기준 그리드에 의한 우선순위 결정

기준 / 대안	전략적 매력도	재정적 매력도	집행의 어려움	불확실성과 위험	이해관계자의 수용도	합계
1안	√√√√	√√√	√√	√√√	√√√√	16
2안	√√	√√√	√√√	√√	√	11
3안	√√√	√√	√√	√√√	√√	12
4안	√	√	√√√	√√	√√√	10

4) 쌍대 비교

서로 다른 의견이나 대안을 두 개씩 비교하여 우선순위를 결정하는 방법이다. 예를 들어, A, B, C, D 4개의 항목 간에 우선순위를 결정하고자 한다면 두 개씩 서로 비교하여 중요성의 차이로 우선순위를 결정하는 방법이다. 4개의 항목이 있다면 총 비교 대안의 수는 6개(=3+2+1)가 된다. 여기서 비교 결과에 대한 빈도를 합산하여 우선순위를 설정하게 된다. 그러나 쌍대 비교는 판단자의 일관성 문제 등이 있다.

예로, A, B, C, D 네 개의 항목의 우선순위를 비교하기 위하여 〈표 1-5〉와 같이 두 개의 항목 간에 우선순위를 비교한다. 비교의 결과를 보면 "A=2, C=1, D=3, B=0"을 보여준다. 이에 의하여 D, A, C, B의 순으로 순위를 결정하는 방법이다.

〈표 1-5〉 쌍대 비교에 의한 우선순위 결정

비교 항목	더 중요한 것
A : B	A
A : C	A
A : D	D
B : C	C
B : D	D
C : D	D

5) 행동 우선순위 매트릭스

우리는 종종 자원보다 더 많은 활동을 원하고 있다. 행동 우선순위 매트릭스(Action Priority Matrix)는 이러한 상황에서 우선순위를 결정할 때에 사용될 수 있는 유용한 기법이다. [그림 1-11]은 행동 우선순위 매트릭스의 기본 유형이다. 매트릭스는 행동이 목표 달성에 이바지하는 정도와 행동에 요구되는 자원의 양이라는 두 개의 차원을 연결하여 결정한다.

- 생산적 이익을 주는 일(quick wins): 적은 노력으로 큰 영향을 가져오는 일로 가장 매력적인 일로 가능한 많은 시간을 투자하도록 한다.
- 중요한 일(major projects): 큰 영향을 얻기 위한 일은 많은 시간과 노력이 요구된다. 이러한 일은 생산적인 일을 위해서 잠시 중단하거나, 좀 더 신속하고 효율적으로 마무리해야 한다.
- 임시로 할 일(fill-ins): 낮은 영향과 적은 노력이 요구되는 일은 여유 시간이 있을 때만 하면 된다. 그러나 더 나은 것이 있다면 그 일은 중단하여야 한다.
- 아주 고통스러운 일(hard slogs): 낮은 영향과 적은 노력이 요구되는 일로, 이러한 것은 피하는 것이 좋다.

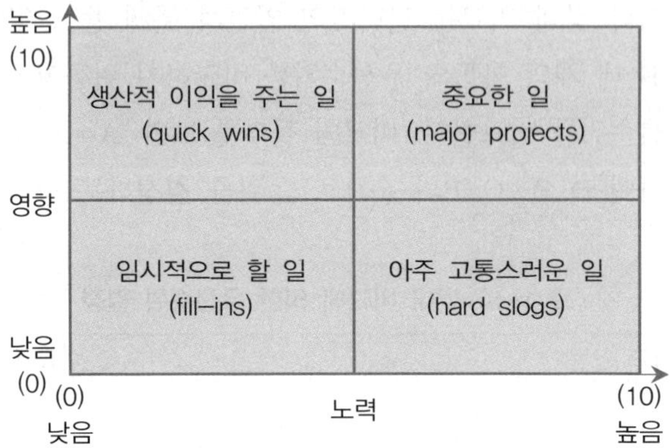

[그림 1-11] 행동 우선순위 매트릭스

매트릭스를 작성하기 위해서는 다음과 같은 과정이 요구된다.

- 매트릭스 작성을 위해서 먼저 관련된 모든 행동 목록이나 대안을 작성한다.
- 각 대안이나 활동에 영향과 노력의 측면에서 각각 0에서 10(0은 영향이 없음, 10

은 극대의 영향)의 점수를 부여하여 시트에 배정하여 분류하여 활용한다.

- 매트릭스를 활용함에 착안점은 그 일을 함으로 다른 효과를 얻지 못하게 된다는 것을 고려하여야 한다.

사례 **우선순위 선정 사례**

- 대전교육과학연구원(2022). 『미래사회 변화에 대응할 대전교육 정책방향과 전략 탐색 연구』.
  * 설문조사 방법에 의하여 우선순위를 제시하고 있음
- 고려대학교 산학협력단(2021). 『5~11세 코로나 예방접종 도입의 보건학적 타당성 분석』.
  * 5~11세 소아 코로나19 예방접종에 대한 전문가 델파이 조사로 우선순위를 설정

제2장

전략적 기획의 준비 단계

전략적 기획과 성과관리

시작은 일에 있어서 가장 중요하다.
– 플라톤(Plato)

제1절 전략적 기획의 추진

1 법적 · 제도적 장치

공공조직의 전략적 기획과 전략적 관리는 대부분 법에 근거하여 추진되고 있다. 우리의 전략적 기획과 이의 집행에 기본이 되는 법규는 「정부업무성과 기본법」과 「국가재정법」이고, 미국 연방정부는 'GPRAMA'이다. 우리나라의 전략적 기획과 성과관리와 관련된 법규와 규칙은 〈표 2-1〉과 같이 정리할 수 있다. 개별사업의 경우 관련 법에 종합계획 수립 및 평가 등을 규정하고 있고, 이들 계획의 기본 형식은 대부분 전략적 기획의 개념을 따른다. 예를 들어, 「지능정보화 기본법」에 근거한 『지능정보사회 실행계획』, 「국토기본법」에 근거한 『국토계획』, 「물관리기본법」에 근거한 『국가물관리기본계획』 등이 있다.

우리나라는 성과평가에서 전략적 기획보다는 성과평가에 초점을 두기 때문에, 전략적 기획에 대한 구체적 지침이 상대적으로 부족한 실정이다. 반면에 미국 연방정부의 경우에는 전략적 기획에 대하여 관리예산처(OMB)가 매년 매우 상세한 지침과 참고자료를 제시하고 있다(OMB, 2022).

〈표 2-1〉 전략계획 및 성과관리 관련 주요 법규

구분	법규명	관리부서
기본법규	정부업무평가 기본법(법률 제14839호)	국무조정실
	정부업무평가 기본법 시행령(대통령령 제32725호)	국무조정실
	국가재정법(법률 제19188호)	기획재정부
	국가재정법 시행령(대통령령 제33217호)	기획재정부
중앙정부	공무원 성과평가 등에 관한 규정(대통령령 제33149호)	인사혁신처
	공무원 성과평가 등에 관한 지침(인사혁신처 예규 제145호)	인사혁신처
	국가연구개발사업 등의 성과평가 및 성과관리에 관한 법률(법률 제18644호)	과학기술정보통신부
	국가연구개발사업 등의 성과평가 및 성과관리에 관한 법률 시행령(대통령령 제32725호)	과학기술정보통신부
	각 부처 및 기관의 성과평가 및 성과관리 규정 또는 지침	각급 행정기관
	BSC 성과평가 운영규정(방위사업청훈령 제656호)	방위사업청

지방정부	지방재정법(법률 제19031호)	행정안전부
	지방재정법 시행령(대통령령 제32223호)	행정안전부
	지방공기업법(법률 제18747호)	행정안전부
	광역 및 기초자치단체의 성과관리 및 평가에 관한 규칙	자치단체
	지방자치단체 합동평가위원회 운영규정(행정안전부훈령 제211호)	행정안전부
	행정안전부: 지방자치단체 예산의 성과계획서 작성기준	행정안전부
공공기관	공공기관의 운영에 관한 법률(법률 제18795호)	기획재정부
	공공기관의 운영에 관한 법률 시행령(대통령령 제33078호)	기획재정부
	공기업・준정부기관의 경영에 관한 지침	기획재정부
	2022년도 공공기관 경영평가편람	기획재정부

2 전략적 기획의 추진 결정

1) 기관전략

전략적 기획을 위해서는 우선 조직 전체의 장기적 방향설정 등에 초점을 두는 조직의 전략계획을 수립할 것인지를 결정해야 한다. 많은 국가가 전략적 기획을 정부개혁의 수단으로 활용하기 위해 도입을 법규화하고 있다. GPRAMA에 근거하여 미국의 모든 연방기관은 전략계획을 의무적으로 수립하여 제출해야 한다. 우리나라도 2006년에 제정된 「정부업무평가 기본법」 제5조에서 규정하는 성과관리의 원칙에 따라 각 중앙행정기관의 장이 성과관리 전략계획을 수립해야 하고, 계획을 3년마다 수정・보완하도록 규정하고 있다. 「국가재정법」 제85조의7에서는 재정사업의 성과관리를 위해 각 중앙관서의 장이 예산요구서를 제출할 때 다음 연도 예산의 성과계획서 및 전년도 예산의 성과보고서를 기획재정부 장관에게 함께 제출할 것을 규정하고 있다. 이외에 개별법은 사업의 체계적 추진과 관리를 위해 계획 수립을 의무화하고 있다.

조직은 법규 이외에 다음과 같은 경우에 조직 전체를 대상으로 하는 기관전략을 추진할 수 있다.

① 조직의 개혁이나 변화를 추진할 때

조직이 개혁이나 변화를 추진하고자 할 때 전략계획을 수립하여 추진할 수 있다. 이는 전략적 기획의 목적은 조직을 변형하는 것이기 때문이다(Wells, 1996). 전략적 기획은 특히 장기적인 조직의 방향 재정립과 조직의 구조개혁 등 조직의 변화를 추진하기 위해 수립하는 조직 변화의 중요한 관리 도구로 활용될 수 있다.

② 조직의 신설 및 개편

공공조직은 법규에 따라 새로이 만들어지고 없어진다. 신생조직은 조직의 임무를 명확하게 하고 기본 방향설정 등을 위해 전략계획이 필요하다. 전략계획은 신생조직이 가지는 정당성의 위기를 타파하기 위해 새로운 임무와 역할을 선택하고, 안정적인 자금을 확보하기 위해 전략계획을 수립할 수 있다.

③ 조직의 최고관리자가 교체될 때

대통령, 장관, 자치단체장과 같은 조직의 최고관리자가 바뀌면 조직 내의 권력구조를 새롭게 바꾸고, 자신의 비전을 실천에 옮기거나, 조직의 분위기를 새롭게 하려고 새로운 비전과 목적을 제시하고 이를 실천하기 위해 전략계획을 수립한다. 가장 대표적으로 정권 교체와 더불어 대통령인수위원회가 중심이 되는 국정과제 선정, 지방자치단체장의 교체에 따른 공약 선정 등이 전략계획의 형식을 취한다.

2) 사업전략 및 기능전략

공공조직에서는 다음과 같은 경우에 전략계획을 수립할 수 있다.

① 부처 개별사업을 추진하고자 할 때

각 부처는 법령에 근거한 개별사업을 추진하고자 하거나 기관장이나 부처의 임무를 수행하면서 상대적으로 규모가 큰 사업을 추진하고자 할 때 전략계획을 수립할 필요가 있다.

② 정부 사업에 지원하고자 할 때

정부 및 공공부문은 사업을 추진하기 위해 다양한 형태의 사업을 공모하고 심사하여 지원한다. 이 경우에 지방자치단체나 하위 행정조직들은 중앙정부가 추진하는 사업에 공모하기 위해 전략계획을 수립하게 된다.

③ 사업자금이나 사업의 정당성을 확보할 필요가 있을 때

공공조직은 의회와 같은 정치적인 이해관계자에 의해 사업 존속에 필요한 자금 배정이 중단될 수 있다. 전략계획은 조직을 재정적으로 재정립하기 위해 활용할 수 있다.

또한 기존 사업을 정당화하고 존속시키기 위해 관련 이해관계자로부터 지지와 지원을 획득하기 위한 수단으로 전략계획을 수립하기도 한다.

3) 전략적 기획 추진에서 고려할 것

(1) 준비성 평가

전략계획을 수립하고자 할 때 전략적 기획이 필요한지에 대한 준비성 평가를 수행하는 것도 필요하다. 준비성 평가란 전략적 기획을 착수할 것인지, 그리고 이를 효과적으로 추진하는 데 필요한 것이 무엇인가를 결정하기 위한 활동이다. 전략적 기획을 시작하기 전에 조직이 전략적 기획을 수행할 준비와 능력이 있는지를 평가하는 것은 성공을 위해 매우 중요하다. 조직이 전략적 기획을 추진할 준비나 능력이 없는 상태에서 기획을 수립한다면 불만족한 결과를 가져오거나 기획이 중단될 수 있다.

준비성 평가방법은 최고관리자와 고위관리자 인터뷰, 조직구성원을 대상으로 한 리더십, 관리 행태, 업무량, 조직 변화에 대한 인식 등을 조사하는 방법이 활용될 수 있다. 준비성 평가에서 심각한 장애 요인이 확인되면 전략적 기획의 추진을 중단하거나 장애 요인을 제거하고 추진하는 것이 바람직하다. 특히, 전략적 기획에 대한 최고관리자와 고위관리층의 전략적 기획에 대한 필요성의 인식과 지지가 선결 조건이 된다(ICN, 2010). 이를 확인할 필요가 있다.

법규에 의한 의무적인 전략적 기획 이외의 계획을 추진하고자 할 때 조직이 전략적 기획을 추진할 준비가 되어 있는지를 생각할 필요가 있다. 검토 결과 부족한 측면을 보완하고 개선하여야 성공 가능성이 높아지게 된다(VNG International, 2005). 준비성 평가에서는 다음과 같은 것을 검토하여야 한다.

- **자원:** 전략적 기획을 지원하기에 충분한 비용, 인력, 시간이 있나?
- **최고관리자 및 이해관계자의 지지:** 최고관리자 및 이해관계자가 추진에 대하여 적극적인 관심과 지원을 확보할 수 있나?
- **조직의 임무와 비전과 연계성:** 사업이 조직의 임무 및 비전과 직접적인 연계성이 있는가? 이는 추진의 정당성을 확보하기 위해서 고려되어야 한다.
- **동기:** 전략적 기획의 추진에 대한 조직구성원의 동의와 추진에 대한 동기부여가 확보될 수 있을 것인가?

(2) 추진을 중단하거나 추진을 신중하게 고려할 상황

법규로 의무화되지 않은 사업의 경우 다음과 같은 상황에서는 추진을 신중하게 고려하여야 한다. 이외에 정치적 이유나 홍보용으로 전략계획을 추진하는 것도 경계하여야 한다.

- 최고관리자나 고위관리층의 교체가 예상될 때
- 최고관리자나 고위관리층 및 의회와 같은 주요 이해관계자의 지지가 없는 경우
- 국회의 개원 시기, 예산편성 시기 등과 같이 조직이 가장 바쁜 시기
- 충분한 자원(인적자원, 물적자원, 정보자원 등)이 부족한 때
- 정치적 · 경제적 변화가 예상되는 시기
- 정부의 지원사업이 중단될 것으로 예상할 때
- 조직의 위기나 당면 해결 과제가 많을 때
- 조직의 집행부가 취약하거나 심각한 내부 갈등이 있을 때

3 전략적 기획의 추진자

공공부문에서 전략적 기획은 누가 추진할 수 있는가? 조직의 모든 계층에서 추진할 수 있다(Popovich, 1998; Bryson & Alston, 2011). 즉, 조직의 최고관리자만 전략적 기획을 추진하는 것이 아니다. 조직에서 전략계획의 추진자는 도입 목적과 밀접한 관계가 있다. 법규에 의한 전략적 기획은 주로 조직의 최고관리자나 법규에 규정한 사람이 추진자가 된다. 예로, 중앙행정기관의 성과전략계획의 추진자는 기관장이 된다. 반면에 사업전략 또는 정부사업에 공모하기 위해서 전략적 기획을 추진할 때는 사업조직의 책임자가 추진자가 된다.

4 전략계획 추진에 대한 합의

모든 일에서 시작은 매우 중요한 단계이다. 시작이 어떻게 이루어지느냐에 따라서 다음 단계의 결정이 달라지기 때문이다. 또한 조직 변화 과정에서 그 중요성이 두드러진다(Popovich, 1998). 사업 전략 추진의 첫 단계는 최고관리자 및 이해관계자와의 합의를 이루는 것이다(Sandfort & Moulton, 2015). 합의를 위해선 먼저 핵심 의사결정자

를 파악하고 그들의 관심사를 이해해야 한다. 조직 내 합의는 부서장, 예산 책임자와 외부 이해관계자 합의는 의회 및 오피니언 리더들과 이루어져야 한다. 때론, 핵심 기술 인력이나 일선 관리자의 의견도 수렴할 필요가 있다. 이를 무시하면 추진 과정에 저항이 생길 수 있다. 사업전략 기획에 대한 초기 합의는 최고관리자, 관리자, 계획자 간 정치적 연합체를 형성하고 전략계획의 성공을 이끈다(Mulgan, 2009; Bryson, 2018).

전략적 기획 초기 단계의 합의는 문서화가 필요하며, 일반적으로 MOU(양해각서)를 통해 이루어진다. MOU에는 계획의 목적, 이해관계자 참여와 역할, 책임과 성과 배분 등이 포함되어야 한다. 주요 의사결정자와 이해관계자가 참여하는 회의를 통해 합의를 이루며, 필요한 경우 워크숍이나 수련회 등을 개최하는 것이 좋다.

전략적 기획을 추진하기 전의 최고관리자 및 이해관계자와의 합의는 다음과 같은 중요한 가치와 정보를 제공해준다(Benvenste, 1989; Western Rural Development Center, 1993).

- 합의는 전략적 기획의 목적과 가치가 영향력을 가진 사람에게 널리 알려지고 광범위한 지지와 정당성을 확보하도록 한다. 조직 내외의 광범위한 지지는 전략적 기획이 소수의 정치적 의도로 추진된다는 의구심을 제거해주고, 객관성을 확보하며, 구성원에게 변화에 따른 심리적 안정감을 가지게 한다(Schein, 1992).
- 초기 단계의 합의는 전략기획에 개입하는 네트워크와 네트워크에 의해 유지되는 과정을 명확하게 정의해 준다. 잘 만들어진 네트워크 관리과정은 참여하거나 영향력을 미치는 이해관계자에게 의사결정 절차와 합의된 의사결정에 대한 절차적 정의를 제공해준다.
- 전략적 기획에서 초기의 합의에는 전략적 기획활동 과정의 순서가 포함된다. 이러한 순서는 과정에 절차적 합리성을 제공해준다.
- 바람직한 합의는 전략적 기획과정에 개입하거나 영향을 줄 수 있는 부서, 집단, 개인 간 갈등을 해결한다. 합의가 없다면 갈등이 전략적 기획의 노력을 방해하거나 파괴할 가능성이 있다. 또한 합의는 잘못을 바로잡는 기능도 한다.
- 주요 이해관계자 간의 추진에 대한 합의는 필요한 자원을 확보할 수 있게 한다. 합의는 전략의 추진에 필요한 자금 이외에 주요 의사결정자의 시간과 관심을 확보할 수 있도록 한다.
- 바람직한 합의는 전략적 기획에 관한 관심과 몰입을 촉진하고, 앞으로 있게 될 변화를 준비하는 기능을 한다.

- 합의 과정에서 기획의 목적, 역할과 책임설정, 조직 의사결정 과정과 권력의 균형을 확보할 수 있게 한다.

다음은 지방정부 차원에서 사업계획이 성공하기 위해 전략계획의 준비 단계에서 고려하여야 할 핵심적인 성공 요인이다(Council of Europe, 2022).

- 자치단체장과 고위 리더십이 전략적 기획과정에 전적으로 관심을 가져야 한다.
- 지방자치단체 집행부의 승인을 받은 전략적 기획과정을 문서화해야 한다.
- 기획과정에 대한 현실적인 기대가 있어야 한다.
- 전략적 기획과정에 시작일과 완료일을 포함하는 명확한 일정표가 있어야 한다.
- 자치단체장이나 고위 정치지도자가 이끄는 프로젝트 추진 집단이 있어야 한다.
- 적절한 기술을 갖춘 프로젝트 리더가 프로젝트를 이끌도록 임명되고, 적절한 인력자원의 지원을 받아야 한다.
- 지방자치단체의 고위 공무원들은 전략적 기획과정과 그 과정에 대하여 명확하게 인식할 수 있도록 보고를 받아야 한다.
- 지방자치단체는 전략적 지방 계획을 개발하는 데 주민과 기타 이해관계자를 어떻게 참여시킬 것인지를 명확하게 이해하고 있어야 한다.
- 지방자치단체는 전략적 기획 프로세스를 촉진하는 데 도움이 되는 외부 전문지식이 필요한지와 이러한 전문지식을 어떻게 확보할 것인지 확인해야 한다.
- 지방자치단체는 전략계획의 추진에 대하여 이웃 지방자치단체나 기타 적절한 정부 계층에게 알려야 한다.

제2절 전략적 기획 추진조직

1 국가 총괄기관

전략적 기획 및 성과관리에 대하여 대부분 국가는 총괄기관을 갖고 있다. 이들 기관은 대개는 일반관리부문과 재정 성과관리로 구분된다. 재정부문은 주로 예산 및 재정관리기관이 관장한다. 우리의 경우 중앙정부는 일반 성과관리와 전략계획은 국무총리 산하의 국무조정실과 정부업무평가 위원회가 관장하고, 재정부문은 기획재정부가 관장한다. 이외에 지방정부는 행정안전부, 인사는 인사혁신처가 관장한다.

미국은 주로 대통령 직속의 관리예산처(Office of Management and Budget: OMB)가 전략적 기획을 관장하고, 이외에 의회 산하의 회계감사원(Government Accountability Office: GAO)이 참여하며, 인사관리실(Office of Personnel Management: OPM)이 공무원 성과평가를 관장한다. 영국은 재무부(HM Treasury)가 각 부처의 성과관리를 총괄하고, 독립된 기관으로 국가회계원(National Audit Office: NAO)이 성과감사를 하며, 총리를 보좌하는 내각실(Cabinet Office)이 정부 전체의 정책과 전략목표를 조정한다. 프랑스는 정부현대화부(General Secretariat for Government Modernization: SGMAP)가 국가 전체의 전략적 기획, 성과관리 등을 지원하고, 재정부문은 경제재정부(Ministry of Economy, Finance, and Recovery)가 관장한다. 이외에 공공활동과 회계부(Ministry of Public Action and Accounts)도 공공부문의 전략적 기획과 성과관리를 관장한다. 일본은 국가의 전략계획과 성과관리의 총괄기관으로 총무성, 재무성, 국가인사청 등이 관장하고 있다.

2 중앙행정기관 및 지방자치단체의 추진조직

1) 최고관리자

전략적 기획에서 조직의 최고관리자는 전략적 기획에 대한 최종적인 책임과 결정권한을 가진다. 이에 최고관리자의 전략적 기획에 대한 관심과 참여 및 지지는 공공조직의 전략적 기획에 가장 중요한 요인으로 지적된다. 이들의 주요 기능은 제1장의 전략적 리더십에서 논의하였다.

2) 전략기획위원회

(1) 일반적 기능

많은 조직이 전략적 기획을 추진하기 위하여 다양한 형태의 위원회를 구성한다. 전략기획위원회는 조직의 전략적 기획과 관련된 최고 의사결정 기능을 한다. 전략기획위원회는 위원장으로 조직의 최고관리자가 되고, 위원으로 기획관리 부서장, 기획 대상 사업의 실질적인 최고책임자, 예산 관련 책임자 및 외부의 주요 이해관계자 등으로 구성된다. 종종 다양한 이해관계자와 정치적인 이유로 전략기획위원회 위원을 많이 임명하나 실질적인 기능을 위해서는 위원이 많은 것은 바람직하지는 않다(Kaplan & Beinhocker, 2003).

전략기획위원회는 전략기획팀이나 기획부서에서 제안한 다음 사항을 심의하고 승인하는 기능을 한다.

- 전략기획을 위한 계획의 확정
- 임무, 비전, 목적, 운영 원리 등의 결정
- 해결해야 할 주요 전략적 이슈의 선택
- 문제 해결을 위한 전략의 선택
- 갈등적 이슈의 조정과 문제 해결
- 외부 지원의 획득
- 전략적 기획을 위한 기본적인 자원 배분
- 전략적 기획 집행 과정에 대한 모니터링 및 평가

(2) 중앙 및 지방자치단체의 전략기획위원회

우리의 경우 중앙 및 지방행정기관은 「정부업무평가 기본법」(제14조, 제15조)에 의하여 구성하는 자체평가위원회에서 전략적 기획과 성과관리 업무를 담당하고 있다. 예로, 국토교통부의 경우 자체평가위원회는 다음 각호의 사항을 심의한다(국토교통부 자체평가위원회 규정 제4조).

1. 성과관리 전략계획 및 성과관리 시행계획
2. 연도별 자체평가계획
3. 자체평가 대상과제에 대한 추진상황 점검
4. 국토교통부 주요 업무 자체평가 결과에 대한 심의
5. 기타 국토교통부 장관 또는 위원장이 위원회의 심의 · 조정이 필요하다고 인정하는 사항

이 가운데 중앙행정기관의 자체평가위원회 구성은 「정부업무평가 기본법」(제14조)와 시행령(제11조)에 의하여 위원장 1인을 포함한 10인 이상 30인 이내의 위원으로 구

성하고, 평가의 공정성과 객관성을 확보하기 위해 자체평가위원의 3분의 2 이상을 민간위원으로 해야 한다고 규정하고 있다. 필요할 경우 소위원회를 구성하여 운영하기도 한다.

지방자치단체도 기관의 전략계획인 성과관리와 관련된 기획에 대한 심의를 평가 관련 위원회에서 관장하고 있다. 대부분 중앙행정부처와 같이 위원을 15명 이상 25명 이내의 위원으로 구성하고, 이 가운데 3분의 2 이상을 민간위원으로 구성하도록 하고 있다. 예로, 경상북도의 경우 「경상북도 성과관리 및 평가에 관한 규칙」(제8조)에 의하여 성과평가위원회는 다음 각호의 사항을 심의·의결하도록 하고 있다.

1. 성과관리 계획에 관한 사항
2. 평가계획 및 결과에 관한 사항
3. 성과관리 및 평가제도 개선에 관한 사항
4. 그 밖에 성과관리 및 평가에 관한 주요 사항

(3) 사업계획에서 전략기획위원회

공공기관에서 규모가 큰 사업을 추진하고자 할 경우나 2개 이상의 기관이 컨소시엄을 구성하여 사업을 추진하고자 할 경우 주관 기관장을 중심으로 관계 기관장, 전문가, 시민단체장 등으로 위원회를 구성하여 주요 사항을 심의·의결한다. 예로, 서울시는 도시재생사업을 추진하기 위하여 '도시재생위원회'를 구성하여 서울시 도시재생 관련 주요 시책, 도시재생전략계획 및 도시재생활성화계획에 대하여 심의하거나 자문하도록 하고 있다. 이들 위원회는 기관의 관련 부서장, 의회 의원, 도시재생 관련 분야에 관한 학식과 경험이 풍부한 사람 등으로 구성하고 있다(도시재생 활성화 및 지원에 관한 특별법 제7조; 서울특별시 도시재생 활성화 및 지원에 관한 조례 제6조).

3) 전략기획자문위원회

전략기획자문위원회는 주로 외부의 주요 이해관계자와 전문가들로 구성된다. 자문위원회는 최고 의사결정자나 전략기획위원회의 결정에 대한 자문과 관련 정보를 제공한다. 외부 이해관계자를 자문위원회로 임명하는 것은 전문적인 지식 이외에 이해관계자와 관련된 정보의 제공 및 지지를 확보하기 위해서도 필요하다. 자문위원회를 운영하는 경우에 자문위원회가 형식화되지 않도록 위원의 선임이나 운영에 신중해야 한다. 그리고 자문위원회를 운영할 때 자문위원회가 의사결정을 하는 조직이 아님을 명확하게 해야 한다.

전략기획자문위원회의 중요한 기능을 보면 다음과 같다.

- 제시된 전략에 대한 검토, 평가
- 주요 의사결정 대안의 제시
- 중요한 자료와 연구 결과의 제공
- 외부 환경의 주요 변화에 대한 정보의 제공
- 전략 성과의 평가와 성과지표의 개발 및 측정 지원

자문위원회는 때로 조정위원회의 기능을 수행할 수도 있다. 공공기관의 전략적 기획을 추진할 때 다양한 이해관계자 간의 갈등에 의해서 의사결정이 지연되거나 사업이 중단되기도 한다. 이에 다양한 이해관계자가 관련된 전략적 기획에서는 조정 메커니즘이 필수적이다. 필요시 자문위원회와 별도로 조정위원회를 구성할 수도 있다. 자문위원회를 조정기능까지 수행하도록 하기 위해서는 구성에서 형평성, 중립성, 객관성을 확보할 수 있는 사람으로 구성할 필요가 있다.

4) 전략기획팀

전략기획팀은 실질적인 전략계획을 수립하는 조직이다. 일정 규모 이상의 조직이나 사업에서는 전략계획을 수립하기 위해 팀제를 채택한다. 일반적으로 전략기획팀은 가장 핵심적인 조직인데, 이 팀을 중심으로 사업전략계획을 수립하기 때문이다. 대규모 사업에서는 전략기획팀이 기획과정에서 최고관리자나 전략기획위원회를 보좌한다.

일반적으로 전략기획팀은 다음과 같은 기능을 수행하게 된다.

- 전략기획위원회의 토의 및 결정을 위한 대안의 개발
- 전략 방향에 대한 대안의 개발
- 전략안의 제시
- 성과지표의 개발
- 전략계획에 대한 행동계획안의 수립
- 행동계획에 대한 자원 배분 계획안의 수립
- 집행에 대한 모니터링 및 진행상황과 문제점 보고
- 주요 이슈의 해결 방안 제시

• 전략계획서 안의 작성

전략기획팀의 운영에 있어서 팀장의 리더십이 전략적 기획의 성패를 좌우하는 중요한 역할을 하게 된다. 전략기획팀장은 전략기획의 실무적 책임자로 조직의 최고책임자로부터 권한을 위임받아서 전략적 기획을 총괄하는 사람이다. 전략기획책임자는 전략기획팀의 팀장이 되거나 기획부서장이 그 역할을 한다. 그러나 좀 더 중립적 위치에서 기획책임자를 임명할 필요가 있기도 하다. 이때는 조직의 여론 형성자보다는 조직 전체에 대한 이해와 지식을 가진 자를 임명하는 것이 좋다. 때로 정치적인 이유나 저항을 극복하기 위해 상징적인 인물을 기획책임자로 임명할 수도 있지만, 이때는 기획책임자를 보좌할 수 있도록 전문성을 가진 부책임자를 임명하는 것이 좋다. 사업 단위 전략적 기획의 책임자는 사업이 조직 전체와 연계성이 높은 경우에는 기획부서장을, 그렇지 않을 때는 사업부서장을 기획책임자로 임명할 수 있다.

특히, 사업계획에서는 프로젝트 매니저인 팀장의 역할이 매우 중요한데 그 역할을 보면 다음과 같은 것이 있다(Council of Europe, 2022). 이러한 역할을 하기 위해 관련 사업에 대한 기본 지식, 전략적 기획과정에 대한 이해, 참여적 계획에 대한 지식, 정치적 역량, 강력한 리더십, 이해관계자와의 관계역량 및 기술이 필요하다.

- 기관의 전략적 기획과정의 조정
- 전략적 기획을 위한 프로젝트 계획 작성 주도
- 프로세스 감독 시 조정 집단 지원
- 주제별 그룹이 프로세스에 기여할 수 있도록 지원
- 기획과정에 대한 진행과정 확인
- 팀원과 이해관계자 참여 조정
- SWOT 및 비전 선언서 개발 조정
- 실행 계획의 개발과 조정
- 프로세스 전반에 걸쳐 팀과 다양한 이해관계자 간의 효과적인 커뮤니케이션 보장과 활성화

전략기획팀의 팀원 수는 조직 및 기획 영역의 복잡성에 따라서 달라질 수 있으나 5~9명 내외로 구성하는 것이 바람직하다. 조직의 규모가 클 때는 담당영역을 고려하여 팀원을 늘릴 필요가 있다. 위원은 영역별로 1~2명의 담당자를 선정하여 책임을 분담하

고, 전략계획안의 집필을 담당하는 1~2명의 위원을 선정하는 것도 필요하다. 전략기획팀의 성패는 팀원 간의 팀워크가 결정한다. 이에 최고관리자는 전략기획팀의 구성원을 임명할 때에 전략기획책임자와 협의해 임명할 필요가 있다. 전략기획팀에는 관련 주요 이해관계자, 교수, 연구원 등을 포함할 수 있지만, 자기 본연의 업무로 참여에 많은 시간적 제약을 받을 수 있으므로 신중하게 임명할 필요가 있다.

전략기획팀의 팀원을 선발할 때 고려할 것을 보면 다음과 같다.

- 기획팀의 팀원은 다양한 영역과 이익을 대변하는가?
- 예산 및 기획부서의 구성원이 참여하고 있는가?
- 자기 부서의 활동이나 프로그램에 대해 잘 알고 있는가?
- 자기 부서 또는 프로그램 활동의 영향을 잘 알고 있는가?
- 계획의 모든 구성요소에 대해 논의하고 제안할 수 있는 권한을 가지고 있는가?
- 조직의 장기적인 방향에 대해 알고 있고 관심을 두고 있는가?
- 전략적 기획과정에 몰입할 수 있는 시간과 열의를 가지고 있는가?
- 과정과 관련하여 좋은 기술, 문제 해결 능력, 문장력, 좋은 자질이 있는가?

조직이 전략적 기획에 경험이 없다면 이에 대한 교육 훈련이 먼저 필요하다. 교육은 2~3일 간의 일정으로 전문 교육기관에 의뢰하는 방법이 가장 효과적이다.

5) 전략적 기획 지원 조직

전략기획 지원 조직은 분야별 실무책임자를 중심으로 구성되는 실무위원회로서 전략기획팀을 보조·지원하는 기능을 담당한다. 이 조직은 중간관리층을 중심으로 구성하고 정보관리, 예산, 인사와 같은 조직의 주요 자원을 관리하는 실무자가 포함될 필요가 있다.

중간관리자는 정책과 의사결정을 실제 활동으로 전환하는 데 중요한 역할을 한다. 이들을 전략적 기획과정에 참여시켜야 하는 중요한 이유는 이들이 관리상의 변화에 저항할 가능성이 있기 때문에, 저항을 줄이고 집행의 효율성을 높이는 데 있다(Block, 1999). 이들 조직은 집행 단계에서 집행실무위원회로 전환하여 활용할 수 있다. 이는 전략계획과 전략계획의 집행을 유기적으로 연결할 수 있도록 하는 장점이 있다.

지원 서비스 조직의 중요한 기능에는 다음과 같은 것들이 있다.

• 전략기획에 필요한 정보의 창출・제공・유지・보관
• 전략계획의 구체적 목표의 개발
• 전략계획의 집행을 위한 행동계획안의 작성
• 전략계획의 집행 실태 보고
• 전략계획 및 행동계획에 대한 실무 차원의 검토
• 다른 실무부서 간의 조정과 협력
• 기타 전략적 기획과정의 지원

사례 전략적 기획 및 성과관리 운영 위원회 사례

• 교육부: 『자체평가위원회 훈령(교육부훈령 제332호)』.
• 국토교통부: 『국토교통부 성과관리 운영규정(국토교통부훈령 제1543호)』.
• 통계청: 『통계청 성과관리규정(통계청훈령 제569호)』.
• 경기도: 『경기도 성과관리 및 평가에 관한 규칙(경기도규칙 제3536호)』.
• 군포시: 『군포시 자체평가에 관한 규칙(경기도군포시규칙 제915호)』.

3 외부 컨설턴트

전략적 기획에 경험이 없는 조직은 외부 전문가의 도움으로 추진한다. 이때 많은 조직이 전문기관이나 컨설턴트에게 모든 것을 위임하고 조직구성원은 방관자가 되는 경우가 있다. 이를 방지하기 위해서 미국 GPRAMA는 기관의 전략계획에 대한 초안은 기관 내에서 작성하도록 의무화하고 있다. 이는 외부 컨설턴트가 전략계획의 추진자가 되면 전략계획은 기관의 것이 되지 못하고, 형식적인 보고서로 끝날 위험이 있기 때문이다. 모든 것을 외부 컨설팅에 의존하는 것은 전통적인 기획 방법으로, 전략적 기획에서는 조직이 스스로 기획을 하고, 그 과정에서 전략적 사고와 학습의 효과를 얻기 위해서는 조직구성원이 중심이 되어서 전략계획을 수립하는 것이 바람직하다. 그러나 우리의 경우 대부분 중앙행정기관은 자체 성과관리 전략계획이나 성과지표 개발에 있어서 외부 기관에 용역을 주어서 연구보고서를 받아서 활용하고 있다.[1)]

1) 이들 보고서는 정책연구관리시스템(https://www.prism.go.kr/)에서 볼 수 있다.

블록(Block, 1999)은 전략적 기획에서 전문 컨설턴트의 바람직한 기능으로 다음 세 가지를 제시하고 있다.

- 컨설턴트는 조직이 할 일을 대신한다. 예로, 회의의 주관, 회의안 준비, 고객과의 인터뷰 등을 한다.
- 컨설턴트는 전문가의 역할을 한다. 조직이 가지고 있지 않은 지식이나 기술을 제공한다. 이에는 환경분석, 설문조사 및 통계처리 등이 있다.
- 컨설턴트는 협력자 및 촉진자의 역할을 한다. 컨설턴트는 조직의 파트너로서 기획과정에 대한 지식을 제공한다. 그리고 실질적인 내용에 대해서는 조직에 맡겨 둔다. 특히, 토론 등을 진행하고 토론 등에서 나온 아이디어나 관련 분야의 지식, 중립적이고 객관적인 대안 등을 제시한다.

이 밖에 외부 컨설턴트를 전략적 기획의 촉진자로 활용할 때 받을 수 있는 서비스는 다음과 같은 것들이 있다(ICN, 2010).

- 전략기획 시스템의 설계와 평가를 지원한다. 특히, 전략적 기획을 처음 실행하는 조직은 외부 전문가의 도움이 필요하다.
- 각종 회의 및 전체 기획과정을 도와준다. 컨설턴트를 활용하여 감정이나 참여자의 개성으로 잃어버릴 수 있는 좋은 아이디어를 얻을 수 있게 한다.
- 기획 정보와 과정에 대한 훈련을 담당한다. 기획과정에서 같은 언어와 같은 기획 도구를 활용하는 것은 기획과정에 참여한 모든 사람에게 중요한 문제이다.
- 기획과정에서 객관적 또는 다른 시각을 제공한다. 외부 컨설턴트는 조직구성원보다는 객관적으로 기존의 전통, 가정, 관습에 관해 질문하고 비판할 수 있다.
- 과정 전문가의 역할을 할 수 있다. 많은 전략적 기획과정을 수행한 경험을 바탕으로 필요한 도구와 과정에 중요한 정보를 제공하여 전략적 기획이 원활하게 진행될 수 있도록 한다.
- 전략 기획전문가는 전략적 의사결정을 지원한다. 이들의 지원으로는 내외부 환경평가, 전략적 이슈의 해결을 위한 대안의 제공, 제시된 대안에 대한 검토 및 평가, 성과평가의 지표 개발에 필요한 전문적 지식을 제공할 수 있다. 전략적 기획과정에서 외부 컨설턴트는 항상 중립적인 입장을 견지해야 하고, 대안에 대해 좋다 나쁘다는 판단이나, 의사결정을 해서는 안 된다.

외부 컨설턴트를 활용하려면 큰 비용이 들어가고, 조직의 문제에 대한 심층적인 지식이 부족하여 문제를 피상적으로 볼 위험이 있으며, 너무 무겁게 업무를 처리할 위험을 가진다.

우리의 공공기관이 외부 컨설턴트의 지원을 받으려면 「국가를 당사자로 하는 계약에 관한 법률」에 따라서 계약을 체결해야 한다. 이와 관련된 학술 용역은 '사업계획 수립 → 계약 상대자 선정 → 계약 체결 요구 → 기술평가 → 계약 체결 → 용역의 착수 → 용역의 수행 → 검사 → 대가 지출 → 결과물 사후관리' 등의 절차를 거친다.[2]

외부 전문 컨설턴트로부터 많은 것을 얻으려면 다음과 같은 것들을 고려해야 한다(http://www.allianceonline.org/FAQ).

- 컨설턴트에게 조직이 원하는 기대를 명확하게 하라.
- 어느 정도의 비용을 쓸 것인지를 개략적으로 결정하라.
- 2명 이상의 컨설턴트와 상의하고 그들이 제공하게 될 것들을 비교 · 검토하라.
- 고려 중인 컨설턴트에게 시간, 업무, 비용 등을 요약한 제안서를 받아라.
- 컨설턴트가 편안하게 작업할 수 있도록 하라.
- 다음이 포함된 명확한 계약서를 작성하라.
  - ✓ 제출 보고서 목록
  - ✓ 프로젝트 완성 기일
  - ✓ 용역비 지급 방법
  - ✓ 프로젝트 진행 검토 방법 및 문제 발생 시의 해결 방안
  - ✓ 프로젝트 완료 전에 계약을 취소할 수 있는 조건의 명시
  - ✓ 컨설턴트 업무에 최종 승인을 할 수 있는 사람의 명시
  - ✓ 실제 컨설팅 업무를 하게 될 사람에 대한 명시

2) 학술 용역의 사례는 조달청의 국가종합전자조달 시스템인 '나라장터(www.g2b.go.kr)'를 참고할 수 있다.

사례 **전략적 기획과 관련된 연구 용역 예**

- (주)트리마란(2022). 『소방 미래전략 정책과제 발굴을 통한 중장기 발전방향』. 소방청.
- (주)굿러닝가치향상센터(2019). 『2019년 농촌진흥청 주요 정책의 성과지표 개선 및 성과관리 고도화』. 농촌진흥청.
- 국토연구원(2020). 『재정성과관리 성과지표 설정 연구』. 국토교통부.
- (주)한국정책평가연구원(2017). 『성과관리 전략계획(2018~2022) 수립을 위한 정책연구』. 기상청.
- (재)경북행복재단(2022). 『제4기 지역사회보장계획 2022 연차별시행계획 수립 및 평가연구용역』. 경상북도.

제3절 전략적 기획을 위한 계획

1 의의

기획을 위한 계획은 전략적 기획과정을 명확하게 하기 위한 사전기획(preplanning)으로 기획 전체를 설계하는 프로젝트 기획이다. 다른 모든 일과 같이 기획활동 과정을 명확하게 하고, 더 잘 이해하면 할수록 성공의 가능성은 커지게 된다. 기획을 위한 계획은 크게 두 가지 목적을 가진다. 하나는 전략적 기획과정을 합리화하기 위해 준비하는 것이다. 계획은 변화의 시간적 · 물적인 비용을 줄이고, 자연적인 변화에 의한 시행착오를 줄여준다. 다음은 전략적 기획의 필요성과 계획 추진 과정에 대해 합의하는 것이다. 이 합의에 따라 전략적 기획활동의 정당성을 확보하게 된다. 준비 단계에 대한 합의가 없이 기획과정을 추진하게 되면 과정은 불만족스럽고, 그 결과는 최선의 것이 될 수 없다.

전략적 기획을 추진하기 위한 계획에는 기본적으로 다음의 내용이 포함되어야 한다(Bryson & Alston, 2011; NPR, 1997; Bryson, 2018).

- 전략계획을 추진하는 목적

- 전략계획의 범위와 내용
- 누가 전략계획을 이용할 것인가?
- 주요 과정 및 단계별 일정표
- 주요 단계별 참여자, 책임자와 역할은?
- 전략계획에 필요한 자원은 어떻게 확보할 것인가?
- 전략계획의 장애 요인을 어떻게 극복할 것인가?
- 계획서 작성방법 및 성과평가기준
- 누가 전략계획을 검토할 것인가?

2 사례

1) 기관계획

전략적 기획에 대한 계획은 법규로 규정하거나 각종 매뉴얼, 가이드라인, 편람, 지침 등의 이름으로 제시되고 있다. 우리의 전략적 기획은 제도적으로 「정부업무평가 기본법」에서 논의되고 있다. 법은 정부업무의 성과관리 및 정부업무평가에 관한 정책목표와 방향을 설정한 정부업무평가 기본계획을 수립하고, 최소한 3년마다 그 계획의 타당성을 검토하여 수정·보완 등의 조치하도록 하고 있다(동법 제8조). 이를 바탕으로 매년 정부업무평가 기본계획을 수립하여야 한다. 그리고 법은 중앙행정기관, 지방자치단체 및 공공기관도 매년 자체평가계획을 수립하도록 하고 있는데, 이에 전략적 기획과 관련된 기관의 임무, 전략목표 및 성과목표에 관한 사항을 포함하도록 하고 있다. 구체적인 기관의 전략계획에 대하여는 국무조정실이 매년 발표하는 『정부업무 성과관리 운영지침』에 규정하고 있다.

「국가재정법」(제85조의4)에 의하여 기획재정부 장관은 재정사업 성과관리를 효율적으로 실시하기 위하여 5년마다 재정사업 성과관리 기본계획을 수립하여야 한다. 지방자치단체 수준에서는 성과전략계획 및 시행계획 수립에 대한 「행정안전부 예규 제10호, 지방자치단체 예산의 성과계획서 작성기준(2017.9.11)」, 공공기관 평가를 위한 「공공기관 경영평가편람」 등이 있다.

사례 **전략적 기획 및 성과평가 관련 주요계획**

- 국무조정실: 『정부업무평가 기본계획(2022~2024)』.
- 국무조정실: 『2023년도 정부업무평가 시행계획』.
- 국무조정실: 『2023년도 정부업무 성과관리 운영지침』.
- 국무조정실: 『성과지표 개발 · 관리 매뉴얼』.
- 기획재정부: 『2022년~2026년 재정사업 성과관리 기본계획』.
- 기획재정부: 『2022년(2021년도 실적) 공공기관 경영실적 평가계획』.
- 기획재정부: 『2022년도 공공기관 경영평가편람』
- 기획재정부: 『2022년도(2021년도 실적) 기금평가계획』.
- 행정안전부: 『2023(2022년도 실적) 지방공기업 경영평가 실시계획』.
- 행정안전부: 『2023년(2022년도 실적) 지방자치단체 합동평가 실시계획』.
- 행정안전부: 『중앙행정기관 자체평가「행정관리역량」 부문 운영실태 점검계획』.
- 각 부처: 자체평가계획
- 과학기술정보통신부: 『2022년 과학기술분야 정부출연 연구기관 연구사업계획서/기관운영계획서 작성지침』.
- 경제인문사회연구회: 『2023년(2022년도 실적) 경제 · 인문사회분야 정부출연연구기관 평가계획』.

출처: https://www.evaluation.go.kr

2) 사업계획

공공기관의 사업 전략도 기관전략과 같이 법규, 매뉴얼, 지침 등으로 사업계획의 작성 방법 등을 제정하게 된다. 이외에 법규에 없는 공모 사업의 경우에도 사업을 추진하는 부처에서 사업계획서 작성지침 및 사업계획 평가기준 등이 제시된다. 예로, '전자정부 성과관리 지침' 제9조에 의한 '전자정부 성과관리 매뉴얼'을 작성하도록 하고 있다. 교육부의『사회맞춤형 산학협력 선도대학(LINC+) 육성사업 기본계획』에서는 사업전략계획 및 사업 지원을 위한 계획서 작성 기본계획을 제시하고 있다. 이외에 대부분 공모사업의 경우 사업계획서 작성지침 및 평가계획을 제시하고 있다.

조직의 사업기획에서도 이러한 상위 기관의 전략계획 작성 내용, 방법 등을 바탕으로 전략기획을 추진하기 위한 계획이 추진조직을 중심으로 작성되어야 한다. 특히, 많은 사업계획은 사업자 선정 이외에 성과평가로 중간평가와 최종평가의 기준이 되기 때문에, 이들 평가도 고려하여 계획을 수립하게 된다.

> 사례 **사업전략계획의 사례**
>
> - 교육부: 『사회맞춤형 산학협력 선도대학(LINC+) 육성사업 기본계획』. https://www.nrf.re.kr: 사업안내
> - 행정안전부: 『2021년 사전협의 · 성과관리 업무매뉴얼』. https://www.ceit.or.kr
> - 과학기술정보통신부: 『2023년 국민체감 선도 프로젝트 사업(맞춤형 마음건강 돌봄 플랫폼)』. https://www.msit.go.kr: 소식/사업공고

3 전략계획 추진 목적의 확인

전략계획의 추진 목적은 조직 전반의 임무와 목표를 달성하기 위해 계획을 개발하는 것이다. 모든 계획이 그러하듯이 목적이 명확하면 할수록 그것을 달성할 가능성이 높아지기 때문이다. 그러나 많은 조직이나 기업이 다른 조직에서 전략적 관리나 기획을 도입하여 운영하고 있어서 이를 모방하여 추진하는 경우가 많다(Berry & Wechsler, 1995). 공공기관의 조직전략 추진 목적은 대부분 법규에 명시하고 있다. 「정부업무평가 기본법」(제2조)에 근거하여 운영되는 전략계획은 "통합적인 성과관리체제의 구축과 자율적인 평가역량의 강화를 통하여 국정운영의 능률성 · 효과성 및 책임성을 향상시키는 것을 목적으로 한다"(동법 제1조). 한편 「국가재정법」에 의한 성과관리 기본계획은 성과 중심의 재정운용을 위해 추진하고 있다(동법 제4장의2).

법규에 근거하고 있는 사업전략의 경우도 법규에 그 목적이 규정되어 있다. 예로, 국토종합계획은 「국토기본법」(제1조)에 규정한 "국토의 건전한 발전과 국민의 복리향상에 이바지함을 목적으로" 수립하고 있다. 3년 단위로 수립되는 지능정보사회 종합계획은 "지능정보사회의 구현에 이바지하고 국가경쟁력을 확보하며 국민의 삶의 질을 높이는 것을 목적"으로 제정된 「지능정보화 기본법」에 근거한다. 이외의 사업전략의 경우에는 전략계획 수립을 위한 계획에서 사업의 추진 목적을 명확하게 하여야 한다.

4 전략계획의 유형 및 범위 결정

전략계획의 범위를 설정하려면 먼저 조직 전체를 대상으로 하는 기관전략인지, 사업을 대상으로 하는 사업전략인지, 특정 기능을 대상으로 하는 기능전략인지를 결정해야 한다. 그리고 조직 단위에서 하나의 전략계획을 세울 것인지, 여러 개의 전략계획을 수립할 것인지도 결정해야 한다. 계획 단위를 몇 개로 할 것인가는 준비 과정에서 이루어져야 한다. 조직 전체의 계획을 부서별로 구분하여 여러 개의 전략계획을 세우는 것은 부서의 책임의식과 계획에 대한 주인 의식을 높이고, 최고관리자의 의도를 더욱 명확하게 할 수 있는 장점이 있다(DOE, 1996). 그러나 조직 전체의 일관성을 확보하기 어렵고, 조정의 문제를 가져오며, 많은 시간과 노력이 필요하다는 문제점을 가진다.

다음은 전략계획의 시간적 범위를 결정해야 한다. 전략계획은 최소한 3년 이상의 기간을 가질 필요가 있다. 우리의 성과관리 전략계획은 5개년 계획으로 수립하고, 최소한 3년마다 그 계획의 타당성을 검토하여 수정·보완 등의 조치를 하도록 하고 있다(정부업무평가 기본법 제5조 제2항). 이외에 개별법에서는 3~10년까지 다양하게 설정하고 있다. 미국의 GPRAMA는 연방정부의 기관 전략계획(Agency Strategic Plan)을 종래 3~5년에서 대통령 임기에 맞추어 4년을 주기로 작성하도록 하고 있다. 민간조직은 대부분 5년을 기간으로 하고 5년을 넘는 기업은 매우 드물다(Glaister & Falshaw, 1999). 계획 기간이 5년 이상일 때에는 이를 다시 구분하여 단계화할 필요가 있다. 예로, 10개년 계획을 전반의 3년은 도입기, 다음 4년은 정착기, 후반 3년은 확장기와 같이 구분하는 것이다.

5 전략적 기획의 일정 수립

법규에 의한 전략적 기획의 경우에는 대부분 일정이 정해지게 된다. 사업이나 기능별 전략의 경우에는 전략기획팀이 전략적 기획의 추진 일정을 결정하기 위해 먼저 기획과정에 어느 정도 시간이 필요한지를 결정해야 한다. 시간은 과정설계에 중요한 변수이다. 시간은 의미 있는 결과를 가져올 수 있을 정도로 충분한 것이 좋다. 그리고 계획수립을 위한 시간의 신축성을 확보하는 것도 필요하지만, 최종 전략계획서의 작성 기한은 변경하지 않는 것이 좋다. 프로젝트 일정계획에는 표준화된 프로젝트 기획 기법과 도구인 갠트(Gant) 도표 또는 PERT 등이 이용될 수 있다. 이들 기법은 적절하게만 사용되면 과정 간의 상호연계성과 예상되는 갈등을 보여주고, 일정의 수정을 쉽게 해 준다. 이들 과정은 컴퓨터 프로그램으로 처리할 수 있다.

전략계획은 전략의 내용에 따라서 비용을 들이지 않고 몇 시간 안에 완성할 수도 있고, 때로는 수억 원 이상의 비용과 1~2년의 세월이 필요하다. 전략계획을 수립하는 기간은 조직의 규모와 전략계획의 범위, 전략계획 수립에 대한 경험, 기획과정의 참여자, 기획에 필요한 정보의 유형 및 양, 결정해야 할 의사결정 내용 등에 따라서 달라진다. 일정계획이 마무리되면 단계와 단계별 업무, 단계에 걸리는 시간, 각 단계의 책임자와 참여자, 그리고 각 단계에 필요한 자원 등이 포함된 계획표를 만드는 것이 필요하다.

사례 전략적 기획 및 성과관리 일정계획의 사례

- 국무조정실: 『2023년 정부업무 성과관리 운영지침』.
- 기획재정부: 『2022년('21년도 실적) 공공기관 경영실적 평가계획』.
- 서울시: 『서울특별시 업무 등의 평가에 관한 규칙(서울특별시규칙 제4461호)』.

6 전략계획 수립에서 고려할 것

전략계획을 추진하기 위한 프로젝트 계획을 수립할 때 다음과 같은 것에 관심을 두어야 한다(INTOSAI Development Initiative, 2020).

- 프로젝트 계획이 현실적인가? 기한 내에 제시한 것을 실현할 수 있는가?
- 프로젝트 계획이 포괄적인가? 프로세스에 필요한 모든 일정과 작업에 대해 자세히 설명하고 있는가?
- 작업 순서가 논리적으로 제시되고 있는가?
- 제시하고 있는 기법이 예상하는 산출물에 적합한가? 과업을 성공적으로 완료하기 위해 추정된 리소스가 충분한가?
- 각 단계(목표)의 기간, 책임 및 예상 산출물이 명확하게 정의되어 있는가? 유연성을 확보할 수 있는 여지가 있는가?
- 전체적으로 이 계획이 전략계획의 목표를 달성하는 데 도움이 되는가?

- 관련된 광범위한 이해관계자의 참여가 있었는가?
- 정보의 정확성과 과정을 준수할 수 있도록 품질 관리 및 품질 보증 메커니즘이 명확하게 정의되고, 고품질 전략계획을 수립하고 있는가?

제3장

외부 환경평가와 내부 능력평가

知彼知己, 百戰不殆, 不知彼而知己, 一勝一負, 不知彼不知己, 每戰必殆
적을 알고 나를 안다면, 백 번을 싸워도 위태롭지 않다. 그러나 적을 알지 못하고 자신만 안다면 한번은 이기고 한번은 패한다. 적도 알지 못하고 자신도 알지 못한다면 싸울 때마다 반드시 패배한다.
– 손자병법

제1절 외부 환경평가와 내부 능력평가의 의의

1 우리는 어디에 있는가?

모든 계획의 출발을 '내가 누구이고 우리가 누구인가?'에 대한 질문부터 해야 한다. 그리고 우리가 사는 세상이 어떻게 변화하였고, 변화할 것인가?를 알아야 우리가 가야 할 방향을 알 수 있게 된다. 외부 환경평가와 내부 능력평가는 이에 대한 물음에 답을 찾는 과정이다. 전략적 기획은 외부 환경이 주는 기회를 조직이 가지는 강점으로 활용하고, 외부 환경의 위협을 줄이고 내부 능력의 약점을 극복하여 조직의 성과를 극대화하는 관리방법이다. 전략적 기획에서 외부 환경평가와 내부 능력평가의 기본 의미는 『손자병법』에서 이야기하는 지피지기 백전불태(知彼知己 百戰不殆)이다. 조직이 기회와 위협에 직면하여 자기 조직의 강점과 약점을 알지 못하고, 장기간 조직의 효과성을 유지한다는 것은 생각할 수 없다(Nutt & Backoff, 1992). 조직에는 많은 기회가 존재하나 준비되지 않은 조직은 이를 이용하는 방법을 알지 못한다. 조직이 너무 자주 어리석은 행동을 하지 않도록 하기 위해서는 상황에 대한 지식이 필요하다(Alvesson & Spicer, 2012).

공공기관의 전략계획에서는 현황, 여건, 동향, 환경 등의 이름으로 조직이나 프로그램의 외부 환경을 분석하고 있다. 중앙행정기관의 성과관리 전략계획에서는 향후 정책 추진 방향에서 "업무추진 여건"이란 이름으로 분석하고 있다. 그리고 연차별 계획인 주요 업무계획에서도 같은 제목으로 이를 분석하고 있다. 한편 내부 능력평가는 "그간의 정책성과", "기존 계획의 검토" 기관의 "일반현황" 등의 이름으로 분석하고 있다. 그러나 우리의 경우 가장 대표적인 중앙부처의 전략계획인 각 부처의 성과관리 전략계획에서는 부처에 따라서 대내외 여건분석을 하기도 하나, 대부분 '그간의 정책성과' 부문에서 성과만 언급하고 있을 뿐 강점과 약점 분석은 하지 않고 있다.

2 평가의 목적

외부 환경평가와 내부 능력평가는 조직의 생존과 번영에 필수적인 정보를 생산한다. 환경평가는 시스템적 사고로 조직을 볼 수 있는 통찰력을 제공한다(Quick & Feldman, 2014). 평가로부터 얻은 정보는 다음과 같은 기능을 한다.

- **전략적 기획의 기본 가설 설정**: 외부 환경평가와 내부 능력평가로 얻어지는 정보는 기획의 전제가 되는 가설을 구성하게 된다. 예로, 앞으로 초고령 사회가 될 것이기 때문에, 이를 위해 노령화 연금 제도를 수립하는 전략을 수립하자고 주장할 때 초고령 사회가 될 것이라는 가설을 바탕으로 한다.
- **전략적 방향과 목적 설정**: 전략적 기획에서 외부 환경평가와 내부 능력평가는 미래의 바람직한 방향, 즉 임무, 비전, 목적 등을 설정하기 위한 기본 정보를 제공한다.
- **유용한 관리 도구로써 평가**: 평가는 조직의 강점과 약점을 확인하여 조직이 해결해야 할 과제를 확인할 수 있게 한다. 이를 통하여 합리적인 조직관리를 위한 정보를 얻을 수 있다.
- **합리적 의사결정의 기초 제공**: 전략적 기획은 의사결정 활동이다. 전략적 기획과정에서 다양한 분야에서 얻은 정보의 양이 많을수록 정보를 이용하여 조직을 변화시키고 개선하고, 경쟁적인 이익을 얻는 수 있는 기회는 더욱 확대된다. 이들 정보는 조직의 다양한 의사결정을 합리적으로 추진할 수 있게 한다.
- **자기 성찰 과정의 기회 제공**: 외부 환경평가와 내부 능력평가는 우리가 지금 어디에 있는지를 알기 위한 조직의 자기 성찰의 활동이다. 조직의 내외 환경을 지속해서 관찰하는 조직은 미래의 도전을 예측할 수 있는 능력을 축적하면서, 조직의 위기문제를 사전에 조정하게 된다(Mintzberg, 1994a).

3 평가의 기본 틀로 SWOT 분석

전략적 기획에서 외부 환경평가와 내부 능력평가를 위해서 가장 일반적으로 사용되는 방법으로 SWOT 분석(Weihrich, 1982)이 있다. SWOT 분석은 내적인 강점(Strengths)과 약점(Weaknesses), 그리고 외적인 기회(Opportunities)와 위협(Threats)의 영문 머리글자를 따서 명명한 방법이다. SWOT 분석에서 강점은 조직의 주요 자산으로 전략적 기획에서 핵심 성공 요인(Critical Success Factors: CFS)이 된다. 약점은 조직이 전략 방향으로 움직이는 데 저해가 되는 위협 요인이나 제약 요인이다. 기회는 조직이 전략 방향으로 전개해 나가는 데 긍정적인 영향을 줄 수 있는 요인이고, 위협은 조직에 부정적인 영향을 주는 힘을 의미한다.

SWOT 분석은 조직이 어떠한 결정을 하고자 할 때 초기 단계에서 이용하기 위해 만들어진 일반적인 도구이다. 특히, 새로운 프로그램을 도입하는 경우에 그의 가능성을 탐색할 수 있는 매우 탁월한 도구이다. SWOT 분석은 복잡한 전략환경을 단순화시키고, 조직 및 조직의 성과에 영향을 주는 핵심적인 요인에 관심을 두게 한다(Pickton & Wright, 1998).

SWOT 분석은 조직의 강점과 약점 및 기회와 위협 요인을 조직의 임무, 목적, 목표 달성과 관계를 고려하여 우선순위에 따라서 〈표 3-1〉과 같이 정리한다. 각 셀 내의 항목이 너무 많아서도 안 되며, 대략 5~6개 정도의 항목을 선정하는 것이 좋다. 관련 항목이 너무 많아지면 전략적 사고를 억제하거나 환경평가에 너무 많은 시간을 할애할 위험이 있다. 그리고 선정된 항목은 너무 일반적 내용이 되어서도 안 된다(Johnson & Sexty, 1989). SWOT 분석은 환경 요인을 4개의 셀에 정확하게 분류하기 어려운 경우가

〈표 3-1〉 SWOT 분석 모형

강점(Strength)	약점(Weakness)
• 우리는 무엇을 잘하는가? • 우리의 사업 가운데 자랑스러워 하는 것은 무엇인가? • 조직의 임무와 비전 달성하는 데 도움이 되는 조직의 특성과 능력은 무엇인가? • 조직의 구성원과 고객은 우리에 대하여 무엇이라고 말하는가?	• 우리는 어떤 면에서 더 노력해야 하는가? • 우리 조직이 위협에 취약한 부분은 무엇인가? • 우리 조직을 나약하게 하는 속성과 능력은 무엇인가? • 고객과 구성원을 좌절하게 하거나 실망스럽게 하는 것은 무엇인가?
기회(Opportunity)	**위협(Threat)**
• 지역적으로나 세계적으로 어떠한 트렌드나 사건이 더 큰 기회를 창출하는가? • 기술 변화로 얻을 수 있는 것은 무엇인가? • 정부의 정책변화로 우리가 얻을 수 있는 것은 무엇인가? • 사회의 변화로 조직에 도움을 줄 수 있는 것은 무엇인가?	• 우리의 임무나 사업을 수행하는 데 위협이 되는 환경적 요인(정치, 경제, 법률, 환경, 기술 등)은 무엇인가?

<표 3-2> 공공기관 SWOT에서 공통적 내용

강점(Strength)	약점(Weakness)
• 지역사회에서 명성과 신뢰 • 직원과 자원에 대한 전문성과 지식 • 인프라 및 시설 구축 • 재무 안정성 및 예산 통제 • 정부 또는 기타 이해관계자의 지원 • 강력한 파트너십 및 협력 • 성공적인 정책, 프로그램, 서비스의 실적	• 관료적 프로세스와 느린 의사결정 • 제한된 자금 및 예산 제약 • 유연성과 적응력 부족 • 직원 부족 또는 기술 격차 • 비효율적인 내부 커뮤니케이션 • 변화에 대한 저항 • 부패 또는 비윤리적 행동의 가능성
기회(Opportunity)	**위협(Threat)**
• 새로운 자금 출처 또는 보조금 • 효율성 향상을 위한 신기술 • 변화하는 사회적 필요 또는 요구 • 서비스 확장 가능성 확대 • 다른 공공 또는 민간단체와의 협력 이니셔티브 • 중앙정부의 정책 또는 지원 가능성 • 특정 문제에 대한 대중의 관심 증가 • 공공-민간 파트너십을 위한 기회 확대	• 경제 침체와 자금 삭감 • 다른 공공기관 또는 민간부문과의 경쟁 • 변화하는 정치적 변화와 정부 우선순위 변화 • 급격한 기술 발전 • 대중의 회의론 또는 비판 • 법률 및 규제 문제 • 자연재해 또는 예상치 못한 긴급상황 • 잠재적인 보안 침해 또는 사이버 위협 • 문제와 관련된 이해관계자 갈등

있고, 요인들을 선택하는 데 과도하게 주관이 개입될 위험이 있으며, 많은 경우에 우선순위 분석에 실패하는 한계를 가진다(Grundy, 1998; Pickton & Wright, 1998). <표 3-2>는 공공조직의 SWOT 분석에서 자주 등장하는 SWOT 분석의 항목을 보여준다.

제2절 외부 환경평가

1 외부 환경평가의 의의

조직의 외부 환경은 기관이나 사업이 영향을 미치려는 목표나 결과에 영향을 미칠 수 있는 정치적, 경제적, 인구학적, 사회적, 환경적 요인 등을 말한다. 외부 환경평가는 조직이 활동하는 환경의 변화를 확인하고 그것이 조직의 임무와 목적을 달성하는 데 기회가 되는지 위협이 되는지를 판단하는 활동이다. 외부 환경평가는 단순히 변화를 예측하는 것이 아니라 변화가 조직에 미치는 영향을 분석하는 것이다.

외부 환경평가에서 기회란 조직의 임무와 목적을 달성하는 데 긍정적인 영향을 미치는 것이고, 위협이란 조직의 임무와 목적 달성에 부정적인 영향을 미치는 것을 의미한다. 그러나 이 양자를 명확하게 구분하기는 어렵다. 종종 위협 요인은 긍정적인 기회가 되는 경우가 있고 훌륭한 전략적 기획은 위기를 기회로 바꾸는 것이다. 예로, 기상청에 이상 기온 현상은 기상청의 임무인 예보 활동 업무에 큰 위협 요인이 되지만, 이를 계기로 기상청에 대한 정부의 시설과 인력 투자를 촉진하고 기상청 발전을 추진할 기회가 될 수 있다.

2 사례

1) 기관전략 사례

〈표 3-3〉은 『제5차 과학기술 기본계획』의 환경평가와 내적 능력을 분석한 SWOT 분석의 사례이다. 〈표 3-4〉는 중앙부처 전략계획의 외부 환경평가의 예시이다.

〈표 3-3〉 제5차 과학기술 기본계획(2023~2027) SWOT 분석

S. 강점	W. 약점
▸R&D 강화를 위한 국가적 노력 ▸높은 R&D 투자 및 연구인력 수 ▸특허, 논문 수 세계 상위권 ▸반도체, 통신 등 첨단제조 기술력	▸높은 해외 공급망 의존도 ▸인구 감소, 고령화, 지역 소멸 ▸연구주체 간 과학기술 역량 차이 ▸도전·모험 연구문화 미흡
▸산업·서비스 전반에서 디지털 전환 확산 ▸첨단 신기술의 상용화·보급 확대 ▸미국 등 주요국과의 기술 협력 확대	▸기술패권 경쟁 심화 및 세계 공급망 재편 ▸원자재 가격 상승 등 경제 불확실성 확대 ▸글로벌 기후변화 및 재난·재해 확대
O. 기회	T. 위협

⇩

시사점
현안 및 미래 문제 해결에 기여하기 위한 과학기술 역할 확대 과학기술 혁신역량 고도화 및 글로벌 협력·개방성 확대

출처: 관계 부처 합동(2023), 『제5차 과학기술 기본계획(2023~2027)』.

〈표 3-4〉 외부 환경평가의 예시

정책환경 변화의 예시
① 국제환경 및 대북관계 변화 • 국제기구의 사업 폐지 및 추진일정 연기 등 국제기구와 관련된 사업의 예측하지 못한 변화 • 국제적 재해발생에 따른 관련 정책의 변화 • 남 · 북 관계 경색 등 한반도 정세의 급격한 변화 • 대북 관련 국제기구의 입장 변경 등 • 해외 코로나19 상황에 따른 예상하지 못한 국제행사 취소 · 연기 등 ② 자연재해 발생 • 통상적인 통계수치를 벗어나거나 일기예보로 예측할 수 없는 폭설, 집중호우, 태풍 등에 의한 자연재해 * 예측 불가능성 판단기준은 최근 30년 간 통계자료로 예측이 가능하지 않은 정도의 예외적인 재해(태풍이나 호우, 폭설) 등을 의미 ③ 정책방향 전환 • 지시사항(VIP, 총리) 이행 및 이에 준하는 사회적 합의도출을 바탕으로 기존 정책방향을 전환하게 됨에 따라 관리과제 등을 변경하는 경우 * 단순히 기관 내 방침이 변경되었단 사유만으로는 변경 수용 곤란 ④ 기타 행정환경 변화 • 시민단체, 이해관계자 등이 심각한 사회적 · 정치적 문제를 야기할 정도로 첨예하게 대립하여 부처 차원에서 문제를 해결할 수 없는 경우 • 다른 행정기관에 의해 결정되는 변수로 인하여 정책추진이 심히 곤란한 경우 • 국내 코로나19 상황에 따른 예상하지 못한 국내행사 취소, 사업 변경 등 기구 축소 및 변경으로 정책추진이 심히 곤란한 경우 • 조직개편, 업무분장 변경 등으로 관리과제 수정이 필요한 경우 등

출처: 국무조정실, 『2023년도 정부업무 성과관리 운영지침』.

2) 사업전략 사례

〈표 3-5〉는 관계부처 합동으로 작성한 『제3차 국제개발협력 종합기본계획(2021~2025)』의 대내외 환경분석 중에서 대외 환경에 대한 분석의 예이다.

〈표 3-5〉 대외 환경

■ **(글로벌 난제 확산)** 감염병의 세계적 확산, 기후변화* 및 자연재해 등 全지구적 도전과제로 인해 글로벌 연대 · 협력 및 국제공조 시급성 증대
 * 기후변화로 인해 개발도상국 내 최대 1억 명 이상의 빈곤층 발생 전망(2016년, 세계은행)
○ 위기 대응을 위한 ODA 수요* 지원과 함께 개발도상국의 피해 최소화 및 경제사회 복원을 통한 항구적 위기 대응역량 구축 지원 필요
 * 코로나19 팬데믹 선언(2020.3) 후 100여 일 만에 150여 개국에서 방역물품 등 지원 요청

■ **(양극화 심화)** 코로나19로 인한 빈곤율 상승*, 발전격차 확대로 상대적 빈곤도 심화, 신흥국은 중소득국 진입,** 분쟁 취약구근 난민 증가
 * 1990년 이후 최초로 빈곤율 상승 전망, 일부 지역 30년 전 수준 회귀 전망(2020년, OXFAM)
 ** 중소득국 수: (2000) 40개국 → (2010) 50개국 → (2018) 56개국
○ 비대면 문화 확산 및 디지털화가 가속화되는 가운데, 디지털 기술 접근성 및 활용 역량 차이에 따른 디지털 불평등 심화

■ **(SDGs 이행 강화)** 지속가능한 발전 목표(SDGs) 채택(2015년) 5년 경과, 2030년까지 목표 달성을 위해 국제사회의 이행 가속화 요구 증대
○ SDGs 달성을 위한 재원 확대 노력에도 불구하고, ODA 재원만으로는 목표 달성에 한계*, 민간재원 활용 및 지원수단 다양화** 강조
 * SDGs 달성에 연 $2.5조 필요, 2018년 ODA는 $1,490억 규모
 ** 비양허성 차관, 보증, 지분투자 등을 통해 민간투자 촉매제로서의 ODA 역할 제고

■ **(국익추구 경향)** 자국 중심주의*가 확산되는 가운데, 공여국은 투자 · 무역 기회 확대 등 경제적 이익을 포함한 포괄적 국익 추구 강화**
 * 글로벌 금융위기(2008년) 이후 원조예산 지출의 정당성 확보를 위해 자국 이익 강조
 ** ▲(美) 원조전략목표에 '안보적 · 경제적 이익' 포함, ▲(英) '개발협력 지출은 국익에 도움된다'는 논리 제시, ▲(濠) '무역을 위한 원조' 예산 비율을 20%로 결정
○ 개발협력의 효과성 및 책무성 강화를 위한 성과중심 원조도 확산

출처: 관계부처 합동(2021). 『제3차 국제개발협력 종합기본계획(2021~2025)』.

3 평가 대상

전략적 기획에서 분석되어야 할 외부 환경은 전략계획의 대상이 무엇인가에 따라서 달라질 수 있다. 공공조직의 전략적 기획에서 분석되어야 할 일반환경에는 〈표 3-6〉과 같은 것이 있다.

외부 환경평가에서 중앙행정기관 및 지방자치단체 등의 공공기관이 전략계획을 수립하고자 할 경우에 가장 먼저 고려하여야 할 것은 중앙행정기관은 대통령 공약사항을 중심으로 이루어진 국정과제, 지방 및 기타 기관은 국정과제 이외에 관련 중앙부처의 정책방향 등과 같이 상위 조직의 정책방향을 정확하게 이해하고 분석하여야 한다.

〈표 3-6〉 외부 환경 분석 틀

<table>
<tr><th>구분</th><th>환경 요인</th><th colspan="2">세부 환경</th></tr>
<tr><td rowspan="4">거시 환경</td><td>정치적 요인</td><td colspan="2">• 정치환경의 조류 및 경향
– 선진국가의 변화
– 사회주의권의 변화
– 국내 정치환경 변화의 동향
– 각종 이슈 및 정책 변화
– 법령 조례의 제정 및 개폐 등</td></tr>
<tr><td>경제적 요인</td><td>• 국내 경제 요인
– 경제성장률
– 산업구조
– 민간설비 투자
– 물가 수준
– 실업률의 추이
– 금융환경
– 추가 동향</td><td>• 국제 경제 요인
– 수출입 동향
– 국제수지 동향
– 환율 변동률
– 외국 경제성장률
– 해외 투자
– 외국의 생산 소득, 소비</td></tr>
<tr><td>사회문화적 요인</td><td colspan="2">• 인구 동태 변화 / 문화구조 변화 / 소비구조 변화</td></tr>
<tr><td>기술적 요인</td><td colspan="2">• 신소재 개발 동향 / 신기술 개발 동향</td></tr>
<tr><td rowspan="2">미시 환경</td><td>고객 요인</td><td colspan="2">• 국민의 니즈 변화 / 이해관계자 니즈 변화</td></tr>
<tr><td>기타 요인</td><td colspan="2">• 다른 조직 동향 / 기타 필요사항</td></tr>
</table>

출처: 행정안전부(2011). 『과학적 조직관리를 위한 조직진단 매뉴얼』.

국가 공공기관의 전략계획은 수직적 · 수평적 연계성을 확보하여 정부의 성과를 제고하는 것을 목표로 한다. 이에 국정과제와 대립하거나 상위 기관의 정책방향과 다른 계획은 추진에 대한 합의와 지원을 확보할 수 없고, 때로는 승인을 받지 못하여 추진할 수 없다. 우리의 경우 정부의 성과를 향상하고 전략계획의 수직적 연계성을 확보하기 위해서 정부업무평가에서 특정평가를 수행하고 있다. 특정평가는 국정 통합관리 및 국정성과를 제고하기 위해서 이루어진다. 이러한 특정평가의 대상이 되는 과제는 중앙행정 기관의 경우 중요한 전략적 이슈가 된다.

미국 연방정부에서는 연방정부 내의 전략계획의 수직적 · 수평적 연계성을 명확히 하기 위하여 이를 GPRAMA에서 제도화하고 있다. 먼저 미국 연방정부 기관의 전략계획은 정권이 바뀌면 대통령이 취임한 다음 연도 2월 첫째 주 월요일까지 OMB에서 제시하고 있는 연방정부의 우선순위 목표를 고려하여 기관의 전략계획을 작성하도록 하고 있다. 이를 통하여 기관의 전략계획이 대통령의 정책방향과 일관성을 확보하고자 한다.

4 평가방법

외부 환경평가는 개인보다는 전략기획팀과 관련 분야의 전문가가 중심이 되어 브레인스토밍 등의 방법으로 이루어지는 것이 바람직하다. 평가자들은 평가를 위해 필요한 자료를 수집할 때 미래 지향적이고 문제 해결 지향적이며, 목적 지향적인 자료 수집 행태가 요구된다. 즉, 모든 정보를 수집하는 것이 아니라 목적에 적합한 정보만 모으는 합목적적인 정보 수집이 요구된다. 외부 환경평가에서 분석이 필요한 자료는 다음과 같은 것으로부터 얻을 수 있다.

- 대통령, 부처 장관, 지방자치단체장의 공약
- 새로운 법령 및 사법부의 판결
- 대통령, 부처 장관, 지방자치단체장의 연설 및 지시사항
- 정부 및 의회의 입법 경향
- 인력 동향
- 정보통신 및 기술의 변화 동향
- 경제적 지표 및 동향
- 인구 데이터
- 관련 세미나, 포럼 등으로부터 정보
- 인터넷 및 관련 연구 자료
- 미래 변화 자료

평가자들은 외부 환경평가를 위해 수집된 자료 분석 결과를 가지고 미래의 환경변화를 예측해야 한다. 전략적 기획에서 예측의 기간을 너무 장기적으로 할 필요는 없다. 미래의 변화 예측은 항목별로 정리하여 목록화해야 한다. 이 경우 중요하다고 생각되는 것을 대분류별로 5개 이내로 선정하여 목록화하는 것이 바람직하다. 미래 변화를 예측할 때에 다음과 같은 것들이 논의되어야 할 것이다.

- 앞으로 환경은 어떻게 달라질 것인가?
- 어떠한 힘이 환경의 변화에 영향을 미칠 것인가?
- 이러한 변화는 지속할 것인가, 중단될 것인가?
- 이러한 변화가 조직에 어떠한 영향으로 나타날 것인가?

분석을 통하여 외부 환경 변화 가운데 조직의 미래에 영향을 줄 수 있는 중요한 변수들의 미래 변화를 예측하고, 브레인스토밍 등의 합의를 통하여 환경의 변화가 조직에 기회 요인이 되는지 위협 요인이 되는지, 아니면 영향을 주지 않을 것인지를 평가하게 된다.

평가자들은 기회 및 위협 요인을 도출하고 나서 앞 단계에서 선정된 변화를 중요성에 따라 축소하는 작업이 요구된다. 축소는 기회 요인과 위협 요인 각각 10개 이내로 하는 것이 바람직하다. 환경변화가 조직에 가지는 중요도를 평가할 때에 다음과 같은 것들을 고려하여 5개 전후로 축약할 필요가 있다. 분석 결과는 〈표 3-7〉과 같이 정리할 수도 있다.

- 환경의 변화가 조직의 고객, 이해관계자, 경쟁적인 다른 조직에 어떠한 영향을 미칠 것인가?
- 환경의 변화가 조직의 임무, 목적, 목표 달성에 어떠한 영향을 줄 것인가?
- 환경의 변화가 조직에 기회가 되는가? 위협이 되는가?

〈표 3-7〉 외부 환경 분석의 시사점 도출표

① 구분	② 항목	③ 분석 내용	④ 변화 속성			⑤ 중요도	⑥ 시사점
			폭	기간	특성		

* 작성방법
① 구분: 거시환경과 미시환경별로 세분화된 영역을 재그룹핑하여 정리
② 항목: 설명하고자 하는 요인들을 적당한 크기로 분류, 발췌하여 정리
③ 분석 내용: 개별 분석 내용을 종합하여 위협 또는 기회 요인 관점에서 정리
④ 변화 속성: 변화가 영향을 미치는 영역(변화 폭), 변화가 미치는 기간을 추정(변화 기간), 변화가 미치는 기간 동안의 특성을 파악하여 기술(변화 특성)
⑤ 중요도: 변화의 영향을 고려하여 3레벨 정도로 중요도 설정(A, B, C)
⑥ 시사점: 분석 내용에 대해 중요도 등을 종합적 관점에서 파악한 후 조직의 전략이나 방침의 변화와 연관시켜 의미를 정리

출처: 행정안전부(2011). 『과학적 조직관리를 위한 조직진단 매뉴얼』.

5 고객과 이해관계자 분석

1) 고객과 이해관계자 분석의 의의

전략적 기획에서 고객과 이해관계자는 전략계획에 의해서 직간접적으로 영향을 받거나 관심을 가진 집단들을 의미한다. 공공부문의 전략적 기획에 대한 대부분 문헌은 고객과 이해관계자를 전략적 기획의 지속적 성공을 위한 핵심요소로 다루고 있다(Bryson, 2004; McAdam et al., 2005). 이에 다양한 조건 때문에 외부 환경평가나 내부 능력평가를 하지 못하더라도 고객 및 이해관계자 분석만큼은 꼭 수행할 필요가 있다(Wheeler & Sillanpaa, 1998; Clarke, 1998).

고객과 이해관계자 분석은 전통적인 관료제 조직의 분석 및 평가와는 다른 차원에서 출발한다. 전통적인 합리적 기획모형은 기획가나 정부의 고위관리자 욕구에 부합하는 정보를 창출하는 데 관심을 두었다. 그러나 전략적 기획은 고객 지향의 행정 체제라는 철학적 기반에서 출발하여 프로그램이 고객의 관심, 욕구, 기대를 충족시켜 주는가를 중시한다. 전략적 기획에서 고객과 이해관계자 분석의 필요성은 공공조직의 성과는 고객과 이해관계자의 이익과 기대를 기초로 하고 있고, 프로그램의 성공과 실패를 결정하는 데 결정적인 영향을 준다는 인식을 기반으로 하고 있다(GAO, 1996; NPR, 1997; Bovaird, 2005; McAdam et al., 2005; Davenport & Leitch, 2007).

고객 지향의 전략적 기획에서 고객과 이해관계자 분석에서는 누가 조직의 고객이고 이해관계자인지, 어떻게 그들은 조직을 평가하고 있고, 어떻게 그들은 조직에 영향을 미치며, 조직이 그들에게서 필요로 하는 것이 무엇이며, 그들이 얼마나 중요한지를 다루게 된다. 고객과 이해관계자 분석에서 얻어지는 정보는 조직의 임무, 전략적 이슈, SWOT 분석, 전략 개발에 핵심적인 정보가 된다.

고객과 이해관계자 분석 및 욕구사정에서는 다음의 질문에 답을 구해야 한다.

- 정책 및 사업의 대상집단은 어떠한 특성이 있는가?
- 그들이 필요로 하는 욕구와 서비스는 무엇인가?
- 그러한 서비스를 어떻게 제공할 수 있는가?

이러한 욕구사정 방법으로 가장 일반적으로 사용되는 것이 대상집단을 대상으로 한 사회조사방법이다. 이외에 포커스 그룹 면접, 관련 분야의 전문가 면담, 공공 포럼 등의 방법을 사용할 수 있다.

2) 공공조직의 고객과 이해관계자

고객이란 조직이 생산하는 재화와 서비스를 이용하는 조직 내외의 집단이나 개인을 의미한다. 공공조직의 정책 대상집단인 고객은 일반 기업의 고객과는 다음과 같이 다른 특성을 가진다(Vedung, 이경옥 옮김, 1995).

- 공공기관의 고객은 그 범위를 명확하게 하기가 어렵다. 기업에서는 고객을 자율적으로 규정할 수 있으나 공공기관에서는 고객을 자율적으로 규정할 수가 없다.
- 공공기관 고객의 욕구는 다양하며 이러한 욕구는 고객 간에 대립적 갈등을 가지기도 한다.
- 기업의 고객은 기업에 비용을 지급하는 실체이나 공공기관의 고객은 서비스의 대가를 내지 않는 경우가 더 많다.
- 질서 및 규제기관의 고객인 피의자나 피규제 대상자에 대한 고객의 개념은 다른 일반 서비스의 고객집단과는 다른 성격을 가진다.

이해관계자란 조직의 관심, 자원 및 서비스를 요구하거나, 조직 활동이나 조직이 제공하는 서비스에 영향을 받는 특정한 개인, 집단, 조직을 말한다. 이해관계자는 프로그램의 생산물을 이용하거나 서비스를 꼭 받지 않는다는 면에서 고객과 구분된다.

우리의 중앙정부 기관 차원에서 대표적인 이해관계자를 보면 [그림 3-1]과 같다.

권력의 차원에서 공공조직에 영향을 미치는 이해관계자를 다음과 같이 구분할 수 있다(Smith, 1994).

- **자원을 통제하는 이해관계자**: 자원에 대해 직접 권력을 행사하는 집단으로 이들은 주로 계층적 관계로 권력을 행사한다. 정부기관의 자원통제자로는 의회, 예산 관련 부처, 인력 조정 부처 등이 될 수 있다.
- **정치적 영향력을 가진 이해관계자**: 이들은 자원에 대해 간접적인 권력을 행사하는 집단으로, 주로 직접적인 권력을 가진 집단에 영향을 미쳐서 자신들의 이익을 추구하고자 한다. 의회, 매스미디어, 압력단체, 납세자, 유권자, 대안적인 서비스 수단을 가지고 있지 못한 서비스의 수혜자 등이 이에 속한다.

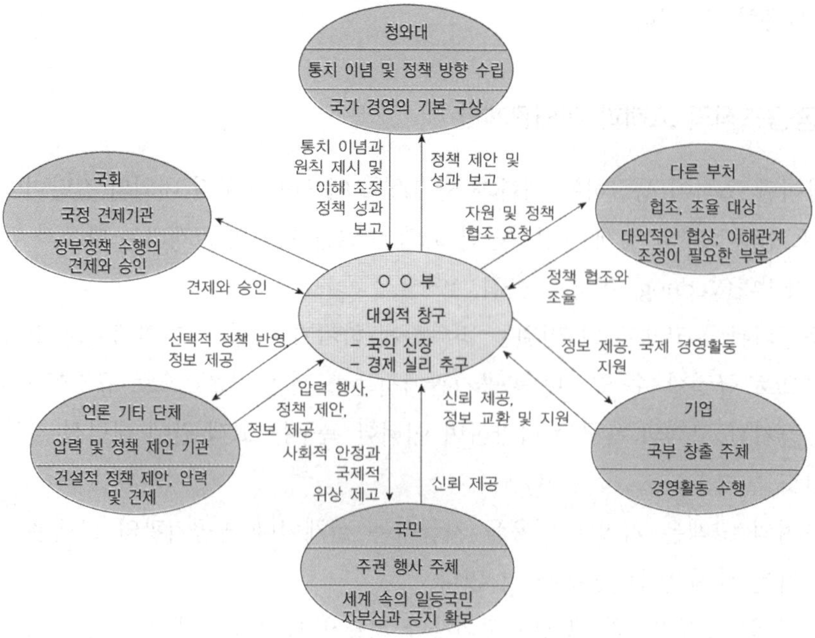

출처: 행정안전부(2011). 『과학적 조직관리를 위한 조직진단 매뉴얼』.

[그림 3-1] 이해관계자 맵(예시)

- **서비스의 생산에 개입하는 이해관계자:** 조직이 서비스를 생산할 때 의존해야 하는 사람들로서 이들의 동의가 없이는 조직을 통제할 수 없는 이해관계자로 직원 집단, 공급자, 계약자, 협력자, 노조 등이 있다.
- **환경에 영향을 가지는 이해관계자:** 이들은 조직이 활동하는 환경에 영향을 미치는 집단이다. 영향의 수단은 직접적 규제, 법규, 시장에 대해 영향력을 행사하는 방법을 택한다. 이에는 의회, 규제기관, 대안적 서비스를 생산할 수 있는 기업이나 집단, 교육기관 등이 있다.

전략적 기획과정에서는 다음의 고객과 이해관계자에 대해 특별한 관심을 둘 필요가 있다.

- **경쟁자:** 조직, 개인 또는 집단이 조직의 관심사, 자원, 산출에 대해 서로 경쟁하는 영역이 항상 있다. 이해관계자 분석에서는 이러한 영역에서의 경쟁자를 정확하게 파악해야 한다.

- **미래의 세대**: 공공조직은 미래의 세대에 대해 하나의 의무를 져야 한다. 미래의 세대는 환경, 복지, 자원문제에서 관심을 두어야 할 대상이다.
- **주요 직원집단**: 직원은 조직의 성과를 판단하기 위해 서로 다른 기준을 사용하고, 서로 다른 역할을 하는 집단으로 구성된다. 특히, 노조와 직원집단을 명확하게 해야 한다.
- **소외집단**: 조직이나 공동체에서 물리적 · 심리적으로 멀리 떨어져 있고, 조직화하지 않은 소외집단에 특별한 관심을 두고, 이들의 의견과 주장을 수용할 수 있는 메커니즘을 마련해야 한다.

3) 고객과 이해관계자 분석

고객과 이해관계자 분석은 개별적으로 수집된 정보를 바탕으로 전략기획팀이 중심이 되는 브레인스토밍, 포커스 집단, 전자매체를 통한 설문조사 등으로 확인하고, 그들의 우선순위를 결정할 수 있다.

(1) 고객과 이해관계자의 확인

고객과 이해관계자 분석의 첫 번째 단계는 브레인스토밍 등의 방법을 활용해서 누가 조직의 고객이며 이해관계자인지를 확인하는 것이다. 이 단계에서는 먼저 관련된 고객과 이해관계자(내부 이해관계자와 외부 이해관계자)에 대한 목록을 작성해야 한다. 그리고 작성된 목록에서 그의 중요성에 따라서 고객과 이해관계자의 우선순위를 명시해야 한다. 고객과 이해관계자를 확인할 때는 다음의 것이 고려될 필요가 있다.

- 누가 조직이 제공하는 재화와 서비스의 수혜자이며 이용자인가?
- 누가 조직의 활동으로 가장 큰 혜택을 받는가?
- 누가 고객인가? 일반 대중 또는 특별한 고객은 누구인가?
- 누가 내부의 이해관계자이고 외부 이해관계자인가?

(2) 고객과 이해관계자의 생각과 욕구 파악

고객과 이해관계자가 확인된 뒤에는 다음과 같은 물음을 가지고, 고객과 이해관계자가 무엇을 생각하고 원하고 있는가를 확인해야 한다.

- 고객과 이해관계자들이 원하는 것이 무엇인가?
- 고객과 이해관계자는 무엇으로 만족하는가?

- 고객과 이해관계자는 조직 성과를 어떻게 평가하고 있는가?
- 고객과 이해관계자는 조직에 어떻게 영향을 미칠 것인가?

전략적 기획에서 고객의 욕구 분석은 외부 환경평가에서 필수적으로 수행하여야 할 사항이다. 고객과 이해관계자의 생각과 욕구를 파악하는 것은 전문적 기술이 필요하므로 전문가에 의뢰할 필요가 있다. 이들의 욕구와 생각을 분석하는 데 사용하는 방법으로는 다음과 같은 것이 있다.

- 설문지나 전화조사
- 포커스 집단(focus groups) 면접
- 대면적인 면담
- 의견진술서 이용
- 고객 자문위원회의 활용
- 주민과의 대화나 주민 의견의 청취

(3) 고객과 이해관계자의 우선순위 결정

고객과 고객의 욕구가 파악되었으면 다음으로 그들의 우선순위를 확인할 필요가 있다. 전략적 기획에서는 모든 고객과 이해관계자를 같게 다루기보다는 선택과 집중을 위해 고객과 고객 욕구의 우선순위를 확인하는 것이 필요하다. 그 우선순위를 확인하기 위해서 사용되는 기준으로는 다음과 같은 것이 있다.

- 목표의 실현에 필수적인 이해관계자
- 목표에 직접적 영향을 받는 이해관계자
- 목표에 대해 부정적인 태도를 가질 가능성이 있는 이해관계자
- 정책 목표 및 내용에 대한 정치 및 여론에 영향을 미칠 수 있는 이해관계자
- 성별 관련 문제에 대한 정보를 제공할 수 있는 이해관계자

(4) 종합

고객과 이해관계자 분석의 결과는 〈표 3-8〉과 같이 정리하여 관리할 필요가 있다.

〈표 3-8〉 고객 및 이해관계자 분석표

고객과 이해관계자 확인		
고객	고객의 기대	우선순위
내부 이해관계자	이해관계자의 기대	우선순위
외부 이해관계자	이해관계자의 기대	우선순위

4) 고객과 이해관계자 사례

우리의 중앙행정기관의 성과관리 전략계획에서는 외부 환경분석과 이해관계자 분석을 각 전략목표에 대하여 '외부 환경 · 갈등 요인 분석 및 갈등관리계획', 각 성과목표별로는 '외부 환경 · 갈등 요인 분석'이란 이름으로 분석하고 있다. 〈표 3-9〉는 보건복지부 『성과관리 전략계획(2020~2024)』의 환경분석과 이해관계자 분석의 예이다.

〈표 3-9〉 보건복지부 성과관리 전략계획

보건복지부 성과관리 전략계획(2020~2024)

■ 전략목표 2: 보건의료체계 개혁으로 국민의 건강하고 안전한 삶 보장

▌성과목표 II-6. 한의약 육성 발전을 통한 국민건강 증진

(1) 주요 내용

■ 한의(韓醫) 서비스 질 향상 및 접근성 강화

■ 한의약 산업육성 및 기술개발

(2) 성과지표

성과지표	실적			목표치	'20 목표치 산출근거	측정산식(또는 측정방법)	자료 수집방법 또는 자료출처
	'17	'18	'19	'20			
한의(韓醫) 서비스 개선 추진율	100	100	100	100	한의(韓醫) 서비스 개선 및 접근성을 강화하기 위한 각 과제별 중요도에 따른 가중치 설정	Σ 각 지표별 ① 이용기관 수 500개소 이상 원외탕전실 인증제 참여 목표치(30%) 달성율*0.5 ② 한약제제 제형 개발 처방 건수 목표치(8건) 달성율*0.5	공문, 정책보고서 등 각 항목별 증빙자료(보건복지부)

(3) 외부 환경 및 갈등 요인 분석

■ 2026년 초고령사회(노인 20%) 진입이 예상될 정도로 급속한 고령화로 효과적인 만성질환** 예방 · 건강 관리 대책 마련 필요

- 인구고령화 및 만성 난치성 질환의 증가 등으로 인한 전통의학 · 보완대체의학에 대한 세계적 관심과 수요도 증대 중

■ 이원화된 의료체계로 인해 장기간 누적되어온 의–한의 간 상호 배타성 · 경직성과 업무영역을 둘러싸고 첨예하게 대립 중

- 과학기술 발달로 새로운 의료기기가 개발되고 있으나, 그 사용을 둘러싸고 직역 간 이견과 갈등*으로 사회적 비용 증가
  - * (의료계) 현대 의료기기 사용은 의사의 면허범위에 속하는 의료행위 vs (한의계) 국민편의, 한방의 과학화를 위해 현대 의료기기 사용 필요
  - ** 최근 5년 간 의사협회 ↔ 한의사협회 간 31건 소송 제기

■ 과학적 근거에 기반한 표준화된 한의(韓醫) 치료서비스로의 개선 및 접근성 강화 요구 증대

- 한의(韓醫) 의료기관별 상이한 진료 방법, 치료서비스의 근거 부족 등으로 국민신뢰 저하 및 세계화의 걸림돌로 작용
  - * 한방진료 불만족 요인 34.8%는 한의사마다 다른 치료방법이 차지(한방의료 이용 및 한약소비실태조사, 2011)
- 한방의료서비스 건강보험 보장률은 전체 대비 낮은 수준*으로, 건강보험 적용 확대에 대한 국민적 요구가 높은 상황**
  - * 건강보험 보장률(2016): (전체) 62.6% / (한방병원) 33.3% (한의원) 53.9%
  - ** 보험급여 적용 확대(45.7%)가 개선 필요사항 1순위로 선정 (2017년 한방의료이용 및 한약소비실태조사)

■ 제4차 산업혁명에 따른 보건산업 영역 붕괴로 헬스케어 영역 확장

- 보건산업 내 새로운 제품과 서비스 결합, 보건의료와 소비재 경계영역 제품과 서비스의 등장 등으로 산업 경계 약화
- 건강과 치유(힐링)를 위해 해외의 스파, 휴양, 건강관리 및 뷰티(미용) 등 관광활동을 즐기는 웰니스(wellness) 관광 증가

■ 약침제 등 원외탕전실 조제 의약품에 대한 안전성 · 신뢰성 문제 지속 제기

- 한약 조제의 품질관리 도모 및 공간 제약 냄새 등의 문제 해소를 위해, 원외탕전실 제도를 도입(2008년 9월)하였으나, – 투여경로가 주사제와 유사한 '약침' 등이 한방의료기관 부속시설 '원외탕전실'에서 대량 조제, 안전성 논란 지속

출처: 보건복지부(2020). 『성과관리 전략계획(2020~2024)』.

사례 **2022년도 문화체육관광부 성과관리 시행계획**

[수혜자 및 이해관계집단]

■ 전략목표 Ⅰ. 삶의 질을 높이는 국민 문화환경을 조성한다.

▮ 성과목표 Ⅰ-1. 국민문화향유 기회를 확대한다.

- 수혜자
  - –(통합문화이용권) 전국 기초생활 수급자 · 차상위 계층(6세 이상)중 문화누리카드 발급자

- (문화다양성) 이주민, 장애인, 노인, 아동, 성소수자 등
- (인문정신문화) 일반국민
- 이해관계자
  - (통합문화이용권) 문화누리카드 가맹점, NH농협카드사
  - (문화다양성) 전국 17개 시·도 및 사업주관기관, 한국문화예술위원회
  - (인문정신문화) 인문정신 문화 관련 단체 등

출처: 문화체육관광부.『2022년도 성과관리 시행계획』

사례 이해관계자 분석 사례

- (주)디피라인(2020).『의료데이터 활용에 관한 대국민 인식조사 및 홍보방안 연구』. 대통령 직속 4차 산업혁명위원회.
  * 이해관계자(환자, 의사, 시민단체) 인식을 설문방법과 인터뷰 방법으로 인식을 조사
- 국민대학교 산학협력단(2015).『미래부의 사회문화적 자산 확충을 위한 이해관계자 분석 및 관계관리 전략 연구』. 미래창조과학부.
- 한국문화관광연구원(2015).『노래연습장: 제도개선 및 중장기 발전방안 연구』. 문화체육관광부.
- 서울시(2017).『서울시 50+ 정책 중장기 발전전략』.

출처: https://www.prism.go.kr

제3절 내부 능력평가

1 내부 능력평가의 의의

전략적 기획은 조직이 가진 강점을 극대화하여 조직의 성과를 창출하는 관리 기법이다. 이를 위해 조직이 활용할 강점을 확인하고, 약점을 극소화하는 방법을 추구해야 한다. 전략적 기획의 기본 가설은 '전략-역량-성과'가 조화를 이룰 경우에 성공할 수

있다고 본다. 즉, 아무리 좋은 전략계획이라고 하더라도 이를 집행하는 조직의 역량이 뒷받침되지 않는다면 바람직한 성과를 창출할 수 없다. 전략적 기획에서 내부 능력평가를 통하여 조직의 강점과 약점을 확인하고, 이슈, 문제, 기회 및 위협에 대응하는 조직의 자원과 능력을 확인하게 된다. 조직의 강점은 조직이 다른 경쟁자와 비교하여 우위를 점하고 있는 능력을 의미한다. 반면에 약점은 조직이 전략목적을 달성하지 못하도록 방해하거나 제한하는 내적 특성으로 조직의 한계를 의미한다. 모든 조직은 강점과 약점을 동시에 가지고 있다. 그러나 관리자들은 그들의 강점을 더 많이 인식하고, 그들의 약점은 잘 보지 못하는 경향이 있다. 성과 지향의 조직은 강점과 똑같이 자기 조직의 약점에 대해 정확하게 파악하고 있다. 내부 능력평가는 조직전략의 경우 기본적으로 조직의 전략과 관련된 조직진단 또는 조직에 대한 평가와 같은 맥락을 가지게 된다. 내부 능력평가는 현 상태의 조직운영 원리를 밝혀 주고, 현재의 활동에 지침이 되는 패러다임과 가치가 무엇인가를 확인시켜주고, 조직의 위치, 성과, 문제와 잠재력을 평가하게 된다.

2 사례

1) 기관전략

〈표 3-10〉은 고용노동부『성과관리 전략계획(2020~2024)』에서 내부 능력평가 부분의 요약이다. 주로 성과에 초점을 두며 약점에 대한 분석은 제한적으로 언급되고 있다.

〈표 3-10〉 고용노동부 성과관리 전략계획(2020~2024)

1. 그간의 정책성과

■ 그간 '함께 잘사는 나라'를 만들기 위해 '일자리 기회 확대', '일자리의 질' 향상에 역점을 두고 정책 추진

- 특히, 취업자 수, 고용률 등 핵심 고용지표가 개선되면서 V자형 반등에 성공, 고용보험의 저변도 확대
- 최초로 年노동시간(상용 5인 이상) 2천 시간 미만으로 진입하고, 저임금 노동자 비중도 20% 미만으로 감소하는 등 노동자 삶의 질 개선

☞ 향후 일자리의 긍정적 추세를 이어가고, 현장의 목소리를 토대로 정책을 보완해 나가면서 '확실한 변화 · 확실한 성과' 도출

2. 일자리 기회 확대
■ 청년, 여성, 고령자 등의 고용지표가 뚜렷한 회복세
■ 고용안전망의 저변 확대 및 보장성 강화
* 40대 제조업 고용상황이 여전히 어렵고, 청년 등은 정책 체감 부족문제 제기

3. 일자리의 질 제고
■ (노동시간 단축) 주 최대 52시간제 시행(개정 근로기준법 공포, '18.3월)에 따른 현장안착에 총력
■ (저임금 노동자 지원) 최저임금 인상('18년 7,530원→'20년 8,590원), 일자리 안정자금 사회보험료 지원 지속
■ (정규직 전환) 공공부문 상시·지속업무에 종사하는 비정규직의 정규직 전환 추진→'19년까지 19.9만 명 정규직 전환 결정+처우 개선 도모
■ (산재 사망사고 감축) 산재 사망사고 절반 감축을 목표로 산재다발 업종 사업장 중심 관리 감독에 역량 집중
* 탄력근로제 제도개선, 최저임금 결정체계 개편 등 입법 지연은 더욱 노력할 부분

출처: 고용노동부(2020). 『성과관리 전략계획(2020~2024)』.

2) 사업전략

〈표 3-11〉은 행정안전부 국가기록원의 『국가기록관리 중장기 발전계획(2020~2024)』의 내부 능력평가에 해당하는 예이다.

〈표 3-11〉 국가기록관리 중장기 발전계획(2020~2024)

국가기록관리 중장기 발전계획(2020~2024) 내부 능력평가

Ⅲ. 지난 10여 년의 실적과 한계

1. 주요 실적
■ 국가기록관리 혁신의 지속 추진을 위한 기반 마련
■ 각급 기록물관리기관 설치 확대
■ 기록관리 전문인력 양성 및 전문요원 배치 증대
■ 기록물 생산 및 인프라 구축 등 양적 성장
■ 대국민 기록문화 확산 및 서비스의 양적 확대
■ 기록관리 학회·협회 등을 중심으로 기록공동체 성장·발전
■ 민간영역 기록관리 인식 확대 및 분야별 아카이브 설립

2. 아쉬운 점과 한계
■ 중장기 발전계획의 단절성·일회성 추진
■ 공공업무의 기록화 지속 추진에도 불구하고 실질적 변화 미흡
■ 기록물관리기관 균등발전·협력체계 구축 필요
■ 대국민 기록문화 확산 부족 및 공급자 위주의 서비스 운영

출처: 행정안전부 국가기록원(2020). 『국가기록관리 중장기 발전계획(2020~2024)』.

3 평가 대상

조직의 내부 능력평가에서는 다음과 같은 것들이 평가되어야 한다.

- 무엇이 조직의 강점인가? 위임사항 또는 조직의 임무를 달성하는 데 도움을 줄 수 있는 자원 또는 능력은 무엇인가?
- 무엇이 조직의 약점인가? 위임사항 또는 조직의 임무를 달성하는 데 방해가 되는 자원이나 능력은 무엇인가?
- 조직은 내적으로 무엇을 달성했는가?
- 조직이 달성하지 못한 것은 무엇이고 왜 달성하지 못했는가?
- 조직은 고객의 욕구를 어느 정도 충족시켰는가?
- 조직은 어떠한 방법으로 성장했고, 앞으로 어떻게 변화해야 할 것이며, 그 이유

〈표 3-12〉 버지니아 주에서 제시하는 조직의 내부 능력평가 항목

■ 조직문화 • 관리 스타일 • 변화를 흡수하고 포용하는 능력 • 의사결정 과정 • 조직에 대한 헌신과 충성도 • 구성원의 만족도 • 커뮤니케이션 유형과 과정 ■ 사람 • 현원, 인력 배치 등 • 보수 문제 • 직원의 지식, 기술, 능력 • 이직률 • 현원과 필요 인원과의 차이 ■ 구조 • 공식적 구조 • 비공식적 구조 • 보고 활동과 관련된 사항 • 통솔 범위 • 역할의 인지와 수용도 • 현재의 상태와 필요한 구조와의 차이	■ 시스템과 과정 • 업무 기획 • 정책과 절차 • 성과관리 시스템 • 통제 시스템 ■ 서비스와 자금 조달 • 현재 제공되고 있는 서비스 • 위임된 서비스의 확인 • 서비스를 위한 자금 조달 방법 • 최근의 자금 조달상황과 서비스 수준 • 현재 상황과 앞으로 필요하게 될 것과의 차이 ■ 결과 • 기대하는 결과 • 효과성 측정 • 효율성 측정 • 측정 시스템 • 성과와의 연계 ■ 기술 • 현재의 시스템 • 현재의 욕구 • 현재의 기술상황과 앞으로 요구되는 기술과의 차이

출처: State of Virginia(1998).

는 무엇인가?
- 조직은 잘 화합하는가, 갈등은 없는가?
- 어떠한 프로그램이 필요하고 필요하지 않은 프로그램은 없는가?
- 지금 필요한 것과 앞으로 필요하다고 예측되는 자원은 무엇인가?

공공기관의 내부 능력평가에서 다루어져야 할 것들을 보면 〈표 3-12〉와 같은 것들이 있다.

4 평가방법

내부 능력평가는 다양한 조직 진단이나 평가방법에 의해서 이루어질 수 있다. 평가에 필요한 자료는 다음과 같은 것으로부터 얻어질 수 있다.

- 예산과 직원 데이터
- 다른 지역 및 부문과의 비슷한 기능에 대한 비교
- 정책 및 프로그램의 결과
- 직원 및 고객의 피드백 자료
- 내외부 평가 및 감사 결과
- 시설 및 공간에 대한 요구 및 물리적 조건 등
- 직원 대상 인터뷰, 설문조사 등

내부 능력평가도 외부 환경평가와 같은 방법으로 주로 평가팀과 전문가 집단에 의해서 브레인스토밍 등의 방법으로 이루어지게 된다. 때로는 경영평가, 조직진단 등의 이름으로 전문 평가기관에 의뢰하여 평가할 수도 있다. 오늘날에는 조직진단 및 평가를 위해서 외국의 경우에는 간단하게 온라인으로 할 수 있는 프로그램이 개발되어 이용되기도 한다.[1] 내부 능력평가는 다양한 방법으로 이루어질 수 있다. 어떠한 방법을 사용할 것인지는 데이터의 유형, 인적자원, 비용, 시간 등을 고려하여 결정해야 한다. 일반

1) 예로, 온라인 설문(SurveyMonkey: https://www.surveymonkey.com/), 온라인 조직의 자체평가 도구(http://roadmapconsulting.org), 맥킨지 평가(https://www.ocat.mckinseyonsociety.com) 등이 있다.

적으로 평가는 인터뷰, 설문조사, 포커스 집단 활용, 조직의 프로그램 문서 검토 등의 방법에 따라 이루어지게 된다. 내부 능력평가에서는 특히 기존 조직의 성과평가에 의하여 문제점과 부족한 차원 등을 확인하여야 한다.

평가자료를 분석하여 평가자들은 관련된 모든 강점과 약점 목록을 작성하고, 이를 각각 5~6개로 축약하고 우선순위를 제시하여야 한다. 스티븐슨(Stevenson, 1976)은 우선순위 결정 방법을 조사한 결과 조직의 강점은 주로 역사적 경험이나 경쟁자와의 비교기준에 의해 확인하고, 조직의 약점은 주로 규범적 기준에 의한다고 한다.

제4절 외부 환경평가와 내부 능력평가를 위한 도구

1 종합적 분석도구

1) 균형성과표

균형성과표(Balanced Score Cards: BSC)는 조직의 성과는 유형의 재무적 지표만으로 판단해서는 아니 되고, 무형의 비재무적인 지표를 포함한 성과평가 시스템으로 판단해야 한다면서 카플란과 노턴(Kaplan & Norton, 1992)에 의해 제시된 이론이다. 균형성과표에서 균형이란 단기지표와 장기지표, 재무지표와 비재무지표, 선행지표와 후행지표 간의 균형을 의미한다.

BSC는 다음 네 가지에 초점을 두고 조직을 관리하라고 요구하고 있다.

- **고객 관점:** 고객은 우리를 어떻게 보는가? 고객의 관점에서는 고객이 관심이 있는 재화와 서비스 제공과 관련된 시간, 질, 비용 등을 측정한다.
- **내부 프로세스 관점:** 우리가 탁월해져야 할 것은 무엇인가? 고객의 욕구를 충족시키는 것은 내부의 업무처리 과정, 의사결정과 활동으로 나타나게 된다. 내부 프로세스 관점은 사업이 효율적으로 운영되고, 고객의 욕구에 맞게 처리되고 있는지를 측정한다.
- **학습과 성장 관점:** 우리는 지속해서 가치를 개선하고 창출할 수 있는가? 조직의

환경은 지속해서 변화한다. 변화 속에서 제품이나 서비스 및 조직 내의 업무처리 과정은 지속해서 개선되어야 한다. 조직의 변화에 대한 학습은 단순한 교육이 아닌 원활한 의사전달, 위기에의 신속한 대응 등을 요구한다.

- **재무 관점**: 우리는 이해관계자에게 어떻게 보이는가? 이윤, 성장, 주주의 가치와 같은 전통적인 재무적인 관점은 조직의 생존과 번영에 핵심을 구성한다. 재무 관점에는 위험 평가나 비용-편익 분석 등이 요구된다.

균형성과표는 조직의 강점과 약점을 확인하고, 그의 환경인 고객과의 관계를 평가하는 데 활용될 수 있다. 이외에 균형성과표를 활용하여 전략적 기획과정에서 성과 창출에 핵심적인 요인을 찾고, 이를 위한 전략을 수립할 수 있다.

사례 **BSC에 의한 평가의 사례**

- 전북대학교 산학협력단(2021). 『2020년 전라북도 BSC 직무성과평가 연구 용역 보고서(요약)』. 전라북도.
- (주)서던포스트(2020). 『2020년 성남시 성과관리만족도 조사 용역』. 성남시.

출처: https://www.prism.go.kr

2) 볼드리지 성과 향상 프로그램

말콤 볼드리지 국가품질관리 대상(The Malcolm Baldrige National Quality Award)은 1988년 전사적 품질 관리(Total Quality Management: TQM)을 활성화하기 위해 제정되었다. 볼드리지의 기준은 최고의 성과 모형을 제시하는 질 통제 시스템 모형이다. 이 모형이 주는 최대의 이점은 적용 과정에서 이루어지는 자기 평가와 환류에 있다. 이 상을 수상한 조직의 공통점은 TQM을 별개의 프로그램이 아닌 조직과 TQM의 철학 및 실제를 통합하여 조직의 일상적인 활동에 활용하는 데 있다. 볼드리지 기준은 고객만족, 직원 만족, 업무 성과 간의 균형을 요구한다. 이 상은 공공과 민간 간의 협력으로 만들어진 기준을 활용하여 평가하는 데 그 기준은 조직을 운영하는 데 사용한 과정에 대한 접근방법, 접근방법을 실천하기 위한 전개(deployment) 방법과 전개의 산출인 결과(results)에 초점을 두고 있다. 볼드리지 기준은 [그림 3-2]와 같이 시스템적으로 상호

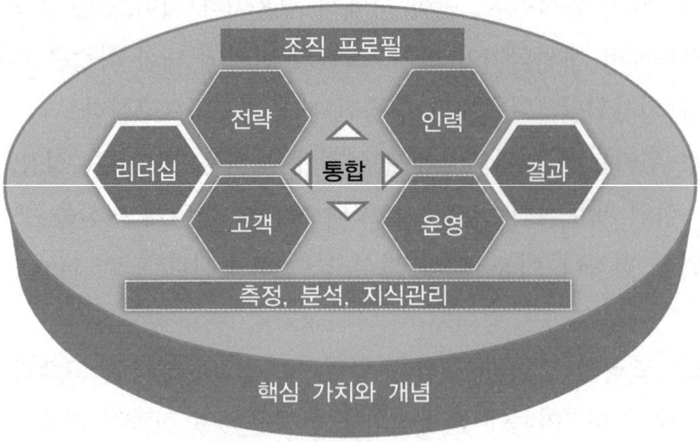

출처: http://www.nist.gov

[그림 3-2] 볼드리지 기준

연계되어 있다. 볼드리지 기준에서 요구하는 것을 보면 다음과 같다(Baldrige Performance Excellence Program, 2023).

(1) 조직 프로필

이는 조직을 이해하기 위한 틀을 제공한다. 이는 조직의 내외부 환경에 대한 비판적 시각을 제공한다.

① 조직 설명(organizational description)

• 조직 이해: 비전, 가치, 문화, 임무, 핵심 역량 등 제시/ • 조직 핵심 역량 이해/ • 조직에 대한 규제환경 이해/ • 거버넌스 역할과 관계 확인/ • 고객의 요구와 기대 이해/ • 조직의 생태계 이해/ • 공급자 이해/ • 사업과 주요 수입원 이해

② 조직상황(organizational situation)

• 경쟁자 분석/ • 조직의 전략적 과제 분석/ • 조직의 전략적 이점 분석/ • 조직의 성과 개선을 위한 전체 시스템 구현

(2) 범주

평가의 주요 범주를 다음의 일곱 개 영역으로 구분하고 있다.

① 리더십(leadership)

• 고위 리더십/ • 거버넌스와 사회적 기여도

② 전략(strategy)

• 전략개발/ • 전략집행

③ 고객(customers)

• 고객 목소리 청취/ • 고객 참여

④ 측정, 분석 및 지식관리(measurement, analysis, and knowledge management)

• 조직 성과의 측정, 분석, 검토와 개선/ • 정보와 지식관리

⑤ 인력(workforce)

• 인력 환경/ • 구성원 참여

⑥ 운영(operations)

• 작업 프로세스/ • 운영 효과성

⑦ 결과(results)

• 제품과 과정 결과/ • 고객 관련 결과/ • 인력에 초점을 둔 결과/ • 리더십과 거버넌스 결과/ • 재무, 시장 및 전략의 결과

3) 벤치마킹

벤치마킹(benchmarking)은 조직이 그의 성과를 개선하기 위한 활동을 결정하는 데 도움을 줄 수 있는 정보를 얻기 위해, 해당 분야에서 가장 선도적인 조직을 기준으로 지속해서 비교하고 측정하는 과정이다. 벤치마킹은 전략적 기획과정에서 다양하게 사용될 수 있다. 조직의 현재의 상태를 진단하고자 할 때 벤치마킹은 현 상황에 대한 진단에서 판단의 기준이 될 수 있다. 예로, 전략계획 수립에서 OECD와 같은 국제기구의 통계와 비교하는 것은 벤치마킹 방법에 해당한다. 벤치마킹의 중요한 장점은 우리의 과정, 성과 패러다임을 넘어서 우리를 볼 수 있도록 하는 것이다.

공공조직에서 벤치마킹을 하는 이유는 나라나 조직에 따라서 다른데, 이들의 공통된 목적을 보면 다음과 같다(Helgason, 1997).

- **객관적인 성과평가**: 성과를 평가하는 것은 어려운 일이다. 고객만족이 70%로 평가되었다면 이것은 좋은 것인가 나쁜 것인가? 벤치마킹은 좀 더 객관적인 방법으로 조직의 성과를 평가하고 비교할 수 있도록 한다.
- **지속적인 개선에 대한 압력 창출**: 기업에서 성과개선에 대한 압력은 경쟁에서 찾지만, 공공부문은 경쟁이 없는 상황에서 벤치마킹은 시장에 의한 압력과 같은 기능을 하여 성과에 대한 정보는 중요한 개선의 동기로 작용할 수 있다.
- **개선이 필요한 영역의 확인**: 복잡한 조직에서 관리자나 구성원이 개선이 필요한 곳이 어느 곳인지를 확인하는 것은 어려운 일이다. 벤치마킹을 통해 기존 서비스 영역에서 중요한 문제를 확인할 수 있도록 한다.
- **최고의 활동을 더 잘 알기 위해**: 조직은 과정과 관련하여 보수적인 경향이 있다. 벤치마킹은 기존의 과정을 존재하는 최고의 과정과 비교할 수 있도록 한다.
- **과정과 결과 간의 연계를 위해**: 개별 과정과 조직 전체의 성과는 명확하지 않을 수 있다. 다른 조직과의 비교는 이를 명확하게 하는 데 도움이 된다.
- **개선활동이 성공했는지를 평가하기 위해**: 이는 개선계획의 집행을 모니터링하는 데 있다.

사례 **벤치마킹 사례**

- 노동부(2010). 『제3차 산재예방 5개년계획(2010~2014)』.
  - * '주요 선진국 동향 및 시사점'에서 외국의 사례를 소개하고 있음
- 한국문화재정책연구원(2015). 『문화재 5개년 기본계획 수립 연구(2017~2021)』. 문화재청.
  - * 환경변화와 문화재 정책 여건 분석에서 해외사례를 제시하고 있음
- 한국행정연구원(2019). 『녹색성장 5개년 계획 관련 성과지표 설정 및 평가 방법 개선』.
  - * 해외사례로 OECD, 글로벌 녹색성장기구(GGGI) 등을 설명하고 있음

출처: https://www.prism.go.kr

2 외부 환경평가 도구

1) PEST 분석

PEST 분석은 조직이나 프로그램 운영의 외부 환경인 정치적(political), 경제적(economic), 사회적(social), 기술적(technological) 환경의 영문 머리글자를 딴 분석 방법이다. 여기에 환경적(environmental), 법적(legal) 요인을 추가하여 PESTEL 분석으로 확장하기도 한다. PEST 분석은 다음과 같은 순서로 이루어질 수 있다. 이들 분석은 평가팀이 중심이 되어 브레인스토밍 방법으로 분석하는 것이 바람직하다.

- PEST 순서에 따라서 분석 항목을 선정한다.
- PEST 인자의 실제 또는 잠재적 변화를 스캔하여 분석 항목을 선정한다.
- 분석 항목들이 조직에 미칠 수 있는 가능한 영향을 확인한다.
- 가장 가능성 있는 변화의 경향을 설정하거나 변화 경향의 범위를 설정한다.
- 만약 우리가 현재의 전략을 미래에도 지속한다면 환경 요인이 조직에 미치게 될 영향을 생각한다.

PEST 분석을 좀 더 체계적으로 발전시킨 분석기법으로 PEST/SOS 기법이 있다. 이는 PEST와 브라우델(Fernand Braundel)의 SOS 기법을 〈표 3-13〉과 같이 통합한 것이다. SOS는 정보를 체계적으로 입수하는 단순한 방법으로 정보를 파악하려면, 먼저 사회에서 나타나고 있는 사건을 피상적(superficial/surface)으로 파악하고, 이어서 사건에 내재한 사회의 가치관과 의견을 분석한 뒤에 그것이 가져올 구조적(structural) 변화를 파악한다. 〈표 3-14〉는 PESTEL 분석에서 고려할 항목들이다.

〈표 3-13〉 PEST/SOS 환경평가의 기본 모형

	S (피상적 의미)	O (가치관적 의미)	S (구조적 변화)
P(정치적 환경)			
E(경제적 환경)			
S(사회적 환경)			
T(기술적 환경)			

〈표 3-14〉 PESTLE 분석에서 고려할 항목

PESTLE 분석	
정치적 요인	경제적 요인
• 정부의 안정성과 변화 가능성 • 관료제 • 부패 수준 • 조세정책(세율과 인센티브) • 수입제한(질과 양) • 경쟁규제 • 무역과 협정에 정부 개입 • 환경 관련 법규 • 교육 관련 법규 • 독점금지법 • 차별 관련 법규 • 저작권, 특허, 지적재산권법 • 소비자 보호 및 전자 상거래 • 고용법 • 보건안전법 • 데이터 보호법 • 환경오염 규제법	• 경제성장률 • 인플레이션 비율 • 이자율 • 환율 • 실업률 추이 • 인건비 • 비즈니스 사이클 단계 • 신용 가용성 • 무역 흐름과 패턴 • 소비자 가처분 소득 수준 • 재정정책 • 통화정책 • 가격 변동 • 주식시장 동향 • 날씨 • 기후변화 • 자연재해
사회·문화적 요인	기술적 요인
• 건강 의식 • 교육 수준 • 빈곤 수준 • 보안과 안전에 대한 태도 • 제품 품질 및 고객 서비스에 대한 태도 • 녹색 또는 생태 제품에 대한 태도 • 재생 에너지에 대한 태도 및 지원 • 인구증가율 • 주거품질 • 지속가능한 개발 목표	• 기본 인프라 수준 • 기술 변화율 • 연구개발비 지출 • 기술 인센티브 • 기술에 관한 법률 • 조직의 기술 수준 • 통신 인프라 • 최신 기술에 대한 액세스 • 인터넷 인프라 및 보급률
법적 요인	환경적 요인
• 독점금지법 • 차별법 • 저작권, 특허/지적재산권법 • 소비자 보호 및 전자 상거래 • 고용법 • 보건안전법 • 데이터 보호	• 날씨 • 기후변화 • 재난관리 • 환경오염 규제법 • 대기 및 수질 오염 • 재활용 • 폐기물 관리 • 녹색 또는 생태 제품에 대한 태도 • 멸종위기종 • 재생 에너지에 대한 태도 및 지원

출처: WMO(2018).

> 사례 **PESTLE 분석 사례**
>
> • 글로벌경영연구소(2016). 『농촌진흥청 성과관리 전략계획 개선 방안 연구』, 농촌진흥청.
>
> • (주)디피라인(2020). 『의료데이터 활용에 관한 대국민 인식조사 및 홍보방안 연구』. 대통령 직속 4차 산업혁명위원회.
>
> 출처: https://www.prism.go.kr

2) 미래예측 방법

전략적 기획은 미래의 변화에 대한 가설을 바탕으로 추진된다. 이러한 가설이 정확할 때 전략적 기획은 긍정적인 결과를 가져오고, 가설이 정확하지 않으면 전략적 기획은 오히려 조직에 해를 가져올 수도 있다. 미래예측은 환경평가에서 조직에 큰 영향을 미치게 될 요인들이 어떻게 변화될 것인가를 아는 데 필요하다. 미래를 예측하는 방법은 크게 객관적 방법과 주관적 방법으로 구분할 수 있다. 주관적 방법에는 델파이 방법, 시나리오 방법 등이 있다.

(1) 객관적 방법

- **회귀분석**: 회귀분석은 일정한 추세의 관찰 수치(독립변수)에서 다른 변수(종속변수)의 값을 설명하고 예측하는 통계적 기법이다. 인과적 회귀모형은 기본적으로 인구변화와 같이 안정된 추세로 복합적이고 역동적인 추세(예: 대학 입학생)를 파악하기 위해 사용된다. 회귀분석은 하나의 변수로 예측하는 단순회귀분석과 다양한 변수로 추정하는 다중회귀분석의 기법으로 구분될 수 있다.
- **시계열분석**: 시계열분석은 과거의 자료를 바탕으로 하는 외삽적인 예측 기법으로 회귀모형과는 달리 특정한 요인이 없이 단지 시간을 독립변수로 하여 사건의 추세를 예측하는 기법이다. 이는 경제성장, 인구 변화, 에너지 소비, 생활 수준의 변화 등을 예측하는 데 사용되고 있다.
- **시장조사**: 고객의 수요를 예측하기 위해서 사용되는 계량분석 방법으로 연평균성장률(CAGR) 모형, BASS 모형, Logistic 모형, 곰페르츠 성장모형(Gompertz Growth Curve) 등이 있다. 공공조직은 특별한 서비스를 독점하고 있어서 대안이 없거나 경쟁자가 없으므로 시장조사의 효과성은 떨어진다. 그러나 종래 공공재로 인식되

었던 많은 재화가 시장에 의해 제공되고 있는 상황에서 시장조사의 필요성은 확대되고 있다.

(2) 델파이 기법

델파이(delphi) 기법은 위원회나 전문적인 토론이 가지는 비능률성을 극복하려는 방안으로 1950년대 RAND 회사에서 개발된 기법이다. 회의 방법은 몇몇 사람에 의해서 회의가 주도되거나, 동료집단에 의해 의견 통일을 강조하여 소수 의견이 제시될 가능성이 없고, 사람들 사이에 갈등과 적대감을 가져올 뿐만 아니라 권위에 대한 공식적 반대를 어렵게 하는 등의 문제가 있다.

델파이 기법은 질적 방법에 따른 집단 예측 기법으로서, 과거의 자료가 없는 경우에 주로 활용된다. 델파이 기법은 다양한 전문가 간에 합의하는 방법이다. 이 기법은 매우 다양한 분야에 이용될 수 있으나, 특히 기술 변화의 예측 등에 이용된다. 이 밖에 전략기획에서 SWOT 분석, PEST 분석, 선택할 대안의 창출, 대안의 평가, 시나리오의 구성 등에도 이용될 수 있다.

합의를 위한 일반 델파이 기법의 기본 과정을 보면 다음과 같다.

- 문제나 이슈에 대한 전문가를 선정한다. 전문가 선정은 직접 관련된 분야 이외에 간접적으로 연계된 분야에서도 선정할 수 있다. 전문가의 수는 제한이 없지만 많을수록 좋다.
- 선정된 전문가 집단에 예측하고자 하는 문제나 관련된 분야에 대해 설문지를 배부한다. 이 과정은 우편이나 전자우편 시스템을 이용하면 된다.
- 설문지 응답 내용을 통계 처리한 뒤에 결과물을 다시 동일 전문가에 발송하여 처음의 의견을 수정할 것인지를 물어서 결과를 회신하도록 한다. 그의 결과는 같은 방법으로 통계 처리를 한다.
- 이 과정에서 전문가의 의견이 어느 정도 합치되면 설문을 중단하고, 그의 결과에 따라 예측을 하게 된다. 그러나 의견의 합치가 이루어지지 않으면 앞의 과정을 반복하게 된다.

일반 델파이는 익명성, 반복, 환류 및 통계적인 처리를 바탕으로 합의하고자 한다. 델파이 기법은 관련 분야 최고 전문가의 의견을 토대로 하므로 결과의 신뢰성을 확보할 수 있고, 관련 전문가의 창의적 사고와 의견의 합치를 유도할 수 있다.

한편 합의보다 대안의 탐색, 이슈의 확인 등을 위해서 1차 조사의 결과를 바탕으로 의견이 다른 사람을 선발하여 회의나 토론을 하도록 한다. 이를 정책 델파이이라고 부른다. 정책 델파이는 합의점을 도출하기보다는 이슈를 좀 더 명확하게 하고 다양한 전략 대안을 모색하기 위해 사용된다.

사례 델파이 기법의 활용 사례

- 한국사회복지교육협의회(2021). 『사회복지현장실습 운영실태 및 개선방안 연구』. 보건복지부.
- 사단법인 한국행정학회(2021). 『국가 물관리 재정체계 및 중장기 전략 마련 연구』. 환경부.
- 한국보건사회연구원(2016). 『중장기 이민정책 발전방향 연구』. 기획재정부.
- 대전교육과학연구원(2022). 『미래사회 변화에 대응할 대전교육 정책방향과 전략 탐색 연구』. 대전광역시교육청.

출처: https://www.prism.go.kr

(3) 시나리오 기법

시나리오는 조직과 관련된 미래 환경이 어떻게 전개될 것인지에 대하여 상상으로 만든 이야기를 의미한다. 계량적 미래예측 방법이 가장 가능한 미래를 보여주고자 하나 시나리오는 실현 가능한 여러 개의 미래를 묘사하여 보여준다(박홍윤 · 박규동, 2020b).

전략적 관리 및 기획과정에서 시나리오 기법은 의사결정을 지원하고, 미래에 대한 지식을 창출하며, 미래가 어떻게 전개될 것인지를 쉽게 알려주고, 구성원의 전략적 사고를 증진하는 기능을 한다(Fink & Schlake, 2000). 시나리오 기법은 전략적 기획과정에서 많은 데이터를 단순화시키고, 불확실성과 연계된 다양한 영향을 탐색할 수 있도록 한다. 시나리오를 바탕으로 한 기획은 광범위하게 대안을 탐색할 수 있도록 하여 의사결정자들이 무시할 수 있는 변화를 고려할 수 있게 한다.

사례 **시나리오 분석 사례**

- 노동연구원(2005). 『산업별 노동수요 단기전망모델 개발』. 기획재정부.
- 건국대학교 산학협력단(2020). 『수리모델링을 이용한 사회적 거리두기 경제적 효과 분석』. 대통령직속 정책기획위원회.
- 딜로이트컨설팅유한회사(2018). 『우체국예금 위기상황분석 체계 개선』. 과학기술정보통신부.

출처: https://www.prism.go.kr

3 고객 및 이해관계자 분석

조직의 고객에 대한 분석은 민간부문에서 많은 관심을 두고 연구되고 있다. 가장 일반적인 설문조사, 인터뷰, 구매 행태 분석, 고객 피드백 분석 등이 활용되고 있다. 이들 방법은 공공부문에서 응용될 수 있다. 이해관계자를 분석하는 방법으로 이해관계자에 대한 인터뷰나 설문조사, 전문가 패널, 이해관계자 워크숍 등이 활용되고 있다. 이외에 전문적인 차원에서 이해관계자의 권력과 관심 수준에 의하여 이해관계자의 중요성과 우선순위를 분석하는 방법 등이 있다(Perrott, 1996).[2] 이들 가운데 전략적 기획과정에서 활용 가능성이 높은 것을 보면 다음과 같은 것이 있다.

1) 고객 분할 이론

고객 분할 또는 시장 분할은 시장을 비슷한 특성이 있는 고객집단으로 나누는 것을 의미한다. 고객 분할은 충족하지 않은 고객의 욕구를 확인하고, 고객만족도를 높이며, 고객 중심 조직을 구축하는 데 필요한 도구이다. 고객 분할은 우선순위를 설정하여 선택과 집중에 의한 관리를 할 수 있게 한다. 고객 분할에서 최근에는 맞춤형 서비스 제공을 위한 고객 세분화(segmentation) 모형이 많은 관심을 가지고 있다. 이들 모형은 공공부문에서도 그 효용성이 높아지고 있다(박홍윤 · 박규동, 2020a).

고객 분할은 자료 수집의 용이성이란 차원에서 공급자 중심으로 제품의 특성과 인

2) https://en.wikipedia.org/wiki/Stakeholder_analysis

구학적인 특성에 치중했으나 최근에는 심리적 · 행태적 특성에 의한 분할을 강조한다. 고객 분할에 의한 전략 수립은 데이터마이닝이나 설문조사 방법의 발전으로 활용이 증대되고 있다. 고객 분할기준을 보면 다음과 같은 것들이 있다.

- 지리적 분할: 도시와 농촌, 수도권과 지방 등
- 인구학적 분할: 나이, 성, 소득, 직업 등
- 심리적 분할: 가치, 태도, 사회적 계층, 생활 방식 등
- 행태적 분할: 직업, 충성도, 사용자의 지위, 구매 동기 및 행태
- 제품의 특성: 고가와 저가, 기능 중심과 디자인 중심 등

고객 분할을 전략적 기획과 연계할 때에는 다음과 같이 분류할 수 있다.

- 거시적 고객 분할: 서비스계획, 브랜드 가치, 대중 마케팅 활동을 위해 활용할 수 있다.
- 전략적 고객 분할: 전략적 기획, 자원 배분, 선택과 집중 등에 사용할 수 있다.
- 미시적 고객 분할: 1 : 1 마케팅, 고객 맞춤형 관리와 타킷화된 공공 마케팅 등에 활용할 수 있다.

2) 욕구분석

공공부문의 전략계획은 공공문제와 관련하여 현재의 상태를 바람직한 상태로 변화시키는 활동이다. 이 현재의 상태와 바람직한 상태의 차이를 욕구(needs)라 한다. 욕구는 있는 것과 있어야 할 것 간의 차이를 말한다. 정책 및 프로그램의 수요를 파악하는 욕구분석은 해당 욕구 충족을 목적으로 하는 정책, 프로그램 및 서비스에 정보를 제공하기 위해 정책 대상집단의 요구를 확인하고, 우선순위를 설정하는 체계적인 과정이다(박홍윤 · 박규동, 2023).

욕구사정에서는 문제의 중요성, 우선순위, 욕구의 정도 등이 다루어진다. 욕구분석은 다양한 방법으로 이루어질 수 있지만 가장 일반적인 방법이 사회조사 방법이다. 이 외에 공적 통계인 사회지표를 활용하는 방법, 포커스 그룹 면접 방법, 공공포럼, 전문가 면담 등의 방법으로 이루어질 수 있다.

욕구분석에서는 먼저 문제를 명확하게 정의한 후에 다음과 같은 질문에 답을 구할 필요가 있다(Allison & Kaye, 2015).

- 문제의 현재 범위는 무엇입니까?
- 문제로 영향을 받는 집단과 그들의 특징은 무엇입니까?
- 문제 범위의 추세는 무엇입니까? 어떻게 변화하고 있습니까? 확대되고 있습니까? 아니면 감소하고 있습니까? 문제와 관련된 여론의 추세는 어떠합니까?
- 관련된 사람들이 중요시하는 가치는 무엇입니까?
- 제공해야 하는 프로그램과 서비스는 어떠한 것입니까?

사례 욕구조사 사례

- 이한나 외(2021). 『지역사회보장 조사연구』. 보건복지부, 한국보건사회연구원.
  * 설문 방법으로 지역사회보장 욕구를 조사하고 있음
- 서울여자대학교 산학협력단(2020). 『온종일 돌봄체계 구축 · 운영을 위한 표준모델 개발 및 제도화 방안』. 범정부공동추진단.
  * FGI 방식으로 요구를 분석하고 있음

출처: https://www.prism.go.kr

4 내부 능력평가 도구

1) 매킨지의 7S 기법

매킨지(James Oscar McKinsey)의 7S 기법(The 7-S framework)은 조직의 내부 능력 평가를 위한 기법으로 활용될 수 있다. 이 기법의 중심적 사고는 전략을 성공적으로 집행하려면 [그림 3-3]에서 보여주는 일곱 가지 요소를 서로 연결해야 한다는 것이다. 이 틀은 우선 조직의 현재의 상태를 파악하기 위해 사용될 수 있고, 처리해야 할 문제나 약점을 확인하기 위해 이용될 수도 있다. 내부 능력평가에서는 특히 이들 일곱 가지가 서로 일관성을 유지하고 있는가를 살펴보는 것이 중요하다.

- 기술: 기술(skills)은 과학 또는 전문적 지식, 프로젝트 관리 기술, 정보 등 다양하다. 기술이라는 용어에는 인간적인 측면이 강조되지만, 조직이 마음대로 관리할 수 있는 물리적 자원과 장비 같은 능력의 또 다른 측면을 의미하기도 한다.

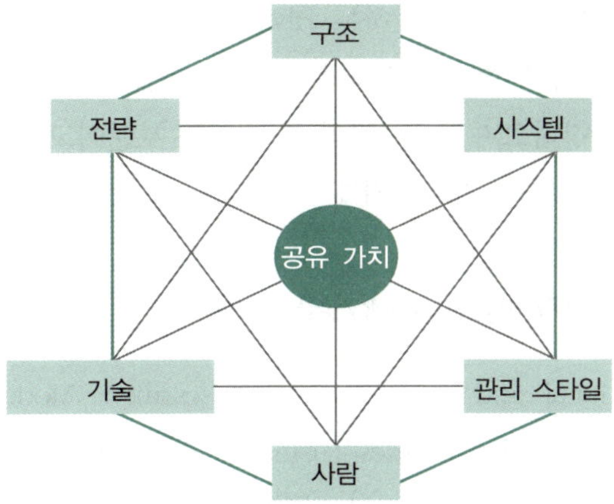

출처: https://www.mindtools.com

[그림 3-3] 매킨지의 7-S 틀

- **구조**: 구조(structure)는 조직도표로부터 시작된다. 어떠한 계층제이고, 누가 무엇을 책임지고, 위임은 어떻게 이루어지는가? 조직구조가 지역, 기능, 고객 중 무엇을 중심으로 조직되는가? 조직은 고객이나 공급자와 어떻게 대면하는가? 지원집단과 서비스 전달집단과는 어떠한 관계가 있는가? 등이 이에 속한다.
- **시스템**: 조직의 시스템(systems)은 공식적 비공식적으로 구성된다. 시스템 차원에서는 업무의 처리를 어떻게 조직화하고 업무의 흐름은 어떠한가? 누가 처음으로 지시를 받고, 어떻게 이것이 명령으로 바뀌고, 누가 그 명령을 처리하고, 필요한 자원은 어떻게 동원되는가, 그리고 상품과 서비스는 고객에게 어떻게 전달되고, 상품이나 서비스의 비용은 어떻게 계산되는가? 등이 이에 속한다.
- **공유된 가치**(shared values): 조직이 내세우는 것은 무엇인가? 그 가치는 조직 내부와 외부에서 가질 수 있고 공식적으로 보일 수도 있고 묵시적으로 제시될 수도 있다. 공유된 가치는 부정적 요인과 긍정적 요인으로 정리할 필요가 있다.
- **구성원**(staff): 구성원은 많은 면에서 기술과 중복될 수도 있다. 이에서는 인구학적인 것, 직원의 경험, 훈련과 교육, 유형, 직원들이 자신의 업무를 통해 추구하는 것이 무엇인가? 등이 검토되어야 한다.
- **스타일**(style): 스타일은 관리 방법, 평가와 보상 체계, 어떠한 행태가 조장되는가? 어떠한 것이 칭찬을 받는가? 어떠한 유형의 사람이 승진되는가? 특히, 조직 전체

에서 인지되고 있는 것을 파악하는 것이 중요하다.

- 전략(strategy): 전략은 현재의 조직목적은 무엇이고, 조직은 어떠한 방향으로 가기를 원하고, 확장하고자 하는 영역은 어떠한 부분이고, 어떠한 기술과 행태가 이를 촉진하는가? 등이 다루어지게 된다.

2) 기관 및 조직 평가모형(IOA Model)

IOA 모형(Institutional and Organizational Assessment Model)은 2002년 IADB와 IDRC의 지원으로 러스트하우스(Charles Lusthaus) 등이 개발한 모형이다. IOA 모형은 조직 성과는 조직의 능력, 외부의 환경과 내적인 동기 및 열의에 의해 결정되는 것으로 보고 있다. 이 모형은 조직을 신속하게 평가할 수 있는 지침을 제공하고 있다. 그리고 자기평가를 할 수 있도록 평가 질문, 평가과정 및 방법론, 보고서의 형식을 제공한다(http://reflectlearn.org). 조직진단은 이외에 다양한 방법으로 이루어질 수 있다.

사례 **조직진단 사례**

- 한국조직학회(2020). 『통일+센터 성과평가와 발전방안 연구』. 통일부.
- 동국대학교 산학협력단(2019). 『국민이 공감하는 경찰조직 설계를 위한 국민참여 조직진단』. 경찰청.

출처: https://www.prism.go.kr

3) 핵심 역량 분석

조직에서 핵심 역량은 고객과 이해관계자의 가치를 창조하고, 혁신하며, 전달할 수 있는 것으로 축적된 지식, 학습과 투자로 만들어지는 기능(skills), 통찰력(insights), 능력(capabilities)들의 집합체를 의미한다. 이 핵심 역량은 내적 능력을 구성하는 중요한 구성요소가 된다. 핵심 역량은 조직의 내적 능력으로 인적자원에 대한 강점과 약점을 분석하는 대표적인 방법이다. 오늘날 전략적 기획과 관련하여 전략적 사고 및 전략적 기획 역량은 중요한 역량으로 강조되고 있다(OECD, 2010).

4) 조직문화 분석

조직문화는 조직 내 개인과 집단이 공유하고 있는 가치, 관습, 심리, 전통, 의례, 행동, 신념을 의미한다. 바람직한 조직문화는 조직의 안정성, 조직구성원의 동기부여, 강한 일체감과 주체의식 형성, 구성원에 대한 통제를 통하여 조직의 생산성과 효과성에 영향을 미친다(박홍윤, 2014). 이에 전략적 기획이 성공하기 위해서는 그에 적합한 바람직한 조직문화를 형성하여야 하고, 역으로 조직문화와 일치되지 않는 전략계획은 그 성과를 기대하기 어렵다.

조직의 현재 상황을 정확하게 이해하기 위해서는 조직문화에 대한 이해가 필요하다. 조직문화 평가를 위한 이상적인 도구는 없다. 조직문화를 평가하는 방법으로 문화인류학에 기반을 둔 참여적 관찰, 면담과 같은 질적 방법이 있지만, 가장 일반적으로 설문조사 방법을 사용하고 있다. 이와 관련하여 온라인 방법으로 조사할 수 있는 진단도구가 많이 개발되어 있다. 이러한 조직문화 진단 및 분석은 주기적으로 실시하여 조직의 전략계획 이외에 조직관리에 활용하는 것이 바람직하다.

사례 **조직문화 진단 사례**

- 충남대학교 산학협력단(2021). 『미래 혁신을 위한 육군 조직문화 진단 및 실천지표 연구』. 국방부.
- 한국여성정책연구원(2022). 『공공부문 양성평등 조직문화 개선 모델 개발』. 여성가족부.
- Impact Consulting Korea(2021). 『책임운영기관 조직관리 컨설팅 연구』. 행정안전부.

출처: https://www.prism.go.kr

제5절 외부 환경평가와 내부 능력평가에서 고려할 것

외부 환경평가와 내부 능력평가에서 고려해야 할 것을 보면 다음과 같다(PBM SIG, 2001a; Bryson, 2018).

- 조직은 지속해서 환경을 스캔하여야 한다. 이는 공식적이기보다는 비공식적이고 지속적인 활동이 되어야 하고, 환경 스캔의 결과는 항상 구성원에게 전달되고 활용될 수 있도록 할 필요가 있다.
- 미래란 아무리 정확하게 예측하고자 노력하더라도 1~2년 사이에 극적으로 변화하게 된다. 오늘날 e-year(electronic year)는 3개월이 1년이라고 한다. 따라서 먼 미래를 예측하는 데 너무 많은 시간과 노력을 소비하지 않는 것이 좋다. 이보다는 변화하는 사회를 반영하여 적절하게 갱신할 필요가 있다.
- 평가는 단순할수록 좋다. 매우 정교하고, 복잡하며, 양적인 평가는 전략적 사고를 오히려 억제할 위험이 있다. 통계에 의한 수치적 평가가 더 정확하고 바람직한 것으로 생각해서는 안 된다. 빙산을 알기 위해서는 그 수치가 가지는 의미를 파악해야 한다.
- 평가에 앞서 조직문화 조사, 여론조사, MIS 보고서, 미래에 대한 가능한 시나리오, 조직의 내적·외적 환경과 관련된 다른 정보를 이용하여 평가연구의 기초로 삼아야 한다. 모든 것을 새로 평가한다고 반드시 좋은 평가가 이루어지는 것은 아니다. 특히, 조직문화에 대한 분석은 주기적으로 이루어질 필요가 있다.
- 외부 환경평가를 우선한 뒤에 내부 능력평가에 초점을 둘 필요가 있다. 즉, 먼저 넓게 보고 다음으로 초점을 두고서 자기를 볼 필요가 있다.
- 외부평가에서 다양한 형태의 시나리오를 상상할 필요가 있다. 특히, 시나리오는 코로나19와 같은 블랙스완(Black Swan) 현상을 식별하고 대응할 수 있는 유용한 정보를 제공할 수 있다.
- 평가자는 평가항목을 선정할 때 전략적 이슈를 확인하고, 그 요인을 찾을 수 있도록 해야 한다.
- SWOT 분석에서 흥미로운 특징을 보면 강점과 약점이 종종 매우 유사한 것을 볼 수 있다. 즉, 조직의 강점이 약점이 될 수 있고, 위협이나 위기가 기회가 되기도 한다. 이에 가장 좋은 전략은 위기를 기회로 바꾸는 것이라고 한다. 이를 확인하기 위해서 단순히 강점과 약점, 기회와 위협의 항목을 선택하는 것으로 마무리하지 말고, 그것이 조직에 주는 의미를 파악하기 위해 신중하게 논의하고 분석하고 해석하는 것이 필요하다.
- 평가활동에 가장 바람직한 것은 집단토론 방법임을 인식해야 한다. 최고관리자나 소수 기획팀이 지금까지 가지고 있었던 경험과 지식으로 평가하는 것은 바람직

하지 않다.

- 평가의 시간 범위를 적절하게 설정해야 한다. 평가의 시간 범위가 1~2년으로 짧으면 변화의 경향을 알기 어렵고, 5~10년의 장기간을 설정하면 평가하지 못하는 부분이 많아질 위험이 있다.
- 자치단체장이나 의회 의원과 같은 선거직 공무원의 평가를 최대한 반영하도록 한다. 이들은 조직의 외부 환경과 관련하여 공식적인 책임을 지기 때문에, 주민이나 이해관계자의 욕구를 정확하게 파악할 수 있다.
- 평가에서 일선관료의 의견을 최대한 많이 반영하도록 해야 한다. 실제적이고 중요한 정보는 조직의 일선관료를 통해 얻을 수 있다.
- 평가가 조직구성원을 통제하기 위한 수단으로 활용해서는 안 된다. 평가가 구성원을 통제하기 위한 수단으로 활용되면 담당자는 평가를 위해 객관적인 정보를 제공하지 않을 것이다.
- 전략적 기획과정이 지속적인 학습 과정으로 운영되려면 조직의 외부 환경평가와 내부 능력평가가 정기적이고 제도화되어서 조직의 일상적 운영 과정이 되도록 해야 한다.

제4장

전략 방향설정

전략적 기획과 성과관리

훌륭한 비즈니스 리더는 비전을 만들고, 비전을 명확하게 표현하며, 비전을 열정적으로 소유하면서 이를 달성하기 위해 끊임없이 노력한다.

– 잭 웰치(Jack Welch)

제1절 전략 방향설정의 의의

1 전략 방향설정의 개념과 기능

전략적 방향(strategic orientation)은 조직이 존재하는 이유와 관련하여 조직이 추구하는 미래의 바람직한 상태를 의미한다. 조직이 추구하는 바람직한 상태가 명확하면 할수록 이를 달성할 가능성도 커지게 된다. 조직에서 방향 의식이 없으면 배가 산으로 갈 수 있다. 배가 산으로 간다면 우리가 얻고자 하는 것을 얻을 수 없게 된다. 전략적 기획에서 전략 방향설정은 '우리는 어디로 가기를 원하는가?'에 대한 물음에 답을 찾는 미래 지향적인 단계이다. 외부 환경평가와 내부 능력평가는 전략 방향을 설정하기 위한 준비 단계라 할 수 있다. 전략적 기획에서는 조직의 방향을 명확하게 설정하기 위해서 [그림 4-1]과 같이 임무(mission), 비전(vision), 전략목적(strategic goal), 전략목표(strategic objective), 성과목표(performance objective)로 이루어진 계층성을 명확하게 밝히게 된다. 이들은 시간적인 차원에서 〈표 4-1〉과 같은 범위를 가진다.

[그림 4-1] 방향설정 구성요소의 계층성

〈표 4-1〉 전략 방향의 시간 범위

계층	시간 범위
임무(mission)	영속적
비전(vision)	5~10년
전략목적(strategic goal)	3~5년
전략목표(strategic objectives)	1년
성과목표(performance objective)	1년

전략적 기획에서 전략 방향설정은 다음과 같은 기능을 한다.

① 전략적 이슈 및 전략 선정의 기준을 제공한다

전략 방향은 전략계획이 무엇을 하고 이를 어떻게 할 것인가를 결정하는 가장 기본이 되는 기준이며 지침이다. 전략 방향은 바람직한 미래를 달성하기 위해 해결해야 할 전략적 이슈를 결정하고, 이슈를 해결하기 위한 전략을 선정하는 기준이 된다.

② 전략집행의 기준이 된다

전략 방향은 전략집행의 방향타 역할을 한다. 법적 위임사항과 임무, 명확한 비전, 일련의 가치기준은 성과 지향의 조직을 만드는 데 결정적인 요소가 된다. 미래에 대한 명확한 전략 방향이 없는 조직은 조직의 부문이 서로 다른 목적을 추구하거나 제각기 행동할 위험이 있다. 전략 방향은 이러한 무질서를 제거해준다.

③ 성과평가의 기준이 된다

전략 방향은 전략집행 결과를 평가하는 기준을 제공한다. 조직의 위임사항, 임무, 비전은 궁극적인 기준을, 목적과 목표는 중단기적인 활동의 결과를 평가하는 기준을 제공한다.

④ 전략적 기획의 정당성 확보 및 관리의 기능을 한다

전략 방향은 조직이나 조직이 추구하는 사업의 존재를 사회적으로 정당화하는 수단이 된다. 전략 방향은 조직관리에서 갈등 해결과 조정의 수단이 되며, 다양한 통제의 기준을 제공하여 조직운영의 효과성과 효율성을 제고할 수 있게 한다.

2 전략 방향으로 목표체계

1) 중앙정부 성과관리 전략계획의 목표체계

우리 중앙정부의 전략계획인 성과관리체계에서는 목표체계를 [그림 4-2]와 같이 구성하고 있다.

- 임무(mission): 해당 기관의 존재 이유(목적)와 주요 기능
- 비전(vision): 장기적인 목표와 바람직한 미래상
- 전략목표(strategic objective): 국정지표, 국정전략, 기관의 임무와 비전 등을 감안하여 해당 기관이 최대 중점을 두고 지향하거나 추진해야 할 내용
- 성과목표(performance target): 전략목표를 구체화하는 하위목표로서 전략목표 실현을 위해 계획기간 내에 달성하고자 하는 내용
- 관리과제(task): 성과목표 달성을 위해 추진하는 개별 정책 또는 사업
- 성과지표(performance indicator): 성과목표와 관리과제의 정책추진 달성도를 양적 · 질적으로 제시하는 지수

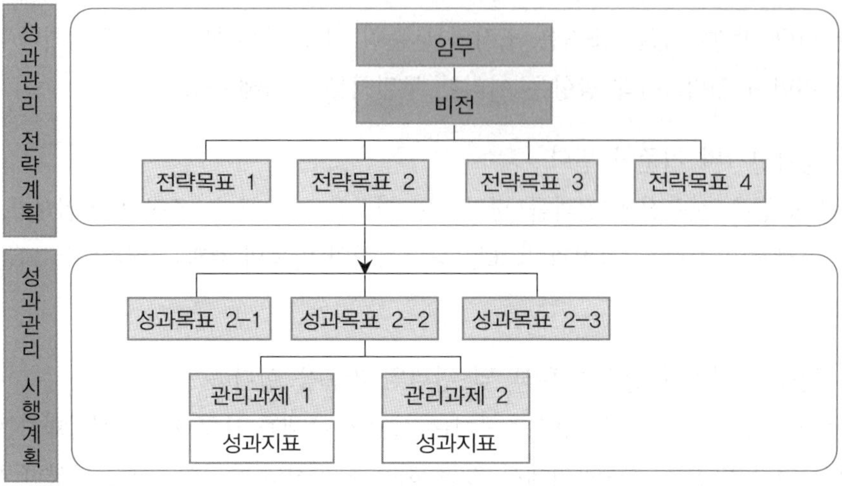

출처: 정부업무평가 포털: https://www.evaluation.go.kr

[그림 4-2] 목표체계도

2) 재정성과 목표체계도

재정성과 목표관리제도에서 성과계획 목표체계도를 보면 [그림 4-3]과 같다.

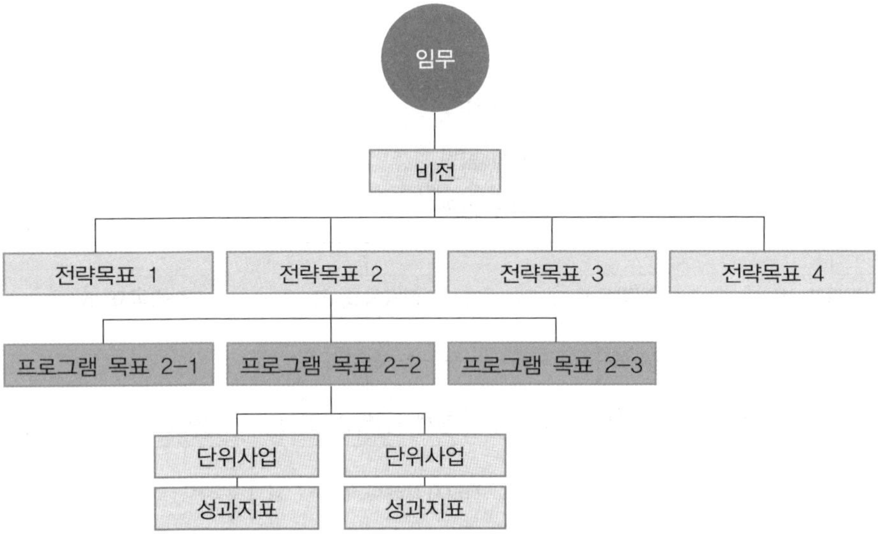

출처: 재정성과평가센터: https://www.kipf.re.kr

[그림 4-3] 성과계획 목표체계도

- 임무: 「정부조직법」 등 관련 법령에 근거하여 해당 기관의 존재 이유(목적)와 주요 기능을 포괄할 수 있는 내용으로 설정
- 비전: 임무 달성을 통해 이루고자 하는 바람직한 미래상으로 성과관리를 통해 구현 가능한 내용 제시
- 전략목표: 국정목표, 기관의 임무와 비전 등을 감안하여 해당 기관이 중점을 두고 지향하거나 추진해야 할 정책방향 제시
- 프로그램 목표: 전략목표와 프로그램 목표 간 또는 프로그램 목표와 단위사업 간 연계성이 확보되고 가급적 업무의 최종적 효과가 파악되도록 결과 지향적으로 제시
- 단위사업: 프로그램 목표 달성을 위한 수단으로서 개별 사업단위이며 업무 추진 및 향후 성과측정의 대상

3) 지방정부 예산의 성과계획 목표체계도

지방자치단체가 예산의 내용을 반영한 전략목표 및 해당 연도 정책사업목표 달성을 위해 수립하는 연도별 시행계획인 성과계획서의 목표체계도는 [그림 4-4]와 같이 표현되고 있다.

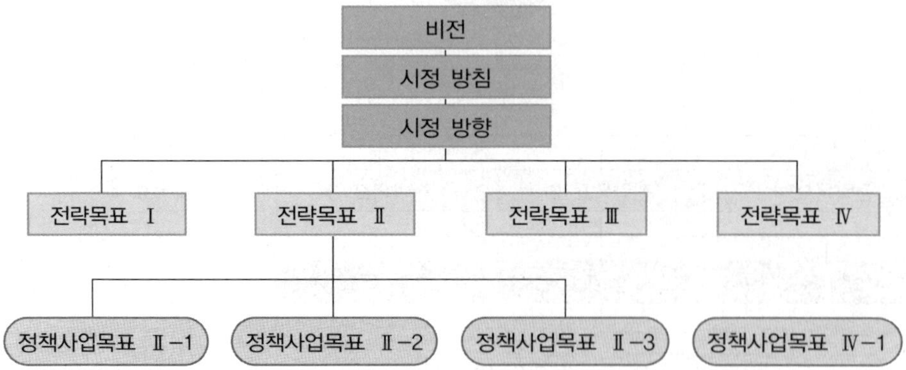

출처: 행정안전부, 『예규 제10호, 지방자치단체 예산의 성과계획서 작성기준』.

[그림 4-4] 예산의 성과계획 목표체계도(예시)

- **비전**: 조직의 바람직한 미래상을 표현한 것으로 기관이 갖추어야 할 자기 역할과 기본방향을 구체화시킨 것을 말함
- **시정방침(목표)**: 비전을 달성하기 위한 수단으로서의 방향 또는 계획
- **시정(운영) 방향**: 해당 연도 자치단체의 시정(운영) 방향을 기재
- **전략목표 설정**: 자치단체 목표, 기관의 임무와 비전, 소관부서의 정책사업목표 등을 종합적으로 감안하여 해당 실국(국이 없는 군은 과) 단위에서 중점을 두고 지향하거나 추진해야 할 정책 방향
- **단위사업**: 정책사업목표의 하위 체계로 단위사업은 정책사업목표 달성을 위한 수단으로서 업무 추진 및 향후 성과측정의 대상이 됨, 이 단위 사업은 예산체계상의 단위사업과 같은 개념

4) 미국 연방정부 기관의 전략계획의 목표체계

미국 연방정부 전략계획의 목표체계는 [그림 4-5]와 같이 3계층으로 구분하고 있다. 내용적인 차원에서 우리 중앙정부의 성과관리 전략계획과 비교하면 보면 미국 연방정부의 전략목적과 우리의 전략목표, 전략목표는 성과목표, 성과목표는 관리과제 목표와 같은 차원으로 이해할 수 있다.

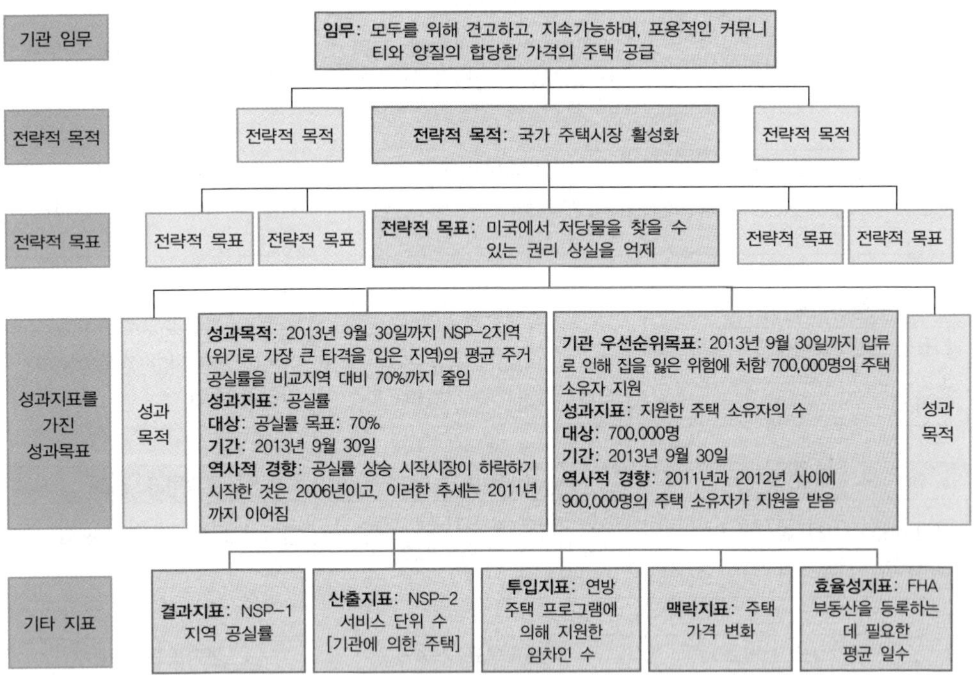

출처: OMB(2022).

[그림 4-5] 목적 관계의 예시

3 사례

1) 기관전략

보건복지부 『성과관리 전략계획(2020~2024)』의 전략목표체계를 보면 [그림 4-6]과 같다.

임무: 빈곤·질병·노령 등 사회적 위험으로부터 국민을 보호하고, 일자리와 균등한 사회참여 기회를 제공하며, 평생복지를 위한 생애주기별 맞춤형 보건·복지 정책으로 국민의 삶의 질을 향상시킨다.

비전: 국민 누구나 건강하고 행복이 넘치는 포용적 복지국가 건설

전략목표 1
포용적 복지 내실화 및 일자리 창출을 통한 평생 사회안전망 구축

- **성과목표 1-1**: 공공부조 혁신을 통한 사회안전망 강화
- **성과목표 1-2**: 효율성 높은 복지전달체계 구축 운영으로 주민중심의 복지행정 구현
- **성과목표 1-3**: 사회서비스 시장 활성화 및 일자리 창출 확대
- **성과목표 1-4**: 장애인의 소득보장과 사회참여 기회 확대
- **성과목표 1-5**: 사회보장제도 내실화 지원을 통한 효율적인 사회안전망 구축

전략목표 2
보건의료체계 개혁으로 국민의 건강하고 안전한 삶 보장

- **성과목표 2-1**: 보건의료정책 개선을 통한 보건의료서비스 질 향상
- **성과목표 2-2**: 국민의 의료비 부담 경감 및 건강보험의 지속가능성 제고
- **성과목표 2-3**: 질병관리체계 강화 및 필수 의료서비스 확충을 통한 국민 건강안전망 강화
- **성과목표 2-4**: 사전예방적 건강관리 강화
- **성과목표 2-5**: 제4차 산업혁명 핵심산업으로 보건산업을 육성하여 미래성장동력 확충 및 국민건강 증진

전략목표 3
저출산 극복과 활력있는 노후생활 보장

- **성과목표 3-1**: 저출산·고령사회 대응 기반 구축
- **성과목표 3-2**: 아동이 행복하고 존중받는 사회환경 조성
- **성과목표 3-3**: 편안하고 활기찬 노후생활 보장
- **성과목표 3-4**: 영유아가 즐겁고 부모님이 신뢰하는 보육환경 조성
- **성과목표 3-5**: 지속가능한 연금제도 운영으로 안정적인 노후소득 보장

출처: 보건복지부(2020). 『성과관리 전략계획(2020~2024)』.

[그림 4-6] 보건복지부 성과관리 전략계획(2020~2024)의 목표체계

2) 사업 전략

제주특별자치도의 『제3차 제주국제자유도시 종합계획(2022~2031)』의 목표체계는 [그림 4-7]과 같이 제시하고 있다. 이처럼 우리의 목표체계는 일관성이 없이 기관, 사업별로 다양하게 체시되고 있다.

출처: 제주특별자치도. 『제3차 제주국제자유도시 종합계획(2022~2031)』.

[그림 4-7] 제3차 제주국제자유도시 종합계획(2022~2031) 목표체계

제2절 조직의 임무 선언

1 임무의 의의

조직의 임무(mission)란 조직에 맡겨진 일 또는 조직이 해야 할 일로 조직의 존재 이유(목적)를 보여준다. 임무 선언(mission statement)은 조직이 누구를 위해 무엇을, 어떻게, 그리고 왜 하는가에 대해 간결하고 포괄적인 선언서이다. 조직의 임무는 해결해야 할 과제가 무엇이고, 어떻게 할 것인가를 결정하는 준거기준이 된다.

공공조직의 임무는 대부분 법규와 같이 조직의 외부에서 위임(mandates)된다. 공공기관의 존재와 활동이 법규를 바탕으로 한다는 면에서 민간조직과 차이가 있다. 공공기관은 자신의 임무나 활동을 정의하기 전에 법이나 외부의 기관에서 자기 조직에 위임된 사항을 명확하게 해야 한다. 공공조직의 임무를 확인할 때에는 법, 조례, 법인의 정관, 설립 허가서, 보조금 지급 조건, 국회나 의회의 결정사항, 대통령이나 상부 기관의 방침 · 지시사항과 같은 공식적인 것 이외에 문화적인 규범, 주민이나 주요 이해관계자의 기대와 같은 비공식적인 요구사항도 고려해야 한다.

그러나 조직의 임무를 설정할 때 공식적인 법규 등의 위임사항에 한정하여 규정해서는 안 된다(Bryson, 2018). 공공조직이 임무를 명확하게 할 때 다음의 세 가지의 경계를 명확하게 할 필요가 있다(Nutt & Backoff, 1992).

- 조직이 해야 할 것
- 조직이 할 수 있는 것
- 조직이 해서는 안 될 것

공공조직이 해야 할 임무는 공식적인 법규나 지침 등에 의한 위임사항인 조직이 해야 할 것과 조직이 할 수 있는 일로 구성된다. 반면에 법규에 조직이 해서는 안 되는 것이나 다른 조직이 할 일을 조직의 임무로 설정해서는 안 된다. 전통적 3권분립의 시각은 공공조직은 법이 규정한 것만 해야 한다고 생각했다. 즉, 관료제 조직들은 자신들에게 위임된 사항과 그들의 임무를 같은 것으로 생각하는 아주 기본적인 오류를 범하고 있다. 이에 의하여 관료제 조직은 그들이 실제로 할 수 있는 것보다는 소극적으로 자신들의 임무를 규정하고자 하는 경향을 가진다. 조직이 임무를 설정할 때는 법규 등으로 조직이 해서는 안 되는 것을 제외하고, 법규 등에 규정되지 않았다고 하더라도 조직이 공익을 위해서 할 수 있는 일을 찾아서 규정하는 것이 바람직하다. 예로서, 운전면허 발급과 관련하여 면허 발급의 요건과 비용 등을 규정하고 있으나 토요일 오후나 일요일에 면허시험을 치르지 말라는 규정은 없다.

대부분 법규는 행정행위에 대해 모호하게 규정하는 경우가 많다. 이러한 회색지대(gray-zone)는 전략적 기획자들이 자유재량권을 가지고 전략적 어젠다를 개발할 수 있는 영역이다(Landsbergen & Orosz, 1996). 그러므로 이들 영역에 대해 좀 더 적극적인 관점을 가지고 전략적 어젠다를 개발할 필요가 있다. 전략적 기획은 이와 같은 긍정적 사고를 요구한다.

2 사례

공공기관의 임무 선언의 예로 〈표 4-2〉는 우리나라 중앙행정부처의 임무 선언, 〈표 4-3〉은 미국 연방정부 기관의 임무 선언을 보여주고 있다.

〈표 4-2〉 중앙행정부처의 임무 선언

부처	임무
행정안전부	국민과 소통하는 열린 정부, 국민이 참여하는 지방자치분권, 국민이 안심할 수 있는 안전사회 구현
농림축산식품부	농업·식품 과학기술의 연구개발과 보급을 통하여 농식품 산업의 경쟁력을 제고하고, 농업인의 복지와 농촌의 활력을 증진시킨다.
교육부	유아에서 성인까지 자율과 창의 교육으로 미래 인재를 양성한다.
국방부	다시 도약하는 대한민국, 함께 잘사는 국민의 나라
문화체육관광부	문화예술의 창달을 지원하고, 국민의 문화복지 구현과 문화·체육·관광산업의 육성 등을 통해 국민 삶의 질 향상과 지속가능한 국가 발전에 기여
환경부	국민이 건강하고 쾌적한 삶을 누릴 수 있도록 환경권을 보장한다.
법제처	국가 주요 정책의 신속·원활한 법제화로 국민의 시대를 뒷받침하고 국민 권익을 증진한다.
경찰청	국민의 생명·신체 및 재산을 보호하고 범죄를 예방·진압하며 공공의 안녕과 질서를 유지한다.
기상청	신속하고 정확하며 가치 있는 기상 서비스 실현: 기상재해로부터 국민의 생명과 재산을 보호하고 국민의 삶의 질 향상과 공공의 복리 증진에 기여
국민권익위원회	청렴한 공직 및 사회풍토를 조성하고 위법·부당한 행정으로부터 국민권익을 보호하여 깨끗한 정부, 국민이 행복한 나라를 만들겠습니다.

출처: 각 부처의 성과관리 전략계획.

〈표 4-3〉 미국 연방정부 각 부처의 임무

부처	임무
상무부	상무부의 임무는 모든 지역사회의 경제성장과 기회를 창출할 수 있는 조건을 조성한다.
국방부	전쟁을 억제하고 국가의 안보를 지키는 데 필요한 군사력을 제고한다.
노동부	미국의 임금 근로자, 구직자 및 은퇴자의 복지를 육성, 촉진, 발전시키고; 근로조

	건을 개선하고; 유익한 고용 기회를 향상하고; 근로와 관련된 이익과 권리를 확립한다.
환경보호청	인간의 건강과 환경을 보호한다.
교통부	세계 최고 수준의 교통 시스템을 제공하기 위하여 미국 국민과 경제에 안전하고, 효율적이고, 지속가능하며 균형된 인적 및 물적 이동을 제공한다.
중소기업청	중소기업의 설립과 활성화를 추진하고 재난 후 지역 커뮤니티의 경제적 회복을 지원하여 국가 경제를 유지하고 강화한다.

출처: https://Performance.gov

3 임무 선언의 주요 준거

1) 법적 위임사항

조직이나 기관의 위임사항을 설정할 때 가장 기준이 되는 것은 헌법과 법규이다. 〈표 4-4〉는 법규에 규정하고 있는 기관의 임무의 예이다.

〈표 4-4〉 공공기관의 위임사항에 대한 법령 근거 예

- **기획재정부**: 기획재정부 장관은 중장기 국가발전전략 수립, 경제·재정정책의 수립·총괄·조정, 예산·기금의 편성·집행·성과관리, 화폐·외환·국고·정부회계·내국세제·관세·국제금융, 공공기관 관리, 경제협력·국유재산·민간투자 및 국가채무에 관한 사무를 관장한다(정부조직법 제27조 제1항).
- **교육부 인재정책실**: ③ 실장은 다음 사항을 분장한다(교육부와 그 소속기관 직제 제10조 제3항).
  1. 인재양성정책의 기획·총괄
  2. 인재양성정책 분야 범부처 협업체계의 구축 및 활성화에 관한 사항
  3. 중장기 인력수급 고도화를 위한 데이터베이스 구축에 관한 사항
  4. 국내외 인재정책 정보의 교류 등을 위한 포럼의 운영 및 지원
  5. 학부모 지원정책의 수립·시행 및 관련 법령·제도 개선

  ....
- **국립농업박물관 사업**: ① 박물관은 다음 각 호의 사업을 수행한다(국립농업박물관법 제5조).
  1. 박물관 기본 운영계획 및 중장기 발전계획의 수립·시행
  2. 농업 및 농촌공동체의 역사와 문화에 관한 유물과 사료(이하 "박물관 자료"라 한다) 및 미래농업에 관한 사항의 수집·보존·관리·조사·연구·전시·체험·교육
  3. 박물관 자료 등의 홍보·활용과 이에 관한 각종 간행물의 제작 및 보급
  4. 박물관 사업과 관련된 국내외 교류·협력
  5. 박물관 전시·체험시설 등의 운영 및 교육이나 체험 프로그램 개발·운영
  6. 박물관 설립목적의 범위에서 운영재원을 조달하기 위한 수익사업

4 임무 선언의 특징과 기능

1) 임무 선언의 특징

조직의 임무 선언은 다음과 같은 특성을 가진다(David & David, 2017: Bryson, 2018).

- 조직의 자세에 대한 선언이다. 임무 선언은 구체적이고 세부적 선언이라기보다는 포괄적인 자세(attitudes)이며 견해에 대한 선언이다. 조직의 임무 선언이 포괄적으로 작성되어야 하는 이유는 첫째, 좋은 임무 선언은 창조성을 억압하지 않고 실현 가능한 대안적 목적이나 전략을 창출할 수 있어야 한다. 너무 구체적이면 조직의 창조적인 성장 가능성을 제한할 수 있다. 둘째, 임무 선언은 서로 다른 견해를 가진 조직의 다양한 이해관계자, 개인과 집단 간의 차이를 효과적으로 조정할 수 있게 하려면 포괄적일 필요가 있다.
- 다양한 견해에 대한 결의안이다. 임무 선언은 조직의 다양한 임무에 대한 우선순위 및 중요성에 대한 이해관계자의 의견을 통합한 결의안이다.
- 고객 지향적이다. 좋은 임무 선언은 고객의 기대 및 욕구를 반영하여 표현된다. 예로, AT&T의 임무 선언이 전화보다는 커뮤니케이션에 관심을 두고, EXXON이 석유나 가스보다는 에너지에 초점을 두도록 하는 이유이다.
- 사회정책의 선언이다. 조직의 임무 선언은 조직의 관리 철학 및 이념의 표현이다. 이에 공공조직의 임무 선언은 사회와 국민에 대한 책임성을 강조한다.

2) 임무 선언의 기능

조직구성원 간에 합의로 잘 만들어진 임무 선언은 다음과 같은 기능을 한다(ICN, 2010; Suddabytal et al., 2017; Bryson, 2018).

- 임무 선언은 실질적인 전략적 기획의 출발점이다. 전략적 기획에서 임무 선언은 조직의 의지로 조직의 존재 목적과 역할을 설정하는 첫 번째 단계이다. 임무에 의해 비전을 설정하고, 전략적 이슈가 확인되며, 전략 개발이 시작된다. 그리고 관리 업무의 설계, 무엇보다 관리구조의 설계에 출발점이 된다(Drucker, 1974).
- 조직의 목표, 자원 배분, 활동의 우선순위 결정에 준거를 제공한다. 잘 만들어진

임무 선언은 구체적인 전략목표 설정의 기준을 제공하고, 활동의 우선순위를 명확하게 하여 효과적인 자원 배분을 가능하게 한다.

- 조직의 주체성을 확인해 준다. 임무란 조직의 기본적인 존재 목적 및 존재 이유를 선언한 것으로 조직의 주체성을 표현한다. 임무는 다른 조직과 구별될 수 있는 차별화된 것을 다룬다.
- 조직구성원에게 목적의식을 높여준다. 명확한 임무 선언은 조직의 목적이나 전략적 의도를 명확하게 하여 조직구성원에게 방향과 목적의식을 높여주고 중요한 것에 집중하도록 한다. 임무에 대한 합의는 조직구성원들로 하여금 임무를 달성하겠다는 열정을 만들어 내고, 직무에 대한 책임의 영역을 넓혀준다.
- 조직구성원에게 동기부여를 주고 성과를 높여 준다. 높은 성과를 내는 기업은 낮은 성과의 기업보다 더 잘 만들어진 임무 선언서를 가지고 있다(David & David, 2017). 조직의 임무에 대한 조직구성원의 합의는 조직의 힘의 원천이 되며(Pfeffer, 2010), 그것을 추구하는 사람들에게 의미와 동기의 깊은 원천이 된다. 그 결과는 조직의 성과로 표현되게 된다.
- 조직관리 수단이 된다. 명확한 임무는 조직에서 발생하는 갈등을 해소하고 관리하는 기능을 한다. 임무에 대한 합의는 조직에서 사회적 통제의 수단이 될 수 있다. 이를 통하여 구성원의 이기적 행동이나 비도덕적 행위를 통제할 수 있다.

5 임무 선언서의 작성방법

1) 임무 선언서의 내용

조직의 임무 선언서는 조직이 '누구를 위해 왜 무엇을 어떻게 해야 하는가?'를 보여주어야 한다. 이와 관련하여 캠벨과 영(Campbell & Yeung, 1991)은 조직의 임무를 [그림 4-8]과 같이 네 가지로 구성된 애쉬리지(Ashridge) 임무 모형을 제시하고 있다. 이에 의하면 기관의 임무는 기관의 목적, 조직이 추구하는 가치, 전략과 제품이나 서비스를 제공하는 기준이나 행동을 제시해야 한다고 한다.

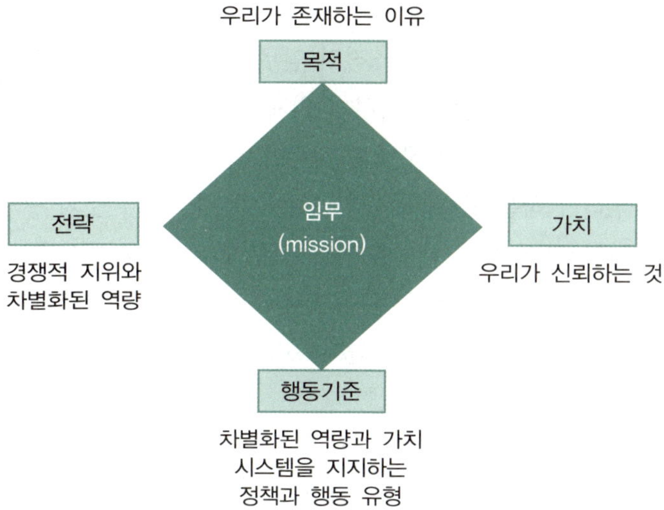

출처: Campbell & Yeung(1991).

[그림 4-8] 애쉬리지(Ashridge)의 임무 모형

임무 선언이 이러한 조건을 충족시키려면 다음과 같은 물음에 답을 줄 수 있도록 작성되어야 한다(Bryson & Alston, 2011).

- 우리는 누구인가? 만약 같이 가고 있는 사람이 당신 조직에 대해서 저 조직은 무엇하는 조직이라고 묻는다면 당신은 어떻게 대답할 것인가? 이 물음은 조직의 성원들이 자기 조직에 대해 가지고 있는 독특하고, 핵심적이고, 영속적인 믿음에 대한 조직 주체성의 문제이다. 너무나 많은 조직이 조직과 조직이 행하는 것을 동일시하는 근본적인 오류를 범하고 있다 (Osborne & Gaebler, 1992). 예로서, 20세기 초에 미국의 철도회사들은 자신들을 교통 관련 회사로 인식하지 않고 기차 사업을 하는 회사로 인식했다. 그 결과 자동차와 트럭 산업이 등장하자 철도회사들은 교통문제에서 이들에게 뒤처지고 쇠퇴하게 되었다.
- 우리는 누구를 위해 일하는가? 임무 선언에는 조직이 누구를 위해 존재하는지를 명확하게 해야 한다. 대부분 조직은 자기 자신에 대해서만 이야기하지 외부 세계에 관해 이야기하지 않는다(March & Olsen, 1989). 고객 지향의 전략적 기획은 조직의 고객과 이해관계자를 명확하게 규정하지 않고서는 달성할 수 없다. 예로, 공공의료원이 지역주민 이외에 지역 특성으로 진폐증 환자를 많이 관리한다면

이를 명시하는 것이 좋다.

- 우리는 무엇을 어떻게 하는가? 조직의 임무 선언은 고객과 이해관계자가 조직에 요구하는 기대와 욕구, 이를 충족하기 위해 조직이 무엇을 하는지를 명시해야 한다. 즉, 우리는 누구를 위해 무엇을 하는가?를 명확하게 보여주어야 한다.
- 그것을 왜 우리가 하는가? 이에 대한 답은 '우리를 다른 것과 구별하여 차별화하는 것이 무엇인가?'에 대한 해답을 동시에 주게 된다. 공공조직은 그 해답을 행위의 공공성에서 찾는다. 만약 그 일이 민간조직이나 다른 조직과 구별될 수 있는 주체성이나 독창성이 없다면 그 일은 재고되고, 때로는 민간부문에 넘겨주어야 할 것이다.

이에 의하여 임무 선언은 "(기관)은 (어떤 고객이나 이해관계자)에게 (재화와 서비스를 제공하는 이유)를 위해 (어떠한 재화와 서비스)를 (어떠한 방법)으로 제공함을 임무로 한다"와 같은 형식을 가질 필요가 있다. 즉, "A기관은 지역주민에게 복지를 위해 재택 간호 서비스를 신속하게 제공함을 임무로 한다"와 같이 설정할 수 있다.

2) 임무 선언의 설정방법

기관의 임무 선언은 전략기획팀에서 1명이나 소집단을 구성하여 임무 선언서(안)을 작성하고, 전략기획위원회에서 검토하여 설정하는 것이 좋다. 임무 선언은 간결하고 명확하고 전달하기 쉽게 작성될 필요가 있다. 이에 임무 선언은 이해하기 쉬운 용어로 5문장을 넘지 않고 가능한 100개 단어 이내로 표현하는 것이 좋다는 주장도 있고, 17개 단어 이상이 되면 기억하기 어렵다는 주장도 있다(NPR, 1997). 이에 슬로건 형태로 임무 선언을 제시하고, 다음 [사례]와 같이 임무 선언 설명서를 작성할 수도 있다.

사례 농림축산식품부 임무 설명서

임무(mission)

국민 경제, 사회, 문화의 기반인 농업과 농촌의 지속가능한 발전을 도모하고, 국민에게 안전한 농산물과 품질 좋은 식품을 안정적으로 공급하며, 농업인 소득과 삶의 질을 높임으로써 국민행복과 국가경제 발전에 이바지한다.

- (농정 가치) 농업인의 소득과 삶의 질, 국민의 건강과 안전을 중시하는 사람 중심의 농정 구현
- (농정 대상) 국민이 필요로 하는 농업·농촌의 다양한 경제·사회·환경적 가치를 제공하는 다기능 농업 구현
- (농정 방향) 농업 혁신역량을 강화하면서, 환경친화적 생산과 안전 먹거리 제공으로 지속가능한 농정 추진
- (농정 체계) 농업인과 국민의 입장에서 현장 중심의 농정 추진을 위한 민관 협력 농정체계 구축

출처: 대한민국정부. 『2022년도 성과계획서(농림축산식품부)』. 국회의안정보시스템. 2022년도 예산안(정부). http://likms.assembly.go.kr

임무 선언서는 다음과 같은 기준에 의해 작성되어야 한다(ICN, 2010; Tarnow, 1997; 국무조정실, 2022).

- 임무 선언서는 조직의 전체 목적을 구체적이기보다는 추상적이고 포괄적으로 기술해야 한다.
- 해당 기관의 설립 근거가 되는 법령이나 규정, 관계 법령에 구체적으로 제시된 역할 등에 근거하여 국민들이 체감할 수 있는 결과 지향적인 내용으로 설정하여야 한다.
- 설정된 임무는 기관의 모든 업무를 포괄하는 것이어야 하며, 타 기관과의 불필요한 중복 소지가 없도록 해야 한다.
- 표현은 구체적이어야 하며, 목표 지향적이어야 한다.
- 임무 선언서는 명확하고 간결하게 작성되어야 한다.
- 임무 선언서는 조직의 광범위한 고객과 이해관계자들이 이해할 수 있도록 쉬운 용어로 작성되어야 한다.
- 임무 선언서는 조직의 위임사항을 해결할 수 있어야 한다.
- 임무 선언서는 조직이 다루고자 계획했던 기본적인 욕구와 특정한 문제를 확인해주어야 한다.
- 임무 선언서는 현실적이어야 한다.
- 임무 선언서는 조직이 누구의 욕구를 충족하고자 하는지를 명확하게 해야 한다.
- 임무 선언서는 조직이 나아갈 방향의 기초로 활용될 수 있어야 한다.

• 임무 선언서는 조직의 중요한 고객과 이해관계자의 기대를 제시해야 한다.

제3절 조직의 비전 선언

1 비전의 의의

비전(vision)은 조직이 어떻게 되어야 하는지에 대한 장기적인 목표와 바람직한 미래상을 의미한다. 임무는 조직의 존재 이유로 쉽게 변하지 않지만, 비전은 조직환경의 변화로 유연하게 변화될 수 있다. 비전은 조직이 성공하였을 때 어떻게 보여질 수 있는가를 표현한다. 마틴 루터 킹(Martin Luther King Jr.) 목사는 "나는 꿈이 있다(I have a dream)"라는 국가를 변화시키는 비전을 제시했다. 그의 유명한 연설은 미래에 대한 설득력 있는 비전을 전달하는 사람이 만들어 내는 힘을 보여주었고, 그 결과 흑인의 인권을 강화하는 계기가 되었다. 1997년 김대중 대통령은 기한 내에 IMF 외환위기를 극복하겠다는 비전을 제시하였고, 이를 위해 금융·기업·노동·공공부문 등 4대 개혁을 추진한 결과 1년 반 만에 외환위기를 극복했다고 선언하였으며, 4년 만에 IMF 구제금융을 조기 상환하였다. 이 비전은 전 국민을 '금 모으기 운동'에 동참하도록 하였다.

비전은 조직을 인도하는 북극성과 같은 역할을 한다. 비전은 조직이 추구하는 단순한 꿈이나 희망이 아니라 장기적인 시각에서 현실과 미래를 연결하는 전략적 구상이다. 비전은 조직의 주체성(identity)과 독창성(uniqueness)을 나타낸다. 비전 선언은 조직에 관심 있는 사람이 원하는 바람직한 미래의 조건이나 삶의 질을 기술한 것이다(Popovich, 1998).

2 사례

〈표 4-5〉는 공공기관 및 사업전략에서 제시하는 비전의 예이다.

〈표 4-5〉 공공기관의 비전(예)

기관 및 사업명	비전 슬로건
문재인 정부	국민의 나라 정의로운 대한민국
윤석열 정부	다시 도약하는 대한민국, 함께 잘사는 국민의 나라
행정안전부	국민 모두가 주인인 대한민국
교육부	함께 성장하는 포용사회, 내일을 열어가는 미래 교육
고용노동부	국민 누구나 원하는 일자리에서 마음껏 역량을 발휘하는 나라
통계청	열린 통계 허브 구축을 통한 국가정책 선도, 국민 미래 설계
법제처	법제로 완성하는 법치국가, 함께 잘사는 국민의 나라
서울특별시	다시 뛰는 공정도시 서울
부산시	부산 먼저 미래로, 그린스마트 도시 부산
경기도	변화의 중심 기회의 경기
종로구	지속가능한 명품도시 건강한 종로
여수시	가고 싶고 살고 싶은 글로벌 해양관광휴양 도시 여수
인천공항공사	사람과 문화를 이어 미래로 나아갑니다
국립중앙도서관	대한민국 지식을 모으고, 담고, 잇다
제1차 물관리기본계획	자연과 인간이 함께 누리는 생명의 물
제5차 국토종합계획	모두를 위한 국토, 함께 누리는 삶터
미국 고용부	모든 구성원에게 아침, 점심, 밤에 대한 권리를 누릴 권한을 부여
미국 국립과학재단	참여에 장벽이 없이 모든 이의 이익을 위해 과학과 공학연구 및 혁신에 있어 세계를 선도하는 국가

출처: 각 기관 및 관련 사업 홈페이지.

3 비전 선언의 특징과 기능

1) 비전 선언의 특징

조직의 비전 선언(vision statement)은 다음과 같은 특징을 가진다(Northouse, 2020).

- **그림**: 비전은 현상 유지가 아닌 보다 나은 미래의 그림을 보여준다. 비전은 조직이 나아가야 할 방향에 대한 정신적 그림으로 이상적 이미지를 표현한다.
- **변화**: 비전은 긍정적 방향으로의 조직의 변화를 나타낸다. 비전은 조직의 규칙, 절차, 목표, 가치, 의식 등의 조직 전반에 걸친 새로운 변화를 지향한다.
- **가치**: 비전은 사람들이 가치 있거나 바람직하다고 생각하는 아이디어, 신념, 행동

방식에 기반을 둔다. 이에 많은 민간기업이 경우 고객 지향을 기업 비전으로 설정하고 있다.

- 지도: 조직의 비전은 조직이 나아가야 할 지도를 제공하여 조직구성원의 행동방법을 제공한다. 비전은 구성원에게 의미와 목적을 주는 지침 철학이 된다.
- 도전: 비전은 현상을 초월하여 다른 사람에게 도움이 되는 도전적인 일을 하도록 한다. 즉, 비전은 구성원에게 가치 있는 일에 전념하고 도전하도록 한다.

2) 비전 선언의 기능

성경에는 "비전이 없는 곳에서 백성은 멸망한다"(잠언 29장 18절)고 적혀 있다. 비전은 개인뿐만 아니라 조직에 다음과 같은 다양한 기능을 한다(Covey, 1995; Allen, 1995; Bryson, 2018).

- 비전은 조직 변화의 동인이 된다. 비전은 조직을 흥분시키고 역동적이게 만들고, 구성원들에게 자부심을 준다. 명확하고 타당한 비전은 현재와 미래 세계 간에 긴장을 창출하고, 긴장은 조직구성원에게 무엇인가를 하게 한다.
- 비전은 성과 지향의 조직을 구축하도록 한다. 미래를 정확하게 예측할 수는 없지만, 사람들은 미래를 만든다. 비전 선언은 조직을 결과 지향적이게 만든다.
- 비전은 조직구성원에게 방향과 목표의식을 제고한다. 비전은 조직의 포괄적인 장기 목적으로 조직의 전략목적과 목표를 이끌어내는 기준으로 작용한다. 비전은 조직구성원들로 하여금 해야 할 것과 하지 말아야 할 것을 구분하는 기준을 제공하여 조직과 조직구성원들로 하여금 선택과 집중의 행태를 가지게 한다.
- 비전은 조직의 주체성을 확립하고 조직에 대한 몰입을 유도한다. 비전은 조직의 특성과 철학을 설정하고, 조직의 주체성과 독창성을 구성하는 중요한 요소가 된다. 합의로 만들어진 비전은 조직구성원 간에 신뢰를 형성하고, 조직에 대한 헌신을 유도하며, 조직에 대한 의무감을 높일 수 있다.
- 비전은 조직구성원의 사고와 행동을 확대한다. 창의적인 비전은 열린 마음과 생각으로 만들어진다. 비전은 조직구성원에게 조직 전체의 시각에서 그들이 기대하는 것이 무엇이고, 왜 기대하는가에 대한 구체적이고 타당한 그림을 제공한다.
- 비전은 조직 의사결정 및 성과평가의 중요한 지침 역할을 한다. 비전은 전략 선택과 집행에 지침이 된다. 성공에 대한 비전은 사람들로 하여금 바람직한 것과

바람직하지 않은 것을 구별하게 하고 조직의 성공을 평가하는 기준이 된다.

- 비전은 조직관리의 중요한 수단이 된다. 합의된 비전은 조직을 관리하는 데 중요한 리더십의 권력원이 될 수 있다. 명확한 비전은 리더십의 효과적인 대체물이 될 수 있다(Kouzes & Posner, 2017). 비전은 조직과 환경과의 관계에서 조직을 정당화하는 수단이 된다. 비전에 대한 합의는 조직의 갈등을 줄여주고, 공동체 의식을 향상한다(Suddaby et al., 2017).

4 비전 선언서의 작성방법

1) 비전 작성

비전은 외적 환경분석과 내적 능력평가 및 조직의 위임사항과 임무를 바탕으로 작성되어야 한다. 비전을 작성하기 위해서 전략기획팀은 조직구성원과 이해관계자의 의견을 반영하고 적절한 협의, 검토 및 승인을 거쳐 결정할 필요가 있다. 우리의 경우 종종 비전을 조직 슬로건을 결정하는 것으로 생각하여 널리 공모를 하여 결정하기도 하나, 이는 바람직한 것은 아니다. 비전을 단순한 홍보 문구를 작성하거나 작명을 하듯이 보기 좋게 만들거나 모방적으로 작성해서는 안 된다. 그러나 우리 지방자치단체의 비전은 중복되는 경우도 많다(박홍윤, 2008). 그렇게 만들어진 비전은 비전이 줄 수 있는 기능을 얻을 수가 없다.

비전 선언서는 임무 선언서와 같이 간단한 슬로건 형태로 제시하고 다음 [사례]와 같이 간단한 비전 설명서를 작성하는 것이 바람직하다.

사례 제5차 국토종합계획(2020~2040) 비전 선언서

슬로건: 모두를 위한 국토, 함께 누리는 삶 터

- 모두를 위한 국토
  - 다양한 세대와 계층, 지역이 소외되거나 차별받지 않는 포용국가 기반을 갖추고, 좋은 일자리와 안전하고 매력적인 정주환경을 갖춰 글로벌 경쟁력이 있는 지속가능한 국토를 조성

- 함께 누리는 삶터
  - 삶의 질, 건강 등 우리 국민이 중요시하는 가치를 주거공간, 생활공간, 도시공간 등 다양한 국토공간에서 구현하고, 깨끗하고 품격있는 국토 경관 조성과 산지, 해양, 토지 등 국토자원의 효율적인 이용·관리로 행복한 삶터를 구현

출처: 대한민국정부(2019).『제5차 국토종합계획(2020~2040)』

2) 바람직한 비전의 조건

비전 선언서에는 조직의 임무, 기본 철학, 핵심 가치, 문화적 특성, 조직목적, 기본 전략, 성과의 기준 등을 내포할 필요가 있다. 그리고 비전 설정은 환경분석과 임무와 연계되어 분석적으로 작성되어야 한다. 전략적 기획에서 바람직한 비전이 제대로 기능하기 위해서는 다음과 같은 조건을 충족해야 한다(Koteen, 1989; Kantabutra, 2008; WMO, 2018).

- 비전은 짧을수록 좋다. 비전은 조직의 모든 구성원과 이해관계자가 기억하기 쉽게 가능한 한 짧고, 이해하기 쉽게 쉬운 용어로 작성되어야 한다.[1] 비전은 의사결정과 목적을 선택하는 데 기준이 되기 위해서는 설명서가 작성되는 것이 좋다. 그러나 그 분량은 1쪽을 넘기지 않는 것이 좋다.
- 비전은 구성원에게 감동을 주어 영감을 불어넣고 도전의식을 주어야 한다. 효과적인 비전은 효과적인 조직 변화를 촉진하기 위해 적당한 정도의 긴장을 불러일으킬 수 있어야 한다. 비전은 이상적이고 영감을 불어넣는 무언의 약속이 되어야 한다.
- 감동을 주는 비전은 다음과 같은 것이 포함되어야 한다(Kouzes & Posner, 2017).
  - ✓ 더 나은 미래에 관심을 둔다.
  - ✓ 희망, 꿈, 웅대한 야망을 북돋운다.
  - ✓ 높은 이념과 공통적인 가치에 호소하여 조직의 역사와 미래를 형성한다.
  - ✓ 목적과 방향을 명확히 한다.
  - ✓ 적극적인 결과를 공표한다.
  - ✓ 조직의 독창성과 다른 조직과 구별되는 특성을 강조한다.
  - ✓ 단합된 집단의 힘을 강조한다.

---

1) 예로, 캐논은 '타도! 제록스', 혼다는 '제2의 포드'를 비전으로 제시하기도 했다.

✓ 문자 그림, 이미지와 은유법을 이용한다.

✓ 열의를 전하고 흥분을 부추기고, 약속과 헌신을 하도록 한다.

- 비전은 바람직하고 높은 이상을 나타내야 한다. 비전은 평범한 것 이상의 도전적이어야 한다. 비전은 조직이 최대한의 노력으로 달성할 수 있는 높은 수준이어야 한다.
- 비전은 어느 정도 지속성이 있어야 한다. 비전은 장기적으로 변하지 않는 것이 좋다. 매년 새롭게 비전을 설정하는 것은 비전으로서의 가치를 상실하게 된다.
- 비전은 전략계획의 맥락 속에서 만들어져야 한다. 비전이 그의 구성요소인 임무, 전략, 문화와 유리되어 공백 속에서 만들어지게 되면 사람들은 비전으로부터 기대했던 것을 곧 무시하게 된다.

3) 비전 선언서의 활용

비전이 완성되고 나면 전략적 기획과정 동안에 비전을 널리 알려서 비전에 대한 인지와 동일체감을 가지도록 하는 것이 필요하다(Popovich, 1998). 비전 선언서는 조직 내외부의 이해관계자에게 다양한 방법으로 전달하도록 해야 한다. 팸플릿, 인터넷, 매스컴, 현수막, 공식문서 등의 다양한 매체를 통해 다양하게 전달하는 것이 필요하다. 비전을 조직 내외에 전달하는 방법 가운데 가장 효과적인 방법은 조직의 최고관리자가 직원회의, 외부의 공식적·비공식적 회의나 모임에서 지속적이고 반복적으로 전달하는 것이다. 이는 전략적 기획에 대한 최고관리자의 지원과 지지를 조직구성원과 이해관계자들이 확인하는 방법이 되고, 이들의 지지와 지원을 확보할 수 있는 좋은 커뮤니케이션이 될 수 있다.

제4절 조직의 가치 선언

1 가치 선언의 의의

운영원리(principles)로도 불리는 가치 선언(value statement)은 조직문화나 의사결정을 위한 틀을 뒷받침하는 신념을 표현한 것이다(OMB, 2022). 조직은 묵시적이든 명시적이든 강조하는 핵심 가치를 가지고 있다. 대부분 성공적인 조직은 조직이 추구하는 핵심 가치를 명시하고 토론하며 수시로 새롭게 한다. 전략계획은 조직의 현재의 가치와 추구하는 가치 간의 차이를 줄이기 위해서 수립한다.

가치는 조직의 모든 구성원에게 기대하는 집단 규범과 행동을 의미한다. 또한 전략적 기획에서 가치표현의 하나인 운영 원리는 조직의 구성원, 운영 과정 및 성과에 대한 조직의 태도와 가치를 표현하기도 한다. 가치 선언은 조직이 그의 임무를 어떻게 수행할 것인가를 기술한 핵심적 가치와 철학으로서 조직운영의 기본 방침을 구성한다. 가치는 전략계획에서 임무와 비전을 뒷받침하는 믿음의 토대이다. 그러나 우리의 공공부문 계획에서 운영 원리나 핵심 가치를 제시하는 경우는 드물다. 그 이유는 대부분 조직관리는 법규에 의해 이루어진다고 생각하기 때문이다.

조직의 가치나 운영 원리에는 다음과 같은 것이 포함된다(State of Missouri, 2000).

- 사람: 조직구성원과 고객을 다루는 방법
- 과정: 조직관리 방법, 의사결정 방법, 생산물과 서비스를 제공하는 방법
- 성과: 책임 및 산출물과 서비스의 질과 관련된 기대

2 사례

주요 기업도 기업이 추구하는 가치를 표현하고 있다. 예로, 삼성전자는 '인재제일, 최고 지향, 변화선도, 정도경영, 상생추구', 현대자동차는 5대 핵심 가치로 '고객 최우선, 도전적 실행, 소통과 협력, 인재 존중, 글로벌 지향'을 제시하고 있다. 다음 [사례]와 같이 문재인 정부의 13대 사회 가치 발표는 전략적 기획의 모든 과정에서 중요한 판단기준이 될 수 있다.

사례 가치 및 운영원리의 예

- 문재인 정부의 13대 사회적 가치
  - ✓ 인간의 존엄성을 유지하는 기본 권리로서 인권의 보호
  - ✓ 재난과 사고로부터 안전한 근로 · 생활환경의 유지
  - ✓ 건강한 생활이 가능한 보건복지의 제공

✓ 노동권의 보장과 근로조건의 향상
✓ 사회적 약자에 대한 기회 제공과 사회통합
✓ 대기업 · 중소기업 간 상생과 협력
✓ 품위 있는 삶을 누릴 수 있는 양질의 일자리 창출
✓ 지역사회 활성화와 공동체 복원
✓ 경제활동을 통한 이익이 지역에 순환되는 지역경제 공헌
✓ 윤리적 생산과 유통을 포함한 기업의 자발적인 사회적 책임 이행
✓ 환경의 지속가능성 보전
✓ 시민적 권리로서 민주적 의사결정과 참여의 실현
✓ 그 밖에 공동체의 이익 실현과 공공성 강화

출처: 관계부처합동(2019). 『2019년 정부혁신 종합 추진계획』

• 윤석열 정부의 국정운영원칙
국익, 실용, 공정, 상식

• 서울시정 4개년계획(2019~2022)의 시정 기조
현장, 혁신, 형평

• 미국 국가보훈처
[핵심가치: I CARE]
I CARE는 Integrity, Commitment, Advocacy, Respect and Excellence의 두문자
✓ 성실: 높은 도덕적 원칙을 가지고 행동한다. 최고의 전문적 기준을 준수한다. 내가 돌보는 모든 사람에게 신뢰와 자신감을 유지한다.
✓ 헌신: 재향군인과 다른 수혜자를 위해 성실하게 일한다. 국가보훈처의 임무에 대해 진정한 믿음을 가진다. 나의 개인적 책임과 조직의 책임을 다한다.
✓ 옹호: 재향군인들과 기타 수혜자들의 권익을 인정하고, 충분하게 고려하며, 합당하게 증진하여 진정으로 재향군인 중심으로 일한다.
✓ 존경: 함께 일하고 봉사하는 모든 분을 존엄성과 존중으로 대한다.
✓ 우월성: 최고의 품질을 추구하며 지속적으로 개선하도록 노력한다. 사려깊고 결단력 있게 리더십을 발휘하고 나의 행동에 대하여 책임있게 행동하고, 실수를 인정하고 실수를 엄정하게 수정하도록 한다.

출처: U.S. Department of Veterans Affairs. Fiscal Years 2022-2028 Strategic Plan

3 가치 선언의 특징 및 기능

1) 가치 선언의 특징

조직의 가치 선언은 다음과 같은 특성을 가진다(WMO, 2018).

- 가치 선언은 조직이 추구하고 조직운영에 지침을 제공하는 원리를 문서화한 것이다.
- 가치 선언은 조직구성원의 핵심 가치에 뿌리를 두고 있다. 특히, 조직 지도자가 추구하는 핵심 가치를 보여준다.
- 가치는 조직에 중요한 것으로 고객이나 이해관계자가 조직의 중요한 특성으로 인식하는 것이다.
- 가치는 조직이 자신의 업무와 다른 사람들과의 상호작용에서 중요하다고 믿는 것이다. 이러한 가치들은 당신 조직의 임무와 비전 진술을 알리는 데 도움을 주기 때문에 중요하다.
- 모든 조직에는 가치가 있으며, 이러한 가치의 문서화 여부와 관계없이 모든 조직의 활동은 이들 가치에 의해 전달된다.
- 가치 선언은 내적으로는 팀 구성원과 외적으로 이해관계자에게 이러한 원칙을 전달하기 때문에 중요하다.

2) 가치 선언의 기능

전략적 기획에서 가치와 운영 원리는 다음과 같은 다양한 기능을 수행한다(NRCan, 1997; State of California, 1998).

- 가치 선언은 조직구성원이 일하는 방법과 적절한 행동을 규정한다. 가치 선언은 조직구성원이 임무를 수행하는 방법을 설명해줌으로써 임무를 완성하게 한다.
- 가치 선언은 중요한 의사결정에 지침이 된다. 가치 선언은 조직의 임무에 대한 믿음의 초석이 되고, 조직의 의사결정이나 전략 선택에 지침으로서 기능을 한다. 의사결정을 위한 명확한 기준이 있다는 것은 의사결정의 일관성 확보, 갈등 완화, 의사결정에 대한 예측 가능성을 높이는 기능을 한다.
- 가치 선언은 조직 변화의 도구로 활용될 수 있다. 제도화되고 그것이 행동으로

이어진 가치 선언은 조직문화의 핵심적 구성요소가 될 수 있다. 조직문화를 구성하는 가치 선언을 변화시키고, 이에 의해 관리하게 되면 조직을 변화시키고, 새로운 변화에 대한 구성원의 동기부여로 활용할 수 있다.

- 가치 선언은 전략적 기획의 실천 가능성을 높인다. 조직의 목적과 구성원의 목적이 통합된 조직의 철학, 가치, 운영 원리는 조직에 대한 성공적 관리를 가능하게 하고 조직의 업적을 증진한다. 조직의 가치 선언은 최고관리자와 조직문화가 연결되어 형성되기 때문에, 조직관리와 전략적 기획의 통합을 용이하게 한다.
- 가치 선언은 조직에 대한 신뢰성을 확보할 수 있게 한다. 조직이 추구하는 철학, 가치를 명확하게 하는 것은 조직운영의 일관성을 확보하고, 예측 가능성을 높여 조직에 대한 신뢰성을 향상한다.
- 가치 선언은 고객 지향의 질 관리를 가능하게 한다. 가치 선언은 조직구성원 이외에 외부 고객을 대하는 방법, 서비스를 제공하는 방법이나 절차에 대해서도 제시한다. 특히, 합의와 합리성으로 만들어진 운영 원리는 고객에 대한 서비스 질을 높이는 유용한 수단이 될 수 있다.

4 가치 선언서의 작성방법

1) 가치 선언서의 작성

조직의 가치 선언서 작성은 전략기획위원회나 팀이 중심이 되어 조직의 최고관리자의 가치, 조직문화를 고려하여 구성원 및 이해관계자의 토론과 합의를 거쳐서 작성하여야 한다. 구성원과 이해관계자의 합의와 공감대가 없는 가치 선언은 구성원의 행동 지침으로 기능을 하는 데 한계를 가진다.

가치 선언의 개발과정은 다른 전략 방향설정과 같이 고도의 분석적이고 합리적인 방법과 창조적 사고가 통합된 과정이 되어야 한다. 이를 위해 전략기획위원회나 팀은 환경분석, 위임사항, 임무 및 비전 선언 관련 자료를 재검토하고, 현 조직운영의 핵심가치나 운영 원리를 목록화하고 평가하여 수정이 필요한지를 검토하여야 한다. 이 과정에서 내외부 주요 이해관계자의 의견수렴과 필요할 경우에는 조직문화나 가치에 대한 설문조사 등도 필요하다. 그리고 바람직한 조직의 가치에 대한 검토와 함께 조직의 임무나 비전을 달성하는 데 필요한 가치도 탐색하고, 현재의 가치와 바람직한 가치 간의 차이를 확인할 필요가 있다. 이들 자료를 바탕으로 최고관리자의 의견, 집단 토론 등을 거쳐서 가치 선언서를 작성하는 것이 이상적인 방법이다. 최종적으로 작성된 가치 선언은 간략한 설명과 함께 관련된 모든 구성원이 공유하고 업무와 활동의 지침이 될 수 있도록 다양한 커뮤니케이션 활동이 수반되어야 한다.

최근 공공조직에서 강조하는 가치로 윤리경영과 함께 ESG 경영이 중요시되고 있다. ESG 경영은 조직의 비재무적 요소인 환경(Environment), 사회(Social), 지배구조인 거버넌스(Governance)를 중시하는 것으로 장기적인 관점에서 친환경 및 사회적 책임 경영과 투명경영을 통해 지속가능한 발전을 추구하는 것이다. 우리의 경우 공공기관의 경영에서 ESG 경영은 성과평가의 중요한 요소가 되어 모든 기관의 전략계획에 한 부분을 차지할 정도로 중시하고 있다.

가치 선언이나 운영 원리는 조직을 정당하게 관리하고, 고객을 만족하게 하고, 계속해서 조직의 전반을 개선하겠다는 의지가 포함되어야 한다. 이를 위해 다음과 같은 속성을 가질 필요가 있다(State of Arizona, 1998; Allison & Kaye, 1997).

- 가치 선언은 핵심적 가치 또는 기본적 믿음을 표현해야 한다.
- 가치 선언은 구성원이 최상의 업무 수행 조건에 대한 기본적 믿음을 표현해야 한다.
- 가치 선언은 비전 달성에 필요한 구조, 시스템, 기술에 관한 의사결정에 기초가 되는 것을 표현해야 한다.
- 모든 계층의 활동에 지침이 되도록 해야 한다.
- 전체 조직이 기꺼이 받아들일 수 있는 공통 가치로 표현되어야 한다.
- 바람직한 조직문화를 변화시킬 수 있는 강력한 도구여야 한다.
- 조직구성원에게 동기부여를 줄 수 있어야 한다.
- 조직의 최고관리자나 리더가 관리 수단으로 이용할 수 있어야 한다.

2) 가치 선언의 주요 내용

오늘날 기업이 중시하는 가치로는 고객 중시, 이해관계자 중시, 구성원 중시, 다양성 중시, 성실, 기업가 정신, 사회적 책임 등을 강조하고 있다(Tessema et al., 2019). 한편 볼드리지 탁월성 프레임워크(The Baldrige Excellence Framework)는 탁월한 조직이 추구하는 핵심 가치로 다음을 제시하고 있다(NIST, 2022).

- **시스템 관점:** 시스템 관점이란 조직의 모든 부분을 통일된 전체로 관리하여 임무를 달성하고 비전을 향해 노력하는 것을 의미한다.
- **비전을 가진 리더십:** 조직의 고위 리더는 조직에 대한 비전을 설정하고, 고객 중심을 형성하고, 명확하고 가시적인 조직 가치와 윤리를 실천하고, 구성원에 요구되는 높은 기대치를 설정해야 한다.
- **고객 중심의 탁월성:** 고객은 여러분의 성과, 제품 및 서비스 품질을 최종적으로 판단한다. 따라서 조직은 고객만족도, 충성도, 긍정적 추천과 궁극적으로 조직의 지속적 성공에 기여하는 모든 제품 및 서비스 특성과 고객 접근 및 지원 방법을 고려해야 한다.
- **인재 중시:** 성공적인 조직은 직원과 고객, 커뮤니티 구성원, 공급업체 및 파트너, 그리고 조직활동에 영향을 받는 다른 사람들을 포함하여 조직에 이해관계가 있는 다른 사람들을 소중하게 생각해야 한다.
- **민첩성과 탄력성:** 민첩성에는 신속한 변화와 유연성을 위한 역량이 필요하다. 조직 탄력성은 운영 중단을 예측, 준비 및 복구하고, 중단이 발생할 때 인력 및 고객 참여, 조직 성과 및 커뮤니티 안녕을 도모하고 개선하는 것을 의미한다.
- **조직학습:** 조직학습은 기존 접근방식의 지속적인 개선과 새로운 목표, 접근방식, 제품과 시장으로 이어지는 중요한 변화 또는 혁신을 모두 포함한다.
- **성공과 혁신에 집중:** 현재와 미래에 조직의 성공을 보장하려면 조직과 환경에 영향을 미치는 단기 및 장기 요인을 이해해야 한다. 또한 조직 혁신을 주도할 수 있는 능력이 필요하다. 혁신은 이해관계자를 위한 새로운 가치를 창출하기 위한 목적으로 제품, 서비스, 프로그램, 프로세스, 운영 및 비즈니스 모델을 개선하기 위해 의미 있는 변화를 만드는 것을 의미한다.
- **사실에 의한 관리:** 사실에 의한 관리를 위해서는 조직 내부와 경쟁환경 모두에서 조직의 성과를 측정하고 분석해야 한다. 성과 분석은 조직 평가, 조정 및 의사결정을 지원해야 한다.
- **사회공헌:** 조직의 리더는 대중에 대한 기여와 사회복지와 편익을 고려하고 강조하여야 한다. 조직 리더는 조직 공동체의 복지를 위한 역할모델이 되어야 한다.
- **윤리와 투명성:** 조직은 모든 이해관계자의 거래 및 상호작용에서 구성원 모두의 윤리적 행동을 강조해야 한다. 고위 지도자는 리더십과 관리 측면에서 솔직하고 개방적인 의사소통과 정확한 정보의 공유를 특징으로 하는 투명성을 포함하여

윤리적 행동의 모범이 되어야 한다.

- 가치 및 결과 제공: 조직은 주요 이해관계자에게 가치를 제공하고 균형을 맞추는 데 도움이 되는 결과를 선택하고 분석해야 한다. 이 결과에는 재무 결과뿐만 아니라 제품 및 프로세스 결과, 고객과 구성원 만족도와 참여 결과, 리더십, 전략 및 사회적 성과가 포함되어야 한다.

포포비치(Popovich, 1998)는 높은 성과를 지향하는 조직이 강조하는 가치 기준으로 〈표 4-6〉과 같은 것을 제시하고 있다.

〈표 4-6〉 성과 지향 조직의 주요 가치기준들

• 자발성(self-direction) • 차이의 중시(respect of difference) • 성장과 발전(growth and development) • 신축성(flexibility) • 광범위한 참여(informed participation) • 큰 그림에 관심(big-picture focus) • 신중한 모험 추구(prudent risk taking)	• 개방성(openness) • 이니셔티브(initiative) • 일에 대한 즐거움(fun) • 성실성(integrity) • 단순성(simplicity) • 자기성찰(self-examination) • 신뢰(trust)

출처: Popovich(1998).

제5절 전략적 이슈 확인

1 전략적 이슈의 의의

전략적 이슈는 기관전략에 영향을 미칠 수 있는 잠재적인 현상, 사건과 경향으로(Ansoff, 1980), 조직이 비전을 달성하기 위해 해결해야 하는 근본적인 정책이나 중요한 도전으로 필수적으로 해야 할 것을 의미한다. 예로, 변호사가 되기 위해서는 법학전문대학원에 입학해야 한다. 이 경우 법학전문대학원 입학이 전략적 이슈가 된다. 공공조직에서 전략적 이슈의 선정은 정책의제를 설정하는 단계로 사회문제를 정부가 해결해야 할 정책문제로 구체화하는 단계이다. 전략적 이슈를 확인하는 것은 전략적 기획과정에서 해결하고자 하는 문제를 선택하는 활동으로 전략적 기획과정의 핵심적 과정이다(Ambler, 2007). 전략적 이슈는 조직의 위임사항, 임무, 재화와 서비스 수준, 고객, 비용, 재정, 구조, 과정 또는 관리에 영향을 주는 중요한 정책문제 또는 심각한 도전이고 극복해야 할 중요한 장애물이기도 하다(Bryson, 2004). 전략적 이슈는 핵심 성공 요인(critical success factor: CSF) 및 리스크 관리(risk management)와 밀접한 관계가 있다. 핵심 성공 요인은 SWOT 분석에서 기회와 강점, 리스크 관리는 위협과 약점을 다루게 된다.

조직이 직면하는 많은 문제 가운데 전략적 이슈가 되는 것은 다음과 같은 특징을 가진다(Ansoff, 1980; Pearce & Robinson, 2008).

- 전략적 이슈는 조직의 많은 자원을 요구한다.
- 전략적 이슈는 조직의 장기적 성공에 영향을 준다.
- 전략적 이슈는 미래 지향적이다.
- 전략적 이슈는 일반적으로 다기능적인 결과를 가져온다.
- 전략적 이슈는 조직의 외부 환경과 관련이 있다.
- 전략적 이슈는 조직 최고관리자의 결정을 요구한다.
- 전략적 이슈는 비구조화된 문제로 명확한 최선의 해결책이 없다.
- 공공조직의 전략적 이슈는 정치적 성격을 가진다.
- 전략적 이슈는 전략적 환경의 변화에 따라서 변화하는 동태적 성격을 가진다.

전략적 이슈는 전략의 실질적인 내용을 구성하고, 어떻게 전략을 형성할 것인가에 영향을 준다. 전략적 이슈의 선정과정을 통하여 전략적 이슈인 정책문제의 원인과 성격, 문제의 범위 등을 결정하고 해결해야 할 과제에 대한 우선순위를 결정하게 된다. 특히, 공공조직에서 전략적 이슈를 확인하는 것은 전략적 기획에서 해결하고자 하는 의제를 설정하는 활동으로 다양한 이해관계자가 개입하는 정치적 과정이다. 이에 공공조직의 이슈는 조직 내에서 의제가 형성되기도 하나 고객과 이해관계자, 여론, 매스컴과 같이 외부에서 제시되어 조직이 채택하는 경우도 있다.

전략적 이슈의 선택과 결정은 전략적 기획과정에서 다음과 같은 것을 제공하게 된다(Bryson, 2018).

- 전략적 이슈의 선정은 주요 의사결정자나 구성원으로 하여금 중요한 것에 관심을 집중하도록 한다. 많은 경우 파킨스(Parkinson)의 20 : 80 법칙에 의하여 조직

의 주요 의사결정자는 중요하지 않은 20%에 자기 시간의 80% 이상을 사용한다. 전략적 이슈는 가장 중요한 것에 80% 관심을 가지도록 하여 성과 지향 조직을 달성할 수 있도록 한다.

- 전략적 이슈의 설정은 문제의 해결책이 아닌 문제 자체에 집중할 수 있도록 한다. 이를 통하여 해결해야 할 문제를 명확하게 하여 문제 정의에서 발생할 수 있는 갈등을 줄여서 문제 해결능력을 향상하는 데 도움을 준다.
- 전략적 이슈의 선정은 조직 변화에 필요한 일종의 긴장감을 준다. 전략적 이슈의 선정은 조직이 임무나 비전을 달성하기 위해서 해야 할 과제를 제시하여 주요 의사결정자나 구성원에게 긴장감을 주어 변화를 추구하도록 한다.
- 전략적 이슈 선정에 의한 전략 문제 식별은 문제 해결 방법에 대한 유용한 단서를 제공한다. 문제를 전략적으로 만드는 조직의 임무, 내외부 요인에 대해 정확히 설명함으로써 문제를 해결할 방법에 대한 통찰력을 얻을 수 있다.
- 전략적 이슈 선정활동, 특히 참여적 선정의 경우 조직구성원들은 변화와 현실적인 전략기획 활동을 실감하여 전략기획에 관심을 두게 한다.

2 사례

1) 기관전략

(1) 국정과제

정권이 바뀌면서 제시되고 있는 국정과제는 중앙행정부처의 가장 핵심적인 정책과제로 전략계획의 핵심 구성 이슈가 된다. 문재인 정부에서는 100대 국정과제를 윤석열 정부는 120대 국정과제를 제시하고 있다.

(2) 특정평가 주제

중앙행정기관의 경우 국무총리는 국정의 통합적 관리를 위해 중앙행정기관을 대상으로 필요한 정책 등을 평가하는 특정평가를 하고 있다. 이 특정평가의 대상이 되는 정책이나 프로그램은 각 중앙행정기관의 전략계획에 핵심적 전략적 이슈라 할 수 있다. 개별 기관은 특정평가의 대상이 되는 것을 필수적으로 다루어야 한다. 국무조정실의 『2023년도 정부업무평가 시행계획(안)』에서는 특정평가의 대상으로 주요 정책 이외에 규제혁신, 정부혁신, 정책소통, 적극행정을 지정하였다(국무조정실, 2023).

(3) 고용노동부의 2023년 주요 업무계획

고용노동부 『2023년 주요 업무계획』은 '업무 추진 방향'에서 주요 과제를 다음 [사례]와 같이 제시하고 있다.

사례 **고용노동부 2023년 주요 업무계획**

■ 비전: 상생과 연대의 노동시장 구축

■ 목표: 노동개혁의 성공적 완수

■ 과제

- 과제1: 노동개혁을 완수하겠습니다.
  1. 노사 법치주의 확립
  2. 노동규범 현대화
  3. 중대재해의 획기적 감축
- 과제2: 노동시장 이중구조를 개선하겠습니다.
  1. 상생형 임금체계 개편
  2. 상생과 연대의 산업·노동 생태계 조성
  3. 법적 보호의 사각지대 해소
- 과제3: 일자리 불확실성에 선제 대응하겠습니다.
  1. 기업 구인난 해소
  2. 취약계층 일자리 장벽 제거
  3. 노동시장 참여 촉진형 고용 안전망으로 개편
  4. 고용상황 대응: 단기 컨틴젠시 플랜+장기 체질개선

출처: 고용노동부(2003). 『고용노동부 2023 주요 업무계획』

(4) 미국 농무부 사례

미국의 경우도 우리의 특정평가 대상과 같이 연방정부의 공통 주제(Cross-Cutting Themes)가 되는 이슈를 선정하여 제시하고 있다. 이에 의하여 농무부의 공통주제와 관련된 전략적 이슈를 보면 다음과 같다(U.S. Department of Agriculture, Strategic Plan: Fiscal Years 2022-2026).

- 기후 친화적 농업, 산림 및 재생에너지를 통한 기후변화에 대응
- 인종 간의 정의, 형평성과 기회의 증진
- 국내외 생산자와 소비자를 위한 더 많고 좋은 시장 조성
- 식품과 영양 불안정과 식품 안전 대응
- 모든 직원에게 농무부가 훌륭한 직장이 되도록 함

2) 사업전략

우리의 경우 사업전략에서 전략적 이슈는 핵심과제, 목표, 전략 등과 혼용되어 사용되고 있고, 대부분 전략목표와 동일하게 인식하는 경우가 많다. 『제4차 국가균형발전 5개년계획(2018~2022)』은 전략적 이슈로 다음과 같이 6개의 핵심과제를 제시하고 있다(국가균형발전위원회 · 산업통상자원부, 2019).

1. 국가균형발전 프로젝트 추진
2. 균형발전총괄지표 개발 및 지역차등 지원
3. 생활밀착형 SOC사업 확대
4. 지역발전투자협약(계획협약) 본격 추진
5. 국가균형발전특별회계 개편
6. 지역혁신체계 구축

3 전략적 이슈의 판단기준

1) 전략적 이슈와 운영 이슈

조직이 하는 일은 크게 전략적 문제와 관리적인 운영 문제로 구분할 수 있다. 어떠한 문제가 전략적인 문제인지를 구분하기 위해서는 〈표 4-7〉을 활용하여 판단할 수 있다.

〈표 4-7〉 전략적 이슈와 운영 이슈의 구분을 위한 리트머스 시험

항목	운영적	⟷	전략적
• 이슈가 조직의 정책 어젠다에 있는 것인가?	아니오		예
• 이슈가 조직 최고관리자의 어젠다에 있는 것인가?	아니오		예
• 조직은 언제 이 이슈의 도전이나 기회를 가지게 될 것인가?	지금	내년	2년 이후
• 이슈의 영향이 어느 정도 광범위한가?	단일 부서		전체 조직
• 조직의 재정적 위험이나 기회가 얼마나 큰가?	예산의 10% 이하	예산의 10~15%	예산의 15% 이상
• 이슈를 해결하기 위한 전략이 요구하는 것이			
a. 임무의 변화인가?	아니오		예
b. 새로운 서비스 목적이나 프로그램의 개발이 필요한가?	아니오		예
c. 세원이나 세액에서 상당한 변화가 필요한가?	아니오		예
d. 정부의 법이나 규제에서 상당한 수정이 필요로 하는 것인가?	아니오		예
e. 인력, 기술, 시설에서 상당한 변화가 필요한가?	아니오		예
• 이슈를 해결하기 위한 최선의 방법이 어느 정도 명확한가?	명확하고, 당장 집행이 가능	광범위한 파라미터, 소수만 구체적임	광범위하게 열려 있음
• 어느 정도의 관리자의 수준이 이슈를 다루는 방법을 결정할 수 있는가?	계선 감독자		주요 부처의 장
• 이슈를 해결하지 않았을 경우에 어떠한 결과를 가져올 것인가?	불편함, 비효율	상당한 서비스의 혼란, 재정 손실	주요 서비스의 장기적 혼란, 상당한 비용과 지출 발생
• 얼마나 많은 다른 집단들이 이슈에 의해 영향을 받고 문제 해결에 관여해야 하는가?	없음	1~3개	4개 이상
• 이슈가 공동체, 사회, 정치, 문화, 종교와 관련되어 있는가?	약하게 연계	심각함	매우 심각함

출처: Bryson(2018).

2) 일반적인 기준

공공조직에서 무엇이 전략적 이슈가 되어야 하는가는 전략의 유형, 사업이나 프로그램의 특성, 정치·경제적 상황 등에 따라서 다양한 기준이 활용될 수 있다. 이들을

판단하는 데 사용할 수 있는 기준을 보면 다음과 같은 것들이 있다(Government of Newfoundland, 2004; INTOSAI Development Initiative, 2020).

- 영향: 전략적 이슈는 조직의 임무 및 비전을 달성하는 것에 큰 영향을 주는 것이어야 한다. 이슈가 조직의 임무나 목적과 관련이 없다면 그것은 전략적 기획에서 다룰 것이 아니다.
- 중요성: 전략적 이슈는 중요성이 있어야 한다. 중요성이란 이슈가 해결되지 않을 때 조직의 임무, 목적 달성에 미치는 영향의 강도를 의미한다. 이슈가 해결되지 않을 때 조직에 주는 충격이 강할수록 전략적 이슈가 될 가능성이 크다. 전략적 이슈는 재정적으로 조직 예산에 10% 이상 영향을 주는 과제이다.
- 해결 가능성: 전략적 이슈는 해결 가능해야 한다. 전략적 이슈가 아무리 중요하더라도 해결할 수 없다면 그것은 전략적 이슈가 되지 못한다. 이와 관련하여 실행가능성으로 인적, 재정적, 기술적, 법적인 요인들을 검토하여야 한다.
- 긴급성: 전략적 이슈는 시간상으로 긴급성을 가진다. 제시된 이슈가 긴급하게 해결할 필요성이 있을수록 전략적 이슈로 채택될 가능성은 커지게 된다. 그러나 긴급성만 있고 중요하지 않으면 그것은 전략적 이슈가 되지 않는다.
- 이해관계자 관심: 전략적 이슈는 환경과의 관계에서 형성된다. 공공조직의 전략적 이슈는 많은 경우 환경, 특히 이해관계자나 고객에 의해 강요되는 성향이 있다. 전략적 이슈는 소수의 고객이나 이해관계자 집단과 관련된 이슈보다는 다수가 영향을 받는 것이어야 한다.
- 장기적 관심: 전략적 이슈는 미래의 시각에서 선정되고 설명되어야 한다. 전략적 이슈는 상대적으로 1년 이상 장기적으로 관심을 가지고 해결해야 할 과제이다. 단기적으로 해결해야 할 과제는 대부분 운영상의 문제이다.

선정된 전략적 이슈는 논리적 · 시간적 · 정치적 변수를 고려하여 우선순위를 결정해야 한다. 이슈의 우선순위를 결정할 때, 특히 정치적 실현 가능성, 성과에 미치는 잠재적 영향력, 합법성, 해결하지 않았을 때 발생하는 문제, 예산의 가용성 및 추가 자원의 동원 가능성, 위험발생의 가능성 등을 분석하여야 한다(INTOSAI Development Initiative, 2020).

보다 구체적으로 전략적 이슈의 우선순위 결정에 사용될 수 있는 기준으로는 다음을 들 수 있다(Government of Newfoundland, 2004).

- **기준선**(baseline): 기준선이나 조직이 달성하고자 하는 바람직한 벤치마크, 산출물로부터 어느 정도 떨어져 있는가?
- **실현 가능성**(feasible): 조직은 이슈를 해결하기 위한 자원이 있는가?
- **초점**(focus): 이슈가 위임사항, 비전, 임무에 초점을 두고 있는가?
- **반응**(reaction): 조직이 이슈를 해결하지 않으면 조직의 핵심 결정자들이 부정적인 영향을 받게 될 것인가?
- **적절성**(relevant): 이슈가 조직의 위임사항 및 임무와 관련이 있는가?
- **신뢰성**(reliable): 이슈가 신뢰할 수 있는 데이터와 주관적인 의견이 아닌 분석으로 제시된 것인가?
- **구체성**(specific): 이슈가 어떻게 해결할 것인지에 대한 방향을 제시해줄 수 있을 정도로 구체적인가?
- **부가가치**(value added): 이슈의 해결이 조직 성과의 가치를 높일 수 있는가?
- **균형성과 형평성**(equity and equality): 이슈는 균형성과 형평성의 원리를 충족하고 있는가?
- **통제**(control): 주요 의사결정자들의 개입이 성과를 높일 수 있는가?

3) 전략적 이슈의 정치적 선택

공공조직의 전략적 기획은 정치적 과정이다. 이에 전략적 기획에서 해결하고자 하는 정책이나 프로그램의 선정은 정치적으로 결정될 필요가 있다. 이는 많은 정책문제가 다양한 이해관계자가 관련되고, 공공문제의 해결 과정에서 이익을 보는 사람과 피해를 보는 사람이 존재하기 때문이다. 다양한 이해관계자들이 추구하는 서로 다른 가치는 정책문제의 선택인 전략적 이슈 선택 과정에서 갈등을 가져오고 갈등 해결을 위해 타협과 조정이 요구된다(Child et al., 2016).

정책이나 사업 및 기능전략의 이슈를 설정할 때는 대통령과 지방자치단체장과 같은 선거직의 공약사항을 고려할 필요가 있다. 대통령과 자치단체장의 공약사항은 소위 인수위원회를 중심으로 취임 초기에 발표하게 된다. 이들은 임기 동안에 해결하고자 하는 중요한 전략적 이슈를 구성하게 된다. 특히, 대통령 공약사항으로 구성된 국정과제는 모든 중앙행정부처에서 가장 중요한 전략적 이슈이다. 오늘날 전략적 기획에서는 공급자인 정부보다는 수요자인 국민이나 이해관계자 중심의 이슈 선정을 요구한다. 이를 위해 참여적 전략적 기획을 강조하고 있다. 수혜자인 국민이나 주민이 문제라고 생각하는 것을 해결해야 성과 중심의 전략적 기획이 될 수 있다.

미국 연방정부의 경우에는 대통령의 정책방향을 연방정부의 기본 운영방향으로 하여 모든 연방기관이 이와 연계하여 전략계획을 수립할 것을 GPRAMA 법으로 명시하고 있다. 이를 반영하기 위해 모든 연방기관은 대통령이 취임한 다음 해 2월까지 대통령의 정책방향을 반영한 부처의 전략계획을 수립하도록 하고 있다.

4 전략적 이슈의 확인 과정

전략적 이슈의 확인에 참고할 수 있는 과정을 살펴보면 다음과 같다(Bryson, 2018; DOE, 1996; Abedin et al., 2015).

① 자료의 수집과 검토

전략기획팀이나 이슈 확인자는 전략적 이슈를 확인하기 위해 조직의 주요 성과지표를 검토하고, SWOT 분석 결과를 재검토할 필요가 있다. 특히, 욕구분석과 같은 프로그램 대상집단에 대한 수요조사를 조심스럽게 검토하여야 한다. 사전에 분석적 방법으로 검토한 이슈가 있는 경우 이들 자료도 검토할 수 있도록 제시한다.

② 이슈 목록 작성

전략기획팀원이나 이해관계자로부터 조직이나 사업이 해결해야 할 모든 문제에 대한 목록을 받아서 정리하고 종합한다. 이들 과정은 브레인스토밍과 같은 집단 합의 과정에 의할 필요가 있다.

③ 이슈의 분류

이슈를 먼저 전략적인 이슈인지 운영상의 이슈인지를 브레인스토밍을 통하여 분류한다. 전략적 이슈로 분류된 것은 다시 시간, 유형, 대상 등의 기준에 의해서 분류를 한다. 운영상의 문제나 시급하게 처리해야 할 문제는 분석에서 제외한다.

④ 이슈 판단기준의 설정

전략기획팀은 이슈 선정기준을 합의를 통하여 도출하고, 이 기준에 따라서 전략적 이슈의 수를 10개 이내로 축소한다. 이 과정에서 조직 내외 이해관계자의 의견을 수렴할 필요가 있다.

⑤ 이슈 우선순위 심층 분석

선정된 이슈에 대하여 다양한 분석방법을 활용하여 우선순위를 설정한다. 그리고 전략적 이슈에 대한 선정 이유와 간단한 설명문을 작성한다. 이 심층 분석 단계는 앞에서 제시한 다양한 이슈 확인 접근방법을 혼합하여 분석할 필요가 있다.

⑥ 전략기획위원회 심의 및 최고관리자 승인

전략기획팀에서 결정한 전략적 이슈에 대하여 전략기획위원회의 심의를 거쳐 최고관리자의 승인을 얻도록 한다.

⑦ 전략적 이슈 선언문 작성

선정된 전략적 이슈에 대해 간단한 설명이 포함된 전략적 이슈 선언문을 작성한다. 전략적 이슈 선언에는 이슈별로 다음이 포함되어야 한다.

- 무엇이 이슈인가?
- 그것이 왜 이슈인가?
- 이슈가 해결되지 않으면 어떤 결과를 가져올 것인가?
- 이슈를 해결하기 위한 목표는 무엇이 되어야 하는가?

5 전략적 이슈 확인 과정에서 고려할 것

전략적 이슈를 확인하는 방법은 상황이나 주제에 따라서 정책 대상집단으로부터 직접 확인하는 방법, 조직의 비전이나 전략목적에서 유추하는 방법, SWOT 분석 등에 의한 정합적 접근방법, 시스템 다이나믹스 등을 활용하는 방법 등 다양한 방법이 제시되고 있다(Barry, 1986; Nutt & Backoff, 1992; Bryson, 2018).

이러한 전략적 이슈를 결정함에 있어서 다음과 같은 것을 고려할 필요가 있다(Hunt et al., 1999; Bryson, 2018)

- 문제에 대한 해결책보다 이슈 자체에 관심을 두어야 한다. 이슈를 확인하는 것은 문제를 정의하는 과정이다. 문제에 대한 정확한 정의와 진단 없이 해결책을 논의하게 되면 올바른 전략의 선택을 어렵게 한다.
- 고객 욕구의 충족에 관심을 두어야 한다. 전략적 이슈는 고객만족과 욕구를 충족

하는 데 관심을 두어야 한다. 전략적 이슈를 편협한 시각에서 조직 내의 문제만을 볼 때 장기적인 조직의 성장과 발전을 기대하기 어렵다.

- 전략적 이슈의 확인은 갈등 해결 과정으로 보아야 한다. 전략적 이슈를 선정하는 과정은 무엇을, 왜, 어떻게, 언제, 어디에서, 누가 하고, 누가 이익을 받고, 누가 불이익을 받게 되는가와 관련하여 갈등을 수반하게 된다.
- 개개의 이슈가 중요한 것인지 위급한 것인지를 검토해야 한다. 종종 위급한 이슈를 매우 중요한 것처럼 생각한다. 예로, 자동차 타이어가 구멍이 나서 교체하는 것은 위급한 일이지만 이것이 전략적 이슈가 되지는 않는다. 위급한 것보다 중요한 이슈에 관심을 둬야 한다.
- 미래 이익과 현재 이익 간 균형이 필요하다. 좀 더 창의적이고 미래 지향적인 목적을 추구한다는 이유로 현재의 중요한 이슈를 무시해서는 안 된다.
- 이슈는 조직 전체의 시각에서 선택되어야 한다. 이슈를 너무 협의로 확인하면 계획의 정당성을 상실하게 되고, 너무 광의로 확인하게 되면 막다른 길로 간다.
- 이슈의 확인은 분석을 바탕으로 하지만 직감도 중시해야 한다. 조직의 전략적 이슈는 어느 날 갑자기 하늘에서 떨어지지 않는다. 항상 환경과의 관계에서 나타나게 된다. 이슈의 확인은 상황에 대한 분석 이외에 직감과 직관에 의한 판단도 필요하다(Isenberg, 1984; Mintzberg et al., 2009).
- 이슈는 명확하게 정의되고 표현되어야 한다. 이슈는 조직의 외부에서 이해할 수 있도록 명확히 표현되어야 한다. 이슈에 대한 불명확한 정의와 표현은 전략 선택이나 우선순위를 결정할 때 갈등을 가져오게 한다.
- 전략적 이슈는 좀 더 미래 지향적이고 적극적으로 확인해야 한다. 보수적이고 현실 지향적인 사람들은 이슈를 인식하는 데 자원 부족 등을 이유로 소극적으로 대응하곤 한다. 이슈를 확인하는 사람들은 긴박한 이슈를 극복할 수 있다는 낙관적인 생각을 해야 한다.

제6절 전략목적 설정

1 전략목적과 전략목표

조직의 임무나 비전을 달성하기 위해서 해결해야 할 일인 전략적 이슈가 설정되고 나면 문제를 해결하기 위해서 실행을 통하여 달성하고자 하는 바람직한 결과를 설정하여야 한다. 그러나 우리의 경우 임무(mission), 목적(goal), 목표(objectives), 성과목표(performance objective)란 용어를 명확하게 구별하지 않고 혼용하는 경우가 많다. 예로, 우리의 성과관리전략체계에서는 임무를 목적으로 이해하고 있다. 그러나 인식론적으로 전략적 기획과정의 논리를 명확하게 하려면 이들을 명확하게 구별할 필요가 있다. 이 중에서 표현형식의 차원에서 목적과 목표는 〈표 4-8〉과 같은 차이를 가지고 구분된다. 목적과 목표는 달성하고자 의도하는 것(target)이라는 면에서 같지만, 목적은 어떤 노력을 통하여 달성하고자 하는 업적(achievement)이나 성취(accomplishment)로 정의되고, 목표는 목적 내의 특정한 타깃(target)으로 주로 어떤 과업을 달성하기 위한 시간과 관련을 가진다(Council of Europe, 2022). 그러나 실제 전략계획을 수립하는 경우에

〈표 4-8〉 목적과 목표의 구분

특성	목적(goal)	목표(objective)
구체성의 정도	광범위하고 추상적 (…… 건강 수준을 향상시키기 위해 ……)	구체적 (…… 의사의 숫자를 10% 증가하기 위해 ……)
용어 정의	공식적 (…… 국민 보건 수준은 의료 혜택을 받는 수준과 관련이 있으며 ……)	조작적 (…… 국민 보건 수준은 진찰 의사의 수와 관련이 있으며 ……)
시간	불특정 (…… 앞으로)	특정 (…… 2000~2005년 사이에 ……)
측정 절차	질적 (…… 적절한 의사의 수를 ……)	대체로 계량적 (인구 1,000명당 의사의 수 ……)
대상집단의 정의	포괄적으로 정의 (…… 의료 보호가 필요한 사람을 ……)	구체적으로 정의 (…… 소득이 50만 원 이하인 가구 ……)

출처: Dunn(1981).

는 이를 명확하게 하는 것은 어렵다.

이들의 표현형식을 보면 전략목적은 달성하고자 하는 것을 중심으로 표현되고, 전략목표는 전략목적과 이를 달성하기 위한 수단이 결합하여 표현된다. 이에 목적은 '우리가 달성하고자 하는 것이 무엇인가?'라는 하위 질문을 할 수 있도록 표현될 필요가 있다. 목적에 관한 조작적 정의가 이루어지는 경우가 드물지만, 목표는 효과성 측정의 수단으로 활용하기 위해 조작적으로 정의되는 경우가 많다. 목적은 양화(量化)하기가 어렵지만, 목표는 상대적으로 양화가 가능한 경우가 많다. 목적 선언은 시간적 범위를 제시하는 경우가 드물지만, 전략목표나 성과목표는 시간적 제한을 한다. 목적은 대상집단을 넓게 규정하지만, 목표에서는 좀 더 구체적으로 규정한다. 성과목표는 전략목표를 더욱 구체화하고 계량화하며 주로 1년 이내에 달성할 목표로 표현된다. 전략목표는 주로 주요한 문제를 해결하는 방법, 장애물을 제거하는 방법, 잠재력을 활성화하는 방법, 환경이 주는 기회를 이용하는 방법, 여러 부문을 통합하는 방법 등과 관련된다.

전략목적은 활동이 지향하는 결과나 업적에 대한 진술을 말한다. 목적은 장기나 단기, 구체적이거나 광범위하게 표현될 수 있다. 전략목적은 국가적 문제, 요구, 도전 및 기회를 다루기 위한 기관의 노력을 보여준다. 전략목적은 장기계획 기간에 기관의 임무에 영향을 주는 요인을 예상하여 해결해야 할 과제를 의미한다(OMB, 2022).

전략목적은 기관의 법적 임무를 반영하기 때문에, 대부분의 기관 임무는 전략목적과 일치하는 경우가 많다. 그러나 전략목적에 기관이 임무를 수행하기 위해 수행해야 하는 모든 활동을 반영할 필요는 없다. 전략목적은 전략목표만큼 구체적일 필요가 없으며, 형식적으로 전략목적은 길거나 지나치게 복잡하지 않은 단순한 진술형식으로 표현된다. 전략목적은 조직 수준, 프로그램 수준, 프로젝트 수준에서 각각 설정될 수 있다. 조직 수준의 목적은 기관의 방향을 설정하고, 프로그램과 활동에 통일된 주제를 제공한다. 반면에 프로그램이나 프로젝트의 목적은 전략 방향과 활동의 우선순위를 제시한다.

2 사례

1) 기관전략

중앙부처의 전략계획인 성과관리 전략계획에서 제시하는 전략목표가 이 책에서는 전략목적으로 논의하게 될 것이다. 국무조정실이 2022년에 발간한 『중앙행정기관 성과관리 전략계획 수립 및 성과관리 시행계획 수정 결과』에는 46개 중앙부처가 총 198개의 전략목표를 제시하고 있으며, 이는 기관당 평균 4.3개 수준이다(국무조정실, 2022). 보건복지부 성과관리 전략계획(2020~2024) 목표체계에서는 사례와 같이 3개의 전략목표를 제시하고 있다.

사례 **보건복지부 성과관리 전략계획(2020~2024)**

■ 임무: 빈곤·질병·노령 등 사회적 위험으로부터 국민을 보호하고, 일자리와 균등한 사회참여 기회를 제공하며, 평생복지를 위한 생애주기별 맞춤형 보건·복지 정책으로 국민의 삶의 질을 향상시킨다.

■ 비전: 국민 누구나 건강하고 행복이 넘치는 포용적 복지국가 건설

■ 전략목표

- 전략목표 1: 포용적 복지 내실화 및 일자리 창출을 통한 평생 사회안전망 구축
- 전략목표 2: 보건의료체계 개혁으로 국민의 건강하고 안전한 삶 보장
- 전략목표 3: 저출산 극복과 활력있는 노후생활 보장

출처: 보건복지부(2002). 『성과관리 전략계획(2020~2024)』

〈표 4-9〉는 미국 상무부의 2022~2026 전략계획에서 제시하고 있는 전략목적과 전략목표의 예이다.

〈표 4-9〉 미국 상무부 2022~2026 전략계획 목표체계도

전략목적 (Strategic Goal)	전략목표 (Strategic Objectives)
목적 1: 미국의 혁신과 세계 경쟁력 추구	1.1-미국 제조업 활성화 및 국내 공급망 강화
	1.2-핵심 및 신흥 기술의 개발, 상용화, 배포 가속화
	1.3-국제 협력 및 상업 증진
	1.4-국가 안보 이해와 무역 규칙 강화
	1.5-혁신, 창조성, 기업가 정신 촉진을 위한 접근 가능하고 강력하며 효과적인 지적 재산권 보호
	1.6-국가 사이버 보안 향상 및 연방정부 네트워크 보호
	1.7-글로벌 상업 우주 산업에서 미국의 선도적 지위 강화
목적 2: 포용적 자본주의와 공평한 경제성장 촉진	2.1-공정하고 견고하며 장소 중심적인 경제 개발과 일자리 확대
	2.2-지속가능한 고용주 중심의 경력 발전 구축으로 기업의 인재 수요 충족 및 미국인들의 우수한 일자리 연결
	2.3-기업가 정신과 중소기업의 성장 촉진
	2.4-모든 미국인에게 저렴하고 고품질의 브로드밴드 확대
목적 3: 완화, 적응 및 회복력을 통한 기후 위기 해결	3.1-개선된 서비스 제공과 향상된 날씨, 수자원 및 기후 예측을 통해 의사결정자들에게 기후 데이터와 서비스의 영향력 증대
	3.2-연안 복원력 강화 및 현재 및 미래 세대를 위한 토지와 물의 보전 및 복원 촉진
	3.3-정화 기술의 개발과 배포 확대
	3.4-부처 프로그램 활동에서 기후문제 포함
목적 4: 데이터를 통한 기회와 발견 확대	4.1-프로그램과 정책의 영향을 증대하기 위해 상무부 내에서 증거에 기반한 의사결정을 시행
	4.2-기업, 정책결정자 및 지역사회의 요구를 더 잘 충족하기 위해 경제와 인구 통계 자료를 현대화
	4.3-상무부의 데이터 이용 가능성을 개선하고 윤리적이고 책임감 있는 데이터 활용을 촉진
목적 5: 21세기 역량으로 21세기 서비스 제공	5.1-상무부의 새로운 권한과 투자를 효과적으로 시행
	5.2-인력과 다양성, 형평성 및 포용의 관행을 최적화함
	5.3-예외적인 고객 경험을 균형되게 처리
	5.4-부의 시설과 운영을 더욱 안정되고 효율적이게 함
	5.5-임무 지원 과정과 인프라를 현대화

출처: U.S. Department of Commerce(2022). U.S. Department of Commerce Strategic Plan(2022-2026).

2) 사업전략

제5차 국토종합계획(2020~2040)은 다음의 [그림 4-9]와 같이 3개의 목표를 제시하고 있다.

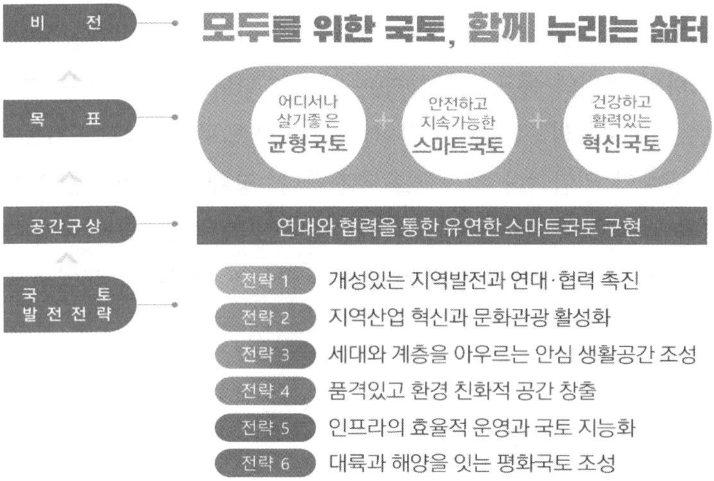

출처: 대한민국정부(2020). 『제5차 국토종합계획(2020~2040)』.

[그림 4-9] 제5차 국토종합계획(2020~2040) 목표체계도

3 전략목적의 기능

전략목적은 방향설정이 가지는 기능을 보다 구체적으로 표현한 것으로 임무나 비전과 유사한 기능을 가진다(Schein, 1992; Terry, 1993; David & David, 2017).

- 목적은 행위의 방향과 중요성을 알려준다. 목적은 조직과 구성원들이 조직의 위임사항과 임무를 달성하는 데 필요한 방향의식을 제공해준다. 목적은 서로 다른 가치관과 태도를 보이는 의사결정자들에게 일관성 있는 의사결정을 하게 하는 기준이 된다.
- 목적은 조직에서 다양한 갈등의 해결 수단을 제공한다. 합의로 설정된 목적은 의사결정 과정에서 발생하는 다양한 갈등을 효과적으로 통제할 수 있게 한다.
- 목적은 조직관리에 강력한 통제 수단을 제공한다. 목적이 사회적 · 조직적으로 정

당화되고 효용성을 가진다면 조직구성원의 조직적 파괴행위를 억제할 수 있게 한다. 즉, 목적에 대한 합의는 부처 할거주의나 집단이기주의를 극복하고 조직의 임무를 완수하는 데 기초가 되는 조직 에너지를 동원할 수 있게 한다.

- 목적은 조직의 공동체 의식을 형성하는 기능을 한다. 성과 지향의 조직은 구성원 간에 높은 공동체 의식과 조직에 대한 헌신을 특징으로 한다. 조직의 목적은 종종 바람직한 조직문화를 형성하기 위한 수단이 될 수도 있다.
- 목적은 하위 단위의 목표를 통합하는 역할을 한다. 목적은 기능 부서 및 하위 부서 또는 개별사업의 목표를 조직 전체의 차원으로 통합하는 기능을 한다.
- 목적은 권한의 위임이나 분권화를 촉진한다. 명확한 목적이 없으면 조직의 최고 관리자나 관리자의 권한이 불명확하게 되어 조직의 권한위임이나 분권화를 어렵게 한다. 목적이 명확하지 않은 상황에서 권한을 위임하면 책임성 확보를 어렵게 한다.

4 전략목적의 설정방법

1) 목적 설정 접근방법

전략목적의 설정과정에서는 먼저 고객과 이해관계자의 욕구 분석 등의 외적 환경과 내적 능력의 평가를 검토하고 바람직한 상태와 현재 상태의 격차를 분석하여 달성해야 할 수준을 결정하고, 기관 목적들의 우선순위를 설정하여야 한다. 전략적 기획에서 전략 목적을 확인하는 방법은 크게 분석적 방법, 가치 지향적 방법 및 창의적인 방법으로 구분해 볼 수 있을 것이다. 어떠한 접근방법을 선택하느냐에 따라서 목적 확인 방법에 차이를 가져오게 된다. 그러나 실제로는 이들 세 가지 접근방법이 혼합되어 사용된다.

① 분석적 접근방법

분석적 접근방법은 기관단위의 조직전략에서 주로 사용되는 접근방법이다. 분석적 접근방법은 귀납적인 접근방법으로 전략적 이슈와 관련된 문제를 현재 상황과 바람직한 미래의 상황을 분석하여 결정하는 접근방법이다. 분석적 접근방법은 미래에 대한 예측 및 조직상황을 고려하여 목적을 설정하게 된다. 분석적 방법에서는 '문제의 확인과 정의 → 자료 수집 → 자료 분석 → 목적 선택'의 과정을 거치게 된다. 분석적 접근방법에서 전략목적을 확인하는 데 사용될 수 있는 정보로는 외부 환경분석 및 내부 능력평가 자료, 최고관리자의 선거공약이나 지침, 법규의 위임사항, 의회의원의 공약, 상부의 지침이나 정책방향 등이 있을 수 있다.

② 창의적 접근방법

이 방법은 조직전략보다는 사업이나 기능전략에 주로 사용되는 방법으로 전략적 이슈와 관련이 있는 이해관계자와의 면담 또는 델파이 기법, 브레인스토밍 기법 등을 활용하여 목적을 확인하는 방법이다. 창의적인 접근방법은 결정자의 주관적 판단을 중시하는 접근방법이다. 창의적 접근방법은 참여적 접근방법에서 효과가 있다. 이 방법은 전략적 이슈와 관련하여 다양한 이해관계자가 있고, 이들이 선호하는 목적이 다를 때 합의를 구하기 위해 활용되는 접근방법이다. 이에는 전략적 기획자들의 통찰력이 크게 작용할 수 있다. 이를 위해 스캐닝, 트렌드 분석, 시나리오 계획 등을 활용할 수 있다. 이들 접근방법은 다른 방법보다 더 장기적인 전략목적을 선택할 때 바람직하다(OMB, 2022).

③ 가치 지향적 접근방법

가치 지향적 접근방법은 연역적인 접근방법이다. 목적은 조직 가치의 표현이다. 즉, 가치와 목적은 밀접한 관계가 있기 때문에, 가치에서 목적을 연역하여 확인할 수 있게 된다. 가치 지향적인 접근방법에는 벤치마킹, 사회지표나 WHO의 권장 영양 상태와 같은 규범적인 기준에서 전략목적을 추론하는 방법이다. 가치 지향적 접근방법은 논리적인 연계성을 바탕으로 추론하게 된다. 추론의 기준이 되는 가치는 다양한 형태로 표현될 수 있지만 대부분 추상적으로 표현되기 때문에, 이에 대한 해석에서 다양한 갈등이 표출되기도 한다.

2) 목적 표현의 형식

전략목적은 많은 경우 개조식으로 기술되나 서술형 기술도 많이 사용되고 있다. 전략목적은 길거나 지나치게 복잡하지 않은 단순한 진술이어야 한다. 전략목적은 미래의 방향이나 비전을 표현하는 언어를 사용하고, 강화, 지원, 유지, 개선, 감소 등과 같은 능동 또는 방향 동사를 포함한다(OMB, 2022). 전략목적은 간략하게 표현하고 이에 대하여 서술적으로 설명을 추가하는 방법을 이용하기도 한다. 그러나 설명도 너무 길면 바람직하지 않다.

코틴(Koteen, 1989)은 전략목적에 사용되는 주요 단어를 다음과 같은 네 가지 범주로 제시하고 있다.

- 확장(expansion): 확대하다(expand), 증가하다(increase), 넓히다(broaden)
- 개선(improvement): 개선하다(improve), 조사하다(examine), 제거하다(eliminate), 달성하다(achieve), 줄이다(decrease), 강화하다(strengthen), 증가하다(increase), 이해하다(understanding), 개발하다(develop), 수행하다(implement)
- 혁신(innovation): 시작하다(initiate), 설립하다(establish), 실험하다(experiment), 탐구하다(explore)
- 적응/현대화: 적응하다(adapt), 새롭게 하다(update), 현대화하다(modernize), 시험하다(examine)

이를 기준으로 우리 지방자치단체의 전략목적을 보면 개선(개발하다, 건설하다, 실현하다, 구현하다, 구축하다, 발전시키다)이 가장 많이 사용되고 있고, 다음이 확장(향상하다, 활성화하다, 육성하다, 진흥하다, 생산하다), 혁신(혁신하다, 창달하다, 조성하다)의 순으로 사용하고 있다. 반면에 적응/현대화와 관련된 단어는 거의 사용되지 않고 있다(박홍윤, 2008).

3) 우리의 성과관리 전략계획에서 작성방법

우리의 『정부업무 성과관리 운영지침』에 의하면 전략목적에 해당하는 전략목표의 설정방법에 대하여 다음과 같이 제시하고 있다(국무조정실, 2023).

- 전략목표는 국정지표, 국정전략, 기관의 임무와 비전 등을 감안하여 해당 기관이 중점을 두고 지향하거나 추진해야 할 내용으로 제시
  - 전략목표는 기관의 임무와 논리적 연계성을 가져야 하며, 성과관리 전략계획에 이러한 연계성을 명확히 기술하여야 함
- 전략목표는 성과관리 전략계획의 계획기간(향후 5년) 동안 성과의 개선수준을 확인할 수 있을 정도로 명확해야 함
  - 전략목표는 일반적이거나 추상적 표현이 아닌 구체적인 내용으로 작성하며, 표현방식은 국민이 정책을 쉽게 이해할 수 있도록 표어 형태로 작성

[사례] “재난에 철저히 대비하여 국민의 피해를 최소화한다.”

[사례] “식·의약 위해 사전예방 및 열린 소통으로 국민의 안심까지 확보한다.”

[사례] “미래 지향적 ○○역량을 강화한다”(×), “선진 ○○체계를 구축한다.”(×)

- 전략목표 수립 시 국가 장기계획 또는 이와 관련이 있는 법령에 의한 중·장기 계획의 내용을 포함(기본법 제5조 제1항)
  - 개별 법령에 근거하여 해당 기관이 소관 분야별로 수립한 중·장기 계획의 주요 내용을 활용

  [사례] 「사회보장기본법」에 의한 ‘사회보장 기본계획’(5년 주기)
- 전략목표 수립 시 「국가재정법」 제7조에 의한 중·장기 재정운용 계획인 ‘국가재정 운용계획’의 관련 내용을 반영(기본법 제5조 제3항)
  - ‘국가재정 운용계획’ 내용 중 ‘재정운용 방향’과 ‘분야별 투자 방향’의 내용 등을 반영
- 전략목표는 기관 내의 실·국·본부 등 조직체계에 따라 설정할 필요는 없으며, 2개 이상의 부서에 의해 수행되더라도 공통된 목적을 가지는 정책은 동일한 전략목표로 통합
  - 기관의 핵심 업무가 전략목표에 포함될 수 있도록 조직 규모, 업무범위 등을 고려하여 전략목표 설정 권고: 유사업무 3~5개 국별 전략목표 설정 권장

4) 전략목적과 성과지표

전략목적을 설정할 때 성과지표를 제시하기도 한다. 전략목적에 대한 성과지표는 〈표 4-10〉과 같은 기관대표 지표가 주로 활용된다. 우리의 경우 2023년 중앙행정기관 총 46개 기관이 전략목표 197개를 제시하여 기관당 평균 4.3개를 제시하고 있다(국무조정실, 2023a). 우리의 성과관리체계에서는 성과지표로 5년 후 목표치 및 관리계획을 제시하도록 하고 있다. 이러한 전략목표의 설정기준으로 다음을 제시하고 있다(국무조정실, 2023b).

① 핵심 결과상태 반영

- 전략목표에 담긴 핵심 내용을 성과지표로 제시
- 전략목표가 추구하는 결과상태를 대표·반영하는 성과지표로 설정: 외생 요인이 작용하더라도 정책방향성을 대표할 수 있다면 성과지표로 설정

② 중장기 성과관리 지원

• 단년도 개선이 어렵더라도 중장기 성과 견인의 기준이 될 수 있는 지표 개발

③ 국민 체감도 제고

• 국민이 체감하고 이해하기 쉬운 성과지표 설정

• 정부 내부적인 활동이나 수행상태를 제시하는 성과지표는 지양

④ 신뢰성 확보

• 신뢰도・만족도 등 주관적 인식조사보다는 객관적인 통계치 사용

* 국제평가지수, e-나라지표, 국가승인통계 등 적극 활용

• 하위 지표를 나열하는 형태의 복합지표는 지양: 복합지표를 구성하는 지표 간 단위가 상이하고, 어떤 요인에 의해 성과가 변동되었는지 쉽게 알기 곤란

〈표 4-10〉 부처별 대표 지표(예)

부처명	대표 성과지표
기재부	1인당 GNI(원화기준), 관리재정수지(GDP 대비 비율)
교육부	주요 세계대학평가 결과 상위 대학 수, 초중고 사교육비 총액, 평생학습 참여율
과기부	ICT산업 생산(매출)액, 국내외 SCI 논문 질적수준, 세계적 수준 달성 전략기술 비율
외교부	한반도 평화와 안정을 위한 전략적 협력 건수, 국별 협력사업 성과달성도, 재외국민보호제도 만족도
통일부	북한정보포털 공개자료 등록 증가율, 북한이탈주민 고용률
법무부	사건의 구공판 처리율, 재범고위험군 출소자 재복역률, 이민자의 사회적응에 필요한 기본소양 충족도
국방부	군 장비가동률, 사이버 보안수준 강화 이행률, 병영생활 만족도
행안부	전자정부서비스 이용률, 자치단체 통합재정수지 건전성 유지, 재난지원금 신속 지원율

출처: 기획재정부(2023).

5 전략목적 설정에서 고려할 것

바람직한 전략목적은 다음과 같은 조건을 충족해야 한다(State of Maine, 2002; State of Arizona, 2011; Cote, 2020).

• 전략목적은 임무 달성과 관련하여 결과 및 성과 지향적이고 구체적이어야 한다. 목적이 구체적이어야 한다는 것은 목석이 운영상의 의사결정에 지침이 되어야

한다는 것이다. 그러나 구체성이 전략적 기획과정에서 요구하는 창조성과 혁신을 저해해서는 안 된다.

- 전략목적은 일관성이 있고, 전략 방향을 명확하게 제시해야 한다. 특히, 최고관리자의 방침과 일관성을 유지할 필요가 있다. 전략목적은 조직의 활동 방향을 제시해 주는 일반적인 결과(ends)가 되어야 한다.
- 전략목적은 조직의 우선순위를 보여 주어야 한다. 바람직하게 설정된 전략목적은 그의 우선순위가 제시되어야 한다.
- 전략목적은 조직의 환경 맥락 속에서 개발되어야 한다. 전략목적은 조직의 내적 능력평가와 외적 환경평가로부터 나온 결과를 바탕으로 설정되어야 한다.
- 전략목적은 장기적이고 어느 정도 영속성이 있어야 한다. 전략목적은 시간에 의해 제한을 받지 않도록 표현될 필요가 있다. 시간적인 범위는 최소한 3년 이상의 장기간을 대상으로 달성될 수 있어야 한다.
- 전략목적은 도전적이지만 실현 가능해야 한다. 그러나 과도한 목적으로 구성원의 의욕을 꺾어서는 안 된다.
- 전략목적의 수는 제한하여야 한다. 전략목적은 몇 개가 좋다는 법칙은 없다. 그러나 조직의 규모나 활동 내용에 따라서 그 수는 다양하지만, 목적이 너무 많다는 것은 바람직하지 않다. 목적은 기관별로 4~5개가 바람직하고, 목표는 목적당 2~3개가 바람직하다(State of Missouri, 2000). 우리의 경우 대부분 실·국별 1개를 제시하고 있다.
- 전략목적은 조직구성원이 결정하여야 한다. 종종 전략목적을 용역이나 외부의 연구 결과를 바탕으로 설정한다. 그러나 전략목적은 조직구성원과 조직 내외 이해관계자와 합의로 결정되어야 한다.
- 전략목적은 고객 지향적으로 표현되어야 한다. 공공기관의 기관전략에서 전략목적은 대중이 이해할 수 있는 언어를 사용하고, 기술 또는 고도의 전문 용어를 피하여야 한다.

제7절 전략목표 설정

1 전략목표의 의의

1) 전략목표의 개념

전략목표(strategic objective)란 전략목적을 달성하기 위한 구체적이고 측정 가능한 타깃(target)으로 전략집행계획이 완성되었을 때 달성하고자 하는 것을 의미한다. 전략목표는 전략목적의 하위목표로 전략목적을 실현하기 위해 계획 기간 내에 달성하고자 하는 내용을 의미한다. 전략목적이 조직이 나아가야 할 방향에 대한 광범위한 그림을 제공해주는 데 반해, 전략목표는 목적으로 향하는 길의 이정표이다. 전략목표는 좀 더 행위 지향적이고 결과 지향적이다. 전략목표는 바람직한 성과나 결과에 대해 구체적이고, 양적이며, 시간적 한계를 규정한다. 그리고 전략목표는 전략분석이나 의사결정을 위한 주요 단위가 되게 된다.

전략목표 선언은 달성하고자 하는 것에 대한 요약된 선언이며(증대하기 위해, 유지하기 위해, 축소하기 위해), 어느 정도를 달성할 것이며(양), 언제 이를 완성할 것인가(최종 기한), 그리고 조직의 어떠한 부서가 담당할 것인가(책임) 등을 규정한다.

2) 전략목표의 유형

(1) 목표의 내용에 의한 분류

기업의 경우 가장 대표적인 전략목표는 기업의 매출액, 이윤과 같은 재정적인 목표가 된다. 그러나 공공조직이 제시하는 전략목표는 그 내용에 따라서 다음과 같이 구분할 수 있다(OMB, 2022).

① 기관 임무 목표

기관이 임무나 전략목적을 달성하거나 달성 진행 정도를 향상하기 위한 과정을 보다 구체적으로 표현하는 목표이다. 예로, '코로나19 예방을 위해 백신 접종 비율을 90%까지 향상하겠다'와 같이 프로그램 대상집단과 직접 관련되는 목표이다.

② 공동 임무 목표

기관의 임무나 전략목적과 직접 연계되지 않거나 다른 기관과 공동으로 추진하는 목표 및 법에 따라 수행하여야 하는 목표이다. 우리의 경우 특정평가의 대상이 되는 일자리 창출이나 규제 완화와 같이 정부 차원에서 강조하는 사업들이 이에 해당한다.

③ 관리 목표

임무 및 서비스 목표를 효과적이고 효율적으로 수행할 수 있게 하는 목표로 인력관리, 정보기술, 조직문화 개선 등과 관련된 목표를 의미한다. 이들은 주로 기관 임무 목표를 지원하는 성격으로 내부 관리와 관련을 가지는 목표이다. 예로, 조직문화의 개선과 같은 것들이 해당한다.

(2) 대상에 의한 구분

조직의 목표는 그 대상과 관련하여 다음과 같이 구분할 수 있다(UN, 2018).

① 고객 목표

고객 목표는 비전을 달성하기 위해 고객의 시각에서 우리가 어떻게 일을 해야 하는가?와 관련된 목표이다. 고객 지향의 목표 개발을 위해서는 고객 분할에 의해서 범주별 고객이 원하는 것을 설정하여 목표를 개발한다.

② 서비스 목표

서비스 목표는 우리는 어떤 서비스에 우선순위를 두고 고객에게 최고의 가치를 제공하기 위해 무엇에 집중할 것인가?와 관련된 목표이다. 서비스 지향의 목표는 고객에게 제공될 서비스를 확인하고, 이들의 우선순위를 설정하여 목표를 설정한다.

③ 내부 과정 목표

고객 목표와 서비스를 제공하기 위해 조직을 어떻게 어떤 부분을 탁월하게 할 것인가?와 관련된 목표이다. 내부 과정 목표를 설정하기 위해 서비스 제공에서 가장 중요한 내부 과정이 무엇인지를 확인하여 이를 효율화하는 것을 목표로 설정한다.

④ 사람 및 지식 관련 목표

내부 과정을 진행하면서 직원관리 및 역량과 지식 자산을 어떠한 방법으로 극대화할 것인가?와 관련된 목표이다. 이들 목표는 과정을 추진하는 사람과 지식에 초점을 두고 채용, 개발, 유지, 능력, 문화, 지식 관리 등과 관련된 목표를 설정한다.

⑤ 재정자원 목표

재정자원 목표는 예산 확보와 예산 할당을 어떠한 방법으로 극대화할 것인가?와 관련된 목표이다. 이는 예산 확보와 예산 배분 두 가지 관점에서 목표를 다룰 필요가 있다.

3) 전략목표의 기능

전략목표가 전략적 기획과정에서 수행하는 기능을 보면 다음과 같은 것이 있다.

- 목표는 조직과 환경과의 관계를 규정한다. 목표 선언으로 조직의 구성원, 고객, 사회를 위해 조직이 무엇을 할 것인지에 대해 구체적으로 알려주게 된다.
- 목표는 조직의 위임사항, 임무, 비전, 목적을 추구하도록 한다.
- 목표는 전략적 의사결정의 기초를 제공한다. 목표는 관리자들이 조직의 성과를 측정하고 활동에 지침이 될 수 있는 의사결정 규칙이다(Ansoff, 1988).
- 목표는 효과적으로 자원을 배분할 수 있게 하는 기준을 제공한다.
- 목표는 성과평가의 기초를 제공한다. 잘 만들어진 목표는 명확하고 측정할 수 있도록 목표를 설정하고, 목표 달성의 책임을 명확하게 해 준다.
- 목표는 효과적인 관리 수단을 제공한다. 결과 지향과 성과 지향의 전략적 관리에서 목표는 책임성(accountability)을 명확하게 배분함으로써 조직 및 사업의 효과성을 높이는 유용한 관리의 수단이 될 수 있다.
- 목표는 조직구성원에게 동기부여와 활동의 지침을 제공하고, 내외부 커뮤니케이션을 촉진한다.

2 사례

1) 기관전략

우리의 중앙행정기관의 성과관리 전략계획에서 이 책에서 논의하는 전략목표에 해당하는 것은 성과목표로 이해할 수 있다. 2022년도 46개 중앙부처에서 198개의 전략목표를 달성하기 위한 성과목표는 총 595개로, 기관 평균 12.9개를 설정하고 있다(국무조정실, 2022). 다음은 중소벤처기업부 『성과관리 전략계획(2020~2024)』에서 제시하고 있는 전략목표의 예이다. 여기에 전략목표에 해당하는 성과목표가 4개가 제시되어 있고, 각각 1개의 성과지표가 제시되고 있다.

사례 **중소벤처기업부 성과관리 전략계획(2020~2024)**

■ 임무: 일자리 창출과 경제성장의 핵심인 중소기업 및 소상공인을 육성한다.

■ 비전: 중소벤처기업 및 소상공인 중심의 스마트 대한민국 구현

■ 전략목표 1. 혁신을 응원하는 창업국가 조성을 통해 일자리를 창출한다.

• 성과목표 1-1. 스타트업의 연계를 통해 기술창업을 활성화한다.
• 성과목표 1-2. 창업교육 및 창업인프라 지원 확산으로 창업저변을 확대한다.
• 성과목표 1-3. 지역 · 신기술기반의 지속가능한 창업생태계를 조성한다.
• 성과목표 1-4. 벤처기업 성장 촉진을 위해 벤처투자를 확대한다.

■ 성과지표

〈전략목표 성과지표〉

성과지표	실적					목표치	'24년 목표치 산출근거	측정산식 (또는 측정방법)	자료 수집방법 (또는 자료출처)
	'15	'16	'17	'18	'19	'24			
벤처기업 평균 매출액(억 원)	71.9	69.2	68.5	64.2	53.2	65.4	최근 10년 간 벤처기업 평균 매출액은 65.6억 원, 최근 4년 간('15~'19) 실적평균치 65.4를 적용	벤처기업 정밀실태 조사 결과	벤처기업협회 정밀실태조사 결과 활용

〈하위 성과목표 성과지표〉

성과목표 성과지표	실적		목표치(보완)		
	'18	'19	'20	'21	'22
Ⅰ-1. 기술기반 법인창업기업수(개)	41,371	44,242	45,472	46,736	48,035
Ⅰ-2. 온라인 창업교육 수료생 수(명)	–	신규	396,000	420,000	440,000
Ⅰ-3. 신산업 · 지역기반 스타트업 육성(개)	–	신규	1,190	1,226	1,262
Ⅰ-4. 신규벤처투자액(조 원)	3.4	4.3	4.3	–	–

■ 성과목표 1-1. 스타트업의 연계를 통해 기술창업을 활성화한다.

(1) 주요 내용

■ 대학 · 연구기관 등 우수 기술과 스타트업의 연계 촉진

• 대학 및 연구기관 등의 고급기술을 직접적으로 사업화할 수 있는 지원 모델 발굴

- 교육부, 과기부와 협업, 실험실 특화형 창업선도대학을 지정하고, 인프라, R&D, 사업화의 全주기 지원

■ 민관공동 및 신산업 분야 기술창업자 발굴・육성

- 유망 예비-초기-도약기 창업기업의 원활한 시장진입과 글로벌 경쟁력 제고를 위한 창업 사업화를 지원하여 창업성공률 제고
- 우수한 창업 아이템 및 기술을 보유한 예비창업자 및 외국인 기술창업자를 발굴하여 국내 유치 및 정착, 창업활동 지원
- 예비창업자 또는 창업 초기기업에 사업공간을 제공하고 안정적 경영활동 및 지속성장을 위한 창업인프라 확충

출처: 중소벤처기업부. 『성과관리 전략계획(2020~2024)』

미국 OMB는 연방정부의 임무 중심 전략목표의 예로 다음과 같이 제시하고 있다(OMB, 2022).

- 새로운 시장을 창출하고 경쟁력 있는 농업 시스템을 지원함으로써 농업의 기회를 확대하고 경제성장을 지원한다.
- 국가의 무역법과 보안법을 강화한다.
- 학생 지원 수명주기 전체에 걸쳐 고객서비스 품질을 개선한다.
- 무주거 상태의 평균 기간을 감소시킨다.
- 직장에서 부상당하거나 질병에 걸린 노동자에게 근로자 보상 혜택을 제공한다.
- 질병 확산 방지와 인도주의적 구호 제공을 통해 미국 가치와 리더십을 보여준다.
- 시민과 기업이 경제에 참여할 수 있도록 신뢰할 수 있는 통화와 서비스를 제공한다.
- 감염성 질병과 만성질환의 예방, 치료, 통제를 추진한다.
- 달을 비롯한 깊은 우주에서 인간 탐사를 진행한다.
- FEHB 프로그램에서 의료 서비스 품질을 개선하고 저렴하게 유지하여 등록자의 75%가 우수하고 경제적인 보험에 가입하도록 지원한다.

2) 사업전략

『제3차 해양수산발전 기본계획(2021~2030)』은 2030 해양한국 비전으로 '전환의 시대, 생명의 바다 풍요로운 미래'를 달성하기 위해 〈표 4-11〉과 같이 3대 목표-6대 추진

전략-18대 정책목표를 제시하고, 구체적으로 50대 정책과제와 146개 세부과제를 제시하고 있다. 이에서 6대 추진전략은 전략목적으로 이해할 수 있고, 정책목표는 전략목표로 이해하여 살펴볼 수 있을 것이다.

〈표 4-11〉 6대 추진전략 및 18대 정책목표, 50대 정책과제

추진전략	정책목표
1. 해양수산의 안전 강화	1) 안심하고 일하며 누리는 해양
	2) 믿고 먹는 신선한 수산물
	3) 재난 · 재해 걱정 없는 안전한 해안
2. 머물고 싶은 어촌 · 연안 조성	1) 함께 잘사는 어촌
	2) 편리하고 매력 넘치는 섬
	3) 지역과 어우러지는 연안 · 항만 조성
3. 해양수산업의 디지털 전환	1) 해운 · 항만산업의 스마트화
	2) 수산업의 미래산업화
	3) 해양수산업의 데이터 경제활성화
4. 해양수산업의 질적 도약	1) 해양수산 新산업시장 창출
	2) 기존산업의 혁신 성장 촉진
	3) 선순환구조의 산업생태계 조성
5. 환경 친화적 · 합리적 해양 이용	1) 탈탄소 · 친환경의 쾌적한 항만 실현
	2) 해양공간 활용 · 관리의 최적화
	3) 해양생태계의 다양성 보존
6. 국제협력을 선도하는 해양강국	1) "K-해양수산"으로 국제사회 상생 견인
	2) 굳건한 해양안보로 해양영토 수호
	3) 해양협력으로 동북아 번영에 기여

출처: 대한민국정부(2021). 『제3차 해양수산발전 기본계획(2021~2030)』.

3 바람직한 전략목표

1) 전략목표의 SMART 기준

일반적으로 목표가 명확하고 구체적일수록 달성 가능성이 높아진다(Latham, Borgogni & Petita, 2008) 이를 전제로 목표는 SMART하게 설정할 것을 요구하고 있다. SMART는 Specific, Measurable, Aggressive & Attainable, Result-Oriented, Time-Bound

의 머리글자로 표현한 것이다. 그러나 공공부문에서 전략목표를 이 기준에 의해 설정한다는 것이 매우 어려워서 성과와 결과 지향의 관리에서 큰 도전이 되고 있다(AGC, 2007). 이 기준은 전략목표보다는 성과목표 및 하위목표에 좀 더 엄격하게 적용되어야 할 기준이라고 할 수 있다.

① 전략목표는 구체적(Specific)이어야 한다

목표는 달성하고자 하는 것의 성취도를 보여주는 것이지 달성방법을 보여주는 것이 아니다. 목표는 추상적으로 표현되기보다는 조직구성원이나 이해관계자들이 이해하기 쉽고 명확하게 표현되어야 한다. 그리고 목표는 구체적인 전략이나 행동과 연결될 수 있고, 프로그램 계획에 지침이 될 수 있도록 설정되어야 한다.

② 전략목표는 측정 가능(Measurable)해야 한다

목표는 어느 정도 달성되었고 언제 달성되었는가를 측정할 수 있어야 한다. 목표는 양적으로 표현되거나 달성 정도를 모니터링할 수 있도록 표현되어야 한다. 그러나 공공조직의 목표는 추상적인 경우가 많아서 측정하는 것은 항상 논쟁의 대상이 된다. 이와 관련하여 사회과학의 규칙은 '셀 수 있다면 세고, 셀 수 없다면 묘사하고, 셀 수 없거나 묘사할 수 없다면 잊어버려라!'고 한다.

③ 전략목표는 도전적(Aggressive)이며, 실현 가능(Attainable)해야 한다

전략목표는 도전적이면서도 실현 가능해야 하고, 현재보다 더 나은 것을 추구해야 하며, 구성원을 자극하고 동기부여할 수 있어야 한다. 전략목표 조직의 능력을 최대로 발휘하였을 때 달성할 정도로 도전적이어야 한다. 전략목표는 지속성(continuity)과 유연성(flexibility)의 적절한 균형이 요구되며 환경분석과 평가를 바탕으로 설정되어야 한다(ICN, 2010). 목표 설정에서 보수적인 사람은 할 수 있는 것보다는 낮게 설정하고, 모험을 추구하는 사람은 과도한 목표를 설정하려는 경향이 있다. 이를 고려하여야 한다.

④ 전략목표는 결과 지향적(Results-oriented)이어야 한다

목표는 활동이 아닌 활동의 결과로 표현되어야 한다. 결과 지향의 예로 '2010년 말까지 도시의 대기 오염도를 현재의 70~75% 수준까지 줄이겠다'와 같은 것이다. 반면에 '오염업소에 대한 규제를 위해 처벌을 확대하겠다'와 같은 목표는 결과가 아닌 활동과 관련된 것이다.

⑤ 전략목표는 시간적 한계(Time-bound)가 있어야 한다

목표는 임무와 비전을 달성하기 위한 진행 정도를 모니터하는 이정표이기 때문에, 구체적인 완성 시점이 제시되어야 한다. 전략목표는 최종 상태 이외에 진행과정을 모니터링할 수 있도록 중간목표도 제시될 필요가 있다.

2) 우리의 전략목표

우리의 중앙행정기관 전략계획에서 성과목표는 이 책에서 논의하는 전략목표에 해당하는 것으로 성과목표의 설정에 대하여 국무조정실의 『정부업무 성과관리 운영지침』에서는 다음을 고려하여 설정할 것을 요구하고 있다(국무조정실, 2023a).

- ❍ 성과목표는 전략목표를 구체화하는 하위목표로서 전략목표 실현을 위해 계획기간 내에 달성하고자 하는 내용으로 설정
  - 국정과제, 부처업무계획 등 범정부 핵심 과제에서 해당 기관이 중점을 두고 중・장기적으로 지향하거나 추진해야 할 내용을 성과목표로 포함
  - 전략목표별로 설정하는 성과목표의 수는 제한이 없으며, 전반적인 업무를 고려하여 설정
  - 다만, 특정 전략목표에 지나치게 많은 성과목표를 설정하여 균형을 상실하지 않도록 주의
- ❍ 성과목표를 달성하고자 하는 계획 연도와 목표 수준 등을 명확히 제시하여 정책 방향 파악이 용이하도록 할 것
  - 성과목표별로 대표성 있는 결과지표 위주의 성과지표와 연차별 목표 수준 제시
- ❍ 성과목표도 전략목표와 동일하게 계획기간(향후 5년) 동안 성과의 개선수준을 확인할 수 있을 정도로 명확해야 함
  - 일반적이거나 추상적 표현이 아닌 구체적인 내용으로 작성하며, 표현방식은 표어 형태로 작성

3) 미국 연방정부의 전략목표

미국 OMB는 임무 중심의 전략목표 개발에서 고려해야 할 사항으로 다음을 이야기하고 있다(OMB, 2022).

① 목적(purpose)

전략목표는 바람직한 결과를 달성하고, 의사결정의 개선을 촉진하기 위한 기관의 노력과 일치되어야 한다. 전략목표의 설정은 의도한 결과를 달성하기 위한 기관의 노력을 조정하는 것이다. 목표는 기관 리더십, 프로그램 관리자 및 일선 직원에게 의미 있고 고무적이어야 하며, 이들의 지속적인 실현을 위해 분석 및 의사결정을 자극하여 결과를 개선해야 한다. 개개 전략목표는 이에 대한 책임 기관을 식별할 수 있고, 목표 달성을 위해 활용되는 프로그램, 활동 및 전략을 명확히 해야 한다.

② 평가(evaluation)

전략목표는 전략계획의 진행상황을 합리적으로 평가할 수 있어야 한다. 전략목표에 대한 평가를 위해서 다음을 고려해야 한다.

- 전략목표는 미래의 방향이나 비전을 표현하여야 한다.
- 전략목표는 집행의 효과성과 궁극적인 목표로의 진행 정도 둘 다를 평가할 수 있는 수단을 가지고 있어야 한다.
- 복수의 결과를 가지는 목표는 단일 결과로 표현되는 목표보다 평가가 더 어렵다.
- 의도한 결과에 대한 전략목표 진술이 모호할수록 평가하기가 더 어려울 수 있다.

③ 범위(scope)

전략목표는 적절한 범위를 가져야 한다. 전략목표는 광범위하고 임무 지향의 목적을 프로그램을 통하여 기관이 달성하고자 하는 영향이나 결과를 반영하는 수준으로 세분화해야 한다. 그러나 너무 많아서는 바람직하지 않다. 전략목표는 전략목적별로 2~10개의 범위에서 설정되어야 한다.

④ 명확성(clarity)

전략목표는 이해할 수 있어야 한다. 전략목표는 원하는 결과나 영향을 명확하게 전달할 수 있도록 가능한 단순하게 진술되어야 한다. 문장이 너무 길어서는 안 되고, 대중들이 이해할 수 있도록 전문용어를 피하여 작성되어야 한다.

⑤ 고유성(uniqueness)

전략목표는 기관의 역할과 임무를 명확하게 하는 방식으로 정의되어야 한다. 전략목표에 기관의 역할이 전달되지 않으면 목표를 이해하기 어렵다, 전략목표는 결과 분야에서 다른 기관과 차별화해야 한다. 예로, 국토교통부의 목표로 '안전을 향상한다'는 것이 아닌 '교통안전을 향상한다'와 같이 표현되어야 한다. 그렇지 않으면 교육부의 학교 안전과 차별화할 수 없다.

4 전략목표의 설정 과정

조직의 목표는 크게 하향식 접근방법과 상향식 접근방법으로 구분될 수 있다. 두 접근방법은 장단점이 있기 때문에 조직 및 프로그램의 특성에 따라서 적합한 방법을 선택하여 사용할 필요가 있다. 여기에서는 전략기획팀이 중심이 되어서 전략목표를 설정하는 방법을 중심으로 살펴보고자 한다. 만약에 상향식 방법으로 결정한다면 먼저 전략적 이슈 담당 부서를 결정하는 것부터 이루어져야 할 것이다.

① 환경분석 결과 및 위임사항, 임무, 비전, 목적을 검토한다

전략기획팀은 구체적인 목표를 설정하기에 앞서 환경분석 결과 및 고객과 이해관계자의 욕구와 기대 재검토, 조직, 프로그램 또는 하위 프로그램의 명확한 임무를 확인한다. 다음으로 전략적 이슈와 이들과의 관계를 좀 더 명확하게 해야 한다.

② 어떠한 결과를 원하는지를 결정한다

이 단계에서는 전략적 이슈를 해결한 상태가 어떠한 상태인지를 좀 더 명확하게 해야 한다. 이를 위해 목표에 대한 조작적 정의가 필요하다. 달성하고자 하는 이상적인 결과나 성과가 결정되면 현재 및 미래 자원(인적, 기술적, 재정적)의 가용 여부를 고려하여 기간 내에 어느 정도 달성할 수 있을 것인지를 결정해야 한다.

③ 결과를 달성하기 위한 시간 범위를 결정한다

목표의 시간 범위는 계획 기간과 연계해 결정해야 한다. 이외에 법률, 상부의 지시, 가용자원 등도 고려하여야 한다.

④ 성과측정 방법을 결정한다

결과 중심의 전략적 기획이 되기 위해서는 성과 달성을 측정하는 방법 및 기준이 결정되어야 한다.

⑤ 목표 달성의 책임 부서를 결정한다

전략목표 달성을 집행하고 책임을 지는 부서를 결정하는 것은 행동계획의 집행 책

임성을 확보하는 데 필요하다. 이는 전략목표에 대한 의견수렴이나 집행계획을 수립하는 데 기초를 제공하게 된다.

⑥ 목표와 우선순위의 결정 및 전략목표선언서를 작성한다

전략기획팀은 작성된 전략목표 안에 대해 관련 부서 및 이해관계자의 의견을 수렴하는 과정을 거쳐야 한다. 이 과정은 전략적 기획의 방향설정 단계에서 가장 심한 갈등을 가져오게 된다. 이는 임무, 비전, 목적 등에 대해서는 비교적 합의를 확보하기 쉽지만, 구체적인 목표 설정 단계에서는 자원의 배분, 시기, 방법 등과 관련하여 관련 조직 및 이해관계자들이 더 많은 관심을 두고 개입하기 때문이다.

전략기획팀에서 합의한 안은 전략기획위원회에 제시되어 승인을 받게 된다. 마지막으로 전략기획팀은 더 구체적으로 목표를 설명하여 주는 전략목표선언서를 작성하면 된다. 전략목표선언서는 이해하기 쉬운 용어로 작성되어야 한다. 공공기관은 전략목표를 대부분 개조식으로 표현하게 된다. 전략목표를 서술형으로 기술할 때는 사실 중심으로 작성하고 형용사나 부사 등의 사용은 피하는 것이 좋다.[2)]

5 전략목표의 우선순위 결정

1) 의의

전략적 기획은 한정된 자원을 효율적으로 활용하여 성과를 극대화하기 위해서 해야 할 것과 하지 말아야 할 것을 선정하고, 해야 할 것을 먼저 해야 할 것과 나중에 해야 할 것을 구분할 것을 요구한다. 이에 바람직한 전략목표는 목표의 우선순위를 설정하여야 한다. 합리적 의사결정, 영기준 예산 등 자원 배분의 효율성 제고하기 위한 배분 기준을 활용하여 우선순위 결정을 정당화할 수 있다. 이들 우선순위는 예산편성의 배분 기준이 된다.

공공조직에서 전략목표 우선순위는 대통령의 국정과제 및 연두교서, 기관장의 관심사항, 의회 및 주요 이해관계자의 견해, 새로운 법안, 사업의 효율성을 높일 수 있는 것 등을 고려하여 결정할 필요가 있다. 이외에 국정의 통합적 관리를 위해서 필요한 정책

2) 우리의 경우 전체 18개 중앙행정부처 중 절반에 해당하는 9개 부처가 2007년 주요 업무계획에서 서술형으로 목표를 진술하고 있다(박홍윤, 2007).

으로 특정평가의 대상이 되는 사업에 우선순위를 부여하고 있다. 이러한 우선순위 목표는 매년 또는 주기별로 순위가 달라질 수 있어서 수정이 필요하다. 미국 연방정부에서는 장기 성과 향상을 위해 기관 우선순위 전략목표를 2년의 단기 결과, 고객 경험, 효율성 개선의 차원에서 설정할 것을 설정할 것을 요구하고 있다. 이러한 우선순위 목표는 기관의 자원과 관리에 대한 관심을 배분하는 데 중요한 기준이 된다.

2) 목표 우선순위 결정기준

조직목표의 우선순위 설정기준은 전략적 이슈 설정에서 제시한 기준인, 영향, 긴급성, 필요한 자원, 실행 가능성, 이해관계자와 합의 및 위험 수준 등이 사용될 수 있다. 그러나 우선순위에 사용되는 기준은 조직의 상황과 비전, 임무, 전략목적 등을 고려하여 기준의 비중이 달라질 수 있다.

3) 우선순위 설정 과정

다음은 전략목표의 순위를 결정하기 위해 취할 수 있는 몇 가지 단계이다.

- 전략목표 식별: 조직이 설정한 모든 전략목표를 목록화한다. 이들은 조직의 임무, 비전 및 가치와 일치해야 한다.
- 목표의 중요성 평가: 조직의 전체 목표를 달성하는 데 있어 각 목표의 중요성을 평가한다. 이 평가에서는 조직의 성공에 대한 각 목표의 잠재적 영향을 고려해야 한다.
- 목표 달성의 타당성 평가: 자원, 시기, 실현 가능성 등의 우선순위 결정기준에 의해서 각 목표를 평가한다. 평가자 간에 합의를 위해서 제1장 제6절의 우선순위 비교방법을 활용할 수 있다.
- 목표의 우선순위 결정: 중요성과 타당성 평가를 바탕으로 전략목표의 우선순위를 결정한다. 이 순위는 조직이 가장 중요한 목표에 집중하고, 그에 따라 자원을 할당하는 데 도움을 준다.
- 이해관계자와 협의: 우선순위는 전략기획위원회, 최고관리자, 집행부 및 해당 부서 주요 이해관계자와 협의하여 조정한다.
- 주기적 검토: 전략목표의 우선순위는 조직의 내외부 환경변화에 따라 정기적으로 검토하고 조정한다.

제5장

전략형성

전략적 기획과 성과관리

전략이란 무엇을 하지 말아야 할지 알아내는 것이다.
– 스티브 잡스(Steve Jobs)

전략은 원하는 결과를 이끄는 행동 과정을 만드는 것이다.
– 마이클 포터(Michael Porter)

제1절 전략형성의 의의

1 전략형성의 개념

전략은 하나의 계획이다. 전략형성을 통하여 전략적 이슈를 해결하는 방법이나 전략목표를 달성하는 방법 및 계획이 수립되게 된다. 이것이 완성되게 되면 전략계획서가 만들어지게 된다. 전략형성은 '우리는 어떻게 그곳에 갈 수 있을까?' 하는 수단을 선택하는 과정이다. 전략은 목표 또는 결과를 어떻게 달성할 것인가 하는 기술(art) 또는 방법을 의미한다. 전략은 생각을 행동으로 이어지게 하는 매개역할을 한다. 하나의 목적이나 목표를 달성하기 위해서는 하나 이상의 전략이 필요하고, 하나의 전략은 하나 이상의 목적 및 목표와 연계된다. 전략적 이슈가 다리가 필요한 곳을 보여준다면 전략은 필요한 곳에 놓는 다리를 의미한다. 전략은 조직과 그의 환경을 연계하여 공적 가치를 창출하기 위한 과정이고, 행동의 지침을 제공한다.

전략적 기획과정에서 전략형성은 실제적인 차원에서 가장 중요한 과정이다. 이는 조직의 혁신과 변화가 전략 선택의 시점에서 시작되기 때문이다(Cyert & March, 1963). 전략형성 단계에서 만들어지는 전략은 구체적인 수준의 계획이기는 하지만, 아직은 광범위하고 일반적인 방향을 제시하게 된다. 이에 대한 더 구체적 행동은 집행과정에서 행동계획(action plan)으로 만들어지게 된다.

2 전략형성의 기능

전략형성은 전략적 기획과정에서 다음과 같이 다양한 기능을 수행하게 된다.

- 전략형성은 비전, 임무, 목적, 목표를 달성하는 방법을 제시한다. 전략적 기획에서 전략형성을 통하여 조직이 어떻게 공공 가치를 창출하고, 의무를 충족하며, 임무를 완수하고, 당면한 상황에 효과적으로 대처하는 방법에 대한 명확한 그림을 보여준다.
- 전략형성은 조직 변화의 동인을 제공한다. 전략형성 과정을 통하여 새로운 현실

이 등장함에 따라 변화의 필요성과 변화를 위해서 해야 할 것이 무엇인가를 생각하게 된다. 이는 구성원들로 하여금 새로운 현실에 대한 정서적 유대감을 갖게 하고, 조직이 중요한 임무를 추구하고 직면한 근본적인 질문을 처리함으로써 핵심 조직 행위자가 참여하고 흥분하는 것을 경험하게 된다(Kouzes & Posner, 2017).

- 바람직한 전략형성은 조직의 구성원을 통합한다. 전략형성은 연극의 클라이맥스와 같은 부분으로 많은 구성원의 감정적 통합을 가져올 수 있게 한다. 이러한 감정적 통합은 전략적 기획의 성공에 중요한 역할을 한다.
- 전략형성은 조직을 좀 더 창의적으로 만든다. 전략형성 과정은 대안적인 전략을 광범위하게 고려할 수 있도록 하고, 조직의 창조성을 높이며, 조직의 일상적인 업무처리 행태를 극복할 수 있도록 한다(Cyert & March, 1963).
- 전략형성은 조직구성원의 사기를 높여준다. 다양한 참여와 합의로 만들어진 전략은 조직구성원의 사기를 높인다. 전략적 기획과정에서 구성원의 사기는 과정의 초기 단계에 나타날수록 좋다. 합의를 바탕으로 한 전략의 형성은 하나의 학습이 되고 팀 구성원 간의 의사 전달과 이해를 증진해서 사기를 높여준다.
- 참여적 전략형성은 집행의 효과성을 높일 수 있다. 주요 이해관계자들의 이익과 생각을 충분히 수용한 전략은 전략의 집행을 원활하게 하고, 이해관계자의 협력을 확보할 수 있게 한다. 참여적 전략형성 뒤에는 현상 유지를 원하는 사람도 채택된 전략을 서서히 받아들이고, 이를 집행하는 방향으로 자신이 움직이는 것을 스스로 발견할 수 있도록 한다.
- 조직학습을 촉진한다. 시범사업과 같은 전략은 조직학습의 기회를 제공하여 더 바람직한 전략형성에 이바지할 수 있다. 이외에 기존 전략의 중단 결정 등을 통하여 실패에 대한 경험과 교훈을 얻는 기회를 제공한다.

3 사례

1) 기관전략

(1) 국토교통부 2020~2024 성과관리 전략계획

국토교통부 『2020~2024 성과관리 전략계획』은 전략목표 1-1. 지역경제 활성화를 위한 전략으로 다음의 [사례]와 같이 제시하고 있다.

사례 **국토교통부 2020~2024 성과관리 전략계획**

■ 임무: 국토의 균형발전을 선도하고 효율적인 교통물류체계를 구축하여 국민 모두가 행복한 삶의 터전 조성

■ 비전: 활력 넘치는 경제, 편안한 일상 국토교통부가 만들겠습니다.

■ 전략목적: 1. 혁신 인프라를 구축하여 경제활력을 제고한다.

■ 전략목표: 1-1. 지역경제를 활성화 거점으로 육성한다.

■ 전략: 지역경제 활성화를 위한 경제거점 확산 및 산업기반 혁신

- (기업혁신특구) 대학, 철도역사 등 지방도심에 산업, 문화, 주거 등과 융·복합된 저렴한 기업입주공간 조성 추진
  - 공간환경 개선 및 창조공간 조성방안, 인센티브 제공방안, 선도사업 추진방안 등을 포함한 추진계획 수립(6월)
- (산업경쟁력 강화) 대학 내 첨단산단(캠퍼스혁신파크) 조성, 노후산단 재생, 신산업 연계 국가산단 조성 등을 통해 혁신기반 구축
  - 캠퍼스혁신파크는 '19년 선정한 선도사업*의 단지지정 및 설계를 완료하여 연내 1곳 이상 착공(12월)하고, 금년 신규사업 선정도 추진
- (새만금) 환황해 경제거점 육성을 위해 수변도시 조성을 본격화하고, 육상태양광 선도사업 착공과 투자진흥지구 도입으로 투자유치 본격화
  - 육상태양광 선도사업(0.1GW)을 착공('20.11)하고, 투자진흥지구 도입 등 투자유치 활성화 방안 마련('20.11)
- (행복도시·제주) 바이오 헬스 혁신 플랫폼 조성전략(세종), 제2첨단 과학기술단지(제주) 등 신성장 동력 확보 및 지역성장기반 구축
  - 네이버 제2데이터센터 건립 지원, 공동캠퍼스 조성('24 개교)을 위한 입주대학 공모 등 대학 기업 유치 활성화를 통한 자족기능 강화
  - 신화역사공원 등 기존사업 완성도 제고와 헬스케어타운 내 의료 서비스센터 착공('20.5), 제2첨단과학기술단지 실시계획 수립('20.11) 등

출처: 국토교통부(2020). 『성과관리 전략계획(2020~2024)』

(2) 미국 농무부 전략

다음의 [사례]는 미국 농무부 『2022~2026 회계연도의 전략계획』의 전략목표 1.3에 대한 전략을 보여주고 있다.

사례 **미국 농무부 전략계획(Fy 2022~Fy 2026)**

- **전략목적** 1: 미국의 생산용지, 자연자원 및 지역사회를 지원하기 위해 기후변화에 대응
- **전략목표** 1.3: 깨끗하고 풍부하며 지속적인 물 자원 공급을 보장하기 위해 하천을 복원, 보호 및 보존한다.
- **집행전략**

농무부(USDA)는 다음과 같은 집행전략을 통해 목표를 달성하고, 의사결정에 정보를 제공하기 위해 증거를 구축하는 것을 강조한다.

- 자연자원에 대한 기후변화의 영향을 확인하기 위해 자원 계획법 평가를 수행한다. 이러한 평가 결과는 입법에 정보를 제공하고 정책결정에 활용한다.
- 국가적인 산림 면적 및 산림 특성에 대한 통계 조사를 하여 산림 서비스 프로그램이 산림과 초원의 건강, 다양성 및 생산성을 효과적으로 유지하는 정도를 파악한다.
- 환경 품질 인센티브 프로그램, 농지 보전국 및 지역 보전 파트너십 프로그램 등 농지 보전국(FSA) 및 자연자원 보전국(NRCS)의 보전 프로그램과 관련된 재량적인 국가 프로그램에 대한 의사결정에서 대안 전략을 분석하고, 이에 대한 접근성과 효과성을 높인다.
- 토양 입자의 유출 감소와 영양분 유출 방지를 위한 CRP 프로그램의 효과를 측정하는 능력을 향상하기 위해, 특히 재생된 습지와 호수, 하구 및 강의 수질에 미치는 영향을 추정하기 위해 FSA는 협력자와 함께 내년까지 CLEAR 실천 방안의 영양분과 퇴적물 감소와 관련된 총 가치를 보고할 수 있는 능력을 갖추도록 노력한다.
- FSA 및 NRCS 프로그램 사용과 역학에 미치는 영향, 추가적인 홍보 및 대중 업무 참여영역을 식별하기 위해 작황지 토양 감소에 미치는 영향을 포함한 보전 데이터 추적 및 분석을 계속 진행한다.

출처: U.S. Department of Agriculture. Strategic Plan Fiscal Years 2022-2026

2) 사업전략

『제5차 평생교육진흥 기본계획('23~'27)』은 정책목표를 위한 전략을 다음의 [사례]와 같이 제시하고 있다.

사례 **제5차 평생교육진흥 기본계획('23~'27)**

■ 비전: 누구나 계속 도약할 수 있는 기회, 함께 누리는 평생학습사회

■ 정책목표:

- 전 국민의 삶의 질 향상을 위한 평생학습 진흥
- 국가-지방자치단체-민간이 함께 건설하는 평생학습사회
- 디지털 기반 맞춤형 평생학습 환경 마련

■ 핵심과제: 1. 평생학습 상시플랫폼으로서 대학의 역할 확대

■ 방향

- 학령기 학생 중심의 대학 교육체계를 성인학습자까지 확대하여, 평생학습 거점으로서 대학의 기능과 역할 강화
- 언제든 대학을 통해 자신의 역량을 향상할 수 있도록 대학을 평생학습 상시 플랫폼으로 개방·유연화

■ 전략

▸성인 역량 향상

✓ 일반성인 대상 학점 제공이 가능한 재교육·향상교육 과정 운영

✓ 성인학습자 특화형 전담학부·학과개설 확대

✓ 디지털(K-MOOC) 활용, 역량·스킬 중심 단기과정 등

▸기업 수요 맞춤형

✓ 기업 맞춤형 대학 위탁과정은 대학의 이동수업 전면 허용

✓ 매치업 오프라인 심화과정 신설

✓ 평생학습 R&D 추진

▸지역주민의 평생학습

✓ 비학위과정을 편입시 학점으로 인정하는 커뮤니티 칼리지 도입

✓ 기초자치단체-전문대학 연계 고등직업교육거점 확대

✓ 지역대학 우수 인프라를 활용한 평생학습동아리 지원

■ 로드맵

'23~24년(2년 내)	'25~27년(5년 내)
• 대학의 평생교육체제 지원사업 2.0 추진 • 성인 맞춤형 재교육·향상교육 추진 • 커뮤니티 칼리지 모델 도입	• 일반성인 마이크로디그리 과정 활성화 • 지역, 기업 연계 평생학습 확산 • 평생학습 상호 학점인정 생태계 조성

출처: 관계부처 합동, 『제5차 평생교육진흥 기본계획('23~'27) 평생학습 진흥방안』

4 전략의 유형

1) 조직 수준에 의한 유형

전략은 그 수준에 따라서 조직전략-사업전략-기능전략-운영전략으로 구분할 수 있다.

(1) 조직전략

조직전략은 조직 전체를 위한 그랜드 전략(grand strategy)으로 기업의 전사적 전략(corporate strategy)에 해당하는 것으로 조직의 장기적 목적을 반영하여 조직발전을 위해 계획된 전략이다. 조직전략은 조직 전체의 자원 배분의 지침과 방향과 관련된 전략이다. 조직전략은 조직의 최고관리층에서 결정되고, 조직 전체 활동에 영향을 준다. 예로는 조직문화 개선, 조직의 통폐합, 새로운 활동영역 추진 등이 이에 해당한다.

(2) 사업전략

사업전략(business strategy)은 조직목적 및 목표와 관련하여 특정 부서나 프로그램, 서비스 및 사업 프로세스 등과 관련된 전략이다. 이는 기업의 경우 전략적 사업단위(strategic business unit: SBU)의 전략에 해당한다.

(3) 기능전략

기능전략은 제한된 자원을 효용이 극대화되도록 사용할 것인가와 관련된 전략으로 조직전략과 기능전략에 대한 지원 성격을 가진다. 인력, 새로운 예산제도 도입, 정보화 전략 등이 이에 해당한다.

(4) 운영전략

운영전략은 조직의 목적을 달성하기 위한 조직, 사업, 기능전략의 하위전략으로 행동전략(action)을 의미한다. 운영전략은 집행을 위한 집행계획 부분에서 논의하게 된다.

2) 민츠버그와 워터스의 전략 유형

민츠버그와 워터스(Mintzberg & Waters, 1985)는 전략을 "의사결정 흐름의 패턴(a pattern in a stream of decisions)으로 정의하면서 [그림 5-1]과 같이 처음 의도한 전략

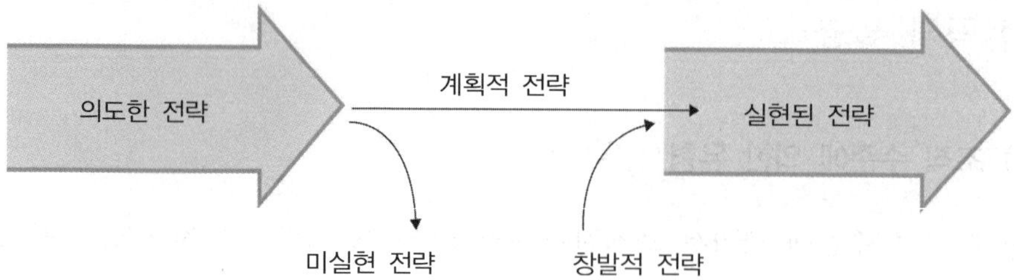

출처: Mintzberg & Waters(1985).

[그림 5-1] 전략의 유형

(deliberate strategy)과 실제 실현된 전략으로 구분하고 있다. 대부분 조직에서 처음에 의도한 대로 모든 것이 실현되는 경우는 없고, 전략의 특정 부분은 실현되지 않을 수도 있고, 환경변화로 새로운 전략이 추가될 수도 있다. 이에 실제 실현된 전략은 계획된 전략과 창발적 전략이 혼합되어서 추진되게 된다. 이들 이론은 전략이 환경의 변화로 수정되는 형태를 보여준다. 예로, 지역에 공원을 조성하기 위해서 공간계획을 수립하여 추진하는 과정에서 지표조사 결과 보존 가치가 있는 유물과 지형이 나타난 경우에는 모든 계획을 수정할 필요가 발생하게 된다. 그러나 많은 전략적 계획이 의도한 계획적인 전략에만 관심을 가지고, 환경의 변화 등에 의해서 발생하는 창발적인 전략에 대하여는 관심을 덜 가지고 있다고 한다.

전략계획이 공식적으로 설정한 계획적인 의도한 전략대로 완벽하게 실현되기 위해서는 정확한 목적 및 의도가 있어야 하고, 조직의 모든 구성원이 이에 동의하고 집행과정에서 외적인 힘이 작용되지 않아야 한다. 그러나 하나의 유기체로 조직이 이들 조건을 충족할 가능성은 거의 없다. 이에 의하여 처음 의도한 계획과 실제 실현된 것 간에는 차이를 가지게 된다.

이를 바탕으로 전략은 하나의 연속체 양 끝에 순수하게 의도한 전략(deliberate strategy)과 순수한 창발적 전략(emergent strategy)으로 구분한 뒤에 가장 의도한 전략으로 계획된 전략(planned strategy)을, 창발적 속성을 가장 많이 가진 전략으로 강요된 전략(imposed strategy)을 위치시키면서 그 중간에 둘의 속성의 비중에 따라서 기업가적(Entrepreneurial), 이상적(Ideological), 우산(Umbrella), 과정(Process), 관련없는(Unconnected), 합의(Consensus) 전략을 제시하고 있다.

순수한 형태의 계획적 전략(planned strategy)은 합리모형에 의하여 명확한 목적과 대안 탐색 및 대안에 대한 분석 결과와 선택 과정을 거쳐서 수립된 공식적 전략계획이 그대로 집행되는 형태를 특징으로 한다. 반면에 창발적 전략은 계획적 전략과 같이 어떤 명확한 의도나 목적이 없이 체제에서 자발적으로 돌연히 출현하는 전략이다. 창발적 현상은 체제의 구성요소 간의 관계만으로 예상하지 못하게 된다. 예로, 2002년 한일 월드컵에서 4강의 신화는 붉은 악마 신드롬을 가져와서 사회 전반에 영향을 주었다. 이외에 코로나19 팬데믹 현상, 박근혜 대통령 퇴진을 가져온 촛불 혁명, K-Pop을 필두로 한 한류 열풍 등에서 창발적 속성을 볼 수 있다.

이러한 창발적 현상이나 전략은 명확한 의도나 목적을 가지고 조직된 현상이 아니다. 창발적 현상은 복잡계로 표현되는 체계에서 자기조직화 능력에 의해서 발생하게 된다. 창발적 현상은 이전에 볼 수 없고, 예측할 수 없었던 급진적 새로움, 하나의 정체성을 가지면서 전체와 통합되어 시스템 전체 및 거시적 수준의 현상으로 나타난다. 그리고 창발적 현상은 그 현상이 과거와는 다르다는 것을 스스로 증명할 수 있는 명시적(ostensive) 속성을 가진다(Goldstein, 1999) 가장 창발적인 속성을 가지는 강요된 전략(imposed strategy)은 미국 연준의 금리 인상으로 우리의 금리를 인상한 정책이나 정부의 민영화 정책에 의해서 공기업을 강제로 민영화한다면 이에 해당한다.

이들 논리에 의하면 전략적 이슈와 관련된 환경에 따라서 의도한 전략과 창발적 전략을 사용할 것을 요구한다. 의도한 전략은 전략목적이 명확하고, 조직이 상대적으로 성숙하고 안정적이며, 조직이 생존이 아닌 성장을 추구할 수 있는 경우에 사용될 수 있다. 반면에 창발적 전략은 상대적으로 조직이 신생조직이고, 조직의 미래와 환경이 불확실하고, 장기적인 방향이 명확하지 않은 경우에 바람직하다(Stobierski, 2020).

3) 성장 · 안정 · 축소전략

(1) 성장전략

성장전략은 크면 클수록 좋고 가장 큰 것이 가장 좋다는 전제 하에서 추진하는 전략이다. 성장전략은 규모의 경제이론에 의해 정당화되며, 전략적 기획에서 가장 보편적으로 채택되는 전략이다.[1)] 성장전략은 다음과 같은 전제와 특성이 있다.

---

1) 1980년대 초 미국의 『포춘(*Fortune*)』지에 등장한 500대 기업의 경영자를 대상으로 이들 네 가지의 전략 활용도를 조사한 결과에 의하면 성장전략이 54.4%로 가장 많고, 다음으로 복합전략(28.7%), 안정전략(9.2%), 축소전략(7.5%)의 순으로 나타났다.

- 성장은 조직의 생존과 밀접한 관계를 맺는다.
- 성장은 조직의 업적을 증대시키고 종종 조직의 효과성과 동일시된다.
- 성장하는 조직은 조직운영을 잘하고 생산성을 증대시킨다.
- 성장은 안정적인 조직보다는 조직의 잘못과 비능률을 감추고 이겨 나갈 수 있다.
- 성장하는 조직은 개인의 더 많은 욕구 충족이 가능하며, 더 많은 동기부여를 제공한다.
- 성장전략은 조직구성원에게 심리적 안정감과 최고관리자에게 자부심을 제공한다.
- 성장전략은 조직환경의 영향을 덜 받을 수 있다.

전략적 기획에서 성장전략을 채택하는 이유를 보면 다음과 같다(Bryson, 2004).

- 고객의 욕구가 확대될 때
- 문제 해결에 다양한 협력이 필요할 때
- 성장전략이 전략적 이슈를 해결하는 데 효과적일 때
- 문제 해결을 위한 기술이 명확할 때
- 자원에 대한 이용 가능성이 클 때
- 변화를 이끄는 비전이 명확할 때
- 환경이 조직의 활동 정도를 늘리라고 요구할 때

성장전략은 상황에 따라서 집중화(concentration), 통합화(integration), 다각화(diversification), 협력(cooperation), 국제화(internationalization) 전략 등이 있다.

(2) 안정전략

성장전략이 도전적 전략이라고 한다면 안정전략은 현재의 상태를 지속하거나 점진적으로 변혁을 추진하는 전략이다. 안정전략은 조직의 전략에 현저한 변화가 없이 현재의 임무나 목적을 중심으로 운영되는 전략이다. 안정전략은 특히 독선적인 리더십이 강한 조직에서 발견될 수 있다. 안정전략은 작은 변화를 축적하여 큰 변화를 추구하고자 하는 점증주의적인 전략의 하나이다. 점증주의적인 전략은 위험을 감소시키고, 집행을 쉽고 신속하게 추진할 수 있게 하고, 참여를 촉진하는 장점이 있다(Bryson, 2004).

안정전략을 취하는 이유를 보면 다음과 같다.

- 안정전략은 현재의 조직운영, 사업, 업적에 만족할 때

• 조직의 능력이 부족하여 새로운 변혁을 추진할 수 없을 때
• 조직이 직면하는 환경이 상대적으로 안정적일 때
• 위험을 극소화하거나 규모의 불경제가 예상될 때
• 환경이 불확실하여 이를 정확하게 예측할 때까지 새로운 활동을 중단하고자 할 때
• 급격한 확장이나 변화 뒤에 이를 정착시킬 필요가 있을 때

(3) 축소전략

규모의 경제에 대한 비판으로 제시된 전략에는 규모가 일정한 정도를 넘으면 규모의 비경제가 발생한다는 상황론적 규모이론과 "작은 것이 아름답다(Small is beautiful)"는 축소전략이 있다. 축소전략은 환경의 변화에 대한 방어전략의 속성을 가지는 것으로, 조직의 구조, 기능, 활동 범위 등을 감축하는 전략이다. 축소전략의 기본적인 목적은 조직의 생존과 발전이지 단순한 축소를 의미하는 것은 아니다. 축소전략은 장기적인 성공을 위한 전략으로 '2보 전진을 위한 1보 후퇴'의 전략이다. 축소전략은 종종 고객이나 이해관계자에게 불안감을 가져다줄 위험이 있다. 축소전략은 조직에 대한 위협 요인이 강하고, 조직의 능력이 모자라는 상황에서 채택된다. 축소전략에는 비효율적인 조직관리 부분을 제거하는 것과 같은 우회(turnaround)전략, 기존 프로그램의 실패 등에 대응하는 포기(divestment)전략이나 청산(liquidation)전략, 민영화 전략, 프로그램이나 프로젝트에 대한 책임을 하위기관에 넘겨주는 위임방법, 아웃소싱 등이 이 범주에 속한다.

축소전략을 채택하게 되는 이유를 보면 다음과 같다.

• 고객의 감소가 예상될 때
• 조직이 직면한 환경이 위협적일 때
• 기술의 변화 등으로 대체 서비스가 개발되었을 때
• 지나친 조직의 비대화로 엔트로피가 증대할 때
• 조직의 능력이 감소할 때
• 관련 분야에 대한 규제가 예상될 때

4) 샐러먼의 정책 수단

샐러먼(Salamon, 2011)은 새로운 정부활동의 도구에 대한 패러다임으로 거버넌스 패러다임을 제시하면서 기관과 프로그램에서 공공 목적을 추구하는 도구로 분석단위

변화를 추구하고, 기존의 계층제에서 네트워크로, 공공과 민간의 대립에서 공공과 민간의 협력으로, 명령과 통제에서 협상과 설득, 관리 기술에서 권한부여 기술을 강조하는 것으로 변화를 요구하고 있다. 이를 바탕으로 공공개입 활동의 도구를 〈표 5-1〉과 같이 제시하고 있다. 이러한 도구는 전략이 될 수 있다.

〈표 5-1〉 공적 활동의 일반 도구: 구조적 특성

도구	산출/활동	전달기제	전달 시스템	설명
직접운영	재화나 서비스	직접제공	공공기관	정부가 직접 지출하는 물품구입이나 인건비 등의 소비활동
사회적 규제	금지	규칙	공공기관/규제기관	삶의 질 향상을 위한 환경, 노동, 보건 등의 분야에 대한 활동 규제
경제적 규제	정당한 가격	진입과 가격규제	규제위원회	진입, 가격, 생산 등의 경제활동 규제
계약	재화나 서비스	계약, 현금지급	기업 또는 비영리기관	정부의 재화와 서비스에 대한 구매활동
보조금	재화나 서비스	보조금 제공/현금지급	정부나 비영리기관의 하위기관	기업이나 개인의 행태적 변화를 유도하기 위해서 금전적 혜택을 제공
직접대출	현금	대출	공공기관	정부가 특정 계층이나 기업 등에 정부 자금으로 융자를 해줌
대출 보증	현금	대출	은행	정부가 민간은행이 특정한 개인이나 기업에 자금을 대출하도록 보증하는 제도
보험	보호	보험정책	공공기관	자동차, 건강보험과 같이 국가가 법에 의하여 강제성을 가지는 보험제도를 운영
조세지출	현금, 인센티브	세금	조세제도	개인이나 기업에 세금납부 연기, 감면 등의 세제상의 혜택을 부여하는 활동
사용료와 분담금	재정적 제재	세금	조세제도	공공서비스 이용자에게 비용을 부담시키는 활동
손해책임법	사회적 보호	손해배상법	사법 시스템	제조물책임법과 같이 물품이나 서비스 제공과 관련하여 피해를 본 사람에게 보상을 하는 등의 소비자를 보호하기 위한 활동
공기업	재화나 서비스	직접제공/대출	공기업	정부 소유나 통제에 의해서 운영되는 준정부기관에서 재화와 서비스 제공
바우처	재화나 서비스	소비 보조	공공기관/소비자	수혜자에게 현금 대신에 특정한 물품이나 서비스를 제공받을 수 있는 상품권 등을 제공하는 활동

출처: Salamon(2011).

5) 슈나이더와 잉그램의 정책 수단 유형

슈나이더와 잉그램(Schneider & Ingram, 1990)은 전략목표를 달성하기 위한 정책 수단을 다음과 같이 다섯 가지로 유형화하고 있다.

- **권한 수단:** 권한 수단(authority tools)은 법규 등을 기반으로 특정행위를 할 수 있는 권한을 부여하는 방법이다. 이는 정부조직 내에서 사용되는 수단이다. 예로, 공공자금 사용에 대한 자율권을 부여하는 것에서 볼 수 있다.
- **인센티브 수단:** 인센티브 수단(incentive tools)은 정책 대상집단이 정책에 대한 순응을 확보하기 위해서 금전이나 비재정적 혜택이나 불이익을 주는 방법이다. 예로, 수도권 집중화를 방지하기 위해 지방이전 기업에 대하여 조세감면이나 이전비용을 보조하는 방법 등이 있다.
- **능력 수단:** 능력 수단(capacity tools)은 정책 대상집단이 정책이 요구하는 활동을 하도록 정보, 교육, 자원 등을 제공하는 활동이다. 대표적으로 실업자에 대한 재교육활동 등에서 볼 수 있다.
- **상징과 장려 수단:** 상징과 장려 수단(symbolic and hortatory tools)은 정책은 개인의 인지 선호로 순응을 확보할 수 있다는 전제에서 사용되는 방법이다. 예로, 환경보호운동 등에서 볼 수 있다.
- **학습 수단:** 학습 수단(learning tools)은 불확실한 환경에서 다른 정책 수단을 보완하는 성격의 수단으로 정책 대상집단이나 집행자가 집행과정에서 학습을 통하여 효율적인 수단을 선택하도록 하는 방법이다. 예로, 시범사업을 운영하는 것 등이 이에 해당한다.

5 바람직한 전략의 조건

1) 좋은 전략과 나쁜 전략

루멜트(Rumelt, 2011)는 전략을 어려움을 극복하는 방법, 장애를 극복하는 접근방법, 도전에 대한 대응으로 정의한다. 만약 문제가 정의되지 않는다면 전략이 좋은지 나쁜지를 평가하는 것이 어렵고 불가능한데, 나쁜 전략의 특성으로 다음을 제시한다.

- **구체적으로 해결해야 할 과제를 정의하지 못함:** 문제를 해결하고 장애물을 제거하기

위한 계획을 실행하고자 한다면 해결해야 할 과제를 명확하게 정의해야 한다. 단순히 나열한 목표, 예산이나 희망사항은 전략이 아니다.

- **목표를 전략으로 착각함**: 목표는 전략이 아니다. 예로, 이해관계자와 관계를 10% 공격적으로 개선하는 것은 전략이 아니라 목표이다.
- **나쁜 전략목표**: 희망사항이거나 측정할 수 없거나 문제를 단순한 재설명하는 목표는 행동에 지침을 제공하지 못한다. 장기라는 문구를 추가한다고 목표가 되는 것은 아니다. 달성방법을 알지 못하는 희망사항은 단순한 세탁물의 목록에 불과하다. 반대로 좋은 전략은 하나나 소수의 핵심 목표에 자원과 에너지를 집중하여 연속적으로 좋은 결과를 가져올 수 있어야 한다. 또한 좋은 전략은 중요한 도전과 행동 사이를 연결하는 다리 역할을 할 수 있어야 하고, 기존의 자원과 역량으로 달성 가능해야 한다.
- **괴깔(fluff)**: 옷의 보풀라기인 괴깔은 진정한 의미를 가지지 않은 목표를 보여준다. 이들은 목표를 재진술한 것에 불과하여 행동에 지침을 제공하지 못한다.

2) OMB의 효과적 전략의 조건

미국의 OMB는 전략목표 달성에 효과적 전략이 되기 위하여 전략은 다음과 같아야 한다고 하고 있다(OMB, 2022)

- 전략은 해결하고자 하는 문제와 목표 달성의 복잡성을 데이터에 기반하여 진단하고, 주요 전문가와 이해관계자의 의견수렴과 기관의 기존 활동에 대한 전략적 검토로부터 얻은 조직학습 등을 고려하여 적합성, 실현 가능성과 수용성의 기준을 충족하여야 한다.
- 문제 해결을 위한 다양한 집행 전략을 고려한다. 이는 법률 및 정책 검토, 미래 시나리오, 전략적 검토로부터 학습한 교훈, 기관의 결과 통제 능력, 기관이 개입하는 인과관계에 대한 확실성, 전사적 위기관리(ERM) 등에 의한 위험성을 분석에서 고려하고, 전략적 환경을 고려하여야 한다.
- 중요한 법적, 조직적, 관리적, 입법적 요인과 예산 등을 고려하는 기관 리더십의 방향을 반영한다.
- 정책 개발에서 공식적인 역할이 부족할 수 있는 주요 고객집단을 포함하기 위하여 내부와 외부 이해관계자의 의견을 반영한다.

- 예산 자원, 관련 프로그램, 다른 기관 및 외부 파트너와 조정 등으로 노력의 일관성 확보가 요구된다. 효과적인 전략은 단순히 반응하는 것이 아니라 원하는 결과를 달성할 수 있도록 환경에 영향을 미치고, 전략을 사용 가능한 자원과 연계하는 것이다.
- 전략은 식별된 문제를 해결하고 원하는 목표를 달성하기 위한 활동이므로, 전략은 자원 및 노력을 효과적으로 활용하는 활동 지향적인 것에 초점을 두고 설계되어야 한다.

3) 전략형성 과정에서 고려할 것

다음은 효과적 전략형성을 위해 형성과정에서 고려해야 할 것이다(Bryson, 2004; State of Virginia, 1998; Bryson, 2018).

- 전략 대안을 탐색하고 분석할 때 항상 임무, 비전 전략목표를 생각하여야 한다. 가장 좋은 전략은 문제를 해결하고 목표를 달성할 수 있는 것이다.
- 전략은 항상 고객에 초점을 맞추어서 개발되어야 한다. 공공조직의 전략은 공급자 중심이 아닌 고객의 욕구 충족과 만족도를 높이는 대안을 탐색해야 한다. 고객에게 초점을 두는 전략은 더욱 현실적이고 실천 가능성을 높일 수 있다.
- 전략형성에서 가장 중요한 것은 전략적 사고이다. 전략기획에서 문서화된 전략계획서를 작성하는 것보다 더 중요한 것은 전략적 사고, 전략적 행동, 전략적 학습이라는 것을 기억해야 한다. 특히, 전략형성을 전략계획서를 작성하는 것을 목표로 해서는 안 된다.
- 주요 이해관계자를 전략 개발과정에 참여시켜야 한다. 이해관계자의 참여는 대안적인 전략 창출과 평가 및 집행과정에 도움을 줄 수 있다.
- 전략형성은 창조적 활동으로 때로는 급진적 대안도 필요하다. 전략 대안을 형성하는 팀이 광범위하게 대안을 고려할수록 더 많은 지지를 얻고, 집행이 가능하며 효과적인 대안이 될 수 있다(Nutt, 2000).
- 전략형성과 선택은 조직문화와 조화를 가져야 한다. 모든 조직은 업무를 수행하는 독특한 방법인 문화를 가지고 있다. 전략은 조직문화의 지지를 받을 때 성공 가능성이 커진다(David, 2006).
- 점증주의 방법도 생각해야 한다. 점증주의 전략도 전략 방향 감각을 기초로 하여

추진된다면 일련의 작은 변화로 주요한 변화를 가져올 수 있다. 큰 기업에서 대부분의 전략적 변화는 전략목적 의식을 가진 작은 변화로 이루어진 것이다(Mintzberg et al., 1998).

- 효과적인 전략형성은 하향식 이외에 상향식으로도 할 수 있다. 실제 전략적 기획이 잘 운영되는 시스템들은 전략형성에서 상향식 접근방법과 하향식 접근방법을 잘 혼합하여 사용하고 있다(Mintzberg et al., 2009). 대부분 조직 전체의 전략과 관련된 지침은 위에서 주어지지만 구체적인 전략형성과 집행은 조직의 더 깊은 곳에서 일어난다. 좋은 전략은 위의 관점뿐만 아니라 아래의 시각에서도 봄으로써 만들어질 수 있다(Hay & Williamson, 1997).
- 전략 대안을 탐색할 때 전략의 집행을 고려해야 한다. 종종 공공조직은 조직의 외부 환경분석과 조직의 능력을 검토하지 않고 다른 조직을 모방하여 전략을 탐색하고 선택하는 경우가 많다. 이러한 전략은 실천성을 확보하기가 매우 어렵다. 대안의 실천 가능성을 높이기 위해 집행에 방해되거나 집행을 저지하는 장애요인이 있는지를 확인해야 한다.
- 전략 개발은 조직의 예산 및 예산과정과 연계되어야 한다. 실천 가능한 전략이 되기 위해서는 전략 개발과 예산과정의 통합이 요구된다. 전략이 어느 정도 개발되면 조직 전체의 예산 범위에서 계획의 실현 가능성이 검토되어야 한다.
- 전략형성은 상호 연결성과 일관성을 확보하며 진행되어야 한다. 이는 전략의 구성 요소 간, 다른 전략, 및 전략 수준 간 상호 연계성을 포함한다.
- 전략 개발은 조직이 중심이 되고 업무 담당자가 주축이 되어야 한다. 전략이나 전략계획을 외부 용역에 의하여 작성하는 것은 조직의 전략이 아닌 용역기관이나 연구자의 전략일 뿐이다.

6 전략형성 과정

1) 정치적 과정으로 전략형성과 전략적 지향성

(1) 정치적 과정으로 전략형성

공공조직에서 전략형성은 객관적 정보에 기반하고, 의사결정자와 이해관계자들의 타협과 조정을 요구하는 과정이다. 최종 전략의 선택은 기관 최고관리자의 정치적 선택을 요구한다. 전략적 기획에서 요구하는 정치는 단순한 권력게임으로서의 정치가 아닌 객관성과 합리성을 가진 타협과 조정의 정치를 요구한다. 정치적 과정으로서 전략계획은 정치적 음모, 강경한 협상, 속임수 등도 포함한다. 그러나 바람직한 전략은 정치적으로 수용 가능하고, 실행 가능하며, 결과 지향적이고, 법적 및 도덕적으로 방어 가능해야 한다(Bryson, 2018). 전략형성의 정치적 차원에서 이해관계자의 참여를 바탕으로 한 참여적 전략형성이 중요하며, 정치적 요인을 무시하면 결정 및 집행과정에서 다양한 갈등이 발생하여 집행의 성과를 얻기 어려울 수 있다.

(2) 공공조직의 전략적 지향성

전략적 지향성(strategic orientation)은 조직이 외부 환경에 적응하는 방식과 고객이나 기관과의 상호작용 방식을 결정하는 기본적인 신념과 원칙을 의미한다. 이는 공공조직의 가치 선언과 같은 형태를 띠며, 전략을 탐색하고 선택할 때 중요한 역할을 한다(McNabb & Lee, 2021). 공공조직에서 전략적 지향성은 대통령이나 선출직 기관장의 가치, 신념에 크게 영향을 받는다. 예를 들어, 대통령이 지방분권을 강조하면, 이는 모든 정부의 전략 선택에 중요한 요소가 된다. 현대 공공부문에서 ESG 경영을 강조하는 것도 이에 해당한다. 또 다른 예로서, 문재인 정부의 탈원전 정책 지향성으로 인해 모든 에너지 정책에서 원전은 정책 대안의 탐색에서 배제되었다.

공공조직의 성공은 대통령과 기관장의 전략 방향 결정에 크게 의존한다. 전략 방향은 조직의 목표 정의, 구조화, 그리고 운영 목표를 달성하기 위한 전략 선택에서 중요한 역할을 한다. 이를 결정하기 위해서는 정확한 환경 분석과 미래예측을 바탕으로 적합한 전략 방향을 설정해야 한다. 오늘날은 고객 지향, 거버넌스 지향, 혁신 지향 등이 전략 방향으로 주로 강조되며, 정책과 프로그램에서는 지속가능한 발전 등이 중요한 정책 지향성으로 주목받고 있다.

2) 전략형성 접근방법

전략형성과 관련하여 정책학에서는 합리모형, 점증모형, 만족모형, 혼합주사모형, 쓰레기통 모형 등으로 정책결정 과정을 설명하고 있다. 개개의 이론에서는 서로 다른 형태의 전략형성 방법을 이야기한다. 합리모형은 가능한 모든 대안의 탐색과 모든 대안의 분석을, 점증모형은 기존의 정책을 기준으로 점증적인 대안을, 만족모형은 만족한 수준에서의 대안의 탐색과 분석, 혼합주사모형은 기본결정을 위한 광범위한 대안의 탐색과 세부 결정에서는 합리모형에 의한 구체적인 분석을 강조하고, 쓰레기통 모형에서는 대안 탐색과 채택에서 우연성을 강조하고 있다.

리브스 등(Reeves et al., 2015)은 사업 환경에 따라서 서로 다른 전략형성과 실행방법이 필요하다고 한다. 이를 기반으로 효율적인 전략은 조직의 환경, 전략기획 대상의 특성 등에 따라서 다양한 접근방법이 필요하다고 한다.

① 고전적 접근방법

고전적 접근방법(classical approach)을 취하는 리더는 조직의 '환경을 예측할 수는 있지만, 환경을 변화시킬 수는 없다'라는 생각을 기반으로 한다. 이들은 미래를 정확하게 예측하고, 조직을 경쟁우위의 지위에 올리기 위해 규모의 확대와 차별화 등을 추구하여 지속적으로 발전하고자 한다. 이를 위해 환경에 대한 분석-계획 수립-집행으로 경쟁우위를 확보하는 방법을 취한다. 이러한 접근방법은 환경이 안정적이고 변화가 심하지 않은 조직에 유용하다. 이는 많은 기업과 조직의 리더들이 추구하는 행태이다.

② 적응적 접근방법

적응적 접근방법(adaptive approach)은 '환경을 예측할 수 없고, 환경을 바꿀 수도 없다'라는 생각을 바탕으로 한다. 이러한 환경에서 기업이나 조직이 대응할 수 있는 유일한 방법은 항상 변화에 대응하는 변화 적응적 접근방법이 필요하다. 적응적 접근방법은 변화-선택-스케일 업(scaling up)의 과정을 가진다. 이들 조직이 성공하기 위해서는 변화에 대한 정보와 정보의 분석 능력 및 변화에 신속하게 대응하는 속도가 중요하다. 이러한 환경을 가진 기업이나 조직으로는 패션 산업, IT 산업 등에서 볼 수 있다.

③ 비전 접근방법

비전 접근방법(visionary approach)은 기본적으로 '환경의 변화를 예측할 수 있고, 그것을 변화시킬 수 있다'라는 신념을 바탕으로 한다. 이들 접근방법은 상상력을 사용하여 시장을 변화시키는 제품, 서비스 또는 비즈니스 모델을 만들어 시장을 지속해서 개발하고자 한다. 대표적으로 검색 시스템의 구글, 온라인 쇼핑의 아마존, 마이크로소프트의 챗GPT(ChatGPT), 이건희 회장의 반도체 사업 등에서 볼 수 있다. 비전 접근방법은 상상력-구성-지속적 노력으로 비전을 달성하고자 한다. 공공부문의 경우 성공에 대한 평가에 논쟁이 있지만, 노무현 대통령의 지방분권, 이명박 대통령의 4대강 사업, 문재인 대통령의 탈원전 정책 등에서 볼 수 있다.

④ 협력 접근방법

협력 접근방법(shaping approach)은 '환경을 예측할 수는 없지만, 환경을 바꿀 수 있다'고 생각한다. 이러한 기업과 조직은 급격하게 변화하는 예측 불가능한 환경 속에서 성장하기 위해 관련 조직과 기업 간에 유연한 협력체계와 플랫폼을 형성하여 변화에 대응하는 전략을 취한다. 이를 위해 기업이나 조직들은 적절한 시점에 미래에 대한 공유된 비전을 만들기 위해 다른 이해관계자들을 참여시켜서 협업을 조정할 수 있는 플랫폼을 구축한 다음 유연성과 다양성을 유지함으로써 해당 플랫폼 및 관련 이해관계자 생태계를 발전시키고자 한다. 이는 이해관계가 있는 기업이나 조직의 참여(engage)-오케스트라처럼 이들을 조정하여(orchestrate)-발전을 추구한다(evolve). 이는 공공조직에서 다양한 기관의 참여와 협력이 요구되는 정책이나 프로그램의 전략형성에 유용하다.

⑤ 재생 접근방법

재생 접근방법(renewal approach)은 조직의 자원이 상당히 제한된 상황에 적합한 접근방법이다. 이 접근방법은 조직이 가혹한 환경에 처해 있을 때에 조직의 활력과 경쟁력을 회복하는 것을 목표로 하는 접근방법이다. 즉, 조직의 능력과 환경 간에 불일치가 심하거나 극심한 내외부의 충격이 있는 경우에 조직의 생존과 발전의 기회를 창출하기 위해서 사용하는 방법이다. 이에는 사업영역의 조정, 비용절감, 자본 보존 등의 생존을 위한 조치를 한 다음에 앞의 네 가지 방법 가운데 하나의 접근방법으로 전환을 도모한다. 기본과정은 환경변화 예측(anticipate)-절약(economize)-성장(grow)의 과정을 추구한다.

3) 전략형성 과정

전략형성 과정은 어떠한 접근방법을 추구하는가에 따라서 달라질 수 있다. 여기에서는 합리모형을 바탕으로 한 고전적인 접근방법에 의한 전략형성 과정을 중심으로 논의하게 될 것이다.

- **전략목표 확인**: 조직의 임무나 비전을 달성하기 위한 전략목적이나 목표와 전략적 이슈를 확인하고 이해한다. 이 부분은 제4장에서 논의되었다.
- **전략 대안 탐색**: 전략적 이슈나 전략목표를 달성하기 위한 대안을 탐색한다. 합리적 의사결정모형은 가능한 모든 대안을 탐색할 것을 요구하나 일반적으로는 만

제1장 제2장 제3장 제4장 제5장 제6장 제7장

족모형에 의한 만족할 만한 수준의 제한된 대안을 탐색하게 된다.

- 전략 대안의 분석: 탐색한 대안의 우선순위를 정하기 위해서 일정한 기준에 의하여 대안의 장단점, 비용과 효과 등을 분석한다.
- 전략 대안의 선택: 최고관리자나 사업담당자는 분석 정보, 이해관계자의 의견 등을 종합하여 최종 전략을 선택하게 된다.
- 전략계획서 작성: 전략기획위원회, 이해관계자 의견수렴, 최고관리자 검토 등을 거쳐서 합의된 전략을 바탕으로 공식적인 전략계획서를 작성한다.

제2절 전략형성을 위한 프로그램 이해

1 프로그램 논리모형의 의의

전략형성을 위해 정책과 프로그램을 이해하는 가장 대표적인 방법은 프로그램 논리모형을 작성하는 것이다. 논리모형은 정책 및 프로그램에 대한 투입과 산출, 그리고 결과 간의 인과관계로 구성된 논리 사슬로서 투입에서 최종 결과에 이르는 사업이나 프로그램의 흐름을 도식화한 것이다(Renger & Titcomb, 2002). 논리모형은 시스템 이론을 바탕으로 프로그램 활동 간의 관계와 프로그램 구성요소와 결과 간의 관계에 초점을 둔다. 프로그램 논리모형은 전략 선택의 논리를 이해하고 결과를 문서화하는 데 유용하며, 이를 통해 효과적인 조치와 그 원인에 대한 이해를 공유할 수 있다(Kellogg Foundation, 2017). 논리모형은 복잡한 정책과정을 시스템적인 시각으로 단순화하고 결과 지향적인 정책 설계를 가능하게 함으로써 프로그램을 쉽게 이해하도록 돕는다(박홍윤 · 박규동, 2023).

논리모형 이외에 변화이론(theory of change)도 정책이나 프로그램을 이해하는 데 논리모형과 같이 활용될 수 있다. 변화이론(theory of change)은 정책이나 프로그램의 변화 과정을 이론으로 설명하고자 한다. 예로, 경제정책은 경제이론을 바탕으로 변화를 추구한다. 변화이론은 특정한 맥락에서 원하는 변화가 어떻게, 그리고 왜 일어날 것으로 예상되는지에 대한 포괄적인 설명과 예증이다. 변화이론과 논리모형은 많은 유사점이 있지만, 논리모형은 프로그램 개입에 의한 결과가 무엇인지(what)를 보여주는 논리적 순서(X를 제공하면 결과는 Y가 됨)를 설명하나 변화이론은 이론을 바탕으로 변화의 이유(why)를 보여주는 인과적 메커니즘을 보여주고자 한다. 표현에서 논리모형은 투입-활동-결과-영향과 같이 선형적으로 묘사하나 변화이론은 다차원적으로 표현된다.

이러한 논리모형은 성과관리에서 다음과 같은 이점을 줄 수 있다(PIC, 2023).

- 팀 간에 공유된 언어를 제공하여 조직의 업무를 설명한다.
- 입력, 활동, 출력 및 결과 간의 변화 이론 관계를 정의한다.
- 결과의 본질에 대한 일반적인 오해를 해명한다.
- 높은 수준의 정보(고위 임원에 적합한) 또는 세부 수준의 정보(일상 업무를 능동적으로 관리하는 데 적합한)를 보여준다.
- 팀이 자원 할당, 활동 및 제공 파트너를 재검토할 수 있도록 돕는다.
- 프로그램 평가를 통해 인과관계 검정을 촉진한다.

2 사례

〈표 5-2〉는 논리모형을 성과목표, 지표 개발 등에 활용하고 있는 예이다.

〈표 5-2〉 논리모형 활용 사례

환경부, 기후변화대응 및 저탄소 사회기반구축연구(공공기술개발유형)

구분	투입	과정	산출	결과		
				단기	중기	장기
사업 논리	• 인적자원 - 국립환경과학원, 전문가, 사업 참여자 등 • 물적자원 - 예산, 연구 장비	• 연구활동 • 시험분석 • 성과확산 • 산학연 교류 • 국제 연구 교류	• 프로그램 개발 • 배출량 및 감축 대책 DB 구축 • 홍보	• 논문 게재 • 학회 발표 • 프로그램 개발 및 보급	• 연구성과 개선 • 배출량 산정을 위한 국가 고유 배출계수 개발	• 온실가스 감축 • 대기질 개선 • 인식 제고
성과 목표				• 지방자치단체 및 비산업 부문의 온실가스 감축목표 달성 지원을 위한 감축이행전략	• 지방자치단체 및 비산업 부문의 온실가스 감축목표 달성 지원을 위한 감축이행전략	• 지방자치단체 및 비산업 부문의 온실가스 감축목표 달성 지원을 위한 지방자치단체

				제공 및 감축 기반 구축	및 감축기반 고도화	맞춤형 감축이행전략 제공 및 감축기반 구축
성과 지표			• GFMS* 개발 • 통합 배출량 및 감축대책 DB 구축 • SNS·언론 홍보	• GFMS 개발 및 광역자치단체 보급 • 광역자치단체 통합 배출량 및 감축대책 DB 구축 • 수송부문 국가 고유 배출계수 개발 • 저탄소생활 인식 제고 • 핵심성과 확산	• GFMS 개발 및 수도권(시) 보급 • 수도권 지방자치단체 통합 배출량 및 감축대책 DB 구축 • 수송·폐기물 부문 국가 고유 배출계수 개발 • 저탄소생활 인식 제고 • 저탄소 건축물 G/L 개발·보급 • 핵심성과 확산	• GFMS 개발 및 전국(시) 보급 • 전국 기초자치단체 통합 배출량 및 감축대책 DB 구축 • 수송 및 식생 부문 국가 고유 배출계수 개발 • 저탄소생활 인식 제고 • 저탄소 건축물 G/L 개발·보급 • 핵심성과 확산

* GFMS: 지방자치단체 온실가스 감축정책 수립 지원 프로그램.

출처: 과학기술정보통신부 · KISTEP(2020). 『국가연구개발사업 표준 성과지표(5차) [성과목표 · 지표 설정 안내서]』.

3 프로그램 논리모형의 구성요소

프로그램의 논리모형은 투입, 활동, 산출, 결과, 맥락 요소로 구성된다.

- **투입**(inputs): 투입은 정책 및 프로그램을 운영하는 데 투입되는 자원을 의미한다. 자원에는 인적, 재정적, 물적, 시설, 시간, 기술, 정보자원 등이 있다.
- **활동**(activities): 활동은 투입 자원을 가지고 정책 및 프로그램 집행을 위해 수행한 행위를 의미한다. 활동으로는 제품의 생산, 서비스 제공, 인프라의 구축, 교육훈련 등을 들 수 있다.
- **산출**(outputs): 산출은 프로그램 활동으로 발생한 가시적이고 직접적인 결과를 의미한다. 산출은 바람직한 결과를 가져오는 데 기여하게 된다.
- **결과**(outcomes): 결과는 산출에 의해 대상 및 대상집단에 나타난 변화를 의미한다. 결과는 동시에 나타나지 않고, 대부분 일정한 시차에 의해 나타나게 된다. 결

과의 발생은 그 시차에 의해 단기-중기-장기 결과와 같이 일련의 사슬 형태로 표현할 수 있다. 일반적으로 산출은 단기적으로 학습을 통한 대상집단 인식의 변화, 중기결과는 인식의 변화에 이은 행동의 변화, 장기결과는 대상집단에 미친 영향을의미한다.

- 맥락(context): 맥락은 정책과 프로그램의 환경으로 역사, 문화, 정치 사회적 환경 등으로 다른 구성요소에 직간접적으로 영향을 주는 요인이다.

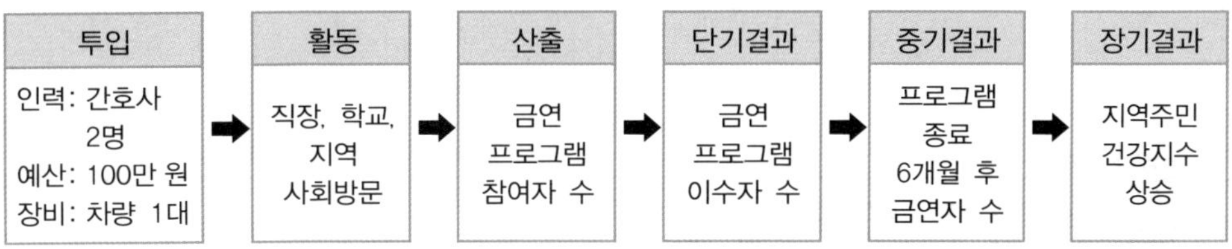

[그림 5-2] 논리모형의 예

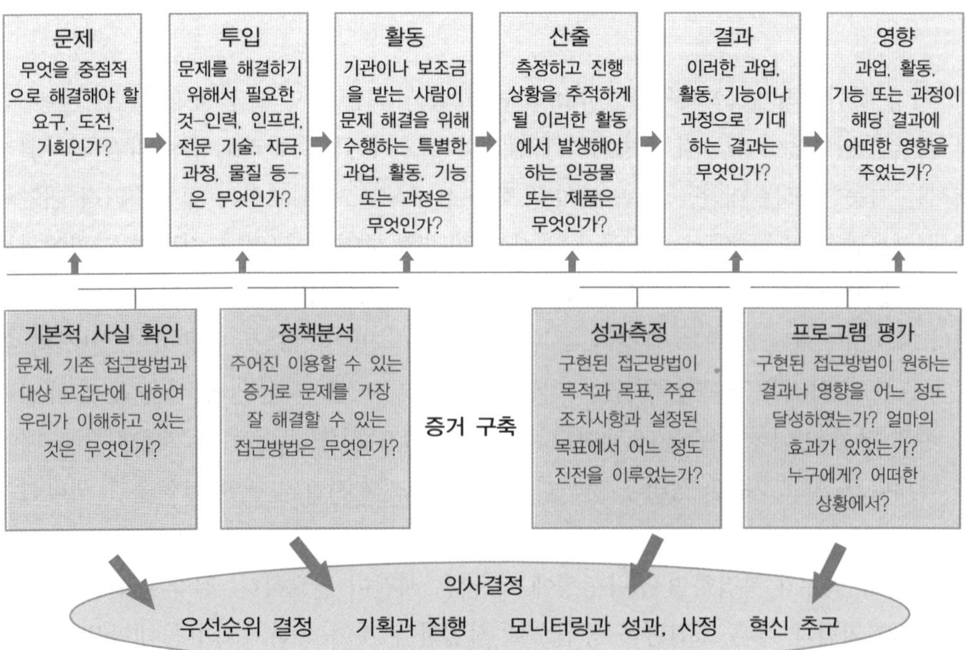

출처: OMB(2022).

[그림 5-3] 논리 모형

[그림 5-2]는 지역 보건소의 금연 프로그램에 대한 논리모형의 예이다. 모형은 지역주민의 건강을 증진하기 위해 인력, 예산, 장비를 투입하여 직장 등을 방문하여 2개월 간 금연 프로그램을 운영한다. 논리모형은 산출로 금연프로그램에 처음 참여자의 수, 단기결과는 2개월 동안 이수한 사람의 수, 중기결과로 6개월이 지난 뒤까지 금연하고 있는 사람과 장기 결과로 1년 후 지역주민의 건강지수의 증가를 보여준다.

프로그램 논리모형은 [그림 5-3]에서 보듯이 전략적 기획의 모든 과정의 의사결정에 도움을 줄 수 있다.

제3절 전략 대안의 탐색

1 전략 대안 탐색의 의의

가장 바람직하게 문제를 해결하고 목표 달성을 위한 방법을 선택하기 위해서는 먼저 어떠한 방법들이 있는지 광범위하게 탐색할 필요가 있다. 합리모형에 의한 의사결정에서는 가능한 모든 대안을 모두 분석할 것을 요구하나, 실제에서는 점증주의적 대안의 탐색이나 만족한 수준에서 대안을 탐색하는 행태를 보인다. 그러나 전략적 기획에서는 급격하게 변화하는 환경에 적합한 보다 혁신적이고 창의적인 대안의 탐색을 강조하고 있다. 특히, 전략적 기획은 환경이 주는 기회를 조직의 강점으로 활용하고, 환경의 위협과 조직의 약점을 극복할 수 있는 대안을 요구한다. 전략 대안의 탐색은 문제 해결이나 목표 달성을 위한 수단을 선택한다는 면에서 비전 지향 또는 목표 지향적으로 대안을 탐색하고, 프로그램의 성과를 향상하기 위해서 고객 지향의 대안 탐색을 모색하여야 한다.

전략적 이슈가 복잡하면 전략형성에 더 많은 시간이 필요하다. 전략 대안을 구상할 때 전략기획팀과 같은 소집단을 중심으로 작업하는 것이 좋다. 그러나 대안을 개발할 때에는 다양한 이해관계자의 참여를 확대할 기회를 제공해야 한다. 특히, 전략적 이슈와 가장 밀접한 관계를 맺고 있는 사람들의 의견을 수렴하는 참여적 방법이 요구된다(State of Virginia, 1998).

2 전략 대안 탐색방법

전략적 기획에서 대안을 탐색하는 방법은 다음과 같이 분류할 수 있다(Nutt, 1993).

1) 기존 문제 해결 접근방법

기존 문제 해결(existing solution) 접근방법은 이미 만들어져 있는 대안을 빌려 쓰는 접근방법이다. 소위 점증주의 접근방법에 의한 대안 탐색방법이다. 이 방법은 보수적 방법으로 해결하고자 하는 문제의 환경이 크게 변화되지 않는 경우에 사용될 수 있다. 이를 사용할 때는 다음과 같은 것을 고려해야 한다.

- 기존의 조직, 사업, 기능을 과거와 같은 수준으로 계속할 것인가?
- 새로운 사업을 시작하거나 기존 활동을 확대할 것인가?
- 현재의 조직활동이나 사업 및 기능을 축소할 것인가?
- 관련된 사업에 따라서 위의 상황을 복합적 연속적으로 수행할 것인가?

기존 전략에 대한 검토 이후 전략을 수정하거나 새로운 전략을 도입하고자 할 경우에는 다양한 방식으로 전략 대안을 탐색하게 된다.

2) 벤치마킹

벤치마킹(benchmarking) 접근방법은 관련 분야에서 높은 성과를 내는 다른 조직이 문제를 해결하기 위해 사용한 전략을 활용하는 방법이다. 기존 문제 해결 접근방법이 내부적으로 개발된 아이디어를 활용하는 데 비해, 벤치마킹 접근방법은 조직의 외부에서 대안을 찾는다. 벤치마킹 접근방법은 다른 조직이 사용한 하나의 대안만 활용하는 방법과 외부 조직에서 이용하는 여러 가지 대안을 통합하여 활용하는 통합적 벤치마킹으로 구분될 수 있다. 우리의 경우 많은 전략계획서나 관련 연구보고서가 외국의 사례를 제시하는 것은 벤치마킹을 활용하기 위한 것으로 볼 수 있다.

3) 탐색 접근방법

탐색(search) 접근방법은 이용할 수 있는 아이디어로부터 대안을 확인하는 방법이다. 조직은 필요한 것을 확인한 뒤에 제안서(RFP)를 컨설턴트나 전문가에게 보내고, 이들로부터 대안을 제출받아서 비교하고 선택하는 방법이다. 이 접근방법의 성공은 어떻게 제안서의 요구사항을 준비하고 제안 내용을 평가하느냐에 달려 있다. 탐색 접근방법은 제안서를 받은 뒤 한 번의 평가로 결정하는 단일 탐색(single search cycle) 접근방법과 조직이 필요로 하는 것을 재정의한 뒤에 다시 대안을 탐색하는 복합적 탐색(multiple searches) 접근방법으로 구분될 수 있다.

4) 혁신 접근방법

혁신(innovation) 접근방법은 주문식 맞춤(custom-made)형 문제 해결 방법이다. 혁신 접근방법은 특정한 집단이나 사람들에게 필요한 전략 대안을 요구하는 방법으로 조직은 관련인과 지속적인 토의로 대안을 선택하게 된다. 이 접근방법은 시장에서 첫 번째로 진입한 사람이 경쟁적 우위를 확보하기 위해 종종 채택된다. 혁신 접근방법은 실천에 옮기기까지 가장 긴 시간이 걸린다.

3 SWOT 매트릭스 전략

전략은 조직의 내적 능력과 외부 환경을 연결하는 중요한 수단이다. 둘을 연결하여 전략을 도출하기 위해 일반적으로 사용할 수 있는 것으로 SWOT 매트릭스(matrix)가 있다(Weihrich, 1982). SWOT 매트릭스 전략은 〈표 5-3〉에서 보듯이 조직의 강점과 약점을 외부 환경이 주는 기회와 위협 요인을 연계하여 전략을 SO(강점-기회) 전략, WO(약점-기회) 전략, ST(강점-위협) 전략, WT(약점-위협) 전략으로 구분하고 있다.

〈표 5-3〉 SWOT 매트릭스에 의한 전략 유형

	강점(Strengths) - S 강점 목록	약점(Weaknesses) - W 약점 목록
기회 (Opportunities) - O 기회목록	SO 전략 기회를 활용하기 위해 강점을 이용	WO 전략 기회를 활용하기 위해 약점을 극복
위협 (Threats) - T 위협목록	ST 전략 위협을 피하기 위해 강점을 이용	WT 전략 위협을 피하기 위해 약점을 최소화

내부 환경 / 외부 환경	강점(Strength)	약점(Weakness)
	• 국가통계 체계적 발전기반 확보 • 통계품질 진단 및 사후관리 경험 • 행정자료 입수 · 활용 능력 보유 • 통계작성 경험 · 전문성 보유 및 보안망 구축된 시스템 운영 • 글로벌 통계역량 확보 • 국가통계 통합 DB 구축	• 국가통계 총괄 · 조정 역할 취약 • 통계 품질관리 미흡 • 통계작성기관의 인력 · 예산 한계 • 종합적인 국가정책지표 부재 • 국가통계 인프라 부족
기회(Opportunity)	**SO 전략**	**WO 전략**
• 다양한 정책수요 증가 • 국가통계 정보 개방 및 공유 확대 • 사회복지 관련 통계의 개선 · 개발 요구 • 공공 · 민간자료 공유에 대한 공감대 확산 • 맞춤형 통계의 개발 · 공유 · 확대 요구	• 국가통계 기획 · 조정 및 평가 기반 강화 • 행정자료를 활용한 정책 맞춤형 통계 개발 · 제공 • 국가통계 개방 및 맞춤형 통계 서비스 확대 • 글로벌 통계 리더를 위한 국제 협력 강화	• 국가통계 품질관리 및 통계 기준 개발 · 개선 • 지역맞춤 통계 제공 및 지방자치단체 역량 강화 • 통계 작성 및 활용 역량 제고를 위한 교육 강화 • 데이터 활용 기반 구축 추진
위협(Threat)	**ST 전략**	**WT 전략**
• 국가통계 전반이 시의성 신뢰성 제고 요구 • 급격한 산업구조 변화 • 현장조사 환경 약화 및 응답부담 증가 • 통계작성 부담 증가 • 이용자 수요 충족 미흡	• 국가통계생산 패러다임 전환 • 표본 개편 및 통계생산구조 효율화 • 미래 통계환경변화 대응 연구 강화 • 국가통계 신뢰 제고를 위한 홍보 강화	• 행정자료 공유 표준화 활용을 위한 법제도 기반 마련 • 통계 생산방식의 효율적 개선 • 통계의 현실 반영도 및 설명력 제고

출처: 통계청, 『성과관리 전략계획 2020~2024』.

[그림 5-4] 각 차원별 전략 방향 분석

[그림 5-4]는 통계청의 『성과관리 전략계획(2020~2024)』에서 SWOT 매트릭스를 활용하여 전략을 도출하고 있는 예이다.

1) SO 전략

SO 전략은 조직의 내적 강점을 외부 환경의 기회를 활용하기 위해 사용하는 극대-극대(maxi-maxi) 전략이다. SO 전략은 외부 환경이 주는 기회가 많고 내적 강점이 클 때 이용하는 전략이다. SO 상황에서는 성장 지향적 전략을 주로 사용하게 된다. 조직은 SO 전략을 사용할 수 있는 위치를 얻기 위해 WO, ST, 또는 WT 전략을 사용한다. 즉,

조직이 중요한 약점을 가지고 있을 때 그것을 극복하여 약점을 강점으로 만들 필요가 있다. 조직이 중요한 위협에 처해 있는 때에는 기회에 집중하기 위해 위협을 피할 방법을 모색하여 조직의 강점을 확대하는 것이 필요하다.

2) WO 전략

WO 전략은 조직의 내부 능력은 부족하지만, 외부 환경의 변화가 조직에 유리한 상황으로 변화가 예상되는 경우에 사용되는 전략이다. WO 상황에서의 전략은 조직의 약점을 극복하여 외부 환경의 기회를 최대한 이용하는 극소-극대(mini-maxi) 전략을 사용하게 된다. 조직은 외적인 기회가 존재하더라도 내적인 능력이 부족하여 기회를 활용하지 못하는 경우가 많다. WO 상황에서 사용될 수 있는 전략으로는 우회 전략이 있다. 예로, 기업에서 특정 제품의 수요가 급격하게 늘고 있지만 이를 생산할 능력이 부족할 때가 있다. 이를 해결하기 위해 조직의 생산설비를 확충하고 기술자를 양성하거나 다른 기업과 제휴하여 공급을 늘린다면 이는 WO 전략에 속한다.

3) ST 전략

ST 전략은 조직이 많은 강점이 있지만, 외부 환경의 위협이 심할 때 사용된다. ST 전략은 조직의 강점을 활용하여 위협을 줄이는 극대-극소(maxi-mini) 전략이다. ST 전략을 사용해야 할 환경에 접해 있는 조직은 조직의 강점을 찾아서 환경을 극복하기 위해 다각화 전략이 권고되고 있다. ST 상황에서는 위협을 기회로 삼는 창조적 방법이 요구된다. ST 전략의 예로 대학이 재정의 위협에 대응하기 위해 대학의 강점인 전문인력을 활용하여 평생교육원이나 최고경영자 과정 등을 개설하여 수익을 창출하는 것에서 볼 수 있다.

4) WT 전략

WT 전략은 조직의 내부 능력도 부족하고 외부 상황도 조직에 불리할 때 조직은 외부의 위협을 줄이고, 조직의 약점을 극복하는 극소-극소(mini-mini) 전략이 필요하다. 이러한 최악의 상황이 전략적 기획에서는 조직 변화의 기회가 될 수도 있다는 것이 전략적 기획의 핵심이다. WT 전략에서는 방어적인 전략 또는 축소 지향의 전략이나 핵심

사업에 집중하여 투자하는 방법이 활용되기도 한다. 조직의 상황이 매우 나쁠 때 다른 조직에 흡수 합병, 긴축정책, 파산선고 등의 감축전략이 활용된다.

4 혁신적 창의적 대안 탐색기법

1) 의의

변덕스러움(Volatility), 불확실성(Uncertainty), 복잡성(Complexity), 모호성(Ambiguity)을 의미하는 VUCA를 특징으로 하는 현대사회의 공공문제는 과거의 경험이나 이론 및 지식이 없는 경우가 많다. 이 경우 전략적 문제 해결을 위해 새로운 대안의 탐색이 요구된다. 대안의 개발과정에서 합리적인 기법은 창의력에 대한 보조물에 지나지 않으며, 창의성이야말로 더욱 새로운 대안을 탐색할 수 있는 핵심적 방법이다(Dror, 1968). 창의성은 전략적 기획을 뒷받침하는 전략적 사고를 구성하는 핵심요소로 인정되고 있다(Bonn, 2001). 창의성은 관료제 조직의 병리현상을 완화하고, 오래된 패턴이나 사고 습관을 차단하여 대안적 사고방식을 가능하게 한다. 집단 차원의 창의성 활동은 구성원의 유대감, 팀워크와 협력 기술을 키울 수 있다. 무엇보다 창의성은 구성원의 긍정적 사고와 자신감을 높여 조직 성과에 기여한다.

공공부문에서 혁신의 원천이 되는 창의성은 다양하게 정의되고 있지만, 일반적으로 다양한 실천을 통해 참신하고 유용한 아이디어를 내놓는 공무원으로 이해할 수 있다. 공공부문에서 창의성 및 창의적 대안 탐색을 향상하기 위한 실천적 관행으로는 다음과 같은 방법들이 활용되고 있다(Houtgraaf et al., 2023).

- **창의적 사고**(creative thinking): 창의적 사고는 미래 지향적이고 고정관념을 깨는 생각으로 공무원이 공공부문에서 창의적 문제 해결을 위한 능동적이고 탐색적 학습을 통해 새로운 지식과 해결방안을 모색하는 것을 의미한다.
- **재량**(discretion): 창의성의 실천적 관행에는 공무원이 재량권을 사용하여 자신이 직면하고 있는 상황에 적합하게 성과를 향상하는 것을 의미한다. 이는 실용적 임시변통으로 주로 현장의 일상적인 경험을 기반으로 발현되게 된다. 예로, 위기 상황에서 즉흥적으로 대처하는 것에서 볼 수 있다.
- **실험**(experimenting): 실험에 의한 창의성 발현은 시행착오를 기반으로 하는 반복 프로세스를 통해 공공부문의 창의적 해결방안을 모색하는 활동을 의미한다. 이는

반복적 과정에서 습득한 지식과 경험적 학습을 기반으로 한다.

- 네트워킹(networking): 네트워킹은 창의적 문제 해결을 위해 전문가나 이해관계자와 네트워킹을 하여 새로운 아이디어를 창출하는 방법을 의미한다. 이는 개방형 혁신, 디자인 사고 등으로 논의되고 있다.
- 이전(transferring): 이전은 민간이나 다른 영역에서 생성된 창의적 해결방안을 공공부문에 이전하여 활용하는 것을 의미한다. 대표적인 것으로 벤치마킹 등의 기법이 활용된다. 이는 창조는 모방이라는 논리를 기반으로 한다.
- 민간부문에 아웃소싱(outsourcing): 이는 민간부문이 공공부문보다 더 창의적이고 혁신적인 사고를 할 수 있다는 생각에 근거하여, 민간부문에 아웃소싱하여 공공부문의 문제 해결을 모색하는 것을 뜻한다. 이는 오늘날 거버넌스, 민영화, 아웃소싱, 공공-민간 파트너십 등의 이름으로 논의되고 있다.

2) 창의적 대안 탐색기법

창의성은 하나의 기술(art)로 학습과 경험으로 향상될 수 있다. 창의성 향상에 활용할 수 있는 기법이나 도구에 대하여는 매우 다양한 방법이 제시되고 있다. 이들 방법은 초기에 개인적 발상법에서 집단적 발상법과 이를 발전시킨 시스템적인 발상법으로 발전하고 있다. 개인적인 발상법에는 5W 1H 기법, 오스본의 체크리스트 기법, SCAMPER 기법, 유추법 등이 있고, 집단적인 발상법에는 브레인스토밍 기법, 스노 카드 기법 등이 있으며, 시스템적 발상법에는 매트릭스 기법, 모호로지컬 기법 등이 있다. 실제 대안의 발상 과정에서는 이러한 다양한 방법이 혼합되어 사용된다(박홍윤, 2013).

사례 **SWOT 기법을 활용한 대안 탐색 사례**

- 서울시(2017). 『서울시 50+ 정책 중장기 발전전략』.
- 서산시(2020). 『서산시 화학물질 안전관리계획 수립 용역』.

창의적 대안 탐색으로 델파이 기법을 활용한 사례

- 한국교과서연구재단(2014). 『교과서 선정제도 개선방안 연구』. 교육부.
- 한국사회복지교육협의회(2021). 『사회복지 현장실습 운영실태 및 개선방안 연구』. 보건복지부.

벤치마킹에 의한 대안 탐색 사례

- 사단법인 한국노동법학회(2021). 『새로운 고용형태 종사자의 제도적 보호를 위한 해외 사례연구』. 고용노동부.
- 오정은(2021). 『난민 체류정책 해외 사례 등 연구』. 법무부 출입구. 외국인정책본부.

출처: https://www.prism.go.kr

제4절 전략 대안의 분석

1 전략 대안 분석의 의의

전략 대안이 개발되고 나면 전략 선택을 위해 제시된 대안을 분석 평가해야 한다. 전략 대안 분석은 전략목표나 전략적 이슈를 해결하기 위한 전략 선택에 필요한 정보를 창출하기 위한 분석적 활동을 의미한다. 대안의 분석으로 대안의 우선순위가 결정되게 된다. 전략적 기획에서 대안 분석은 다음과 같은 의미를 가진다.

- 전략 대안 분석은 전략 대안과 전략목표의 관계를 분석한다.
- 전략 대안 분석은 전략 대안의 투입과 산출 또는 비용과 효과에 대한 체계적 분석을 요구한다.
- 전략 대안 분석은 정치적이고 주관적 성격을 가지는 전략 선택에 필요한 정보를 창출하는 비판적 사고 과정이다.
- 전략 대안 분석은 다학문적 다차원적 시각에 의한 분석이 필요하다.

2 전략 대안의 평가기준

공공정책의 전략 대안 평가의 규범적인 기준은 공익이 된다. 사회 전체의 공동 이익인 공익은 다양한 관점으로 정의되기 때문에, 실제 대안의 선택에서 적용하기는 어려움이 있다. 이에 대부분 전략 대안 분석은 다음과 같은 기준이 활용되게 된다.

• 일관성(consistency): 전략 대안은 일관성이 있어야 한다. 일관성은 조직의 위임사항, 임무, 비전, 목적 등과 조화를 이루어야 하는 내적 일관성이 있어야 한다. 내적 일관성 이외에 외부 환경과 조화를 이루어야 하는 외적 일관성도 확보될 필요가 있다.
• 효과성(effectiveness): 효과성은 전략 대안의 목표 달성 정도를 의미한다. 효과성은 조직의 임무, 비전, 전략목표에 어느 정도 이바지할 수 있을 것인가를 의미한다.
• 능률성(efficiency): 능률성은 투입 대 산출의 비율을 분석하는 것이다. 능률성을 평가해야 하는 논리는 공공 프로그램을 운영하는 자원이 제한되어 있다는 데에서 찾을 수 있다.
• 적실성(relevance): 적실성은 전략 대안이 대상집단의 욕구 및 그 우선순위와 일치되는 정도를 의미한다.
• 적정성(adequency): 적정성은 전략 대안의 성과가 대상집단의 문제를 해결하는 정도를 의미한다.
• 형평성(equity): 형평성은 전략 대안의 비용과 편익이 얼마나 다양한 대상에게 동등하게 배분되었는가를 측정하는 기준이다. 형평성은 이를 공평성과 균형성의 기준으로 구분된다. 공평성은 전략 대안의 편익이 대상집단에 공평하게 배분된 정도를 측정하는 기준이다. 한편 균형성은 비용의 사회집단 간 배분의 정도를 의미한다.
• 고객만족도(satisfaction): 고객만족도는 전략 대안에 의해 제공되는 재화와 서비스가 고객의 기대를 충족하는 정도를 의미한다.
• 영향(impact): 영향이란 전략 대안이 대상집단의 최종 상태에 미친 효과를 의미한다. 분석의 기준으로 영향은 대상집단에 미치게 될 긍정적인 것과 부정적인 것, 의도한 것과 의도하지 않은 것 모두를 포함하게 된다.
• 지속가능성(sustainability): 지속가능성은 전략 대안이 종료된 뒤에 편익의 지속가능성을 의미한다. 지속가능성은 장기적 편익이 지속할 확률로 프로그램의 적정성, 적실성, 정당성, 재정적 안정성, 효과적 관리의 지속성, 변화에 대응할 수 있는 능력 등에 의해 결정된다.
• 거버넌스(governance): 거버넌스 기준은 전략 대안이 문제 해결 과정에서 정부, 시장 및 시민사회 간의 새로운 파트너십을 형성할 수 있는 정도를 의미한다.
• 실행 가능성(feasibility): 전략 대안은 아무리 훌륭한 대안이라고 하더라도 조직의

능력과 상황에 비추어 실행 가능성이 있어야 한다. 실행 가능성은 기술적, 사회적, 경제적, 법적, 정치적, 시간적 가능성을 검토하여야 한다.

3 전략 대안 평가의 기법들

1) 비용편익과 비용효과분석

비용편익분석은 1930년대 미국의 수자원 개발과 관련하여 발전되어, 1960년대 세계은행 등에서 더욱 정교화된 대안분석 기법이다. 비용편익분석이란 장기적이고 넓은 시각으로 사업을 보아야 할 때 필요한 실용적이고 경제적 분석방법이다. 비용편익분석은 대안의 실행과 관련된 모든 비용과 편익을 현재 가치로 환산하여 대안을 비교하는 양적 분석방법이다. 주로 한정된 자원의 최적 배분을 위해 일정한 편익을 최소의 비용으로 얻거나 일정한 비용으로 최대의 편익을 얻는 방법을 계량적으로 발견하는 기법으로 화폐적으로 분석한다. 비용효과분석은 화폐적으로 환산될 수 없는 부분에 대한 분석에 활용되지만, 분석에서 계량화를 선호한다. 계량적인 비용편익분석과 비용효과분석은 정치적인 선택과정으로서 전략 대안 선택에 유용한 정보를 제공함을 목적으로 한다. 그러나 목적이 불명확하고 계량화가 어려운 부분에 사용될 때 산출되는 정보는 많은 한계를 가진다. 이 밖에 기술적으로 사회적 비용의 처리 문제, 할인율의 결정 문제 등을 가지고 있다.

비용편익분석을 할 때 다음과 같은 것들이 고려되어야 한다(Wasch, 1993).

- 비용편익분석을 하기 전에 목표를 구체화해야 한다.
- 서로 다른 목적으로 운영되는 두 개의 프로그램이나 전략은 비교하지 말아야 한다.
- 매우 양적인 편익의 계산은 의심해야 한다. 비영리조직은 가시성이 없고, 직접적이지 않은 편익을 가진 서비스를 제공한다. 무형의 편익을 파악하도록 노력해야 한다.
- 비용편익분석의 결과에 대해 상당한 정도의 오류를 인정해야 한다. 편익은 항상 부정확하게 측정된다. 반면에 비용은 너무 정확하게 측정된다. 비슷한 편익을 가진 두 개의 제안도 비용은 상당히 다를 수 있다. 그러므로 비용편익분석만으로 비교해서는 안 된다.

2) 매트릭스 또는 그리드 기법

전략 대안의 분석 가운데 많이 사용되고 있는 매트릭스 또는 그리드(grids) 기법은 대부분 전략적 기획과 관련된 변수들의 조합으로 대안을 모색하고 분석하게 된다. 매트릭스를 구성하는 데 사용되는 변수는 앞에서 살펴본 전략 대안 분석기준이 활용될 수 있다. 이외에 다음과 같은 것들도 활용된다.

- 전략의 매력도(strategic attractiveness)
- 재정적 매력도(financial attractiveness)
- 집행의 어려움(implementation difficulty)
- 불확실성과 위험도(uncertainty and risk)
- 이해관계자의 수용도(stakeholder acceptability)

매트릭스 분석에서는 이들 변수의 정도(높음, 낮음 또는 상 · 중 · 하)에 따라서 매트릭스를 구성하여 전략을 창출하거나 분석하게 된다. 가장 기본적인 형태의 그리드는 〈표 5-4〉와 같은 형태의 그리드를 만들어서 비교하는 방법이 활용된다. 이에서 4안의 전체 점수가 12로 가장 바람직한 안으로 선택될 수 있다.

〈표 5-4〉 전략안 그리드 예

기준 \ 대안	1안	2안	3안	4안
전략적 매력도	✓✓	✓✓✓	✓	✓✓✓
재정적 매력도	✓✓✓	✓✓✓	✓✓✓	✓✓✓
집행의 어려움	✓✓	✓	✓	✓✓
불확실성과 위험도	✓✓	✓✓	✓	✓✓
이해관계자의 수용도	✓✓	✓	✓✓	✓✓
전체 합	11	10	8	12

* 점수: 3: 매우 매력, 2: 보통 매력, 1: 낮은 매력.

3) 포트폴리오 기법

매트릭스 기법의 하나로 기업 부문의 대안 선택에서 가장 많이 사용하는 것이 포트폴리오(portfolio) 기법이다. 포트폴리오 기법은 다각화된 조직이나 사업에서 조직 전체의 업적을 극대화하기 위해 어떤 사업에 참여하고, 여러 사업의 위험을 최소화하면서 어떻게 배합하여 운영할 것인가를 결정하는 방법이다. 포트폴리오 기법은 조직으로 하여금 지나친 위협에 직면하지 않으면서 전략의 최종적인 목표를 달성할 수 있도록 사업을 배분하는 것이다.

포트폴리오 기법 가운데 대표적인 기법으로 BCG(Boston Consulting Group) 기법, GE 기법, 산업발전 기법(호퍼-쉔델 모형) 등이 있다. 이들 기법은 경쟁을 핵심으로 한 전략 대안 분석기법으로 경쟁보다는 협력과 독점의 성격을 가지는 공공사업에는 적용에 한계가 있다. 그러나 포트폴리오가 추구하는 다양한 사업 간에 최선의 조합을 선택하고자 하는 기본적 논리는 공공조직에도 적용할 수는 있을 것이다. 특히, 제3섹터와 같이 수익사업 분야나 자원과 예산의 사업 간의 배분 등에서는 유용한 정보를 얻을 수 있을 것이다.

4) 시뮬레이션 모델링

시뮬레이션 기법은 모조물을 가지고 실제를 평가하는 기법이다. 이 시뮬레이션 모델링(simulation modeling)은 인간이 만든 많은 시스템에 사용될 수 있다. 특히, 오늘날 컴퓨터를 활용한 시뮬레이션 모델링 기법이 많이 개발되면서 그 효용성이 증대되고 있다. 시뮬레이션 모델링은 시스템이 실제 어떻게 작용할 것인지에 대한 기댓값을 제공해 준다. 특히, 다양한 변수의 변화에 의한 바람직한 대안을 모색하는 데 활용될 수 있다. 그러나 시뮬레이션 모델링은 환경변수와 대안의 성과 간에 많은 양의 정보가 필요한 때에는 이용이 제한된다. 즉, 전략 대안의 평가에서 이 방법의 사용은 매우 구조화된 문제에 한정되어 사용될 수 있다.

5) 시나리오 기법

예측에서 사용되었던 시나리오(scenario) 기법은 매우 불확실한 상황에서 대안을 평가하고자 할 때 유용하게 사용될 수 있다. 시나리오 기법은 대안이 가져올 수 있는 성과나 결과에 대해 정확하게 예측하는 것보다는 어떠한 요인이 성과에 영향을 주는지 파악하는 데 도움이 된다. 시나리오 기법은 상황의 변화에 의한 대안의 실현 가능성 등을 평가할 수 있다. 시나리오 기법은 대안의 결과가 환경에 의해 영향을 받을 가능성이 클 때, 그리고 그러한 변화를 정확하게 예측하는 것이 어려운 불확실한 상황에서의 대안을 평가하는 데 도움이 된다.

사례 **대안 분석 사례**

[비용편익분석 사례]

- 중소벤처기업연구원(2021). 『2021년 기획재정부 규제 비용 분석 연구』. 기획재정부.
- KDI 공공투자관리센터(2022). 『2022년도 예비타당성조사 보고서: 수산식품산업 클러스터 조성사업』. KDI 공공투자관리센터. https://pimac.kdi.re.kr

[장단점 분석]

- 경성대학교 산학협력단(2019). 『부산현대미술관 개관준비 및 관리운영 종합계획 연구용역 최종보고서』. 부산광역시.

[시나리오 분석]

- 한국국제정치학회(2022). 『우크라이나 사태의 국제관계적 함의와 우리 외교전략』. 외교부.

제5절 전략 선택

1 전략 선택의 의의

전략 선택은 전략 대안 분석 결과를 바탕으로 전략목표를 달성하기 위한 전략을 선택하는 활동이다. 공공부문에서 대안의 탐색과 분석은 주로 객관적·분석적·이성적으로 이루어지나 전략의 선택은 다양한 이해관계자 간의 타협과 조정을 요구하는 정치적 과정에 의할 것을 요구한다. 전략 대안의 분석은 일반적으로 협력적 활동이나 전략의 선택은 대안 작성 과정보다는 더 갈등적이다. 이러한 갈등을 해소하기 위해 전략과 관련된 다양한 이해관계자 간의 타협과 조정의 정치적 과정이 필요하다.

전략의 선택은 전략기획위원회가 중심이 되어 이루어지게 된다. 반면에 규모가 작은 조직은 최고관리자가 할 수도 있다. 전략 대안을 분석한 전략기획팀은 전략 대안에 대한 보고서를 작성하여 전략기획위원회에 제출하면 위원회는 조직 전체적인 시각에서 이들을 검토한다. 이 과정에서 위원이나 최고관리자의 가치와 신념과 같은 주관적 판단이 크게 작용하게 된다. 이외에 공식적 채택은 변화를 선호하는 조치가 가능한 기회의 창에서 발생할 가능성이 높다. 이러한 기회로는 긴급한 이슈의 출현으로 열린 창, 중요한 정치적 변화에 의해 열린 창(새로 선출되거나 임명된 정책입안자, 새 집행 이사, 자금조달기관의 변경된 우선순위) 및 결정 시점에 도달함으로써 열린 창(공직기관이 행동할 권한을 부여받고 권한을 부여하는 시기)이 작용할 가능성이 크다(Kingdon, 2014).

2 전략 선택의 정치적 특성

1) 조직의 정치적 구조

정치과정으로 전략의 선택은 조직의 정치적 구조에 의해 영향을 받는다. 이에 의해 전략 선택은 조직에서 정치적 권력을 가진 집단의 의사가 많이 반영되는 것이 일반적이다. 공공부문의 전략적 기획에서 전략의 최종 선택은 복잡한 역학관계에 의하여 다음과 같은 요인들의 상호작용으로 영향을 받게 된다.

- 이념: 정치적 이념은 전략적 선택을 형성하는 데 중요한 역할을 한다. 보수냐 진보냐, 또는 민족주의와 같은 이념은 전략 대안의 선택에서 중요한 역할을 하게 된다. 이러한 이념은 종종 정책 정향(policy orientation)으로 표현된다.
- 여론: 여론은 전략 선택의 정치에서 중요한 요소이다. 공공조직의 전략적 기획의 최고책임자는 대부분 선출직이 담당하고, 이들은 항상 여론에 큰 관심을 가지고 그들의 선호를 정책과 프로그램에 반영하고자 한다.
- 파워 다이내믹스: 정치 시스템 내 또는 조직 내의 권력 분배는 전략 선택에 큰 영향을 미칠 수 있다. 노조, 로비 집단과 같은 강력한 이익단체는 정책입안자들이 자신의 이익에 부합하는 전략을 채택하도록 항상 영향력을 행사한다.

이러한 전략적 선택과정이 가지는 특징을 보면 다음과 같다(Rabin et al., 1989).

- 전략적 의사결정은 조직 내의 한 시점에서 가장 커다란 영향력을 가진 사람들로 형성된 지배적인 연합체에 의해 이루어진다.
- 지배적인 연합체의 구성원들은 외부 환경에 대한 조사활동을 통해 정보를 획득

한다.

- 전략적 의사결정과 관련된 외부 환경은 지배적인 연합체 구성원이 가지는 외부 환경에 대한 인지로 구성된다.
- 수많은 동적인 제약 요소(현재와 과거의 전략, 조직의 구조, 조직의 성과)는 변화하는 외부 환경에 대한 지배적인 연합체의 능력을 제한한다.

모든 조직은 정치적 속성을 가진다. 조직의 정치를 관리하지 않으면 정치적 술책으로 시간을 낭비하고, 조직의 목표를 퇴색하게 하며, 인적자원의 낭비를 가져온다. 전략 선택과정에서 참여를 기반으로 하는 바람직한 정치적 활동이 아니라, 특정 소수나 집단의 정치적 편견이나 개인적 선호가 결정에 영향을 미친다면 바람직한 전략 선택은 어렵게 될 것이다. 특히, 전략 방향 및 목표가 명확하지 않을 때 정치적 혼란과 갈등은 더욱 심하고, 전략적 기획과정이 잘못된 방향으로 유도될 가능성이 크다. 그러나 이 단계에 나타나게 되는 의사결정자 간의 갈등은 더 많은 대안을 창출하게 하고 문제를 더 잘 이해하게 하는 등 효과적인 전략 선택과 성과를 가져오는 긍정적 효과도 있다(Eisenhardt et al., 1997).

때로 합리적인 분석 결과를 바탕으로 전략기획팀이 선택되기를 바라는 대안이 있을 수 있다. 이때 전략기획팀은 자신이 원하는 결과를 확보하기 위해 주요 의사결정자와 이해관계자들을 포용할 수 있는 유인책을 가질 필요도 있다. 이러한 유인책으로 주고받는 협상과 타협으로 전략기획팀이 원하는 대안을 선택하는 정치적 노력도 필요하다.

최종적인 전략안을 선택할 때 여러 부서의 이해관계를 상호 조정하는 활동은 매우 중요하고 어려운 일이다. 조정이 어려울 때는 결정을 지연하거나, 필요한 예산액을 조정하거나, 전략의 기본 방향을 재조정하여 전략 대안의 검토를 다시 할 수 있다. 실제 이 단계에서는 어떠한 법칙이나 기법이 요구되지는 않는다. 관련 부서장은 자신의 전략 대안이 채택되도록 사업의 필요성을 다시 설명하고, 간곡한 청을 하거나, 확실하게 전략을 집행하겠다는 약속을 하는 등의 공식적 · 비공식적 노력을 할 필요가 있다.

다음과 같은 술책도 전략 선택의 정치적 과정에서 활용되고 있다(Guth & MacMillan, 1986).

- 등종극성(equifinality): 똑같은 결과를 서로 다른 방법이나 수단으로 달성할 수 있다. 전략가는 성공적으로 결과를 달성하는 것이 결과를 달성하는 방법보다 중요하다는 것을 항상 인식해야 한다. 이는 똑같은 결과를 더 많은 사람의 합의로 달

성할 수 있다는 것을 의미한다.

- **만족화**(satisfying): 받아들일 수 있는 전략으로 만족할 만한 결과를 달성하는 것이 인기가 없는 전략으로 최고의 결과를 달성하는 데 실패하는 것보다 좋다.
- **일반화**(generalization): 특별한 이슈를 좀 더 일반적인 이슈로 전환하는 것이 대안에 대해 조직적 합의를 얻을 가능성을 넓혀준다.
- **우선순위가 높은 이슈에 초점을 둠**: 이슈를 더 높은 수준으로 끌어올림으로써 단기적인 관심사를 장기적인 문제 해결 뒤로 연기시킬 수 있다. 예로, 조직의 생존 문제에 초점을 둠으로써 노조의 임금 투쟁을 중단하도록 설득할 수 있다.
- **이슈에 정치적 접근을 허용**: 전략이나 정책결정이 중간관리자에게 상당히 부정적인 결과를 가져올 것으로 생각한다면 그들로 하여금 결정과정에 개입을 자극할 것이다. 만약 중간관리자에게 참여 기회를 주지 않는다면, 그들은 결정이 이루어진 뒤에 결정에 저항할 수도 있다. 그러므로 이들에게 참여할 수 있는 정치적 접근 능력을 제공함으로써, 다른 측면에서는 얻을 수 없는 정보를 얻을 수 있도록 하는 것이 바람직하다.

2) 최고관리자의 태도와 술책

최고관리자의 가치관, 성향 등은 전략의 선택에서 가장 중요한 결정 요인으로 지적되고 있다. 특히, 최고관리자의 위험에 대한 선호도는 전략의 기본 유형을 결정하는 데 큰 영향을 준다. 퍼스와 로빈슨(Pearce & Robinson, 2008)은 최고관리자의 위험에 대한 선호를 이분화하여 위험 지향형(risk-oriented)과 위험 회피형(risk-averting)으로 구분하면서 위험 지향형은 공격적이고 기회를 이용하는 전략을 선호하나, 위험 회피형은 방어적이고 안정적인 전략을 선호한다고 하고 있다.

다음은 최고 정책결정자가 자신의 아이디어를 관철하고자 할 때 사용하는 정치적 술책들이다(Quinn, 1980).

- 성공적인 전략가는 지지를 받지 못하는 아이디어나 제안에 대해서는 대응하지 않는 방법으로 제거하고, 많은 지지를 받는 아이디어지만, 받아들일 수 없고 공개적으로 반대할 수 없을 때는 특별한 장애물이나 기준을 설치하여 채택되지 못하게 한다.
- 성공적인 전략가는 받아들일 수 없는 제안에 대해서는 낮은 정치적 프로필을 유

지하고, 부하나 이에 동의하는 집단으로 하여금 주로 부정적인 결정을 하도록 유도한다. 이렇게 함으로써 큰 이슈와 중대한 순간에 개인적 거부를 못하게 한다.

- 성공적인 전략가는 어떻게 일을 추진하고 언제 개입할 것인가를 알기 위해 많은 대화를 하고 비공식적 접촉을 지속한다. 성공적인 전략가들은 전략을 주도적으로 이끌고 가지만 전략을 결정하지는 않는다. 주로 비공식적인 것에 의존하면서 합의가 도출될 때까지 조사하고 명확하게 하고자 노력한다.
- 성공적인 전략가는 성공에 이바지한 핵심적인 사람에게 아주 후하고 가시적 보상을 준다. 많은 사람이 최고가 될 수 있도록 책임을 부여함으로써 개인의 미래를 조직의 성공과 연결한다.
- 성공적인 전략가는 조직 내의 모든 권력적 기반을 최고관리층이 가지고 대표하도록 한다. 성공적인 전략가들은 주요한 변화를 추진할 때 새로운 인물과 새로운 관점을 끼워 넣는다. 이는 새로운 인물은 더 열정적일 수 있고, 새로운 관점으로 조직을 볼 수 있기 때문이다.
- 성공적인 전략가는 민감한 정치적인 이슈나 핵심적인 정치적 권력을 가진 쪽의 극심한 반발이 예상되는 환경에서는 자신의 정치적 표명을 극도로 자제한다.

3 최종 전략 선택에서 고려할 것

공공조직의 의사결정은 항상 사회적 비용과 편익을 동반하여 다양한 이해관계자의 지대한 관심사가 되어 그 결정과정이 복잡하다. 공공조직의 기획과 관련된 결정이 정치적 과정이지만 최종적으로 결정하는 것은 조직의 최고책임자나 최종 책임을 지닌 위원회이다. 그러나 조직의 최고관리자나 최종 전략 결정 집단은 항상 제한된 정보와 제한된 능력 속에서 결정하게 된다. 이러한 최종적 결정을 좀 더 합리적으로 하려면 다음과 같은 것을 다시 생각할 필요가 있다(Janus & Mann, 1977).

- 광범위하게 전략 대안을 탐색하도록 한다.
- 달성하고자 하는 전체 목표와 전략 선택이 의미하는 가치를 검토한다.
- 개개의 전략 대안이 가지는 비용, 위험, 부정적 결과에 대해 결정자가 알고 있는 것은 무엇이든지 신중하게 검토한다.
- 전략 대안에 대해 좀 더 심도 있는 평가를 위해 새로운 정보를 얻도록 노력한다.

- 새로운 정보 또는 제시된 전문가의 판단이 애초 생각했던 전략 대안을 지지하지 않는 것일지라도 신중하게 검토하고 고려해야 한다.
- 최종 선택을 하기 전에 처음부터 받아들일 수 없는 대안을 포함하여 모든 대안을 재검토한다.

제6절 전략계획서 작성

1 전략계획서의 의의

전략이 형성되게 되면 전략계획의 기본 준비 단계가 마무리되고, 지금까지 있었던 결정 내용을 바탕으로 전략계획서가 작성되어야 한다. 전략계획서는 조직의 임무, 비전, 전략목표를 달성하기 위한 전략에 대한 공식적 문서이다. 관료제 조직을 기본으로 하는 공공조직은 문서에 의한 관리를 기본으로 한다. 공식적인 전략계획서는 조직에서 중요한 관리 도구가 된다. 전략계획서를 작성하는 이유는 사람들이 무엇을 해야 하고, 왜 그것을 해야 하는지를 마음속에 간직하도록 하기 위해서이다. 계획서는 또한 전략적 성과를 판단하기 위한 기준이 된다. 전략계획서는 정치적으로 공공조직의 주요 행위자와 파벌 간의 약속이고, 연합의 산물로서 전략적 관리과정의 갈등 해결 수단이 된다. 무엇보다 전략계획서는 국민 및 조직의 내외부 이해관계자에 대한 공공관계 형성에 기초가 된다(Lee, McGuire, & Kim, 2017). 이에 정부는 조직의 기본적인 전략계획서를 공식적으로 작성하여 모든 사람이 접근할 수 있도록 공개를 원칙으로 한다.

공공조직의 전략계획서는 일반적으로 계획서의 내용, 형식, 분량 등에 대하여 법규나 지침 등을 통하여 제시하고 있다. 우리의 경우 중앙행정기관의 성과관리 전략계획은 「정부업무평가 기본법」, '국무조정실의 정부업무 성과관리 운영지침'으로 작성 양식을 제시하고 있다. 이외에 정부사업을 지원하기 위한 전략계획서의 경우에도 작성 기본 양식과 주로 부록으로 제시하는 관련 증빙서류 제출형식 등을 명시하고 있다. 전략계획서를 작성하고자 할 경우에는 이들 기본 양식을 엄격하게 준수할 필요가 있다. 특히, 용어 등에서 통일성을 확보하여야 한다. 그러나 차별화된 전략계획서를 작성하기 위해서는 기본 양식을 준수하면서 차별화된 내용과 형식을 추가하는 것을 고려하여야 한다.

2 전략계획서의 내용

조직의 전략계획서에는 다음과 같은 항목이 포함되어야 한다(Bryson & Alston, 2011).

- 요약
- 서론(목적, 프로세스 및 참여, 간단한 조직 이력 포함)
- 임무 진술서
- 위임사항 설명(부록으로 제시될 수 있음)
- 성공에 대한 비전
- 가치 및 지침 원칙
- 상황분석(SWOT 포함: 부록으로 처리 가능)
- 목적, 주요 성과지표 및 범정부 전략 기술
- 이슈별 목적, 성과지표 및 전략 기술
- 하위 단위 목적, 성과지표 및 전략 기술
- 목적, 성과지표 및 전략을 포함한 프로그램, 서비스, 제품, 프로젝트 또는 사업 프로세스 계획
- 기능별 목적, 성과지표 및 전략 기술
- 집행계획(실행계획 포함)
- 인력계획(필요한 정규직, 파트타임 직원 및 자원봉사자 포함)
- 재무계획(계획의 각 연도에 대한 운영 예산 및 필요한 자본 예산 또는 자금 조달 계획 포함)
- 모니터링 및 평가계획
- 계획의 수정을 위한 계획
- 부록

세부적으로 전략목적 및 목표를 달성하기 위한 개별 전략에 대한 전략설명서를 작성할 필요가 있을 때는 최소한 전략의 목적, 목표, 이슈 해결을 위한 방법과 집행 담당

부서가 명시되어야 한다.

3 사례

1) 기관전략

우리의 「정부업무평가 기본법」은 전략계획인 성과관리 전략계획에 당해 기관의 임무·전략목표 등을 포함하고, 「국가재정법」 제7조의 국가재정운영계획을 반영하도록 하고 있다(동법 제5조). 이를 기반으로 성과관리 전략계획의 기본 양식으로 〈표 5-5〉와 같이 제시하고 있다.

〈표 5-5〉 성과관리 전략계획 작성 모델

Ⅰ. 그간의 정책성과 및 향후 정책 추진방향
- 그간의 정책추진 기조 및 추진성과, 향후 정책 추진방향 제시

※ 기관 상위 차원의 전반적·추세적 성과 확인·분석 내용을 반드시 포함

Ⅱ. 일반현황 및 전략계획 개요
- 기관의 일반현황(조직·인원·재정 등)
- 전략계획 개요
- 목표체계도(임무·비전 설명 및 체계 도식화)

Ⅲ. 세부 추진계획
- 전략목표별 추진계획
  - 전략목표별 성과지표 및 5년 후 목표치 제시
  - 하위 성과목표 제시(성과목표 성과지표 포함)
  - 추진계획 및 실행수단
  - 외부 환경 및 갈등 요인 분석
  - 참고자료 및 관련 정보의 근거

* 전체적인 작성체계는 유지하되, 기관별 특수성을 감안하여 세부적인 사항은 신축적으로 조정 가능

출처: 국무조정실(2023). 『2023년 정부업무 성과관리 운영지침』.

미국의 OMB는 연방정부 기관의 전략계획에 포함되어야 할 구체적 내용으로 〈표 5-6〉의 내용을 제시하고 있다.

〈표 5-6〉 미국 연방정부의 전략계획서의 내용

- 기관과 기관 임무 정보: 개관/임무 진술서/비전과 가치/조직구조/조직인력/이해관계자 참여
- 기관 간 우선순위 목적: 기관 간 우선순위 목적/기관 간 우선순위 목적의 업데이트
- 전략목적: 전략목적/전략목적 개관
- 전략목표: 전략목표/전략목표 개관/전략목표 달성 전략/전략목표 주제(theme)/전략목표를 위한 프로그램 또는 프로그램 활동/전략목표에 대한 진행률 업데이트/전략목표를 위한 다음 계획/전략목표를 위한 목표 책임자 또는 주관부서
- 기관 우선순위 목적(APG): APG 제시/APG 목표 책임자/APG 개관/APG 목적구조와 전략/APG 지표와 이정표/APG 진행 업데이트/APG 다음 단계/APG 다음 단계/APG 주제/APG를 위한 프로그램 또는 프로그램 활동/APG 데이터 정확성과 신뢰성
- 성과목적: 성과목적/실제 결과/성과 타깃/성과정보 갭(gaps)/성과 목적 진행률 업데이트/변경된 성과목적과 지표
- 기타 지표: 기타 지표/현재의 기타 지표상황/기타 지료 정보 갭
- 증거법 관련 사항: 학습 어젠다/역량 평가/연차별 평가계획
- 고객 경험(customer experience: CX)
- 기타 정보: 주요 관리 우선순위와 과제/기관 간 협력/기타 자료에 대한 하이퍼링크/데이터 타당성과 확인/우선순위가 낮은 프로그램 활동

출처: OMB(2022).

2) 사업전략 사례

다음의 [사례]는 『제5차 국토종합계획(2020~2040)』의 목차이다. 정부의 공모사업의 경우에도 사업을 공고할 때 사업계획서 양식을 제시하고 있다.

사례 **제5차 국토종합계획(2020~2040)**

제1편 계획 수립의 배경

제1장 계획의 배경과 특징

1. 계획의 수립 배경
2. 계획의 위상과 범위
3. 계획의 특징

제2장 국토의 여건과 전망

1. 국토의 현황
2. 여건변화 전망
3. 국토의 문제와 과제

제2편 계획의 기본방향

제1장 계획의 비전과 목표

1. 계획의 비전
2. 계획의 목표
3. 6대 추진전략

제2장 국토 공간의 형성 방향

1. 기본 방향
2. 국토 공간 형성의 원칙
3. 국토 공간의 미래상

제3편 전략별 추진계획

제1장 개성 있는 지역발전과 연대·협력 촉진

1. 현황과 문제점
2. 여건 변화와 전망
3. 주요 정책과제

제2장 지역 산업혁신과 문화 · 관광 활성화

제3장 세대와 계층을 아우르는 안심 생활공간 조성

제4장 품격 있고 환경친화적 공간 창출

제5장 인프라의 효율적 운영과 국토 지능화

제6장 대륙과 해양을 잇는 평화국토 조성

제4편 계획의 실행방안

1. 국토종합계획 실천전략 수립과 정책환류 강화
2. 국토계획 모니터링체계 구축 · 운영
3. 국토-환경계획 통합관리 이행 평가체계 구축 · 운영
4. 협력적 국토정책 추진과 국민참여 활성화

제5편 지역별 발전방향

부록 국토계획헌장

출처: 대한민국정부, 『제5차 국토종합계획(2020~2040)』

사례 **사업계획서 양식 예**

- 교육부: 『창업교육 혁신 선도대학(SCOUT) 사업계획서 양식』. 한국연구재단 사업안내(https://www.nrf.re.kr).
- 보건복지부: 『2023년 지역자율형 사회서비스 취약지 지원사업』. (https://www.mohw.go.kr/react/al/sal0101vw.jsp)
- 산업통상자원부: 『2023년 지역기업-청년 희망이음 지원사업』. (http://www.motie.go.kr/) 사업공고

  * 이외에 사업계획서 양식은 각 부처 홈페이지의 사업공고 메뉴에서 확인 가능

4 전략계획서의 작성방법

1) 바람직한 전략계획서 작성기준

전략적 기획 활동에 대한 결과인 전략계획서를 작성할 때 다음을 준수한다.

- 적실성(relevance): 적실성은 전략계획이 조직의 임무와 비전, 전략적 이슈를 해결하는 데 기여할 수 있어야 한다는 기준이다. 조직이 추구하는 임무와 비전에 기여하지 못하고, 해결해야 할 문제를 해결하는 데 기여하지 못하며, 전략목표 달성에 효과적이지 않으면 적실성이 떨어지게 된다.
- 증거기반(evidence-based): 오늘날 정책이나 프로그램 기획에서 증거기반을 강조하고 있다. 증거기반에 의한 기획은 정책이나 프로그램이 개인이나 집단의 이데올로기나 편견에 의할 경우 정책 실패, 자원 낭비 등을 가져오는 중요한 요인이라는 생각을 바탕으로 한다. 이에 전략적 기획은 방법적 엄밀성, 현실적용 가능성, 외부로부터 독립적 분석, 과정의 투명성과 윤리성 등을 기반으로 대안을 탐색하고 분석하고 결정할 것을 요구한다.
- 정확성(accuracy): 전략계획은 비판적 사고에 의하여 현상을 정확하게 분석하고, 대안을 객관적으로 분석한 자료를 근거로 수립하여야 한다. 정확하지 않은 자료, 허위자료 등을 근거로 한 전략계획서는 문제 해결과 목표 달성에 기여할 수 없다. 정확성은 앞서 언급한 증거기반의 핵심을 구성한다.
- 일관성(coherence): 전략계획은 임무-비전-목적-목표-성과지표 간에 수직적 일

관성을 가져야 하고, 부서 내 및 기관 간에 수평적 일관성을 확보해야 한다. 이는 전략계획의 논리성을 확보하는 기본적인 기준이다.

- **이해성**(interpretability): 보고서는 보고서를 보는 사람이 이해할 수 있게 작성되어야 한다. 이에 너무 전문적인 용어를 중심으로 작성해서는 안 되고, 전략계획서를 보는 수요자 입장에서 작성되어야 한다. 이해성을 높이기 위해서 전략계획서는 완결성을 가져야 한다. 완결성은 전략계획서만으로 전략계획을 이해할 수 있도록 해야 한다. 계획서를 보면 볼수록 궁금한 것이 생기게 해서는 안 된다. 이를 위해 부록으로 참고자료 등을 첨부하는 방법을 사용할 수 있다.
- **간단 명료성**(short and to the point): 전략계획서는 너무 많은 미사여구를 사용하여 화려하게 포장하기보다, 핵심 중심으로 간단한 보고서가 되도록 해야 한다. 너무 많은 분량과 추상적 표현은 계획서를 읽지 않고, 활용성을 떨어뜨리게 한다.

전략계획서를 작성하는 경우 계획서 작성에 지침이나 기준 및 계획서에 대한 평가

〈표 5-7〉 성과평가에서 계획부문에 대한 평가항목

부처명	구분	평가지표	내용
농촌진흥청	계획 수립의 적절성 (10점)	1. 현장 의견수렴 및 정책반영의 충실성	• 이해관계자 및 전문가 의견수렴 • 현장 의견수렴 결과를 계획 수립 및 정책에 반영 • 성과지표 선정 시 내부 토론 및 검토
		2. 정책분석의 충실성	• 정책효과 또는 장단점 분석 결과 도출된 보완사항에 대한 대비책 수립
국토교통부	과제 난이도 (20점)	계획 수립의 적절성	• 정량화, 결과 성격의 대표성을 가진 성과지표 발굴 정도(내외부 참여 검토회의 여부) • 국정과제, 업무계획 등 반영 여부(추진계획 및 지표 반영 여부) • 사회적 가치 실현 지표 가점
		성과지표의 난이도	• 목표치의 적극적 설정 정도 • 이해관계자 의견 대립 정도 • 과제 내용의 신규 추진 여부
보건복지부	정책형성	과제의 적절성 및 정책분석 충실성	• 과제의 적절성 • 정책분석과 대비책 마련의 충실성
		의견수렴 적절성	• 이해관계자 관련 단체 전문가 의견수렴의 충실성 • 자체평가위원회 지적사항에 대한 환류 노력

출처: 각 부처 2022년 자체평가계획.

기준 등이 있는 경우에 이를 엄격하게 준수하는 것이 좋은 평가의 기본이 된다. 국무조정실은 중앙행정부처의 국정목표와 부처 성과관리계획의 정합성 제고를 위해 목표체계 및 성과지표의 적절성 등 계획의 타당성 검토를 하고, 수정・보완이 필요한 경우 정부업무평가위원회 심의・의결 후 보완 요청할 수 있도록 하고 있다. 전략계획서를 작성하는 경우에 목표수준과 성과지표의 설정에 대하여 많은 관심을 가질 필요가 있다. 또한 중앙행정기관의 자체평가 평가항목으로 〈표 5-7〉과 같이 계획 수립 부문을 평가항목으로 두고 있다. 전략계획서를 수립할 경우에 이 항목을 고려하여 작성할 필요가 있다. 특히, 재정지원을 위한 사업계획서를 작성하는 경우 사업계획서 심사기준표 등을 검토하여 사업계획서가 작성되어야 한다.

사례 **사업계획서 평가기준**

- 산업통상자원부, 『온실가스에너지 감축시설 지원사업 관리 규정』 별표 2.
- 식품의약품안전처, 『건강 위해가능 영양성분 관리 주관기관 지정 및 운영에 관한 규정』 별표 3.
- 중소벤처기업부, 『R&D 사업계획서 작성법』. https://www.mss.go.kr
- 한국관광공사(2023). 『수혜기업 선정평가 가이드라인』. https://kto.visitkorea.or.kr/viewer/view.kto?id=86216&type=bd
- 중소기업기술정보진흥원(2021). 『중소기업 스마트서비스 지원 사업 세부관리기준』. https://www.smb-service.kr

2) 전략계획서 작성과정

전략계획서 초안은 계획서의 일관성을 유지하기 위해 1~2명의 소수 인원이 작성하여야 한다. 작성된 초안에 대하여는 이해관계자와 전략기획팀에서 검토하고, 전략기획위원회의 검토와 최고관리자의 승인의 과정을 거쳐서 작성되게 된다. 전략기획팀은 전략계획서를 작성하기에 앞서 계획의 범위와 분량에 대해 합의해야 한다. 공공조직의 경우 담당자들은 많은 분량의 보고서를 요구한다. 그러나 활용도를 생각하면 간결하고 명료해야 할 것이다. 경험에 의하면 전략계획서의 분량은 별로 가치가 없음이 밝혀지고 있다(DOE, 1996).

전략계획서는 행동계획과 별개로 구성될 수도 있고, 전략계획과 이를 집행하기 위한 행동계획을 하나의 문서로 작성할 수도 있다. 두 개의 문서를 별도로 작성하기보다는 하나로 통합하는 것이 바람직하다. 한 기관에 하나의 계획서만 작성하는 것이 좋지만, 기능이 명확하게 구분될 때는 중요한 구성요소나 프로그램별로 전략계획서를 작성할 수도 있다. 그러나 그 수는 최소화하는 것이 좋다. 기관의 전략계획이 여러 개로 구분되어 작성될 때 기관 전체에 대한 총괄계획서가 있어야 한다.

3) 전략계획서 작성에서 고려할 것

(1) 요약 및 요약 보고서

전략계획서에는 요약보고서가 포함되어야 한다. 요약보고서는 고객과 이해관계자 또는 내부 구성원과의 소통이나 조직의 홍보용으로 필요하다. 요약보고서는 3~5페이지 정도가 바람직하고 10페이지를 초과해서는 안 된다. 요약보고서에는 임무와 비전 선언서, SWOT 및 이해관계자 분석 결과, 전략의 목적과 목표 및 중요한 성과지표, 중요한 전략적 이슈와 전략(총괄전략, 기능별 전략)이 포함되도록 작성하면 된다.

(2) 외형

- 계획서는 얇을수록 좋다.
- 시각적으로 작성한다.
- 도표, 그림, 사진 등을 효과적으로 사용하고 지면을 밝고 읽기 쉽게 한다.
- 적절한 여백을 설정하고 여유가 있는 레이아웃으로 한다.
- 계획의 전체 내용을 하나로 표현할 수 있는 그림이나 도표를 작성한다.
- 내부용, 외부용 계획서를 구분하여 작성한다.

(3) 구성

- 표지만으로도 대충의 내용을 알 수 있도록 한다.
- 목차만으로 전체를 알 수 있도록 크고 작은 목차를 신중하게 선정한다.
- 도표는 될 수 있는 대로 관련된 설명과 같은 페이지에 게재한다.
- 글자의 모양, 크기 등의 일관성과 단순성을 유지한다.
- 페이지마다 불균형이 없게 편집한다.

(4) 내용

- 내용은 주어와 술어로 전개한다.

- 모든 인과관계를 확실하게 규명한다.
- 숫자, 데이터를 효과적으로 활용한다.
- 불필요한 것은 쓰지 않는다.
- 결론을 도입 부분에 위치시켜, 본문 내용의 이해를 돕는다.
- 설명은 가능한 한 데이터를 인용해서 한다.
- 중요한 부분은 밑줄을 치거나 글씨 모양을 바꾸어 작성한다.
- 쉬운 용어로 명확하게 전달되어야 한다.
- 문장은 짧지만, 과도한 개조식 표현은 피해야 한다.
- 예산을 확실히 밝혀서 실행 가능성을 보여주어야 한다.

5 전략계획서의 공개

1) 공개의 의의

최종 작성된 전략계획서는 조직의 모든 구성원이 가지고 있으면서 일상적인 의사결정의 기준으로 삼아야 한다. 이용도를 높이기 위해 조직의 웹 사이트에 게재할 필요가 있다. 특히, 사업계획의 경우 주요 이해관계자와 일반국민이 참여하는 전략계획 선포식과 같은 공식적인 행사를 하는 것도 신속한 집행과 집행에 대한 지지와 지원을 확보하는 데 필요하다. 전략계획서는 커뮤니케이션의 대상에 따라서 다양한 요약보고서가 작성될 필요가 있다. 종종 대외용 보고서에 넣는 것이 적절하지 않은 전략 내용이 있을 수 있다. 이들의 공개는 전략기획위원회가 심의 · 결정해야 한다.

이와 같이 전략계획서를 공개하는 중요한 이유를 보면 다음과 같은 것들이 있다(INTOSAI Development Initiative, 2020).

- 조직구성원과 이해관계자들에게 전략계획에 대한 소유 의식을 형성하고 구성원들의 동의와 지원을 확보하기 위해
- 전략계획에 대한 인식과 이행 증진을 창출하기 위해
- 조직에 대한 이미지와 명성 제고 등의 홍보를 위해
- 외부 이해관계자들의 지원을 획득하기 위해
- 이해관계자들의 기대를 관리하는 데 도움을 주기 위해

2) 공개방법

대부분 국가에서는 공공기관 전략계획의 공개를 정보공개법이나 성과관리 관련 법에 의해서 의무화하고 있다. 우리의 경우 중앙부처의 성과관리 전략계획과 성과관리 시행계획은 국회 소관 상임위원회에 보고하도록 하고 있다(정부업무평가 기본법 제5조, 제6조). 그리고 각 부처의 홈페이지와 정부업무평가포털(https://www.evaluation.go.kr) 및 정책연구관리시스템(https://www.prism.go.kr)에서 활용할 수 있도록 공개하고 있다. 미국 연방정부 기관의 전략계획서는 https://www.performance.gov에 종합적으로 공개하도록 법규화하고 있다.

제6장

전략계획의 집행과 성과관리

전략적 기획과 성과관리

생각을 잘하는 것은 현명하고, 계획을 잘하는 것은 더 현명하고, 실행을 잘하는 것은 가장 현명하다.

– 페르시아 속담

제1절 전략계획 집행

1 전략집행의 의의

많은 사람이 계획을 세우지만 이를 실천에 옮기는 비율은 30% 정도에 불과하다고 한다. 기업의 경우 전략계획을 세우지만 전략계획의 66% 정도는 집행되지 않는다.[1] 똑같이 공공조직의 기획활동에서 가장 큰 문제 가운데 하나가 계획을 수립하고 이를 집행하지 않는 것이다(Nartisa et al., 2012). 이에 실천 또는 집행이 전략이라고 한다. 많은 시간과 자원을 투자하여 만든 전략계획서가 책상 서랍 속에서 잠자고 있는 경우가 너무 많다. 공공조직의 경우 전략계획의 수립에 대해서는 긍정적이면서 집행에는 부정적 모습을 보이고 있다(Gray, 1986). 공공조직에서 전략계획의 책상 서랍 증후군은 전략계획이 단순한 홍보용이나 법 또는 상부 기관의 요구로 만들어지거나 다른 조직을 모방하여 작성하여 만들어지기 때문이다.

전략형성과 비교하여 전략집행이 어려운 것은 집행이 더 실제적이며 행동 지향적이고, 더 많은 사람이 관여하고, 더 많은 사람에게 영향을 주고, 더 많은 자원과 시간이 필요하기 때문이다. 전략계획의 집행은 전략계획을 행동으로 옮겨서 조직에 생명을 주는 단계로 다음과 같은 특성을 가진다.

- 집행은 목표 달성 및 문제를 해결하기 위한 행동 지향적 과정이다.
- 집행은 목표 지향적이고, 목표 성취를 위한 관리 지향적인 행동이다.
- 효과적인 집행은 성취 지향적인 적극적 사고방식을 요구한다.
- 효과적인 집행을 위하여 상황의 변화에 적응을 요구한다.
- 전략의 집행은 가치 중립적인 과정이 아니라 정치적 속성도 함께 가진다.

전략계획과 전략집행은 상호 연결되어 있지만, 다음과 같은 면에서 차이를 보인다.

- 전략계획은 행동하기 전의 활동이나 집행은 행동 과정 동안에 관리되는 것이다.
- 전략계획은 효과성에 초점을 두나 집행은 효율성에 더 초점을 둔다.

---

1) http://www.allianceonline.org/

- 전략계획은 주로 지적인 과정이지만 집행은 주로 운영과정이다.
- 전략계획은 훌륭한 직관과 분석적 기술을 요구하나 집행은 특별한 동기부여와 리더십 기술을 요구한다.
- 전략계획은 소수 개인 간에 조정을 요구하나 집행은 다수 간에 조정을 요구한다.

조직에서 집행방법은 하향식 방법과 상향식 방법으로 구분할 수 있다. 하향식 방법은 정확한 전략과 행동계획을 수립하고 계획대로 행동하도록 집행자를 통제하는 데 관심을 둔다. 반면에 상향식 방법은 집행의 초점을 전략계획의 결정자보다는 집행자에 초점을 두면서 집행을 결정의 연속으로 보고, 집행과정에서 전략과 행동계획을 수정할 수 있다고 생각한다. 한편 전략적 집행이론은 전략의 집행을 위한 행동계획의 수립을 하향식으로 만들어진 전략계획서의 틀 속에서 상향식의 접근방법으로 할 것을 주장한다(NPR, 1997).

2 전략집행의 성공과 실패

1) 전략계획의 책상 서랍 증후군

공공조직의 기획활동에서 가장 큰 문제 가운데 하나가 계획을 수립하고 이를 집행하지 않는 것이다. 공공조직의 경우 많은 시간과 자원을 투자하여 만든 전략계획서가 책상 서랍 속에서 잠자고 있는 경우가 너무나도 많다. 공공조직에서 전략계획이 집행되지 않는 이유는 조직의 최고관리자가 전략적 기획에 대한 경험이 없거나, 의지와 지원 부족, 전략적 기획의 모든 과정을 하위에 위임하고 지원하지 않는 경우 등에서도 발생한다(Crittenden & Crittenden, 1997). 또한 전략계획이 자원 및 조직의 실체를 고려하지 않은 실현 가능성이 없는 계획을 수립했거나 최고관리자의 변화와 같은 조직 내 권력구조의 변화, 조직 외부 환경의 변화 등 다양한 요인에 의해서 발생한다.

공공조직에서 전략적 기획이 실패하는 공통된 시나리오는 다음과 같은 것에서 볼 수 있다(Badzik, 2023).

- 계획을 추진하기 위한 충분한 견인력이 없다. 리더, 직원, 이해관계자 또는 커뮤니티의 지원이 부족하다.
- 계획이 지나치게 야심적이거나 비용이 과소평가되며, 자원이 부족하여 완전한 구

현이 불가능하므로 원하는 결과를 얻을 수 없다.

- 계획이 처음에는 유망하게 추진되나 집행에 반대자들이 이의를 제기하면서 추진을 저해한다.
- 리더십과 대중들이 계획에 대한 관심이 다른 곳으로 이동하면서 담당 직원의 사업 추진 의욕이 떨어진다.
- 계획을 의욕적으로 시작하였으나 결과와 기대만큼 고무적이지 않으면서, 시간이 지남에 따라 모두의 관심에서 사라져버린다.
- 위기가 닥치면 우선순위, 관심 및 자원이 계획에서 멀어진다. 이는 반드시 실패를 의미하는 것은 아니지만, 계획 프로세스에 상당한 자원을 투입한 직원과 리더들에게 실망스러운 결과를 가져와서 추진 의욕을 잃게 한다.

2) 전략집행에 영향을 주는 요인

정책집행 연구를 주도한 프레스먼과 윌다브스키(Pressman & Wildavsky, 1973)는 주로 하향식 접근방법의 시각에서 집행 실패의 요인으로 다음을 지적하고 있다.

- 집행과정에의 참여자와 참여기관(중개집단)이 너무 많으면 상호 협조가 부족하여 집행을 어렵게 한다.
- 집행지도자가 너무 자주 교체되면 집행을 어렵게 한다.
- 실현 가능성이 있는 수단이 마련되지 않으면 집행을 어렵게 한다.
- 적절한 집행기관이 집행을 담당하지 않으면 실패 가능성이 크다.
- 결정 당시에 집행의 문제를 고려하지 않으면 집행을 어렵게 한다.
- 프로그램에 기초가 되는 이론에 대한 신중한 검토 없이 선택되면 집행을 어렵게 한다.

이외에 공공조직의 정책 집행을 연구한 사바티어(Sabatier, 1986)를 비롯하여 정책 및 계획의 집행에 대한 연구자들은 다양한 집행의 실패 요인을 분석하고 있다(Sandfort & Moulton, 2015; Partnership for Public Service, 2021). 전략을 성공적으로 집행하기 위해서는 이러한 실패 요인을 제거하여야 할 것이다.

- **고위관리자의 지원 부족**: 조직 최고관리자와 집행부의 관심 부족과 지원이 적절하지 못하면 집행되지 못하고, 집행되어도 성공할 확률이 낮다.

- **고객 및 이해관계자의 지지 부족과 불응**: 정책이나 프로그램과 관련된 주요 대상집단의 불응과 의회 등의 주요 이해관계자의 지지와 지원 부족은 집행의 효과성을 떨어뜨린다.
- **불명확한 전략**: 결정된 전략이 명확하지 않고, 조직의 목표와 전략이 복잡하고 서로 분산되어 있으면 집행자를 혼란하게 하여 집행을 어렵게 한다.
- **적절한 인과이론**: 정책이나 전략의 기초가 되는 이론적인 기반이 타당해야 한다. 검증되지 않은 이론을 바탕으로 한 전략은 그 효과성을 확보하기 어렵다.
- **비효율적 운영기획**: 명확한 집행 목표의 부재와 전략계획을 집행하기 위한 활동과 핵심적 업무가 구체적으로 규정되지 않고, 분산된 조직구조 및 집행활동 간의 조정이 제대로 이루어지지 못하면 집행의 효율성을 떨어뜨린다.
- **헌신적이고 능력 있는 집행관료 집단의 부재**: 집행과정에서는 불가피하게 관료에게 자유재량권을 인정하게 되는데, 이와 관련하여 집행관료의 사업에 대한 헌신과 적절한 자원 활용 능력이 요구된다.
- **자원의 제한**: 전략적 결정의 집행에 필요한 재정적, 물질적, 인적 자원의 부족, 특히 계획과 예산의 연계 부족은 집행을 어렵게 한다.
- **사회 · 경제적 환경의 불확실성**: 전략집행 동안에 예측하지 못한 문제가 발생하거나 환경의 변화는 전략의 수정을 요구하고, 집행을 어렵게 한다.
- **빈약하고 부적절한 커뮤니케이션**: 정보와 지식의 전달이 조직의 다양한 단위에서 제대로 이루어지지 않으면 집행의 효율성을 떨어뜨린다. 공공기관 직원의 대부분은 자기 조직의 전략계획이 무엇인지를 알지 못하는 경우가 많다. 전략계획이 성공하기 위해서는 전략계획을 모든 직원에게 전달하고 이해하여 전략계획이 나의 일이라는 것을 인식하도록 해야 한다.
- **부적절한 관리팀과 무능한 인적자원**: 전략집행에 참여하는 직원이 필요한 능력을 갖추고 있지 못하거나 집행자의 헌신과 동기 부재는 집행을 어렵게 한다.
- **성과측정과 집행과정에 대한 모니터링 부재**: 집행과정에 대한 성과측정과 진행상황에 대한 올바른 모니터링의 부재는 집행의 효과성과 효율성을 침해한다.
- **조직문화를 수용하지 않음**: 조직구성원의 믿음과 가치와 갈등을 가지는 전략집행 활동, 특히 결과 지향의 조직문화 부재는 전략적 기획의 집행을 어렵게 한다.
- **집행 결과에 대한 인센티브 부재**: 집행 결과에 대한 공정하지 않은 금전적, 비금전적 인센티브는 오히려 집행을 어렵게 한다.

이외에 공공부문의 경우에는 정권이나 자치단체장의 교체와 같은 정치적 요인에 의하여 집행이 중단되거나 수정되어 계획대로 집행되지 못하는 경우가 많이 있다. 전략적 기획에서는 이를 항상 고려하여야 한다.

제2절 전략집행으로 성과관리

1 성과관리의 의의

1980년대 이후 신공공관리론(New Public Management: NPM)을 이론적 기반으로 하는 성과관리는 지난 40여 년 동안 대부분의 나라가 결과 지향의 국가 체제를 구축하기 위한 행정개혁의 수단으로 활용하고 있다. 전통적 관료제 체제는 그들의 프로그램이 무엇을 달성했는가보다는 행정규칙과 내적 관례를 잘 지켰는가를 중심으로 관리하였다. 그러나 결과 중심의 성과관리는 관리의 초점을 투입이 아닌 활동의 최종 결과인 성과에 두는 관리방법이다. 성과관리는 투입물이나 산출물이 아닌 활동을 통해 성취된 목적의 달성 정도, 즉 효과 내지는 영향과 결과를 강조하는 것으로 초점을 전환하고 있다. 이러한 성과관리는 개념적으로 행정보다는 관리, 관료제보다는 시장 메커니즘의 우월성을 선호하면서 조직의 성과를 높이는 방법을 추구한다.

성과관리는 성과(performance)를 관리하는 것이다. 성과란 개인, 팀, 조직의 업무나 목표의 실행 및 달성을 의미한다. 즉, 성과라는 용어에는 행동과 그 행동의 결과를 모두 포함하는 것으로 이해된다. 오늘날 조직의 성과관리에서는 이 성과를 넓은 의미로 이해하고 있다. 조직의 전략을 체계적이고 전략적으로 관리하고 운영하기 위한 전략적 관리 시스템(Strategic Management System)을 기반으로 하는 성과관리는 전략계획과 조직관리를 연결하여 조직의 임무와 비전에 대한 성과를 확인, 개발, 전달, 수집, 평가, 이용하는 시스템이다. 이처럼 전략계획과 성과관리를 밀접하게 통합하면 전략계획의 결과와 조직의 의사결정 역량을 향상한다(Poister, 2010). 실증적으로도 전략계획과 전략적 성과관리가 밀접한 관계가 있는 것으로 분석되고 있다(Johnsen, 2016).

성과관리에 대한 정의를 살펴보면 다음과 같은 것이 있다.

- 성과관리는 의사결정을 위해 성과정보를 통합하고 활용하는 관리 스타일이다. 성과정보의 통합은 성과정보를 정책결정, 예산책정 및 계약관리 정책 및 관리주기에 통합하는 것이다(Dooren et al., 2010).
- 공공부문의 성과관리는 증거기반 의사결정, 지속적 조직학습 및 성과에 대한 책임에 초점을 맞춤으로써 결과를 개선하기 위한 지속적이고 체계적인 접근방식이다(National Performance Management Advisory Commission, 2010).
- 성과관리는 성과목표를 설정하고 성과목표를 기획과 통제 사이클을 통하여 달성하도록 하는 것을 목표로 하는 관리 스타일이다. 성과관리는 성과를 지속해서 개선하기 위해 결과를 측정하고 평가하는 일련의 활동, 도구 및 메커니즘을 구현한다(Vignieri, 2018).
- 성과관리 시스템은 조직에서 일하는 사람들의 성과를 개선하고 개별적인 기여자와 팀의 역량을 개발하여 조직의 지속적인 성공을 추구하는 전략적이고 통합적인 과정이다(Armstrong, 2000).
- 성과관리라 함은 정부 업무를 추진함에 있어서 기관의 임무, 중·장기 목표, 연도별 목표 및 성과지표를 설정하고, 그 집행 과정 및 결과를 경제성·능률성·효과성 등의 관점에서 관리하는 일련의 활동을 말한다(정부업무평가 기본법 제2조 제6항).
- 성과목표관리란 재정사업에 대한 성과목표, 성과지표 등의 설정 및 그 달성을 위한 집행과정·결과의 관리이다(국가재정법 제85조의2).

이러한 성과관리는 전통적 관리 기법과 비교하여 다음과 같은 특성을 가진다.

- 성과관리는 산출 및 결과에 관심을 가진다. 그러나 이러한 결과를 달성하는 데 요구되는 과정과 성과에 중요한 영향을 주는 역량에도 관심을 가진다.
- 성과관리는 기획을 수단으로 성과를 향상하고자 한다. 성과목표를 위한 전략계획과 인적자원계획, 예산계획 등을 통합한 계획을 바탕으로 행동하고자 한다.
- 성과관리는 측정할 수 없으면 관리할 수도 없다는 전제에서 성과에 대한 측정과 진행과정에 대한 검토에 관심을 둔다.
- 성과관리는 지속적 개선과 발전을 추구한다. 성과관리는 지속해서 더 큰 조직의 효과성을 추구하고, 이를 위해 성과 지향의 문화 형성, 지속적 학습을 추구한다.
- 성과관리는 조직 내외 커뮤니케이션에 관심을 가진다. 성과관리는 조직구성원의

협력을 창출하기 위해 정보 공유와 대화의 중요성을 강조한다.

- 성과관리는 다양한 이해관계자에 대하여 관심을 가진다. 성과관리는 조직 내외의 주요 이해관계자의 요구와 기대를 충족시키고, 성과 향상을 위해 이들의 관심과 협력을 추구한다.
- 성과관리는 조직운영에서 공정성과 투명성을 강조한다. 이를 위해 개인에 대한 존중, 상호 존중, 절차적 공정성, 의사결정의 투명성 등을 중요한 가치로 삼는다.

2 성과관리의 목적

공공조직에서 성과관리를 도입하게 된 배경은 공공부문의 지향점이 내부에서 외부로 변화되고 있고, 일반국민의 투명성과 책임성에 대한 요구의 증대, 한정된 자원에 대한 효율적인 자원 재배분의 요구, 다양한 부문 간의 협력과 협조의 필요성 등을 들 수 있다(OECD, 2003). 「정부업무평가 기본법」은 성과관리체계 구축을 국정운영의 능률성 · 효과성 및 책임성을 향상시키는 것을 목적한다고 명시하고 있다(동법 제1조). 국가 차원에서 성과관리를 도입하여 운영하는 이유와 목적을 보면 다음과 같다(PBM SIG, 2001a; OECD, 2004; Abrahams, 2023).

- 공공부문의 책임성 향상: 성과관리의 성과측정은 공공조직의 책임성을 확보하기 위한 유용한 수단이 된다(Osborne & Plastrik, 1997). 성과관리 시스템은 조직의 임무를 수행하기 위한 목표와 성과의 달성도를 측정하여 보고함으로써, 정부운영의 투명성 확보 및 시민에 대한 정권이나 공직자의 책무성을 확보함을 목적으로 한다.
- 공공부문의 효율성 및 효과성 제고: 성과관리는 전략계획을 바탕으로 명확한 목표를 설정하고 진행상황을 모니터링하며, 성과평가 결과의 환류 및 데이터 중심의 의사결정을 함으로써, 공공부문 조직이 더 효율적이고 효과적으로 운영될 수 있도록 지원한다.
- 지속적인 개선 촉진: 공공조직은 성과관리 시스템을 급격하게 변화하는 사회변화에 대응하고, 조직은 개선해야 할 영역을 식별하는 등 조직학습 역량을 개선하여 지속적인 성과 향상을 추구하기 위해서 도입한다.
- 공공서비스 질 제고: 성과관리는 고객 지향, 시민참여 등을 통하여 양질의 서비스

를 제공하여 고객만족과 욕구 충족을 위하여 도입하고 있다. 성과를 측정하는 것은 고객에 대한 서비스의 질을 높일 수 있다. 성과측정 활동은 프로그램의 관리자에게 고객의 욕구와 만족의 수준을 알려주고, 어떠한 활동이 질을 개선하고 비용을 감소시킬 수 있는가를 알려준다.

- **자기평가를 위한 수단**: 사람들은 자기가 담당한 업무를 더 잘 수행하기를 원한다. 성과측정은 개인으로 하여금 무엇이 잘못되고 무엇을 개선해야 할 것인지를 알려준다(Atkinson et al., 1997). 이를 통하여 조직의 지속적인 개선활동을 가능하도록 한다.
- **자원 배분의 효율성 제고**: 성과관리는 성과와 예산을 연계하는 메커니즘을 제공한다. 성과관리는 우선순위에 의한 자원 배분으로 예산운영의 효과성과 효율성을 높이고, 불필요한 지출의 절감을 추구하기 위해 도입하고 있다.

3 바람직한 성과관리의 조건

1) 성과관리 활동

말콤 볼드리지 국가 품질 대상은 TQM 원리를 기반으로 한 좋은 성과관리 원리로 다음을 제시하고 있다(www.nist.gov/baldrige).

- 모든 활동은 적절하게 계획되어야 한다.
- 계획은 사람들이 계획대로 집행될 수 있도록 집행되어야 한다.
- 활동은 모니터링하여야 하고 진행과정을 검토하여야 한다.
- 계획대로 집행되지 않은 편차를 고려하여 필요한 조치를 하여야 한다.
- 조직은 실제로 앞의 작업을 할 수 있도록 구조와 관리 시스템을 갖추어야 한다.
- 모든 사람이 이러한 구조와 시스템에 참여하도록 해야 한다.

이러한 성과관리는 조직의 임무와 비전 및 전략목표를 달성하기 위한 지속적인 성과 향상 활동으로 다음과 같은 활동을 요구하고 있다.

- **성과목표 설정**: 성과관리를 위해서는 무엇이 성과인지를 확인해야 한다. 성과목표를 설정하는 것은 그 성과를 정의하는 것이다. 정부조직의 임무와 비전에 부합하는 전략목표를 달성하기 위해 성과목표를 SMART하게 설정하여야 한다.

• **성과에 대한 책임 배분**: 책임은 개인, 집단 및 조직이 권한의 실행과 책임을 이행하기 위해 취하여야 할 의무를 말한다. 성과관리를 위해 책임을 명확하게 정의하고 배분하여야 한다. 성과에 대한 책임의 배분은 조직목표와 개인목표를 연계하는 활동이 된다.
• **우선순위에 의한 자원 배분**: 성과관리 시스템에는 예산편성에 성과 접근방법이 포함되어야 한다. 점증주의에 의한 전년도 지출을 기준으로 한 예산편성이 아닌 결과 지향의 우선순위와 정보에 따라서 예산을 배분하여야 한다.
• **성과 모니터링과 성과평가**: 설정한 성과목표를 기준으로 성과의 진행상황을 모니터링하여 개선하고, 주기적으로 성과목표 달성도를 성과지표를 기준으로 측정, 평가한다. 이를 통하여 성과관리에 필요한 성과정보를 창출하여야 한다.
• **성과 피드백과 성과개선**: 프로그램 평가와 성과평가 결과는 직원에게 정기적으로 피드백하여 학습하도록 하여 개인의 역량 개선과 조직의 성과 향상에 기여하도록 해야 한다.
• **인센티브**: 성과가 높은 직원과 팀에게 성과급, 승진 또는 포상과 같은 인센티브를 제공하여 구성원의 성과향상에 대한 동기부여를 하여야 한다.
• **교육 및 개발**: 성과향상을 위해 구성원의 지속적 역량 개발을 지원하고 새로운 기술과 지식을 습득할 기회를 제공한다. 이를 통하여 학습조직을 구축해야 한다.
• **지속적 개선**: 성과관리체계의 효과성을 지속해서 모니터링하고 평가하고, 평가 결과를 다음 단계에 환류하여 조직의 지속가능한 변화를 추구한다.

2) 성공적인 성과관리 조건

정부의 성과관리 시스템이 제대로 작동하기 위해서는 바람직한 성과관리 시스템을 구축하여 운영하여야 한다. 이러한 성과관리 시스템의 질 평가기준으로 트리베디(Trivedi, 2023)는 〈표 6-1〉과 같은 기준을 제시하고 있다.

〈표 6-1〉 정부의 성과관리 시스템 질 판단을 위해 제안한 기준

1	적절한 성과측정 시스템은 – 성과 의미에 대하여 사전 합의를 기초로 하여야 한다. – 조직 성과의 모든 측면을 포괄하여야 한다. – 기관 성과보다 관리자의 성과에 초점을 두어야 한다.

2	적절한 성과측정 방법론은 – 비전, 임무, 목표, 활동과 성공지표(핵심성과지표, KPIs) 간의 연계성이 있어야 한다. – 목표, 활동의 우선순위가 확보되어야 한다. – 성과수준(우수, 양호, 보통, 미흡) 판정에 대한 명확한 합의가 있어야 한다. – 성과에 대하여 종합점수(가중치 지수)를 낼 수 있어야 한다.
3	범정부 기관에서 채택하여야 한다.
4	최고관리자부터 하향식의 책임성이 부여되어야 한다.
5	명확하고 모호하지 않은 책임 배분이 있어야 한다.
6	적절한 인센티브 시스템이 운용되어야 한다.
7	정부 인적자원(HR) 시스템과 효과적으로 통합되어야 한다.
8	예산제도와 통합되어야 한다.
9	투명성이 확보되어야 한다. – 사전에 대중에게 목표, 활동, 성과목표를 공개 – 사후 달성한 결과를 대중에게 공개
10	적절한 제도적 장치가 마련되어야 한다. – 독립적인(사전/사후) 전문가 검토조항 규정 – 정부에서 가능한 최고 수준에 성과관리를 배치
11	효과적인 커뮤니케이션 전략이 수립되어야 한다.
12	강력하고 명확한 법적 근거를 확보하여야 한다.

출처: Trivedi(2023).

여러 연구자가 공공조직에서 성과관리의 성공조건으로 다음과 같은 것들을 제시하고 있다(OECD, 1997a; Bryson, 2018; ICMA, 2019; Schnell et al., 2021).

- **리더십**(leadership): 성과관리 시스템의 성공은 강력한 리더십이 없이는 불가능하다. 공공기관의 리더와 최고관리자는 효과적인 성과관리를 위해 가시적이고 지속적으로 성과관리에 대한 의지를 보여주어야 한다.
- **목적의식**(sense of purpose): 조직의 목표를 달성하기 위해서는 구성원을 행동하게 하고 동기부여를 줄 수 있도록 목표가 무엇이고, 이것을 어떻게 달성할 것인가에 대한 명확한 비전을 제공하여야 한다. 가능한 개인의 목표와 조직의 목표가 연결하도록 해야 한다.
- **모두가 동의하는 성과평가**(performance evaluation): 증거와 데이터를 기반으로 한 사업평가와 직무 유형과 수준에 따라 차별화되고 신뢰할 수 있는 성과평가체계의 구축과 운영이 이루어져야 한다. 객관성과 공정성을 확보할 수 있는 올바른 성과평가만이 이를 활용할 때 활용의 성과를 얻게 된다.

- **실질적 참여**(commitment): 모든 구성원(특히, 리더십의 지위에 있는 사람)이 프로그램에 헌신적으로 참여해야 한다. 프로그램에 대한 헌신과 참여의 정도가 성과관리 시스템의 성공 정도를 결정한다.
- **포용**(involvement): 성과관리는 포용적이어야지 배타적이어서는 안 된다. 모든 이해관계자와 고객 및 직원이 과정의 처음부터 포함되어야 한다. 관리자는 이들이 어떠한 생각을 하고, 무엇을 원하며, 필요로 하는지를 알아야 한다.
- **커뮤니케이션**(communication): 커뮤니케이션은 관련된 사람이 참여하는 데 필수적 사항이다. 성과관리에서 커뮤니케이션은 일시적이어서는 안 되고 지속적 과정이 되어야 한다. 커뮤니케이션 활동은 관련된 모든 사람이 과정의 모든 것을 알 수 있도록 다양한 방법으로 이루어져야 한다.
- **인센티브**(incentives): 성과평가를 바탕으로 한 내적·외적 인센티브 제도를 통하여 구성원의 성과에 대한 동기부여를 주어야 한다.
- **환류**(feedback): 지속적인 환류는 성과관리가 효율적으로 운영될 수 있도록 하는 데 도움을 준다. 또한 과정에 개입한 고객과 이해관계자 및 직원으로부터 다양한 의견을 수렴해야 한다.
- **자원**(resources): 명확한 성과관리는 적절한 자원(사람, 돈, 장비 등)의 지원이 있어야 한다. 그렇지 않으면 시스템이 제대로 작동하지 않게 된다.
- **고객 확인**(customer identification): 성과관리에서 고객 확인은 매우 중요하다. 고객의 욕구를 확인하고 욕구를 충족시켜주지 못하면 실패할 수밖에 없다. 성과관리에서는 고객을 항상 마음속에 두어야 한다.
- **학습과 성장**(learning and growth): 성과관리는 정체된 과정이 아니다. 성과관리는 학습과 성장을 요구한다. 그러므로 조직은 새로운 기술과 변화에 보조를 맞추도록 해야 한다. 전략계획은 이를 수행할 수 있는 조직 및 구성원의 역량이 있어야 성과를 달성할 수 있다. 이는 학습을 통하여 이루어질 수 있다. 조직은 구성원이 전문적 지식 이외에 전략적 사고를 기를 수 있는 기회를 제공하여야 한다. 이러한 학습과 성장을 통하여 지속적인 개선을 추구해야 한다.
- **조직문화**(organization culture): 조직의 성과관리가 성공하기 위해서는 목표와 성과를 중시하고, 참여적이며 변화에 개방적인 건전한 조직문화가 형성되어야 한다. 특히, 신뢰성을 위해 투명한 문화가 요구된다.
- **성과관리의 정치적 리더십과 협력**(cooperation): 공공조직의 성과관리가 성공하기

위해서는 기관장 및 의회 등의 정치적 리더십의 지지와 협력을 유도하여야 한다.

3) 사업전략 운영 원리

별도의 조직을 구성하여 사업전략을 성과 지향적으로 운영하고자 할 때 다음과 같은 기본적 원리를 준수할 필요가 있다(Project Management Institute, 2021).

- 부지런하고, 존경스럽고, 배려심 있으면서 책임 있는 구성원이 되라.
- 협력적인 프로젝트팀을 구축하라.
- 이해관계자를 효과적으로 참여시켜라.
- 가치에 초점을 두라.
- 시스템의 상호작용을 인식하고, 평가하고, 대응하라.
- 리더십을 행동으로 보여주라.
- 상황에 기초하여 맞춤 관리하라.
- 과정과 목표 달성에서 질을 확보하라.
- 사업의 복잡성을 탐색하라.
- 리스크 대응을 최적화하라.
- 적응성과 탄력성을 확보하라.
- 계획한 미래 상태를 달성하기 위해 변화를 추진하라.

4 성과관리 과정

우리나라 중앙정부의 성과관리는 예산과정과 밀접하게 연계되어 있다. 기본적인 우리나라 예산과정은 〈표 6-2〉와 같다. 각 중앙관서는 정부 예산안이 확정된 뒤 해당 연도 4월 14일까지(2023년 기준) 해당 연도 성과관리 시행계획 및 자체평가계획을 수립하여 국무조정실에 제출한다. 이후 8월까지 각 부처는 성과관리 시행계획 수정안을 국무조정실에 제출하고, 국무조정실은 수정안의 적절성을 검토하여 정부업무평가위원회에 보고한다. 이 성과관리 시행계획은 국회 소관 상임위원회에 제출한다.

이후 성과 모니터링으로 성과관리·자체평가 운영실태를 점검한다. 각 부처는 해당 연도 11월부터 다음 해 1월까지 자체평가를 하고 그 결과를 국무조정실에 보고하면, 이에 대하여 정부업무평가위원회와 국무조정실은 종합평가를 하여 발표하고, 각 부처에

<표 6-2> 중앙정부 예산과정

구분	일정	내용	관련 기관
예산안 편성	전년도 12.31	국가재정운용계획 수립지침 통보	기획재정부
	매년 1.31	중기사업계획서 제출	각 중앙관서
	매년 3.31	예산안 편성지침 통보	기획재정부
	매년 5.31	예산요구서 제출	각 중앙관서
	매년 6월~9월	예산안 편성	기획재정부
	회계연도 120일 전까지	예산안 국회 제출	정부
	정기국회	예산안 심의	국회
	회계연도 개시 30일 전까지	예산안 확정	국회
집행		예산배정	기획재정부
		예산 재배정	각 중앙관서
		지출원인행위	집행부서
		계약이행 완료	집행부서
		계약 대금 지급	집행부서
결산	다음 연도 2월 말까지	중앙관서 결산보고서 제출	각 중앙관서
	다음 연도 4월 10일까지	국가결산보고서 감사원 제출	기획재정부
	다음 연도 5월 20일까지	국가결산보고서 기획재정부 장관에 송부	감사원
	다음 연도 5월 말까지	국가결산보고서 국회제출	정부

서는 그 결과를 다음 연도의 계획에 반영하는 등의 환류 과정을 거치게 된다. 정부는 국회에 예산안을 제출할 때 다음 연도 예산의 성과계획서 및 전년도 예산의 성과보고서를 함께 제출하여야 한다(국가재정법 제34조). 이들은 국회가 예산안을 심의할 때 참고자료로 활용하게 된다.

<표 6-3>은 고용노동부 성과관리 일정이다.

<표 6-3> 고용노동부 성과관리 시스템 및 일정

계획	• 2023년 성과관리 시행계획 수립 • 2023년 자체평가계획 수립 • 2023년 소속기관 평가계획 수립
집행	• 성과관리계획 수정(6월) • 성과계약 등 평가계획 수립 • 성과 향상을 위한 중간점검 실시 • 국정과제 점검 • 정책현장 방문, 분과위원회 등을 통한 모니터링 체계 운영

평가	• 주요 정책과제 평가(~2023년 12월) • 소속기관 평가(~2023년 12월) • 자체평가(1회)
환류	• 성과계약 등 평가(2024년 2월, 소속기관 평가 · 자체평가 · 국정과제 평가 결과 등 반영) → 성과급 등급 결정에 반영 • 우수기관 선정, 포상금 등 인센티브 부여

출처: 고용노동부, 『2023년도 고용노동부 성과관리 시행계획』.

제3절 성과목표와 성과목표체계

1 성과목표

1) 성과목표의 의의

성과관리는 성과목표를 관리하는 것이다. [그림 4-1]의 목표체계에서 본 성과목표는 전략계획의 전략목표를 달성하기 위한 수단이다. 전략목표가 전략계획 기간에 프로그램으로 이루고자 하는 바람직한 상태라고 하면 성과목표는 전략목표를 달성하고자 하는 구체적인 목표를 의미한다. 성과목표는 연차별 또는 단계별 성과목표로 세분하게 된다. 〈표 6-4〉는 단계별 성과목표 설정의 예이다.

〈표 6-4〉 제4차 국어발전 기본계획(2022~2026)

■ **비전**: 디지털시대 소통하는 국어, 모두가 누리는 한국어 · 한국문화
■ **추진전략 1**: 4차 산업혁명 시대의 국어정책 기반 조성
ㅇ 전략 1-12: 다양한 언어현실을 반영한 국어정책 기반자료 구축
ㅇ 추진 내용
① 다변화된 언어환경에 맞는 어문규범 정비
② 국어 기초어휘 선정 및 어휘 등급화

1단계(2018~2020) 〈기초연구〉	• 기초 어휘 선정 기초연구 • 어휘 사용 실태 분석 방법론 수립 • 어휘 능력 조사 방법론 수립 • 어휘 사용 실태 분석 말뭉치 구축

2단계(2021) 〈어휘 목록 추출〉	• 방법론 보완 및 등급 설정 • 기초 어휘 목록 및 등급별 어휘 목록 추출
3단계(2022~2023) 〈선정 및 검증〉	• 어휘 목록 검증: 문서 점유율 검토, 어휘 능력 조사 • 기초 어휘 선정 • 수준별 분야별 어휘 등급화
4단계(2024) 〈활용〉	• 어휘 목록 검색 시스템 구축·운영 • 어휘 등급화 자료 활용 지원

출처: 문화체육관광부·관계부처 합동. 『제4차 국어발전 기본계획(2022~2026)』.

중앙행정기관의 성과목표는 관리과제 또는 단위사업 등으로 하위목표체계를 제시하고 있다. 관리과제는 성과목표 달성을 위한 수단으로서, 개별 정책 또는 사업 단위(비예산 사업 포함)로 성과목표 달성을 위해 성과관리가 필요한 정책·사업을 대상으로 선정한다. 하나의 성과목표에는 적정 수의 관리과제를 포함하게 된다. 하나의 성과목표에 이질적인 관리과제나 한 개의 관리과제를 제시하는 것은 바람직하지 않다. 관리과제를 선정할 때 국정과제나 주요 국정기조, 정부 핵심과제는 기관이 성과목표와 연계하여 반드시 포함하도록 하고 있다(국무조정실, 2023).

2) 성과목표체계 구성요소

성과관리에서 성과목표를 구체화하고 측정할 수 있게 하려면 〈표 6-5〉와 같은 내용을 기본 구성요소로 작성되어야 한다(Singh et al., 2017). 성과목표 체계에 대한 [사례]로 중소벤처기업부를 제시하였다.

〈표 6-5〉 성과목표 구성 내용

성과 (기대하는 결과)	성과지표	기준점	성과목표	자료원	자료 수집방법	책임
영향, 결과, 산출, 투입 등						
-						

사례 중소벤처기업부 2021년도 성과관리 시행계획

■ 전략목표 1. 혁신을 응원하는 창업국가 조성을 통해 일자리를 창출한다.

〈전략목표 성과지표〉

성과지표	실적					목표치	2025년 목표치 산출근거	측정산식 (또는 측정방법)	자료 수집방법 (또는 자료출처)
	2016	2017	2018	2019	2020	2025			
벤처기업 평균 매출액 (억 원)	69.2	68.5	64.0	53.2	53.0	56.7	최근 10년 간 벤처기업 평균 매출액은 65.8, 최근 3년 간(2018~2020) 실적 평균치 56.7을 적용	벤처기업 정밀실태조사 결과	벤처기업협회 정밀실태조사 결과 활용

■ 성과목표 1-1. 연결과 협업을 통해 기술창업을 활성화한다.

- 비대면 분야 스타트업 집중 육성
- 유망 분야 기술창업기업 선별 및 사업화 지원

〈성과지표〉

성과지표	실적			목표치	2021년 목표치 산출근거	측정산식 (또는 측정방법)	자료 수집방법 (또는 자료출처)
	2018	2019	2020	2021			
기술기반 업종 창업기업 수 (개)	212,237	220,607	228,949	238,107	최근 3년 간 연평균 증가율(3.86%)을 고려, 2021년 목표치는 전년 대비 4.0% 상향하여 설정	사업자 등록 영리기업 (개인, 법인) 중 기술기반업종 영위 기업	"창업기업 동향" (중소벤처기업부 발표통계)

■ 관리과제별 추진계획(비대면 분야 스타트업 집중 육성)

- 비대면 분야 전용 창업사업화 예산을 신설 운영
- 전문적 효과적 지원이 이루어질 수 있도록 협업체계 구축

〈성과지표 및 측정방법〉

성과지표	실적			목표치	2021년 목표치 산출근거	측정산식 (또는 측정방법)	자료 수집방법 (또는 자료출처)
	2018	2018	2020	2021			
창업 사업화 후 신규 고용인원	–	–	(신규)	760명	창업사업화 참여기업 평균 신규 고용 (3.8명)×200개사	사업화 지원 후 신규 고용인원 합계	참여기업 대상으로 2021년 신규 고용인원 조사

① 성과(performance)

전략계획에서 성과는 조직의 전략목적이나 목표를 달성하기 위해서 활동한 결실을 의미한다. 성과는 조직 및 그 구성원이 서비스의 생산 및 제공을 위하여 수행한 업무, 정책, 활동 등의 계획 또는 목표에 대한 실적 또는 효과 정보를 의미한다(이윤식 외, 2006). 성과는 프로그램이나 활동으로 달성한 결과, 제공된 서비스의 질, 고객만족 수준, 자원 활용의 효과성 등 다양한 모습을 가지게 된다. [사례]에서 성과목표의 성과는 기술기반업종 창업기업 수가 되고, 관리과제에서 성과는 신규 고용인원이 된다.

② 성과지표(performance indicators)

지표는 방향이나 목적, 기준 따위를 나타내는 표지로 성과지표는 성과의 달성 정도를 판단하기 위한 질적 · 양적인 지표이다. [사례]에서 '성과목표 1-1. 연결과 협업을 통해 기술창업을 활성화한다'의 성과지표는 '기술기반업종 창업기업 수'가 된다.

③ 기준점(baselines)

성과관리를 위한 성과측정체계를 구축하기 위해서는 성과목적이나 목표를 설정하기 위한 기준이 있어야 한다. 이 기준은 성과평가의 출발점이며 행동의 지침이 된다. [사례]에서 성과목표의 지표인 기술기반업종 창업기업 수의 기준점은 '최근 3년 평균'이다.

④ 성과목표(target)

성과목표는 계획이 완료되었을 때 달성하고자 하는 상태를 의미한다. [사례]에서는 성과목표는 전년 대비 4.0% 상향 조정한 238,949개이다.

⑤ 자료원 및 수집방법(data source)

평가를 입증할 자료를 어디에서 어떻게 수집할 것인가를 결정하여야 한다. [사례]에서는 중소벤처기업부 발표통계 자료를 이용한다.

⑥ 평가방법(methods)

수집된 자료를 분석하고 판단하는 방법을 의미한다. 이는 전략계획보다는 성과평가에서 구체적으로 제시되곤 한다. [사례]에서는 사업자 등록 자료로 한다.

⑦ 책임(responsibility)

자료 수집, 분석 및 보고를 담당하는 사람이나 부서를 의미한다.

3) 효과적 성과목표 설정에서 고려할 것

바람직한 성과관리를 위해서 성과목표체계를 설정할 때 다음과 같은 것을 고려할 필요가 있다(DCIPS, 2009).

- 성과목표가 조직의 전략목적 및 전략목표와 명확하게 연결되어 있는가?
- 성과목표가 부서 또는 감독자의 성과목표와 명확하게 연결되어 있는가?
- 성과목표가 수행하는 핵심적인 업무 활동 또는 중요한 업무 활동과 관련이 있는가?(성과목표의 관련성을 보장하기 위한 참고자료로 직위 설명, 직무 명세서, 수행 사례 또는 기타 지침을 사용하여 작성되었는가?)
- 성과목표가 업무에서 사소한 변경(예: 중요한 새 프로젝트 접수)을 반영할 수 있을 정도로 광범위하고 유연한가?
- 환경적 제약과 가용자원을 고려할 때 성과목표를 달성하는 것이 당신의 통제 하에 있는 것인가?
- 성과목표가 당신의 업무 및 업무수준에 적합한가?
- 성과목표가 부서가 최선을 다했을 때 달성할 정도로 도전적이면서 달성 가능한가?
- 성과목표가 단순히 작업활동이 아닌 최종 결과를 제시하고 있는가?
- 성과목표에 기술된 결과를 관찰 또는 검증할 수 있는 것인가?
- 성과목표에 적어도 한 가지 유형의 척도(예: 품질, 수량, 비용 효율성 또는 적시성)가 포함되어 있는가?
- 성과목표가 수행 기간(예: "1개월 이내" 또는 "6월 1일까지")을 명시하고 있는가?
- 단일 평가 기간 내(주로 1년)에 성과목표를 달성할 수 있는 것인가?
- 성과목표가 성공적인 성과수준에서 작성되었는가?
- 성과목표의 초과 달성을 보여줄 수 있도록 설정되었는가?(즉, 합격/불합격과 같은 것을 피함)
- 성과목표가 책임과 업무의 난이도 측면에서 조직 내의 다른 유사한 직무와 형평성 있게 설정되었는가?

• 성과목표가 이해하기 쉽게 전문용어 등의 사용을 피하여 작성되었는가?
• 성과목표는 여러 개가 아닌 단일 결과에 초점을 맞추어서 작성되었는가?

4) 사례

(1) 기관전략

2023년 46개의 중앙부처의 성과관리 시행계획에서는 197개(평균 4.3개)의 전략목표에 대하여 성과목표 588개(평균 12.8개), 관리과제 1,837개(평균 40개)를 제시하고 있다(국무조정실, 2023a). 〈표 6-6〉은 『2023년도 고용노동부 성과관리 시행계획』의 목표체계이다.

〈표 6-6〉 고용노동부 목표 및 과제 현황

전략목표	전략목표 성과지표	성과목표	성과목표 성과지표	관리과제	관리과제 성과지표
5개	7개	18개	22개	53개	102개

성과목표	관리과제	국정기조 연계
Ⅰ. 노동자 보호와 노동시장의 활력 제고 기반을 마련한다.		
1. 참여협력적 노사관계 기반을 구축해 노동이 존중받는 사회를 실현한다.		
	① 대화와 타협을 통한 상생·연대의 노사관계 구축	국정 51-2
	② [핵심과제] 노사 법치주의 확립	국정 50-4, 업무보고 1-1
	③ 세대상생형 임금체계 확산	국정 51-4, 업무보고 2-1
	④ 노사갈등에 대한 체계적 대응	국정 51-5
	⑤ 노사협의회 운영 활성화를 통한 상생-협력 기반 강화	국정 51-2
2. 노동시장 내 취약계층의 권익을 두텁게 보호한다.		
	① 기간제 등 차별 해소 및 비정규직 남용 관행 개선	국정 50-2, 업무보고 1-2
	② 원·하청 상생협력 지도 강화 및 다양한 형태의 종사자 보호	국정 50-2, 업무보고 2-2
	③ 직장 내 불합리한 관행 개선 및 청년 청소년 근로권익 보호	업무보고 1-1
	④ 중소기업 퇴직연금기금제도 운영을 통한 노후소득 보장 강화	업무보고 3-3
3. 취약 근로자의 노동권 보호를 강화하고, 노사 모두에게 도움이 되는 근로여건을 조성한다.		

	① 취약계층 근로자 노동권 보호	국정 50-2, 업무보고 1-1
	② 실근로시간 단축 지원 및 노사의 자율적인 근로시간 선택권 확대	국정 51-1, 업무보고 1-2
4. 공공부문 비정규직 남용 방지와 노사관계 안정을 이룬다		
	① 공공부문 비정규직 남용 방지 및 임금체계 개편 지원	
	② 공공부문의 합리적 노사관계 구축	
Ⅱ. 민간 고용창출력 강화와 고용서비스·안전망 내실화를 통해 양질의 일자리 창출 기반을 마련한다.		

출처: 고용노동부(2023). 『2023년도 고용노동부 성과관리 시행계획』.

(2) 사업전략

공공기관의 성과목표는 〈표 6-7〉과 같은 평가기준이 제시되어 있을 때에는 이를 참고로 하여 결정하기도 한다.

〈표 6-7〉 한국 토지공사 2022년 주거복지사업 성과목표 측정방법

(3) 글로벌 수준의 공가율 관리(평가방식: 글로벌 실적비교, 가중치: 2점)	
정의	기관이 운영하는 임대주택의 공가 관리 노력을 글로벌 수준에서 평가한다.
목표	• 최고목표: OECD 발표 Top 10 국가들의 공가율 평균 • 최저목표: OECD 발표 Top 20 국가들의 공가율 평균
측정산식 및 변수	① 글로벌 수준의 공가율 = 20 + 80 × 임대주택공가율 − 최저목표 관리노력 최고목표 − 최저목표 ② 임대주택 공가율은 당해 연도 말 건설임대주택과 매입임대주택의 운영호수 대비 공가호수의 비율로 산출함 ※ 산출 시 고려사항: 임대주택 공가율은 수리 등의 사유로 당해 연도 말 임대가 어려운 주택 수는 제외함 최고목표는 OECD 발표자료를 기준으로 공가율이 낮은 순으로 Top 10 국가의 총 주택 수 대비 총 공가호수의 비율로 산출하며, 최저목표도 이와 동일하게 산출함

출처: 기획재정부(2022). 『2022년도 공공기관 경영평가편람(수정)』.

2 성과지표

1) 의의

지표(indicator)는 어떤 것의 상태나 수준을 보여주는 측정 가능한 값을 의미한다. 성과지표는 전략목표 달성의 진행상황을 추적하고, 성과목표의 달성 여부를 평가하기 위해 사용되는 기준이다. 성과지표는 조직이 그의 목표 달성 정도를 결정하기 위해 사용할 수 있는 하나의 매개변수(parameter)이다. 민간기업의 경우 성과지표로 어느 정도 신뢰할 수 있는 재무지표가 있고, 이를 통하여 기업의 성과를 측정할 수 있다. 그러나 명확하게 계량화할 수 없는 공익을 추구하는 공공조직의 경우 다양하고, 추상적이고 일반적인 목적을 추구하기 때문에, 이를 측정 가능한 형태로 바꾸는 것이 공공의 성과관리에서 가장 논쟁의 중심에 있다. 성과지표는 이들 전략목적이나 전략목표를 조작적으로 정의하여 구체화한다. 그러나 성과지표는 성과 그 자체가 아니라 성과를 추정할 수 있는 하나의 매개변수일 뿐이다. 예로, 구성원의 영어 실력을 향상하는 것을 목표로 할 경우 이를 토익점수로 측정한다고 결정할 수 있다. 토익점수는 모든 영어 실력을 측정할 수는 없다. 단지 추정할 뿐이다.

2) 성과지표의 유형

(1) 지표의 특성에 의한 유형

성과지표는 그 분류기준에 따라서 다양하게 분류할 수 있다.

- **정량지표와 정성지표**: 성과지표는 평가자 주관의 개입 여부에 따라서 정량지표와 정성지표로 구분된다. 정량지표는 평가자와는 독립적으로 측정할 수 있는 것으로, 전염병 발병률, 도로 건설 km, 기업 유치 수주액 등과 같은 것들이 이에 해당된다. 정성지표는 평가자의 주관이 개입되는 측정지표이다. 정성지표에는 주민만족도, 주요 국정과제 대국민 인지도, 제도 개선 과제 이행도, 자치단체장의 수행 능력 등이 이에 해당한다.
- **재무지표와 비재무지표**: 성과지표는 재무지표와 비재무지표로 분류될 수 있다. 재무적 지표는 주로 화폐적인 단위를 바탕으로 측정되는 지표로 이윤율, 수익률 등이 이에 해당한다. 반면에 비재무적인 지표는 고객만족도나 서비스의 품질과 같이 회계장부에서 발견될 수 없는 측정지표들이다.
- **기관대표 지표와 단위과제 지표**: 지표는 기준 사업에 따라 기관대표 성과지표와 단위과제 성과지표로 구분한다. 기관대표 지표는 조직 전체의 성과를 종합 측정하기 위한 지표이다. 기관대표 지표는 한번 개발되면 매년 목표치만 변화시켜 반영구적으로 사용하게 된다. 우리의 기관대표 지표는 〈표 4-10〉에서 살펴볼 수 있다. 단위과제 성과지표는 단위사업 및 과제의 애초 목표 달성 여부를 측정하기

위한 지표로 매년 단위사업이 달라지면 그것에 맞게 신규 개발해야 하고 상대적으로 개발이 쉽다.

- **선행지표와 후행지표**: 성과지표는 선행(leading)지표와 후행(lagging)지표로 구분될 수 있다. 선행지표는 안전교육의 참여자 수와 같이 지표를 통하여 미래를 예측할 수 있는 지표이고, 후행지표는 사고 발생률과 같이 과거나 실적을 이해할 수 있는 지표를 의미한다.

(2) 미국 OMB의 분류

미국 OMB는 대표적인 성과지표를 다음과 같이 분류하고 있다(OMB, 2022).

- **맥락지표**(Contextual Indicator): 전략목표나 사업과 관련된 변화 추세나 기타 정보를 이해하기 위한 목적으로 상황정보를 제공하는 데이터이다. 맥락지표는 해결하고자 하는 문제를 이해하기 위한 상황 정보 또는 목표 및 프로그램과 관련된 기타 정보를 제공하는 데이터이다. 예를 들면, 전략적 이슈와 관련된 경고 신호(예: 낮은 출산율, 지역 산부인과 의사 부족), 원치 않는 부작용 실태 정보 등이 이에 해당한다.
- **고객서비스 지표**(Customer Service Indicator): 정부가 서비스를 제공하거나 규제하는 대상과의 상호작용의 개선상황을 보여주는 지표이다. 이에는 고객만족도 등이 있다.
- **효율성 지표**(Efficiency Indicator): 사업에의 투입과 그의 산출이나 결과의 비율로 표현되는 지표이다. 효율성 지표는 동일한 비용으로 더 많은 산출을 가져오거나, 동일한 산출이나 결과를 더 적은 비용으로 가져오는 대안이 바람직한 것으로 판단하게 된다.
- **투입지표**(Input Indicator): 사업 추진에 활용된 인력, 자금, 장비 등의 자원의 양을 보여주는 지표이다.
- **중간결과지표**(Intermediate Outcome Indicator): 최종 결과에 기여하는 활동 결과에 대한 진행상황을 나타내는 지표이다. 이는 중간결과와 최종결과 간에 밀접한 인과관계가 있는 경우에 유용한 지표이다. 예로, 안전 도구 착용률이 최종결과인 산업재해의 감축에 기여할 경우에 중간결과지표가 될 수 있다.
- **과정지표**(Process Indicator): 적시성, 정확성, 완전성과 같이 사업의 절차, 과정 또는 작업이 얼마나 잘 작동되는지를 나타내는 지표이다. 예로, 집행률 등이 이에

해당한다.

- **산출지표**(Outcome Indicator): 사업이 의도한 산출의 달성에 대한 진행상황을 나타내는 지표이다. 이는 사업이 영향을 주고자 하는 조건에서 변화의 정도를 보여준다.
- **결과지표**(Output Indicator): 일반적으로 양적으로 표현되어 표나 계산식으로 측정되는 지표이다. 결과지표는 일정한 기간 제공된 제품이나 활동의 수준을 기술한다.

(3) 성과정보의 성격이나 내용에 따른 분류

성과지표는 [그림 6-1]과 같이 전략 프로그램의 논리모형을 기반으로 하여 성과지표를 구분할 수 있다. 이를 바탕으로 할 때 〈표 6-8〉은 하나의 예이다.

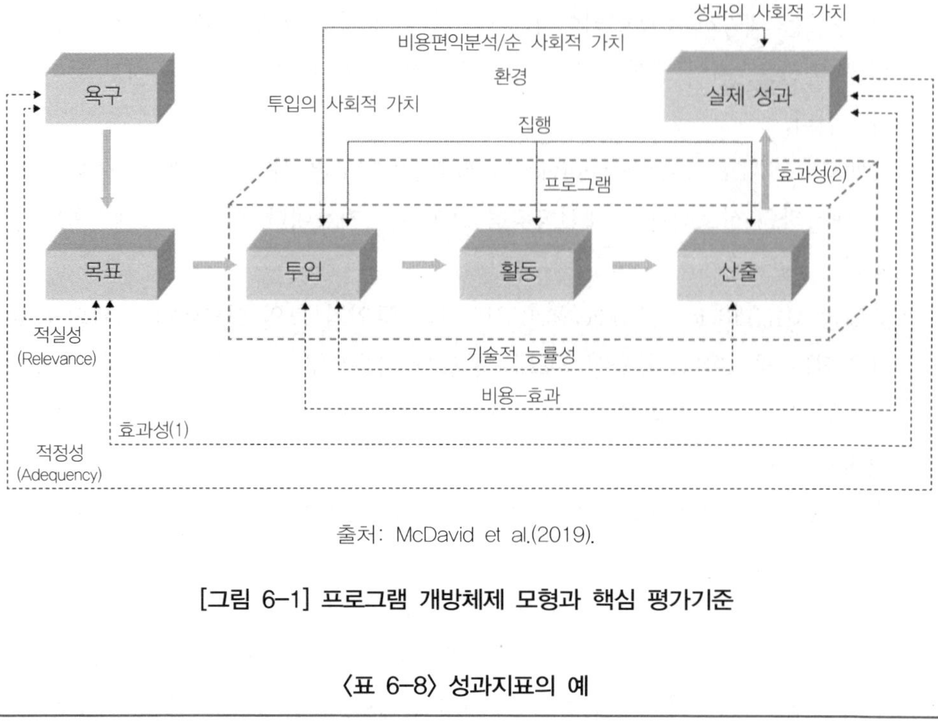

출처: McDavid et al.(2019).

[그림 6-1] 프로그램 개방체제 모형과 핵심 평가기준

〈표 6-8〉 성과지표의 예

실업자 직업훈련 과정 성과지표
■ 목적: 실업자의 재취업 ■ 성과목표 • 2020년에 실업자의 10%를 취업 • 2021년에 실업자의 20%를 취업

- 2022년에 실업자의 25%를 취업

■ 성과지표
- 투입: 실업자 직업훈련 프로그램에의 등록 수
- 산출: 코스를 수료한 학생 수
- 성과: 코스를 마치고 직업을 얻은 학생 수
- 능률성: 학생당 투자 비용
- 생산성: 과정 수료 후 월 100만 원 이상의 직장을 구한 학생 수의 비율
- 성과: 실업자의 감소
- 질: 직업훈련학생이 직업 획득의 확률, 직장생활에의 적응도 등

- **투입지표:** 투입지표는 재화나 서비스를 제공하기 위해 투자한 자원의 양을 의미한다. 투입에는 노동력, 자재, 장비, 예산과 같은 공급 요인 이외에 대상 모집단이 지출하는 비용과 같은 수요 요인도 포함한다.
- **과정지표:** 과정지표는 사업진행 과정에서 나타나는 활동의 양을 나타내는 지표이다. 과정지표는 사업진도 등 사업추진 정도를 중간점검하는 데 필요한 정보를 제공한다.
- **산출지표:** 산출은 고객에게 제공된 재화나 서비스의 양으로서, 사업 완료 후 나타나는 1차적 산출물을 의미한다. 산출지표는 특정 프로그램이나 하위 프로그램의 활동에 관심을 둔다. 산출지표는 프로그램이 목적을 달성했는가를 알려주지는 않는다.
- **결과지표:** 결과지표는 1차적 산출물을 통해 나타나는 궁극적인 사업의 효과, 정책이 미치는 영향력을 나타내는 지표이다. 결과지표는 대부분 효과성 평가의 핵심을 구성하게 된다. 예로서, 직업학교의 졸업생 수를 산출이라고 하면, 취업한 사람 수는 성과라 할 수 있다. 산출은 그 프로그램이 얼마나 효과적이고 성공적이었는가를 측정한다.
- **능률성:** 능률성은 수행한 업무량을 사용한 자원량으로 나눈 것이 된다. 예로, 도로 1km 포장당 비용 또는 1억 원으로 포장한 도로 km와 같은 것이 능률성이 된다. 능률성 측정을 효과성 측정을 배제하기 위한 수단으로 활용해서는 안 된다. 즉, 더는 해서 안 되는 것을 능률적으로 수행하고자 해서는 안 된다(Osborne & Gabebler, 1992).
- **질 측정:** 질(quality)은 고객이나 이해관계자의 기대 충족에 대한 효과성을 반영한다. 질 측정은 제공하는 서비스의 신뢰성, 정확성, 친절, 능력, 대응성 및 완전성

등을 측정하는 것이다. 소극적으로는 질 저하를 대상으로 평가할 수도 있는데 오류율 감소, 불만 수의 감소 등이 이에 해당한다.

(4) 균형성과표에 의한 지표체계

제3장 제4절에서 간단히 살펴본 균형성과표(BSC)를 공공조직에 적합하게 수정하여 활용하고 있다. 우리의 경우 특히 전라북도가 BSC 지표를 활용하여 성과관리를 추구하는 노력을 많이 하고 있다.

사례 성과지표로 BSC 기반을 활용하고 있는 사례

- 방위사업청: BSC 성과평가 운영규정(방위사업청훈령 제656호)
- 전라북도: 2022년 전라북도 BSC 직무성과평가요약보고서 (https://www.jeonbuk.go.kr: 정보공개/행정정보공개/정책용역사업)
  * 전라북도는 직무성과평가를 BSC 기반으로 운영하고 있음
- 성남시: 2022년 성남시 성과관리 만족도 조사(https://www.prism.go.kr/)
  * 성남시 BSC 시정 및 부서별 주요 성과지표에 대한 만족도를 조사하여 시에서 제공하는 행정의 질적 수준을 과학적이고 객관적으로 측정

3) 바람직한 성과지표의 기준

(1) CREAM 기준

좋은 평가지표는 다음과 같은 CREAM 기준을 확보할 필요가 있다(Schiavo, 1999).

- **명확성**(Clear): 지표는 명확하고 직접적이며 모호하지 않아야 한다.
- **적실성**(Relevant): 지표는 바람직한 결과와 관련이 있어야 한다. 즉, 결과와 관련이 있는 다른 이슈에 의해 영향을 받아서는 아니 된다.
- **경제성**(Economic): 지표 선정에서는 선정에 따르는 경제적 비용도 고려해야 한다. 즉, 지표와 관련된 자료의 수집과 분석에 들어가는 비용을 고려해야 함을 의미한다.
- **충분성**(Adequate): 지표는 측정하고자 하는 것을 모두 포함하도록 해야 한다. 지표는 측정하고자 하는 것을 간접적으로 측정하거나 추상적으로 표현해서는 아니 된다.

- **모니터 가능성**(Monitorable): 지표는 입증하고 확인할 수 있어야 한다.

(2) DOPA 기준

USAID는 바람직한 지표의 기준으로 다음과 같은 DOPA 기준을 제시하고 있다(USAID, 1998).

- **직접적**(Direct): 의도한 변화를 직접적으로 측정할 수 있어야 한다.
- **객관적**(Objective): 측정하고자 하는 것과 어떠한 자료를 수집할 것인가가 모호하지 않아야 하고, 측정을 수행하는 사람들에 의해 영향을 받지 않도록 명확한 조작적 정의가 있어야 한다.
- **실제적**(Practical): 자료 수집 비용과 빈도, 의사결정 시간이 적합해야 한다.
- **충분적**(Adequate): 최소한의 지표로 프로그램의 집행과정을 충분하게 평가할 수 있어야 한다.

(3) 질적 지표의 기준

정성적인 질적인 지표를 설정할 때, 그리고 지표를 사용할 때 참고가 될 수 있는 기준으로 SPICED 기준이 있다(Roche, 2005).

- **주관적 제공자**(Subjective): 수혜자나 이해관계자와 같은 정보 제공자는 독특한 통찰력을 제공하는 특별한 지위나 경험을 가지고 있어서 조사자의 시간을 줄여줄 수 있다. 이러한 의미에서 다른 사람들이 '일회적 증거'로 보일 수 있지만, 출처라는 면에서 중요한 자료가 될 수 있다.
- **참여**(Participatory): 지표는 지표를 평가하기에 가장 좋은 위치에 있는 사람들과 함께 개발되어야 한다. 예로, 프로그램의 최종 수혜자, 현지 직원, 이해관계자 등이 이에 해당한다.
- **해석 및 전달가능성**(Interpreted and communicable): 지역적으로 정의된 목표나 지표는 다른 이해관계자에게 큰 의미가 없을 수 있으므로 종종 구체적인 설명이 필요하다.
- **교차 확인과 비교**(Cross-checked and compared): 평가의 타당성은 서로 다른 목표와 지표 및 진행상황을 비교하고 서로 다른 정보, 방법 및 연구자를 활용하여 교차점검해야 한다.
- **권한 부여**(Empowering): 목표나 지표를 설정하고 평가하는 과정은 그 자체로 권한을 부여해야 하며, 그룹과 개인이 변화하는 상황에 대해 비판적으로 성찰할 수

있도록 해야 한다.

- **다양화와 세분화(Diverse and disaggregated)**: 다양한 집단과 성별에 따라서 서로 다른 지표를 찾고자 노력해야 한다. 이들의 차이를 시간적으로 평가할 수 있도록 자료를 관리하는 것이 필요하다.

(4) 국무조정실 기준

「정부업무평가 기본법」은 성과지표는 정책이나 사업의 목표 달성도를 측정할 수 있도록 가능한 한 객관적・정량적으로 설정하되, 객관적・정량적 설정이 곤란한 경우는 최대한 이를 담보할 수 있는 형태로 설정하도록 하고 있다(동법 제6조). 이를 기반으로 국무조정실을 성과지표 설정 시 고려사항으로 다음을 제시하고 있다(국무조정실, 2023).

- **정책 대표성**: 성과지표는 해당 성과목표・관리과제의 핵심적인 내용이 포함될 수 있도록 하고, 지엽적인 내용으로 설정하지 않도록 주의한다.
- **목표치 수준의 적절성**: 목표치는 과거 3년 간의 추세치 및 전년도 성과에 근거하여 적극적 업무수행 관점에서 도전적으로 설정하고, 구체적으로 어떠한 근거와 논리를 통해 목표치를 설정하였는지 명확히 제시하여야 한다.
- **목표와 결과 간 인과성**: 지표는 결과에 영향을 미칠 수 있는 외부 요인의 통제가 가능하고, 정책목표 달성을 위한 기관의 직접적인 노력과 역량이 포함되도록 해야 한다.
- **성과지표의 명확성 및 구체성**: 성과목표 또는 사업의 핵심적인 내용을 대상으로 명확하고 구체적인 성과지표를 개발해야 한다.
- **측정 가능성**: 성과지표의 측정방법 및 근거 등은 공식적 자료를 활용하며 출처를 명확히 밝히는 등 성과측정 자료의 신뢰성을 확보할 수 있게끔 제시해야 한다.
- **기한성**: 사업 종료 후 산출까지 많은 시간이 소요되지 않아 해당 연도의 성과를 평가할 수 있는 지표여야 하고, 장기적인 사업목표인 경우도 연간 성과지표를 설정하여 일정 기간의 성과를 점검할 수 있도록 해야 한다.
- **비교 가능성**: 예산편성 등에서 활용할 수 있도록 과거의 성과 및 유사사업의 성과와 비교 가능하도록 설정한다.

4) 성과지표 선정과정

성과지표를 선정하고자 할 때 고려하여야 할 것들을 보면 다음과 같은 것들이 있다 (State of California, 2007; Andersen & Fagerhaug, 2015; 국무조정실, 2023).

① 임무 · 비전 · 전략목표 · 성과목표 확인

지표 개발에 앞서 기관의 임무와 비전, 전략목표의 주요 내용을 확인하고, 이를 실행하기 위한 주요 활동을 확인한다. 이를 위해 프로그램 논리모형을 작성하는 것도 필요하다. 핵심적인 활동을 법적 위임사항, 프로그램의 우선순위, 임무와의 관련성 등을 고려하여 핵심활동을 확인한다. 전략계획에서 성과평가는 모든 것을 평가하는 것이 아닌 중요한 것, 임무와 목표 달성에서 핵심적인 것을 평가하는 것이다. 이 단계에서 주요 활동의 결과를 확인한다.

② 성과지표의 수집

기존 지표와 해외 또는 타 기관 선진지표를 수집하여 성과지표 풀(pool)을 형성한다. 현재 활용 중인 지표가 적절하지 않거나 선진사례를 통해 지표수집이 어려운 경우, 전략목표와 성과목표에 따른 적절한 지표를 새롭게 개발한다. 새로 개발된 지표 중 전략목표와 성과목표에 가장 적합하다고 판단되는 지표를 대상으로 목록을 작성한다.

③ 성과지표 선정

지표 목록에서 성과지표가 중복되거나 지나치게 세분화된 경우 대표성이 있는 소수의 성과지표로 통합한다. 우수한 평가를 받기 위해 달성이 용이한 지표를 사용하였는지 검토한다. 수시 측정이 가능하고 자료 활용이 용이한 지표를 선택한다. 성과지표는 지표의 조건과 조직 내에서 토론 및 검토를 통해 지표 목록의 수를 축소한다.

④ 성과지표 조정 및 확정

앞 단계에서 선정한 지표에 대하여 해당 부서, 이해관계자 등의 의견을 수렴하여 조정하고, 최종적으로 자문위원회나 전략기획위원회의 승인으로 선정한다. 성과지표가 확정되면 확정된 성과지표에 대한 관리방안, 평가자료 수집방법, 평가기준 등을 설정한다. 성과지표 관련 자료의 생성과 관리 절차를 구체화하고, 외부 환경변화 및 조직변화에 따른 성과지표의 변경 · 수정 등 지속적 관리방안을 수립한다.

⑤ 성과지표의 상세화

성과지표의 구체적인 측정 자료, 측정방법 및 평가기준을 설정한다.

우리의 경우 기관의 성과지표를 자체적으로 개발하기보다는 대부분 전문가 집단이나 컨설팅 기관에 용역을 주어 개발하여 활용하고 있다. 이들 정보는 정책연구관리시스템(www.prism.go.kr)에서 검색할 수 있다.

사례 **성과지표 개발 연구 사례**

- (사)공공기관경영연구원(2022). 『통일업무 성과제고를 위한 개선방안 연구』. 통일부.
- 한국행정연구원(2020). 『성과지표 개선 등을 통한 재정성과관리 고도화 연구사업』. 식품의약품안전처.
- (사)한국정책학회(2020). 『사회보장사업의 성과지표 설정에 관한 연구』. 보건복지부.
- 건국대학교 산학협력단(2020). 『프로그램 성과지표 설정을 위한 연구』. 고용노동부.
- (주)퍼포먼스웨이컨설팅(2019). 『충청북도 성과지표 개발 연구 용역』. 충청북도.
- 한국행정연구원(2018). 『산림정책 성과지표 개발 및 고도화』. 산림청.
- (주)창해 컨설팅(2021). 『법과학 연구개발사업의 효율적 관리를 위한 성과지표 개발 연구』. 대검찰청.

출처: https://www.prism.go.kr

3 성과목표 기준점

성과목표를 설정할 때 무엇을 기준으로 할 것인가를 결정하여야 한다. 프로그램의 성과목표에 준거점으로 활용될 수 있는 것을 보면 다음과 같은 것이 있다(Vedung, 1997). 이 가운데에서 가장 일반적인 것이 과거 즉 계획 실행 전년도나 최근 3년의 평균과 같은 것이 가장 많이 사용된다.

- 과거(past): 달성할 성과를 현 수준이나 과거 성과와 비교하여 결정
- 국내적 비교(intranational comparison): 달성할 성과를 비슷한 국내 또는 지역의 비슷한 기관의 성과와 비교하여 결정
- 국제적 비교(international comparison): 달성할 성과를 다른 나라의 비슷한 기관의 성과와 비교하여 결정

- 벤치마크(benchmark): 달성할 성과를 관련 분야의 최고의 경험적 활동과 비교하여 결정
- 목표(goals): 달성할 성과를 정부나 대통령의 국정과제 목표와 같이 상위의 정책기구 목적을 충족할 수 있는가를 고려하여 결정
- 고객의 기대(client expectation): 달성할 성과를 고객이 기대하는 것을 기준으로 결정
- 이해관계자의 요구(stakeholders demands): 달성할 성과를 다양한 이해관계자의 요구를 기준으로 결정
- 전문가적 기준(professional standards): 달성할 성과를 관련 전문 집단에서 권고하는 것을 기준으로 결정

4 성과목표 설정

1) 목표치 설정 원리

성과목표치는 계획이 종료되는 시점에 달성할 수준을 의미한다. 목표치는 성과목표의 준거점을 기준선으로 하여 결정하게 된다. 전략적 기획에서는 목표 설정(goal setting) 이론가들의 연구(Locke, 1968)를 기반으로 명확한 목표와 성과에 대한 적절한 피드백이 직원에게 동기를 부여하여 조직의 성과를 향상한다고 한다. 이러한 성과를 가져오기 위해서는 다음과 같이 목표를 적절하게 설정할 것을 요구하고 있다(Locke & Latham, 1990).

- 명확한 목표 설정: 목표가 명확하면 직원들은 자신이 무엇을 해야 하는지를 알 수 있고, 이를 기반으로 직원들은 자신이 어떠한 행동을 하면 보상을 받을 수 있는지를 알 수 있게 된다. 이는 목표 설정의 SMART 원리의 필요성을 보여준다.
- 도전적인 목표 설정: 구체적이면서 어려운 그렇지만 달성할 수 있을 정도의 도전적인 목표가 그렇지 않은 목표보다 오히려 달성 가능성이 높다.
- 팀의 몰입도 확보: 목표가 효과적이기 위해서는 부서나 팀이 몰입(commitment)할 수 있는 목표를 설정하여야 한다. 이를 위해 구성원의 참여적인 목표 설정이 요구된다. 이는 부서의 목표와 조직목표의 일치, 개인의 목표와 팀 목표의 일치를 위해 목표 설정에 대한 권한부여를 요구한다.

- **피드백:** 올바른 목표 선택만큼 목표 달성을 위해 얼마나 잘하고 있는지에 대한 진행상황을 평가하고, 이를 구성원에게 피드백하여 활용할 수 있도록 설정되어야 한다.
- **작업의 복잡성 고려:** 목표나 과제가 매우 복잡할 때 작업이 너무 부담스러워지지 않도록 주의를 기울여야 한다. 작업의 복잡성을 고려하지 않으면 자신을 지나치게 밀어붙일 수 있다. 이를 예방하기 위해 교육이나 팀 티칭 등으로 업무 부담을 줄이도록 해야 한다.

2) 목표치 설정방법

목표치는 크게 과거의 실적을 기준으로 설정하는 방법과 그렇지 않은 방법으로 구분될 수 있다. 과거의 실적을 기준으로 하는 방법은 가장 일반적이고 표준적인 방법이다. 이에는 다음과 같은 방법으로 목표치가 설정되게 된다.

- **상승 목표치:** 과거와 비교하여 목표치가 성과목표를 향하여 상승하는 목표치를 설정하는 것이다. 이는 상황이 유리할 경우 사용된다.
- **하강 목표치:** 과거와 비교하여 목표치가 성과목표와 반대 방향으로 변화하는 것을 목표치로 설정하는 것이다. 이는 모든 상황이 목표 달성에 불리한 경우에 사용하게 된다.
- **등락 목표치:** 등락 목표치는 일정한 방향성 없이 등락을 반복하고 있는 목표치로 사업상황이 불확실한 경우에 사용하게 된다.

성과관리 차원에서 목표치는 프로그램 상황에 따라서 달라질 수 있지만, 다음과 같은 것을 고려하여야 한다(Queensland Government, 2020).

- 목표치가 반대의 결과를 가져오도록 해서는 안 된다(예: 효율성을 서비스 품질을 떨어뜨리는 방향으로 개선).
- 목표치는 성과가 바람직한 방향으로 이동하고 있는 것을 보여주어야 한다.
- 목표치는 도전적이어야 한다. 그러나 시간과 자원을 고려하여 달성 가능성도 있어야 한다.
- 목표치는 가능한 한 절대 숫자, 범위, 백분율이나 비율 등의 정량화된 값으로 표현되어야 한다.

• 목표치는 다른 정부기관이나 상위 기관의 성과목표와 일치되어야 한다.
• 목표치는 최소 기준이나 벤치마크 이상이 되어야 한다.

3) 중앙행정기관의 목표치 설정방법

우리의 성과관리체계에서 중앙행정기관의 성과목표를 설정하는 방법에 대하여 다음과 같이 설명하고 있다(국무조정실, 2023).

• 성과목표는 전략목표를 구체화하는 하위목표로서 전략목표 실현을 위해 계획기간 내에 달성하고자 하는 내용으로 설정
  ✓ 국정과제, 부처업무계획, 저출산 대책·한국형 뉴딜 등 범정부 핵심과제에서 해당 기관이 중점을 두고 중·장기적으로 지향하거나 추진해야 할 내용을 성과목표로 포함
  ✓ 전략목표별로 설정하는 성과목표의 수는 제한이 없으며, 전반적인 업무를 고려하여 설정
  ✓ 다만, 특정 전략목표에 지나치게 많은 성과목표를 설정하여 균형을 상실하지 않도록 주의
• 성과목표를 달성하고자 하는 계획 연도와 목표 수준 등을 명확히 제시하여 정책 방향 파악이 용이하도록 할 것
  ✓ 성과목표별로 대표성 있는 결과지표 위주의 성과지표와 연차별 목표 수준을 제시
• 성과목표도 전략목표와 같게 계획기간(향후 5년) 동안 성과의 개선수준을 확인할 수 있을 정도로 명확해야 함
  ✓ 일반적이거나 추상적 표현이 아닌 구체적인 내용으로 작성하며, 표현방식은 표어 형태로 작성
• (성과목표별 성과지표) 전략목표 성과지표, 관리과제 성과지표와 구별되는 대표성 있는 성과지표를 제시
  ✓ 관리과제 성과지표와 중복되거나 관리과제의 복합지표로 구성하는 것은 지양하되, 통계 출처 및 생산시기 등을 명확히 적시

4) 지방자치단체 목표치 설정방법

행정안전부 『예규 제10호: 지방자치단체 예산의 성과계획서 작성기준』에서는 지방자치단체 성과지표의 목표치 수준 설정에 대하여 다음과 같이 제시하고 있다.

사례 지방자치단체 성과지표의 목표치 수준 설정

■ **성과지표의 목표치는 아래 사항 등을 감안하여 설정하되, 사업방식 개선 의지 등 적극적 업무수행 관점에서 구체적이고 합리적으로 설정**

- 과거 추세치(전전년도 및 전년도 실적, 금년도 달성 추정치 등) 및 중장기 추진계획, 유사사업 · 전국 수준과의 비교 등을 통해 자동으로 달성할 수 있는 수준을 초과하여 목표치 설정
- 사전에 충분히 예측 가능한 외부 환경변화에 대해서는 대응방안을 마련하고, 이를 반영하여 목표치를 합리적으로 설정
- 사업추진 과정에서 미흡한 점에 대해 개선 노력을 통해 예상되는 성과제고 정도를 반영하여 목표치 수준을 설정
- 성과지표의 목표치가 구체적 · 합리적인 수준임을 설명하는 설정근거를 명확히 작성

■ **성과지표의 목표치 설정이 부적정한 경우**

- 성과지표의 목표치를 사업시행 후에 설정한 경우
- 특별한 노력 없이 달성 가능한 수준 이하로 목표치를 설정한 경우: 사전에 충분히 예측 가능한 외부 환경변화에 대응방안을 마련하지 않고 매년 같은 수준으로 목표치를 설정하거나, 특별한 사유 없이 과거 실적치 이하로 목표치를 설정한 경우
- 과거 사업추진 과정상의 미흡한 점에 대한 개선노력이 반영되지 않고, 단순히 과거 실적 등을 근거로 목표치를 설정한 경우: 신규지표에 대한 목표치의 경우, 유사사업 또는 과거 추세치 등을 반영하여 기준점으로 삼고, 이를 반영하여 목표치를 설정할 수 있으나, 해당 기준점을 그대로 목표치로 설정해서는 안 됨
- 명확하고 합리적인 근거 없이 목표치를 설정한 경우

출처: 행정안전부, 『예규 제10호: 지방자치단체 예산의 성과계획서 작성기준』

5 성과 측정방법

성과목표의 달성도를 측정하기 위해 제시된 지표를 측정하는 방법도 전략계획서나 실행계획에 포함해야 한다. 이에는 성과지표 측정과 관련된 데이터의 출처 및 수집방법, 데이터의 한계, 질적 평가가 필요한 경우 그 이유 등을 제시해야 한다. 이는 증거기반의 정책과 관련하여 중시하고 있다. 이 가운데에서 구체적인 측정방법과 성과평가 방법들은 성과평가 계획 등에서 다루게 된다.

6 성과지표 설정에서 고려할 것

성과지표는 전략이 아닌 기관의 전략목표와 성과목표를 측정할 수 있도록 다음과 같은 것을 고려하여야 한다(Glueck & Jauch, 1984; DiNapoli, 2003; Queensland Government, 2018; INTOSAI, 2020).

- **일관성**: 전략목표 및 성과지표는 조직이 달성하고자 하는 임무, 비전 및 전략목적과 연계성 및 일관성을 가져야 한다. 그러나 국정과제와 같은 상위 목표를 복제하는 것은 바람직하지 않다.
- **관련성**: 지표는 측정하고자 하는 것과 관련성이 있어야 한다.
- **측정 가능성**: 목표는 기관의 전략계획기간 동안 변화를 객관적으로 측정하고 검증 가능할 수 있어야 한다.
- **귀책성**: 측정된 목표는 기관에 귀책할 수 있는 조치의 영향을 받거나 영향을 미칠 수 있어야 하며, 책임 소재가 명확해야 한다.
- **명확하고 구체적**: 성과지표는 명확하게 정의되어 활용자들에게 혼란이 없도록 구체적으로 제시되어야 한다. 이에는 시간과 공간 범위도 제시되어야 한다.
- **포괄성**: 지표는 성과의 중요한 차원을 포괄할 수 있어야 하고, 다양한 차원을 균형되게 제시하여 성과를 이해하는 데 도움을 주어야 한다.
- **실현 가능성**: 전략목표와 그의 성과지표는 최선을 다했을 때 달성될 수 있을 만큼 도전적이면서 달성 가능하여야 한다.
- **의사결정**: 전략목표에 대한 성과측정 결과에 의한 정보가 의회 등의 이해관계자에게 제공되었을 때 의사결정에 도움이 될 수 있어야 한다.

- **목적 지향성**: 전략목표는 전략이나 수단이 아닌 전략목적에 초점을 두어야 한다. 즉, 전략목표는 기관이 달성하고자 하는 바를 표현하여야 한다.
- **책임성**: 전략목표는 프로그램 담당자와 관리자의 책임성을 확보하고 강화할 수 있도록 설정하고, 책임 부서나 책임자를 명확하게 하여야 한다.
- **정기적 검토와 조정**: 전략목표 및 성과지표는 정기적으로 검토하고 상황의 변화에 따라서 유연하게 조정하여야 한다.
- **비용효과**: 성과지표를 설정할 때 자료 수집 및 측정 비용을 고려하여야 한다.
- **지표의 최소화**: 성과지표 수는 핵심 지표를 중심으로 가능한 최소화하도록 해야 한다.

제4절 전략집행계획의 수립

1 전략집행 활동

바람직한 조직의 성과관리체계에서 높은 성과를 달성하기 위해서 집행과정에서 필요한 활동들을 보면 다음과 같은 것을 들 수 있다.

- **성과 모니터링**: 전략집행계획에서 제시된 진행상황과 성과를 정기적으로 모니터링하고 측정하여 우리가 어디만큼 왔는지를 항상 파악하고 있어야 한다.
- **정기적 검토**: 집행활동 및 프로젝트가 전략계획 및 집행계획과 일치하는지를 정기적으로 검토하여 집행활동이 전체 전략 방향과 일치하는지를 평가하여야 한다.
- **자원 배분**: 전략계획에서 확인된 우선순위에 따라 예산, 인력 및 기술을 포함한 자원을 할당하여야 한다. 이에는 자원 할당이 계획대로 이루어지고 있는지와 그렇지 않은 경우 그 원인과 장애 요인을 확인하여 개선하도록 하여야 한다.
- **성과평가**: 개인, 팀 및 부서의 성과를 전략계획 및 집행계획에서 제시하고 있는 목표치와 비교하여 최소 연 1회 평가한다. 이는 계속사업의 경우 중간평가에 해당한다. 평가를 통해 성공영역과 추가 지원 또는 개선이 필요할 수 있는 영역을 식별하여 다음 단계의 집행계획에 환류하여야 한다.

- **커뮤니케이션 및 보고:** 고객 및 이해관계자들이 전략적 이니셔티브의 진행상황에 대해 지속해서 알 수 있도록 명확한 커뮤니케이션 채널 및 보고 메커니즘을 구축하여 운영하여야 한다. 커뮤니케이션과 보고를 통하여 전략집행 과정의 투명성과 책임성을 보장할 수 있다.
- **리스크 관리:** 전략집행 과정에서는 전략적 계획의 성공적인 구현을 방해할 수 있는 잠재적 리스크와 과제를 확인하고 리스크를 해결하며, 전체 계획 및 실행 프로세스에 통합되도록 하기 위한 위험 완화 전략을 개발한다.
- **지속적인 개선:** 전략집행 환경은 지속해서 변화한다. 모니터링, 검토, 평가 등의 활동으로부터 얻은 성과정보를 활용하여 전략계획과 집행계획을 유연하게 수정하고 개선하여 지속적 발전을 추구해야 한다.
- **책임 및 인센티브:** 전략계획 실행에 참여한 개인과 팀에 대한 명확한 책임 라인을 설정하도록 해야 한다. 이에는 적절한 권한위임이 있어야 한다. 성과에 대한 책임을 평가하여 높은 성과를 인정하고 보상하여 책임자의 동기부여와 몰입도를 증진하여야 한다.

2 전략집행계획

1) 의의와 기능

전략계획이 잘 만들었다고 전략목표가 실현되는 것은 아니다. 전략계획은 일련의 단기적 집행계획 또는 실행계획(action plan)을 통하여 행동으로 옮겨야 한다. 전략집행계획은 전략을 행동으로 옮기기 위한 계획으로 일상적인 활동의 지침이 된다. 실행계획은 전략목표를 달성하기 위해 목표를 정책, 프로그램, 서비스나 활동으로 변환한다. 전략을 실행하기 위한 계획은 운영계획(operation plan), 추진계획, 부문별 계획, 세부계획, 시행계획 등의 이름으로 수립되게 되는 데 미국 연방정부는 연차별 성과계획(annual performance plan), 우리의 성과관리체계에서는 성과관리 시행계획으로 부르고 있다. 집행계획은 전략목표를 달성하기 위해 수행하는 구체적인 조치로 대부분 1년을 시간 범위로 하는 단기계획의 형태를 취하면서 매년 업데이트하게 된다. 이 집행계획에는 전략목표를 달성하기 위한 자원, 기간과 집행과정을 통제하기 위한 성과측정 등을 포함한다.

공공조직의 전략집행계획의 작성방법이나 양식은 대부분 지침, 매뉴얼 등으로 제시되어 있다. 우리의 경우 중앙행정기관의 경우에는 『정부업무 성과관리 운영지침』, 『각 부처의 성과관리계획』, 지방정부의 경우 『성과계획서』, 『지방자치단체 성과관리(자체평가) 운영 매뉴얼』, 『e-호조 지방재정관리시스템 성과계획서 매뉴얼』, 공공기관 평가에서 『공공기관 경영평가편람』, 사업전략의 경우 행정안전부의 『전자정부 성과관리 지침』 등에서 볼 수 있다.

집행계획은 전략목표 달성을 위한 운영, 절차, 과정 등 집행과정을 기술한다. 집행계획은 누가, 무엇을, 언제 할 것인가를 정한다. 집행계획은 개인, 부서의 행동지침이 되고, 활동에 필요한 자원을 산정할 수 있게 하며, 예산을 준비하도록 한다. 전략집행계획은 목표 달성을 위해 제공할 서비스, 이러한 서비스를 제공하기 위해 수행될 조치의 유형, 누가 그러한 조치의 책임이 있는지, 집행을 위해서 필요한 비용에 대한 예산계획 등을 제시해야 한다. 무엇보다 전략계획이 연간 지원 예산과 함께 연간 집행계획으로 변환되는 과정이 있어야 계획이 행동으로 옮겨질 수 있다.

프로그램 단위로 구성되는 집행계획은 전략적 성과관리에서 다음과 같은 기능을 한다(Bryson, 2018; INTOSAI Development Initiative, 2020).

- 집행계획은 변화에 대한 전체적인 윤곽을 명확하게 해준다.
- 집행계획으로 직원의 집행에 대한 책임이 배분되고 해야 할 일에 집중하도록 한다.
- 집행계획은 자원의 조정과 최적 배분을 촉진한다. 우선순위에 의한 집행계획은 가용자원의 최적화로 성과를 향상할 수 있도록 한다.
- 집행계획은 필요한 검토나 승인을 얻기 위한 수단을 제공한다. 계획은 자원을 확보하기 위한 수단 또는 근거자료가 된다.
- 집행계획은 과정에 대한 객관적 평가의 기초가 된다. 계획은 관리자가 집행을 통제하기 위한 기초자료가 되고, 최종적인 결과를 평가하기 위한 기준이 된다.
- 집행계획은 구성원이 전략적 사업에 관심을 두고, 구체적 학습을 촉진하고, 변화를 이끄는 힘을 구축하며, 옳지 않은 활동을 쉽게 제거할 수 있게 한다.
- 집행계획은 부서 간 협력을 촉진한다. 집행계획으로 다른 부서에서 무엇을 하는지를 알 수 있게 하고, 협력과 조정을 할 부분을 인식할 수 있도록 한다.
- 집행계획은 전략기획 단계에서 변화의 필요성을 정확하게 인식하지 못한 구성원들이나 이해관계자들에게 전략적 기획을 피부로 느끼게 한다.

2) 전략적 집행계획의 주요 내용

전략계획의 집행계획은 최소한 다음 세 가지 구성요소를 포함하여야 한다. 첫째, 전략목표를 실행하기 위한 행동을 제시하여야 한다. 그러나 너무 구체적으로 제시하여 집행의 자율성이나 창의성을 제한해서는 안 된다. 둘째, 집행계획에는 성과목표의 달성 정도를 주기적으로 검토할 수 있도록 하여야 한다. 셋째, 집행계획은 전략계획 및 다른 부서의 활동과 일관성 및 연계성을 확보하여야 한다. 이를 위하여 집행계획에는 기본적으로 다음의 것이 포함되어야 한다. 집행계획에는 다음 장에서 논의하게 될 성과평가계획도 같이 제시될 필요가 있다.

- **성과목표의 정의**: 집행으로 달성하고자 하는 목표를 명확하게 정의한다. 목표는 집행에 의한 최종 상태를 기술하여야 한다.
- **전략 또는 활동**: 목표 달성을 위해서 어떠한 활동을 할 것인지를 제시한다. 활동에는 대상 고객과 집단을 명확하게 해야 한다.
- **책임자**: 집행을 담당할 부서나 책임자를 명확하게 하여야 한다. 추진조직이 2개 부처에 걸쳐 있는 때도 있다. 이때는 주 책임조직을 명시해야 한다.
- **일정**: 집행을 위한 단계와 이정표 및 마감일 등의 일정표가 제시되어야 한다.
- **자원**: 집행에 필요한 예산, 인력 등의 자원 계획이 있어야 한다.
- **파트너**: 집행에서 협력할 기관이나 파트너를 명시한다.
- **성과지표**: 집행의 진행상황을 모니터링하고 평가할 수 있는 지표를 설정하고, 필요시 단계별 진행상황을 지표로 표현하여야 한다. 이에는 지표 평가방법을 제시하기도 한다.
- **논리모형**: 필요에 따라 프로그램 논리모형을 제시하여 전체 과정을 명확하게 보여주도록 한다.
- **운영지침**: 집행계획과 함께 집행을 위한 운영지침 등을 매뉴얼로 만들어 활용하는 것도 바람직하다. 운영지침은 목표 달성을 위한 방법, 절차, 규정, 양식 및 관리활동 등을 의미한다. 이에는 집행과정의 갈등 해결이나 장애 요인이 있으면 이를 해결하려는 방법도 제시한다.

3 전략집행계획서 작성

1) 집행계획서 작성과정

전략계획에 대한 집행계획서는 계획서 작성지침이나 양식에 따라서 부서 단위로 작성하고, 이를 기관의 전략기획 담당 부서에서 검토하고 취합하여 작성하게 된다. 반면에 사업전략은 전략사업팀에서 집행계획까지 작성하는 것이 일반적이다.

각 부서는 다음과 같은 것을 포함하여 집행계획을 수립할 필요가 있다.

- 집행을 책임지게 될 부서 및 담당자를 결정한다.
- 각 사업 및 프로젝트별 추진 단계를 결정한다.
- 각 단계를 완성하기 위한 활동을 결정한다.
- 전체 사업 및 세부사업의 우선순위를 결정한다.
- 단계별 성과와 성과측정 방법을 결정한다.

2) 집행계획의 검토와 최종 확정

조직의 전략집행계획은 전략기획위원회 심의와 최고관리자의 승인 등을 통하여 최종적으로 결정된다. 중앙행정기관의 성과관리 시행계획에 대하여는 자체평가심의위원회의 심의를 거쳐서 결정하고, 전략목표 성과지표의 적절성을 중심으로 국무조정실에서 검토하고, 각 부처와 협의하여 확정한 뒤에 정부업무평가위원회에 보고하여 최종 확정하고 있다. 지방자치단체의 경우 각 실국(부서)별로 소관 예산에 대한 해당 연도 성과계획서를 작성하고 예산부서에 제출하면 예산부서에서 성과지표의 적정성을 검토하고, 성과계획서 검토 결과를 통보하면 각 실국(부서)은 예산부서의 검토의견과 예산안 협의·조정 결과 등을 반영하여 성과계획서를 수정·보완하여 의회에 제출한다. 의회에서 예산안이 통과되면 이를 반영하여 최종 성과계획서를 작성하여 공표한다.

3) 집행계획 작성에서 고려할 것

연차별 집행계획을 작성하는 과정에서 다음을 고려해야 한다(GAO, 1999).

(1) 결과 지향적이어야 한다

- 프로그램의 성과와 우선순위에 초점을 둔 성과목표와 측정방법 제시
- 결과를 달성할 수 있도록 중간 목표와 측정방법을 설정
- 목표와 측정방법을 설명해 주는 정보를 포함
- 조직의 임무 달성에 핵심이 되는 관리문제에 대한 성과목표 개발
- 과거의 성과를 알 수 있도록 기준점과 변화의 경향을 제시
- 다년도 목표를 달성하기 위해 설정된 목표를 명확하게 할 것
- 조직의 목표와 부서의 전략목표를 명확하게 연계할 것

(2) 수평적 프로그램 간에 조정을 확보해야 한다

- 같은 또는 유사한 결과를 가져오는 프로그램을 확인
- 서로 다른 프로그램 전략이 어떻게 상호 보완하는지와 보완관계를 보여주는 성과목표를 설정
- 수평적 프로그램 간의 조정전략을 제시할 것

(3) 어떻게 전략이 목표 달성에 이용되는지를 보여주어야 한다

- 전략과 프로그램을 구체적인 성과목표와 연계하고, 이들이 어떻게 목표 달성에 이바지하게 될 것인지를 기술
- 성과목표를 달성하려면 외부 요인들을 어떻게 활용하고 완화할 것인지에 대한 전략을 기술
- 임무 완수에 핵심이 되는 관리문제의 해결을 위한 전략을 제시
- 임무 달성에 핵심이 되는 과정과 정보 시스템이 적절하게 운영될 수 있도록 하는 계획을 제시

(4) 예산 및 자원에 대한 결정이 어떤 성과를 가져오는지 제시되어야 한다

- 예산이 성과목표 달성과 어떻게 관련이 있는지를 제시
- 예산에 반영된 고정자산이 어떻게 성과목표를 달성하는 데 이바지할 것인지를 제시
- 기관은 조직의 인적자원을 어떻게 성과목표를 달성하는 데 이용하게 될 것인지를 제시

(5) 성과정보를 수집하고 이용하기 위한 능력을 구축해야 한다

- 조직 내외부의 자료원을 확인
- 성과 데이터를 입증하고 확인하기 위한 노력을 기술
- 이용할 수 없거나 질이 낮은 데이터를 보완하기 위한 활동을 확인
- 성과평가에서 데이터의 한계가 가지는 의미를 제시

4 사례

1) 중앙행정기관의 성과관리 시행계획

(1) 법적 근거

「정부업무평가 기본법」은 중앙행정기관의 장은 성과관리 전략계획에 기초하여 당해 연도의 성과목표를 달성하기 위한 연도별 시행계획을 수립·시행하도록 하고 있다. 시행계획인 성과관리 시행계획에는 당해 기관의 임무·전략목표, 해당 연도의 성과목표·성과지표 및 재정부문에 관한 과거 3년 간의 성과 결과 등이 포함되어야 한다. 이 경우 성과지표는 객관적·정량적(定量的)으로 성과목표를 측정할 수 있도록 설정하되, 객관적·정량적으로 설정하기가 어려운 경우에는 다른 형태로 작성하여야 한다. 그리고 작성된 성과관리 시행계획은 지체 없이 국회 소관 상임위원회에 보고하도록 하고 있다(동법 제6조). 법은 정책 등의 계획 수립과 집행과정에 대하여는 자율성을 부여하고, 그 결과에 대하여는 책임이 확보될 수 있도록 실시하고, 정부업무의 성과·정책품질 및 국민의 만족도가 제고될 수 있도록 실시할 것을 요구하고 있다(동법 제4조).

(2) 수립 범위

성과관리 시행계획은 해당 기관이 임무 달성을 위해 추진하고자 하는 전반적인 업무를 포괄하고 있다. 그러나 기본적으로 계획기간 내에 해당 기관이 역점으로 추진하고자 하는 정책과제가 대상이 된다. 이외에 인건비·기본경비 등을 통해 수행되는 정책·제도·규제 등 정책 관련 업무도 포함된다. 계획의 시간 범위는 기본적으로 연차별 계획으로 수립된다.

성과관리 시행계획은 성과관리 전략계획의 집행계획으로 전략목표를 달성하기 위한 성과목표와 이를 추진하기 위한 관리과제 및 각각에 대한 성과지표를 기반으로 하

는 세부 추진계획을 수립하게 된다. 이외에 집행에 대한 모니터링과 평가 결과의 환류에 대한 계획을 포함하도록 하고 있다.

(3) 수립방법

『2023년 정부업무 성과관리 운영지침』은 중앙행정부처의 성과관리 시행계획의 기본 양식과 작성방법에 대하여 〈표 6-9〉와 같이 지침을 주고 있다.

〈표 6-9〉 중앙행정부처의 성과관리 시행계획의 기본 형식

성과관리 시행계획 항목별 작성 요령

Ⅰ. 2023년도 정책 추진방향
■ 그간의 정책성과 및 당해 연도에 중점적으로 추진할 정책방향 제시
– 당해 연도에 해당 기관이 중점 추진할 정책방향을 제시하는 것으로 연간 '성과목표' 설정의 근거

Ⅱ. 일반현황 및 계획의 개요
■ 기관의 일반현황
– 조직 및 인원, 주요 기능, 예산규모 현황을 종합적으로 정리
■ 시행계획의 개요
– 시행계획의 근거가 되는 '성과관리 전략계획'의 핵심사항을 요약하고, 전략계획과의 연관성을 기술
* 성과관리 전략계획에서 제시한 임무 및 비전, 전략목표가 당해 연도 성과관리 시행계획에 어떻게 반영되고 있는지 제시
– 시행계획 수립 시 가장 중점을 두었던 분야, 국민들이 주목해야 할 부분, 주요 정책환경 변화 및 동향 등 시행계획 수립 기본방향과 특성 등을 제시
– 당해 연도에 달성하고자 하는 성과목표 등의 목표체계도를 제시하고, 목표와 관리과제 현황 기술

Ⅲ. 세부 추진계획
① 관리과제별 추진계획
– 성과목표를 기준으로 관리과제별 사업목적 및 주요 내용, 기대효과, 정책·사업 수혜자 및 이해관계자, 관련 재정사업 내역 등을 제시
– 각 과제가 해당 목표 달성에 연계되는 과정을 설명하고 투입되는 자원의 효율적 배분을 고려한 계획 및 수단을 제시
* 성과관리 시행계획상 관리과제와 연관성이 있는 성과계획서상 재정사업(관리과제)을 모두 포함할 것(성과계획서상 관리과제 코드 기입)
② 성과지표의 제시
– 제시된 전략목표 및 성과목표, 관리과제별로 성과를 측정할 수 있는 성과지표와 목표치를 제시하고, 이의 검증방법 등을 기술
* 관리과제별 성과지표 설정 여부는 부처별 업무 특성에 따라 자율적으로 결정하되, 재정사업과 관련된 성과지표를 포함하여 재정사업 평가와의 연계 강화(성과계획서와 공통지표 사용)
③ 외부 환경·갈등 요인 분석 등
– 성과목표 달성에 영향을 줄 수 있는 외부 환경·갈등 요인 분석 및 갈등관리 계획을 제시

Ⅳ. 환류 등 관련 계획

■ 성과관리 시행계획 이행상황 점검 및 평가 결과의 환류체계, 기관 전반의 변화관리 계획, 현장 의견의 정책반영계획 등을 구체적으로 기술
- 이행상황 점검은 성과목표 및 관리과제별 추진 정도, 성과 달성 정도 등을 점검하는 체계 및 방법 등을 기술(정부업무평가 기본법 제6조 제4항)
- 평가 결과의 환류체계에는 평가 결과를 조직・인사・예산 및 성과급에 반영하고, 문제의 정책을 개선하는 방안 등을 구체적으로 제시
  * 주요 점검 및 평가 일정, 각 기관 성과관리체계 구성 및 운영방법을 상세하게 설명
  * 「정부 조직관리지침」(조직), 「공무원 성과평가 등에 관한 지침」(인사), 「예산편성지침」(예산), 「공무원 보수 등의 업무지침」(성과급) 등을 참고하여, 정부업무평가 결과를 어느 정도의 비율로 어떻게 연계할 것인지 제시
  * 인사・성과급의 경우 직급별 반영비율과 반영방법을 상세히 제시
- 기관 전반의 변화관리에는 전략목표 달성을 위한 변화관리방안(예산절감・업무 프로세스・조직문화・성과측정체계 개선 등)을 제시
  * 각 기관의 성과측정체계 개선을 위한 성과지표 개발 노력, 통계 인프라 확충 노력, 성과 데이터의 신뢰성 확보에 관한 연간 추진계획을 제시
- 현장의견의 정책반영계획에는 정책수요자・이해관계자 의견수렴을 위한 기관 차원의 현장 의견수렴방안을 제시
  * 부처별 '23년도 관리 대상과제, 과제별 의견수렴 방법, 의견수렴 결과 관리, 전담부서 및 담당자 지정 등 관리체계, 의견수렴 운영상황 주기적 점검, 관련 교육 등 역량강화방안 등 포함

출처: 국무조정실(2023).

2) 미국 연방정부의 기관 연간 성과계획

미국 연방정부의 기관별 연간 성과계획(Agency annual performance plans)은 GPRAMA에 근거하여 기관의 연간 성과목표와 전략계획서상의 목표가 직접적으로 연계될 것을 요구하고 있고, 앞으로 2년 동안 해당 성과목표를 어떻게 달성할 것인지에 관한 전략과 집행에 소요되는 자원을 명기하도록 규정하고 있다. 그리고 해당 목표에 대한 실무 책임자를 명시하도록 하여 책무성을 확보하도록 하고 있다.

미국의 GPRA는 전략계획의 집행계획인 연차별 성과계획에 포함되어야 할 사항으로 다음을 제시하고 있다.

- 프로그램 활동의 성과수준을 확인하기 위한 성과목표(goal)의 설정
- 성과목표는 객관적, 양적이고, 측정할 수 있는 형태로 표현
- 성과목표의 달성에 필요한 운영과정, 기술 및 기법과 자본, 정보 및 기타 자원을 간단히 기술
- 개별 프로그램과 관련된 산출, 서비스 수준과 결과를 측정하고 평가하는 데 사용하기 위한 성과지표의 설정

- 설정된 성과목표와 실제 결과를 비교하기 위한 기준의 제시
- 측정값을 확인하고 정당화하기 위해 사용하게 될 수단을 제시

3) 사업계획의 집행계획

각 부처의 중장기 사업계획의 집행계획은 사업에 따라서 매년 시행계획을 수립하고, 사업 전략계획과 통합하여 '세부추진계획' 등의 이름으로 집행계획을 수립하기도 한다. 이에는 전략, 연차별 목표, 예산 등을 제시하도록 요구하고 있다.

사례 주요 사업별 집행계획

- 보건복지부: 『제1차 국민건강보험종합계획 2022년 시행계획』.
  * 이는 국민건강보험법(제3조의2)에 의한 국민건강보험종합계획(2019~2023)에 따라서 수립한 연도별 시행계획
- 농촌진흥청: 『제3차 농촌진흥사업 기본계획(2023~2027)』.
  * 집행계획은 '제2장 추진과제별 이행계획'으로 제시되고 있음
- 중앙안전관리위원회: 『제4차 국가안전관리기본계획(2020~2024)』
  * 집행계획은 '제4장 전략별 중점 추진과제'로 제시되고 있음
- 관계부처 합동: 『제5차 평생교육진흥 기본계획(2023~2027)』
  * 집행계획은 'IV. 추진내용'으로 제시되고 있음

출처: 각 부처 홈페이지

제5절 전략집행과 조직구조

1 전략집행에 적합한 조직구조

1960년대 초부터 전략과 조직구조 간의 관계에 관한 연구가 이루어져 왔다. 챈들러(Chandler, 1962)와 리비트(Leavitt, 1965)는 조직의 성과가 전략-구조의 적절한 조합 정

도에 따라 결정된다고 본다. 이는 조직의 모든 요소가 서로 조화를 이루어야 전략이 성공적으로 실행될 수 있다는 관점으로 발전되었다. 1970년대 이후로는 조직이 그 주변 환경에 적합한 구조를 가져야 한다는 상황이론이 주류를 이루게 되었다. 예를 들어, 작은 조직은 집권화, 중간은 분권화, 대규모 조직은 집권과 분권을 적절하게 조화시킨 구조를 요구한다. 그러나 조직구조를 자주 변경하면 혼란을 초래할 수 있으므로, 전략과 집행은 가능한 한 조직을 변화시키는 것보다는 조직에 적합하도록 추진하는 것이 바람직하다(Wernham, 1984).

전통적인 관료제 공공조직은 법규와 계층에 기반을 두어 중앙집권화된 체제로 운영된다. 이러한 구조는 과도한 전문화, 조정 및 커뮤니케이션의 어려움, 집권화로 인한 질 낮은 의사결정 등 다양한 문제를 안고 있다(Koteen, 1989). 이에 따라, 변화에 빠르게 적응하고, 전략계획의 속성을 충분히 반영하며, 유기적인 접근법을 사용하는 탈관료적인 조직구조의 필요성이 강조되고 있다. 탈관료제적 조직구조는 다양한 전문성과 기술을 가진 다양한 집단으로 구성되어 변화에 빠르게 적응하고, 임시적 구조로서 고정된 계층구조, 영구 부서, 공식화된 규칙, 표준화된 절차 등이 없다. 그러나 이러한 유기체적인 조직구조가 모든 전략문제에 대한 해결책은 아니다. 탈관료제적 조직구조는 선례가 없고, 비정형화된 문제를 처리하며, 환경 적응성 및 창의성이 필요한 조직에 유용한 것으로 알려져 있다.

이 밖에 전략집행을 위해 사용될 수 있는 조직을 보면 다음과 같은 방법이 있다.

- 기존의 조직 및 운영부서가 담당하는 방법으로 별도의 조직을 신설하거나 구조를 변경하지 않고 추진하는 방법
- 별도의 프로젝트 관리조직을 구성하는 방법으로 매트릭스 조직, 부문조직, 전략사업부(SBU), 네트워크 구조, 프로젝트팀이나 태스크 포스와 같은 조직을 신설하거나 개편하는 방법
- 독립위원회와 같이 기존 조직과는 별도의 자율적인 집행조직을 설치하여 추진하는 방법
- 중앙정부 조직에서 분권화된 일선기관을 설립하여 추진하는 방법
- 민간계약, 제3섹터 등의 공공과 민간의 합작으로 추진하는 방법
- 하부조직에 권한과 책임을 위임하는 방법
- 아웃소싱 방법

2 전략적 사업 조직구조

민간기업의 전략계획을 집행하기 위한 주요 조직구조는 전략사업부(strategic business unit: SBU)를 구성하는 것이다. SBU는 독립적인 조직 단위로서, 자체의 비전과 방향성을 갖고, 책임자가 최고경영자에게 직접 보고하는 구조를 가진다. SBU는 별도로 운영되면서도 조직의 핵심 부분을 이룬다. SBU 구조는 전통적인 기능조직과 프로젝트 구조를 결합한 매트릭스 조직구조(matrix structure) 형태를 취하며, 수직적이고 수평적인 연결을 통한 의사결정이 이루어진다. 이 구조는 복잡한 조직환경에서 조직의 동태성을 유지하고 사업의 다양성을 확보하는 데 사용되며, 한정된 자원을 두 가지 이상의 영역에 집중시키는데 적합하다.

3 프로젝트팀 중심의 구조

1) 의의

전략계획을 집행할 때는 기존의 조직구조를 활용하는 것이 바람직하다. 이는 조직을 전략적 기획에 적합하게 수정하거나 보완함으로써 시간을 절약하고 공동체 의식을 높이는 데 도움이 되기 때문이다. 그러나 일부 조직은 기존 구조와 별개로 사업단이나 태스크 포스(task force)를 구성하여 특정 사업의 전략을 실행한다. 이러한 팀 중심의 구조는 조직의 계층제로부터 독립성을 유지하면서, 창조적이고 신속한 업무를 처리하기 위해 운영되는 일시적 조직이다. 프로젝트팀은 프로젝트의 계획 및 일정에 따라 작업을 수행하고 결과물을 생성하는 책임이 있는 사람들의 집단이다.

현재 우리나라 공공기관의 조직구조는 순수한 팀제가 아닌, 기존 조직의 과를 팀으로 변경한 형태이다. 특정 사업 추진을 위해 프로젝트팀이 많이 사용되고 있다. 노무현 정부에서는 국정과제를 효율적으로 수행을 위해 대통령 직속기구로 10개의 태스크 포스를 설치하였다. 부처 수준에서는 문화재청이 윤석열 정부 출범과 함께 기존 조직과 별도로 '청와대국민개방추진단'을 운영하였고, 2030 부산세계박람회 유치를 목적으로 국무총리와 대한상공회의소 회장을 공동위원장으로 하는 2030 부산세계박람회 유치기획단이 운영되었다. 서울시는 코로나19에 대응하기 위해 25개 자치구별로 재택치료 전담 지원 태스크 포스를 운영하였다.

팀 중심의 조직구조는 폐쇄적이고 법규에 의한 지배의 계층제 조직이 가지는 관료제 조직의 문제점을 극복하기 위한 수단으로 등장한 조직으로 다음과 같은 특징을 가진다.

- 소수 구성원
- 다양하고 이질적인 구성원의 배경, 기술 및 지식
- 조직의 다양한 부문으로부터 팀원을 구성하거나 필요할 때 외부 전문가를 초빙
- 팀은 구체적이고 명확하게 정의된 과업을 함께 수행하는 집단
- 조직구성원 간의 명확한 계층이 없는 평평한 조직구조
- 과업 기간만 존속하는 임시적인 구조, 때로는 지속적인 형태로 운영
- 조직의 내외부 고객 지향의 조직
- 팀 조직은 기획에서 집행을 같이 수행하는 경우가 많음

2) 팀 구조의 효용성

팀 중심의 조직구조는 구성원 간 업무 공유와 혁신 수용이 용이하나, 업무 배분이나 역할이 명확하지 않아 관리자의 능력에 크게 의존한다. 이 때문에 관리자의 능력이 부족하면 팀 운영이 어려울 수 있으며, 임시구조로 인한 구성원의 심리적 불안도 문제가 될 수 있다.

팀 중심의 조직구조는 다음과 같은 상황에서 효과적으로 작용할 수 있다(Koteen, 1989).

- 제한된 예산과 시간 속에서 높은 질의 최종 산출물을 요구할 때
- 새롭고 복잡한 문제 해결을 요구할 때
- 변화에 신속한 대응이 필요할 때
- 실험과 혁신이 요구될 때
- 긴급하게 고객의 욕구를 충족시키고자 할 때

높은 성과를 가져오는 프로젝트팀의 속성을 보면 다음과 같다(PMI, 2021).

- **열린 소통**(open communication): 개방적이고 안전한 소통을 촉진하는 환경은 생산적인 회의, 문제 해결, 브레인스토밍 등을 가능하게 한다. 또한 공유된 이해, 신

뢰 및 협업과 같은 다른 요소의 초석이 될 수 있다.

- **공유된 이해**(shared understanding): 프로젝트의 목적과 프로젝트가 제공하는 이점에 대한 공통의 이해는 성과 향상에 크게 기여한다.
- **공유된 소유권**(shared ownership): 프로젝트팀 구성원이 결과에 대한 소유권을 많이 느낄수록 더 나은 성과를 낼 수 있다.
- **신뢰**(trust): 구성원이 서로 신뢰하는 프로젝트팀은 성공을 위해 추가적인 일을 기꺼이 한다. 구성원이 프로젝트팀 구성원, 프로젝트 매니저 또는 조직을 신뢰하지 않는다면, 성공을 위해 필요한 추가적인 일을 할 가능성이 적다.
- **협업**(collaboration): 과도한 경쟁보다 서로 협업하고 협력하는 프로젝트팀은 더 다양한 아이디어를 창출하고, 더 나은 결과를 도출하는 경향이 있다.
- **적응성**(adaptability): 작업 방식을 환경과 상황에 맞게 조정할 수 있는 프로젝트팀이 더 효과적이다.
- **복원력**(resilience): 문제가 발생하거나 장애가 발생하면 성과가 높은 프로젝트팀은 신속하게 복구할 수 있다.
- **권한 부여**(empowerment): 작업 방식에 대해 사소한 일까지 통제받는(micro-managed) 사람보다 더 나은 결정을 내릴 수 있는 권한이 있음을 느껴서 성과를 높일 수 있다.
- **인정**(recognition): 투입한 작업과 달성한 성과를 인정받는 프로젝트팀은 지속해서 좋은 성과를 낼 가능성이 높다. 단순한 감사표시 행위로도 긍정적으로 팀의 행동을 강화할 수 있다.

3) 팀 설계 시의 고려할 것

팀 조직이 성공을 위해서는 다음과 같은 것을 고려해야 한다(Koteen, 1989; Gray, 1986).

- 팀 조직의 구성원을 구성할 때 다음을 유의해야 한다.
  - ✓ 팀원은 직접적인 영향력을 가지고 과업을 완수할 수 있는 책임이 있는 사람으로 구성해야 한다.
  - ✓ 팀원은 문제에 정통한 사람으로 선발하고, 일선 담당자를 포함하도록 하여 현장감 있는 집행이 될 수 있도록 해야 한다.

✓ 팀원에는 전략을 형성한 사람을 포함하도록 한다.

✓ 필요하면 자문가 역할을 할 내외부 전문가를 포함하는 것이 좋다.

✓ 구성하는 조직의 목적, 전략, 목표나 과업이 조직적인 경계를 넘어설 때에는 다른 기능영역의 사람들이 포함되도록 한다.

- 조직이나 팀을 구성할 때 팀을 구성하는 목적이 명확해야 한다. 목적은 모든 팀원이 인식하고, 조직 전체 운영에 지침이 될 수 있어야 한다.
- 팀의 명확한 사업 단위를 정의하는 것이 필요하다.
- 팀에는 의사결정과 지시를 할 수 있는 한 사람의 리더가 있어야 한다.
- 팀에서 개인의 역할과 기여를 명확하게 해야 한다. 또한 팀 전체의 책임을 명확하게 해야 한다.
- 팀원은 집단의 상호작용과 상호 의존 관계가 중요함을 인식하고, 활동의 결과에 대해 개인보다는 집단 전체의 책임을 중시해야 한다.
- 집단의 효과성은 직접적이고 신속한 구성원 간의 커뮤니케이션에 의해 결정된다. 그러므로 공식적인 문서 등을 최소화하는 것이 요구된다.
- 집행조직에 대해 공식적 인정을 하고, 팀원에 대해는 임명장을 수여하여 책임성을 높이는 것이 필요하다.

4) 성과관리 담당조직

① 한국

국가 차원의 성과관리는 국무조정실과 정부업무평가위원회가 관장하고 있고, 재정부문의 성과관리를 위해 재정성과평가단을 운영할 수 있도록 하고 있다(국가재정법 제85조의5 제4항). 중앙행정기관의 경우 성과관리는 주로 기획조정실 내 혁신행정담당관이 부내 성과관리 관련 업무를 수행하고 있다. 서울시의 경우에는 기획조정실이 관장하고 있다. 한편 「국가재정법」(제85조의5)은 ② 각 중앙관서의 장은 재정사업 성과관리 중 성과목표관리를 책임지고 담당할 "재정성과책임관", 재정성과책임관을 보좌할 "재정성과운영관" 및 개별 재정사업이나 사업군에 대한 성과목표관리를 담당할 "성과목표담당관"을 지정하여 재정사업 성과목표관리 업무를 효율적으로 수행하도록 하고 있다. 「국가연구개발사업 등의 성과평가 및 성과관리에 관한 법률」은 국가연구개발사업과 관련한 성과관리를 위해 '중앙행정기관의 장은 소속 공무원 중에서 자체평가 실시, 성과평가 결과의 환류, 연구성과관리 · 활용에 관한 업무를 총괄하여 관리하는 성과평가 · 관리 담당관을 지정하여야 한다'(동법 제24조)고 규정하고 있다.

② 미국 연방정부

미국 연방정부의 성과관리는 OMB와 범부처 성과향상 위원회(Governmentwide Performance Improvement Council)가 총괄하고 있고, 정부기관별로 성과관리를 담당할 책임자와 성과 향상 담당 책임자를 임명하도록 하고 있다. 각 부처의 담당조직으로 성과관리를 총괄하는 총괄 담당관(Chief Operating Officers: COOs), 각 부서의 성과관리를 담당하는 성과 향상 담당관(Performance Improvement Officers: PIOs) 등을 임명하여 운용하고 있다.

③ 호주

정부 성과 담당관(Performance Officer) 제도를 두어 주요 성과측정, 핵심 역량 및 핵심 가치의 실행을 감독하고 성과관리에 대한 전략적 조언 등을 담당하고 있다.

제6절 전략적 인적자원관리

1 전략적 인적자원관리의 의의

1) 개념과 특징

전략적 인적자원관리(Strategic Human Resource Management: SHRM)는 조직의 인적자본 자원이 전략적 사업 목표에 가장 효과적으로 이바지할 수 있도록 조직의 인적자원관리 시스템을 선택, 조정, 통합하는 것이다(Kaufman, 2015). 전략적 인적자원관리는 전략적 기획과 인적자원을 유기적으로 통합하여 조직의 성과를 향상하고자 한다(Armstrong & Brown, 2019). 기본적으로 전략적 인적자원관리는 다음의 세 가지 전제를 기초로 한다(Armstrong, 2017).

• 조직의 인적자원 또는 인적자본은 조직의 성공에 전략적인 역할을 하고 조직의

경쟁우위에 주요 원천이 된다.

- 인적자원 전략은 사업전략과 수직적으로 통합되어야 한다. 즉, 전략적 인적자원관리의 주요 초점은 조직의 인적자원관리를 조직의 전략과 인적자원을 연계하는 것이다.
- 개별 인적자원 전략은 서로 연계하여 상호 보완할 수 있도록 수평적 통합이 되어야 한다.

2) 전략적 인적자원관리의 주요 목적

전략적 인적자원관리의 주요 목표는 숙련되고, 참여적이며, 열정적으로 몰입하는 구성원을 확보하여 조직의 전략적 역량을 향상하는 데 있다. 이는 다음을 통하여 조직의 임무 및 목적과 성과를 달성하는 데 이바지하고자 한다(Haan & Main, 2023).

- 직원 성과 향상: SHRM은 조직이 성과를 추적하고 개선하는 시스템을 만들어 직원 성과를 개선하고자 한다.
- 인력 개발: SHRM은 직원의 자기계발 욕구를 확인하고, 개선을 위한 훈련과 자원을 제공하고자 한다.
- 긍정적 업무환경 조성: SHRM은 직원관계를 관리하여 긍정적인 업무환경을 조성하도록 한다.
- 이직률 감소: SHRM은 직원을 충원하고 유지하는 데 도움이 되는 보상 및 복리후생 프로그램을 설계하여 직원의 이직률을 줄이고자 한다.
- 생산성 향상: SHRM은 직원 성과를 개선하고 긍정적인 작업환경을 조성하여 조직의 생산성을 향상하도록 한다.

2 전략적 인적자원관리의 주요 이슈와 원칙

1) 주요 이슈

오늘날 민간기업 이외에 공공부문의 관리에서 인적자원관리는 매우 중요해지고 있다. 사회와 가치관의 변화로 인적자원관리는 조직의 문화, 커뮤니케이션, 프로세스 설계, 전략 등에 영향을 미친다. 특히, 유능한 인재의 유치와 유지, 높은 성과관리를 위한 참여와 평가방법은 조직의 성과관리 시스템에 중요하다.

전략적 관리는 조직환경의 변화에 따른 인적자원관리의 변화를 필요로 하며, 특히 밀레니엄 세대, Z 세대 또는 MZ 세대로 불리는 새로운 인적자원의 새로운 직업관을 반영하는 것이 중요하다. 현재 공공부문의 인적자원관리에 주요 도전사항은 다음과 같은 것이 있다(Pynes, 2009; 인사혁신추진위원회 · 인사혁신처, 2017; Baldrige Performance Excellence Program, 2023).

- **직무분석**: 직무분석은 직무를 성공적으로 수행하고 특정 직무의 성격에 대한 판단을 내리는 데 필요한 지식, 기술, 능력 및 기타 특성을 결정하기 위한 체계적인 과정이다. 오늘날 전략적 관리에서는 전략적 사고와 행동 역량이 요구된다.
- **충원과 유지**: 전략적 인적자원관리를 위해 자격을 갖춘 사람을 모집하여 직무에 적합하게 배치하여야 한다. 전략적으로 문제를 해결할 수 있는 역량을 가진 사람을 충원하고 직업공무원으로 유지하도록 해야 한다. 전략적 인적자원관리에서는 조직의 전략적 역량을 높이기 위해 인력 구성의 다양성을 확보하여 조직의 창의성과 넓은 시야를 확보할 것을 요구하고 있다.
- **성과관리**: 성과평가는 직원 승진, 유지 또는 해고에 대한 전략적 결정을 내리는 데 필수적인 정보를 제공한다. 전략적 인적자원관리에서는 직원의 성과와 조직의 임무 달성을 위한 전략의 연계방법이 가장 핵심적인 과제가 된다.
- **보상**: 보상은 급여 외에 인센티브, 복리후생, 삶의 질 문제와 관련이 있고 직원을 유치, 유지, 동기부여하는 데 중요하다. 급여수준과 구조, 직무평가 및 인센티브 결정은 경쟁력 확보와 유능한 인력 유치 및 유지에 영향을 미친다. 특히, 노동시간의 효율화, 워라밸 및 삶의 만족도 증진은 오늘날 인적자원관리의 중요한 과제가 되었다.
- **교육 및 경력개발**: 전략계획의 지속가능성을 확보하기 위해 지속가능한 구성원의 역량개발과 경력개발이 필요하다. 이는 직원이 조직의 가장 귀중한 자원이라는 인식을 전제로 한다.
- **노사관계**: 공공부문에서 노사관계는 구성원의 협력적 참여적 전략적 기획의 필수적인 구성요소가 되고 있다. 전략적 기획의 성공을 위해 경영진과 노조는 대립관계가 아닌 협력적 관계로 발전되도록 제도와 문화가 형성되어야 한다.
- **조직문화 형성**: 건전한 조직문화가 뒷받침되지 않는 인적자원관리는 그 성과를 확보할 수 없다. 특히, 관료제적인 전통문화를 탈피하여 개방, 소통, 공유의 혁신적

공직문화, 혁신과 창조적 조직문화, 그리고 수평적 개방적 조직문화를 구축해야 한다.

2) 원칙

전략적 인적자원관리는 기본적으로 다음에 초점을 둔다.

- **조직전략과 연계**: SHRM은 조직의 전략계획과 연계되어야 한다. 조직의 인력관리는 기관의 임무, 비전, 목적, 목표를 명확하게 이해하고, 인력관리가 이러한 목표와 일치하도록 해야 한다.
- **결과에 집중**: SHRM은 측정 가능한 결과에 중점을 두고 결과 지향적이어야 한다. 인사정책은 조직의 성과에 미치는 영향을 기준으로 평가되어야 한다.
- **직원 참여**: 직원 참여는 SHRM의 중요한 구성요소이다. 참여하는 직원은 생산성이 향상되고 조직의 목표에 전념하게 된다. 인사정책은 참여를 촉진하는 긍정적인 업무환경을 조성하도록 해야 한다.
- **인재 확보 및 보유**: SHRM은 최고의 인재를 확보하고 유지하는 데 중점을 두어야 한다. 인사정책은 최고의 지원자를 유치하고, 그들이 계속 근무하고 동기를 부여할 수 있는 성장과 발전의 기회를 제공하여야 한다.
- **학습 및 개발**: SHRM은 직원들이 새로운 기술을 습득하고 성과를 개선할 수 있도록 학습 및 개발에 우선순위를 두어야 한다. 이를 위해 학습 문화를 조성하고 직원들에게 기술을 개발하는 데 필요한 자원을 제공하여야 한다.
- **다양성 및 포함**: SHRM은 다양하고 포괄적인 인력을 만드는 데 초점을 맞춰야 한다. 인사정책은 채용과정의 편향성을 제거하고 성평등, 다문화 등의 가치를 인사정책에 반영하여야 한다.
- **법규준수**: SHRM은 조직이 인적자원관리와 관련된 모든 관련 법률 및 규정을 준수하는지 확인하고, 환경의 변화를 최신 상태로 유지하도록 해야 한다.

3 공무원에게 필요한 역량과 교육훈련

공무원의 전략적 역량(competency)이란 조직의 성과와 목표를 달성하기 위한 전략을 효과적으로 수립하고 실행할 수 있는 능력을 말한다. 이에는 공무원이 복잡한 정책

환경을 탐색하고, 정보에 입각한 결정을 내리고, 조직과 사회의 진보를 이끌 수 있도록 하는 다양한 기술, 지식 및 속성을 포함한다. OECD 국가를 대상으로 한 조사에서 공무원 역량 가운데 응답률이 상위에 있는 역량을 보면 가치와 윤리(values and ethics), 리더십(leadership), 성과달성(achieving results), 전략적 사고(strategic thinking), 커뮤니케이션(communication), 팀워크(team work), 문제 해결력(problem solving), 전문성(professionalism), 대인관계(interpersonal relationships), 효율성(efficiency), 자기개발/학습(self-development/learning)을 들고 있다(OECD, 2016).

이 가운데에서 전략계획과 성과관리를 위해서는 다음과 같은 전략적 사고 역량을 육성하고 개발할 필요가 있다(박홍윤, 2013).

- **비전 지향 사고**(visionary thinking): 전략적 사고를 하는 사람들은 자신이 성취하고자 하는 것에 대한 명확한 비전과 장기적 관점에서 조직의 목표에 대해 깊은 이해를 한다.
- **비판적 사고**(critical thinking): 비판적 사고 역량은 넓고 깊게 미래를 보는 혜안, 통찰력, 예측력 등으로 구성된다. 이러한 비판적 사고 능력은 현재 상태를 이해하고 미래를 예견할 수 있는 능력을 준다.
- **시스템 사고**(systems thinking): 시스템 사고는 더 넓은 시스템과 상호 연결된 구성요소를 고려한다. 시스템 사고는 다양한 요인과 변수가 서로 어떻게 상호작용하고 영향을 미치는지 이해하는 능력이다.
- **창조적 사고**(creative thinking): 창의적 사고는 전략적 사고가에게 근본적인 가정에 도전하고, 시스템의 패턴을 찾고, 관계와 행위자들을 새로운 방식으로 보고, 더 많은 위험을 감수하고, 기회를 활용하도록 한다.
- **맥락적 사고**(contextual thinking): 맥락적 사고는 어떠한 판단을 할 때 특정한 원인이나 결과보다는 그의 환경이나 상황 속에서 분석하고 이해하는 것을 의미한다.
- **개념적 사고**(conceptual thinking): 개념적 사고는 추상화와 개념화의 인지과정을 기초로 하여 문제 해결과 사고를 하는 것을 의미한다. 개념적 사고는 복잡한 문제를 단순화하고 이해하기 쉽도록 도와주고, 커뮤니케이션의 중요한 도구이기도 한다.
- **문화적 사고**(cultural thinking): 문화적 사고는 상호 연계된 세계를 이해하는 데 사용되고, 전략적으로 생각하는 사람들의 시야를 넓히고 이해하도록 한다.
- **협력적 사고**(collaborative thinking): 협력적 사고는 사고의 시너지를 창출하여 성

과를 향상하며 사람들이 변화를 배우고, 발전하고, 공유하고, 적응하도록 동기를 부여한다.

- **커뮤니케이션 사고**(communicative thinking): 전략적 사고는 소통의 사고를 요구한다. 커뮤니케이션 사고는 특히 공유된 비전을 구축하고 그 비전을 다양한 청중에게 대내외적으로 전달할 수 있는 능력을 제공한다.
- **윤리적 사고**(ethical thinking): 전략적 역량은 윤리적 원칙을 지키고 공익을 증진하는 결정을 하는 것을 포함한다. 공무원들은 자신들의 행동이 가져올 장기적 결과를 고려하고 청렴성, 투명성, 책임성을 입증해야 한다.

이러한 역량을 개발하기 위해 다음과 같은 활동이 요구된다(OECD, 2016).

- 고위직 리더십 교육 및 코칭
- 온라인 과정 개발
- 중간관리자 교육
- IT/디지털 기술 교육
- 교육 투자 모니터링 및 평가
- 공무원 교육을 위한 조정 메커니즘
- 코칭 및 멘토링

볼트(Bolt, 1985)는 성공적인 기업에서 전략적 관리를 위한 교육훈련 프로그램이 어떻게 운영되고 있는가를 조사한 결과 다음과 같은 결론을 제시하고 있다. 이는 공공조직에도 그대로 적용될 수 있을 것이다.

- 성공적이고 효과적인 교육훈련 프로그램은 조직의 최고관리자에게서 나온다.
- 성공한 기업의 모든 교육 프로그램은 치밀하게 만들어진 목표를 가지고 있다.
- 교육 프로그램에서 하위 부서의 직무성과 달성에 관한 전사적 전략과 목표 달성에 대한 관리자의 역할에 많은 관심을 둔다.
- 최고관리자가 직접 교육과정의 설계에 참여한다.
- 종종 최고관리자가 직접 교육과정에 참여하여 교육한다.
- 각 프로그램은 구체적인 필요성에 따라 설계되고 있다.

4 인센티브 제도

전략적 기획이 성공하려면 변화를 주도할 능력을 가진 리더십과 담당자가 필요하다. 시스템이 작은 변화를 일으킬 수도 있지만, 전략적 사고와 창조력을 가진 사람이 주요 변화를 주도한다. 이러한 인력을 확보하고 유지하기 위해서는 적절한 보상과 인센티브가 필요하며, 많은 조직이 이를 전략, 성과, 인센티브와의 밀접한 연계를 통해 실현하고자 한다. 오늘날 인센티브 체계는 〈표 6-10〉과 같은 방향으로 변화를 요구하고 있다.

〈표 6-10〉 바람직한 보상 시스템의 변화 방향

기존의 보상방법 ➡ 전략적 보상방법	
• 승진에 기초 • 기본급여: 시장에 의해 결정 • 행동의 결과로서 간주 • 개인 성과에 기초 • 균등배분 • 생활비와 노동시장에 기초 • 연공과 상관관계	• 직무와 역할에 기초 • 사업 성공에 기초한 변동급 • 의사소통하는 수단으로 가치를 사용 • 개인 성과 외에 팀과 조직 성과 반영 • 차별적 배분 • 사업 실적에 기초 • 성과에 중점

공공조직은 기업과 달리 인센티브로 금전적 보상을 자유롭게 사용하는 데 많은 한계가 있다. 공공조직에서의 보상 체계는 다음을 고려해야 한다(Bryson, 2004).

- 업무에 대해 적절한 보상이 이루어져야 한다. 보상은 경제적인 것 이외에 심리적인 보상도 고려되어야 한다. 심리적인 보상은 기업이 아닌 공공조직 및 비영리조직에서 더 중요한 역할을 한다.
- 집행과정에의 참여가 개인의 경력 발전에 도움이 될 수 있도록 해야 한다. 대부분 지식과 능력이 있는 사람들은 단기적이기보다 장기적인 시각에서 자신의 경력을 관리하고자 한다.
- 상황이 여의치 않거나 개인이 원할 때에는 본래의 자리로 돌아갈 수 있게 하거나 전직 등의 도피처를 제공해야 한다.
- 공공조직에서 금전적 인센티브를 사용할 때 다음과 같은 것들을 고려할 필요가 있다.
  ✓ 전략집행의 성과와 관련하여 조직 전체가 받는 것보다는 팀 중심의 보상이나 개인 업적 중심의 보상 비율을 확대할 필요가 있다.

- ✓ 보상체계를 단기적인 목적을 위해서만 사용해서는 안 되고, 장기적인 목적에 이바지할 수 있도록 구성할 필요가 있다. 예로, 관리자에게 주는 금전적 인센티브의 75%는 단기적인 성과를 나머지 25%는 장기적인 목적에 이바지할 수 있도록 배분하는 방법이다.
- ✓ 공동체 의식을 높이기 위해 팀원이 공동 목표를 제시하고, 이를 달성하게 되면 구성원 모두가 보너스를 받게 하는 방법이 사용될 수 있다.

특히, 성과평가의 결과를 개인의 보수와 연계하는 성과주의 임금체계를 도입하고자 할 때 다음과 같은 원칙을 준수하면서 매우 신중하게 운영해야 한다.

- 직무의 파악과 체계화, 즉 직위분류제가 정착되어야 한다. 그리고 직무분석을 바탕으로 한 직무조사와 표준성과가 제시되어야 한다.
- 성과를 계량화해야 한다. 업적에 대한 측정지표를 개발하는 등 임금체계와 목표관리제 및 경력개발계획과 유기적인 연계가 요구된다.
- 다양한 평가방법이 개발되어야 한다. 평가의 목적에 따라 측정요소의 가중치를 탄력적으로 적용하고, 개인 및 집단평가, 장단기 평가, 상대 및 절대평가 등이 균형 있게 활용되어야 한다.
- 평가 주체를 다양화하고 전문화해야 한다. 즉, 평가의 복수 고과 시스템이 개발되어 평가 주체를 상·하급자, 동료, 고객 등으로 다양화함으로써 평가의 오류와 편견을 최소화하도록 해야 한다.
- 조직의 제도 및 구조, 문화와 조화를 확보할 수 있는 성과 중심의 임금체계가 개발되어야 한다. 역으로 성과 지향의 조직문화를 형성하여 성과주의 임금체계의 운영을 정착하는 것이 필요하다.

제7절 전략계획과 성과예산제도

1 전략계획과 예산

전략 실행의 대부분은 예산에서 시작되며, 예산은 전략 실행에 근본적인 역할을 한다. 예산이 없으면 전략은 집행되지 않는다. 따라서 실현 가능한 전략을 만들기 위해서는 계획과 예산의 통합이 필수적이다. 이는 합리적인 예산 배분이 사업의 우선순위를 따라야 하며, 전략계획이 이러한 사업의 우선순위를 제시한다. 그러나 예산과 기획활동이 실제로 통합되지 못하는 경우가 많다. 이는 통제를 위한 계획과 행동을 위한 계획의 근본적인 차이 때문이다(Mintzberg, 1994b). 무엇보다 예산과정의 정치적 속성으로 인해 예산은 장기적, 포괄적, 혁신적, 우선순위 지향적이기보다는 단기적, 점증적, 반응적, 책임 지향적인 관점에서 운영되는 경향이 있다(Wildavsky, 1984). 이외에도 공공조직은 자원의 과잉보호, 단기적인 재정기준, 모호한 전략목표, 위험 회피, 정보 부족 등의 문제를 겪는다. 잘 만들어진 전략계획은 연간 목표와 우선순위를 기준으로 자원을 배분해야 하며, 이를 무시하면 조직의 성공과 전략적 관리에 악영향을 미칠 수 있다.

전략계획을 위한 예산을 확보하는 방법으로 다음과 같이 다양하다.

- 새로운 예산 항목의 설정
- 현재의 예산 항목의 재조정
- 집행활동의 우선순위를 재조정
- 다른 부서나 조직과 자금 수준을 통합하기 위해 협력
- 더 많은 자원을 협력 조직이나 자금 제공자에게 요구

전략계획은 예산을 확보하기 위한 수단으로 활용할 수 있다. 특히, 자금을 확보하기 위해 예산담당자, 자금을 통제하는 의회 의원이나 주요 이해관계자를 전략계획 및 집행계획의 수립과정에 참여시키는 것도 중요한 전략이 될 수 있다. 무엇보다도 전략계획의 합리적인 목적 및 목표에 대한 우선순위의 분석 정보는 자금 확보를 위한 귀중한 정보가 될 수 있다는 것을 인식하고 이를 최대한 활용해야 한다.

전략계획에서 상충적인 성격을 가지는 기획과 예산을 통합하려면 다음과 같은 것이

요구된다(Bryson, 2018).

- 환경평가, 전략적 이슈 파악, 전략형성이 예산과정 이전에 이루어져야 예산과정에서 전략계획을 더욱 수용하기 쉽다. 이를 위해 계획이 예산 전에 이루어질 수 있도록 일정을 설정하는 것이 중요하며, 이는 공공기관 관리자가 예산과정을 통제하는 핵심방법이다.
- 성과예산제도를 구축하여 운영해야 한다. 성과예산제도를 도입하게 되면 집행부나 입법부로 하여금 자신이 기대하는 성과를 명확하게 해주고, 자신들이 지출한 것으로 무엇을 얻었는지를 추적할 수 있도록 한다.
- 예산의 점증주의적 특성은 공공조직의 관리자들이 전략적으로 생각하게 하는데 제약 요인으로 작용하기보다는 기회가 될 수도 있다는 것을 이해할 필요가 있다. 때로는 연속적인 작은 변화로 전략목적을 달성할 수도 있기 때문이다.
- 전략적 기획과 관련한 모든 예산을 획득하는 것은 불가능하므로, 핵심적인 예산을 선택하여 확보하는 전략을 세우는 것이 중요하다. 예산획득 과정의 정치적 논쟁에 대비하는 것도 필요하며, 전략적 기획 대신 조직이나 사업 단위별로 예산을 분리하여 생각하는 것도 유용하다.
- 전략목적을 위해 기업가적 예산(entrepreneurial budgeting)을 운영하는 것도 고려할 필요가 있다(Osborne & Gaebler, 1992). 예산의 기업가적 접근방법은 운영부서에 예산 총액을 배정하고, 그 범위 내에서 부서의 자율로 사업을 추진하게 하는 방법이다.
- 조직에서는 훌륭한 분석가 이외에 예산정치에 능숙한 사람을 확보하도록 해야 한다(Lynn, 1987). 공공조직의 예산과정은 복잡한 게임이기 때문에, 좋은 팀을 가지고 좋은 코치를 가지면 큰 도움을 얻을 수 있다.

2 성과지향 예산제도

1) 배경 및 의의

현대 공공조직의 예산 시스템은 한정된 자금과 끊임없이 증가하는 공공서비스에 대한 수요 사이에서 공적 자금 분배에 대한 문제를 해결해야 한다. 이는 일찍이 키(V. O. Key)가 "B라는 활동 대신에 A라는 활동에 X 달러를 할당하는 것은 어떠한 기준으로 결정해야 하는가?"라는 질문에 답을 제공하는 것이다. 이를 위해서 많은 나라에서 성과지향 예산제도를 도입하고 있다. 성과주의 예산제도(performance budgeting system)는 정책이나 프로그램의 성과목표 달성 정도를 평가하여 예산에 반영하는 제도이다. 성과를 극대화하기 위해 자금을 할당하고 결과에 대한 책임을 강조하며, 이를 위해 전략목표와 자원 배분을 연계하여 예산을 관리하게 된다.

성과예산제도는 전통적인 집권화되고, 투입 중심의 단연도 중심 예산제도가 가지는 문제점을 극복하기 위한 예산관리 패러다임의 변화를 추구한다. 이러한 성과예산제도는 전통적인 예산제도와 달리 다음과 같은 특징을 가진다(OECD, 2007).

- 결과에 더 많은 관심을 부여
- 정부 목표 및 우선순위에 의한 재원 배분
- 주요 행위자들에게 효과가 있는 사업과 그렇지 않은 사업에 대한 정보 제공
- 예산과정의 투명성 향상
- 프로그램과 효율성을 향상할 수 있는 잠재력을 가짐

최근의 성과예산제도는 1980년대 미국의 NPR(National Performance Review), 뉴질랜드의 성과예산제도, 호주의 성과 계약제, 영국의 넥스트 스텝 프로젝트팀(Next Steps Project Team)의 활동 등에서 시작하고, 우리의 예산제도도 1999년부터 투입 중심, 통제 중심, 점증성, 일 년 회계 등의 기본 특성을 벗어나기 위해 성과지향 예산제도의 도입을 강화하고 있다.

전략계획과 연계된 성과예산제도를 도입하는 목적을 보면 나라에 따라서 다르나 우리의 경우 1999년 시범사업으로 도입한 목적을 보면 다음을 제시하고 있다.

- **행정의 투명성 및 신뢰성 확보:** 국민에 대한 성과목표의 제시, 평가 결과의 공개를 통해 행정의 투명성을 확보하고 정부에 대한 국민의 신뢰를 제고
- **재정지출의 생산성 제고:** 지원 대상사업, 지원 규모 등을 평가 결과와 연계하여 결정함으로써 재정 지출의 효율성 제고
- **행정서비스의 개선 및 책임행정 구현:** 각 부처가 스스로 목표를 수립하고 적극적으로 사업을 추진함으로써 책임의식을 강화하고, 각 부처의 자율성 확대로 행정의 탄력성 확보가 가능하며, 고객 수요에 부응하는 행정서비스 제공 가능
- **정부 기능의 핵심 역량 강화:** 성과목표 위주의 의사결정으로 정부조직 운영상 불필요한 기능을 제거하고, 핵심 역량 위주로의 조직 재편을 촉진 및 인사・보수・감

사제도 등 운영 시스템의 효율화에 기여

2) 성과예산의 운영 원리

전략계획과 예산의 유기적 연계로 성과지향의 전략적 예산제도를 구축하려면 책임성, 결과, 신축성, 장기적인 시간 틀, 전략적 관점에 의해 운영되는 예산제도를 구축할 필요가 있다(Popovich, 1998). 특히 성과예산은 예산관리에 있어서 다음과 같은 새로운 접근방법을 요구한다(National Performance Management Advisory Commission, 2010).

- 자원의 투입이 아닌 결과 지향으로 초점을 전환하여 투입이 원하는 결과 달성에 어떻게 기여할 것인지를 고려하여야 한다.
- 전략계획과 예산 배분을 통합하고 장기적인 결과에 초점을 두어야 한다. 성과예산은 전략계획에서 수립된 장기목표와 전략의 맥락에서 관리되어야 한다.
- 정책 및 프로그램 대상집단에 더 많은 관심을 기울여야 한다. 전통적인 예산이 내부 및 기관 중심으로 예산을 보았으나, 성과예산에서는 예산 배분과 운영에서 지역사회나 외부 대상집단에 더 많은 관심을 가져야 한다.

전략계획과 유기적으로 연계된 성과예산제도의 기본적인 과정은 [그림 6-2]와 같다. 성과예산제도는 전략계획과 연계하여 연차별 집행계획서를 작성하며, 이는 전년도의 성과평가를 반영한다. 이를 토대로 프로그램이나 세부 사업계획 예산이 구성되며, 비용은 성과 단위별로 계산된다. 이 비용에는 인건비, 물건비, 그리고 제비용이 계상되어야 하고, 발생주의 원칙에 따른 회계처리를 권장한다. 이렇게 만들어진 성과보고서를

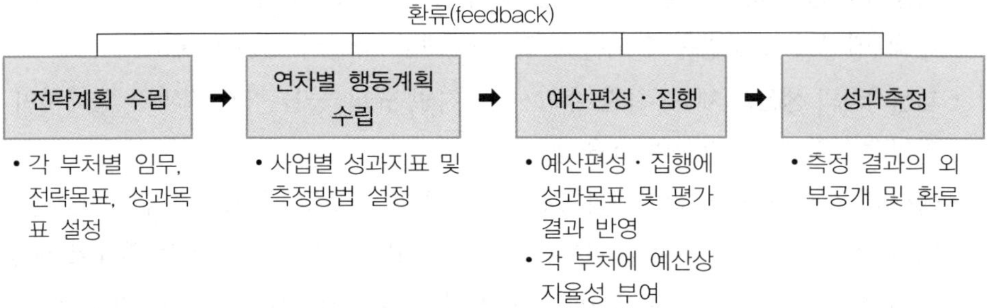

[그림 6-2] 성과예산제도의 기본구조

바탕으로 예산심의가 진행된다.

이와 같은 성과예산제도를 운용하기 위해서는 다음과 같은 기반이 구축될 필요가 있다(OECD, 2019).

① 성과예산 책정의 근거와 목표를 명확히 문서화하고 주요 이해관계자의 이해관계를 반영하여야 한다.

- 성과예산에 대한 근거, 목표 및 접근 방식을 예산 관련 법규나 재정관리 개혁 프로그램으로 명시해야 한다.
- 예산과정에서 다양한 이해관계자의 관심사 및 우선순위를 성과예산 시스템의 목표 및 설계에 반영해야 한다.
- 성과예산을 고위공무원의 지지와 함께 정치지도자에 의해서 옹호하도록 해야 한다.
- 성과예산의 도입을 법규나 가이드라인으로 뒷받침해야 한다.

② 성과예산은 정부의 전략목표 및 우선순위에 따라 지출을 배분해야 한다.

- 예산안은 발전계획, 정부 방침과 기타 전략 방향 및 우선순위와 체계적으로 연계하여야 한다.
- 다년간의 예산 프레임워크를 제시하여 성과예산을 준비하기 위한 현실적이고 신뢰할 수 있는 재정장치가 있어야 한다.
- 부처 간 협업이 필요한 복잡한 목표 달성은 중앙정부의 활동과 예산조정으로 뒷받침하여야 한다.

③ 성과예산제도는 정부활동의 다양한 속성 및 지출과 결과 사이의 복잡한 관계를 다룰 수 있도록 유연성을 확보해야 한다.

- 성과정보의 유형과 양은 프로그램의 특성에 따라 다양성을 가져야 한다.
- 정부는 공공부문에서 다차원적인 성과의 특성을 반영한 성과측정 방법들을 혼합해서 사용해야 한다.
- 프로그램 구조는 부처 및 기관의 행정 책임 및 서비스 전달 기능과 일치되어야 한다.
- 지출 분류 및 통제 프레임워크는 프로그램 관리를 용이하게 하고, 결과에 대한 책임을 촉진하기 위해 수정되어야 한다.

④ 정부는 성과예산을 지원하기 위해 인적자원과 데이터 및 기타 필요한 인프라에 투자해야 한다.

- 중앙 예산기관은 성과예산 시스템의 관리와 운영을 위한 내부 역량을 구축해야 한다.
- 중앙 예산기관은 성과예산제도의 성과를 개선하기 위해 제도를 정기적으로 점검하고 개선하여야 한다.
- 성과측정 시스템은 신뢰할 수 있는 질적 데이터를 제공하기 위해 지속해서 개선되어야 한다.
- 성과정보는 데이터를 검색 가능하고, 상호 연계할 수 있고, 표준화하고, 적시에 접근할 수 있도록 하여 전략적 자산으로 관리되어야 한다.

⑤ 성과예산은 입법부와 시민사회의 체계적 감시를 활성화하여 정부의 성과 지향 성과 책임성을 강화하도록 해야 한다.

- 입법부에 제출되는 연간 예산안과 지출 보고서에는 성과목표와 달성수준에 대한 정보가 포함되어야 한다.
- 최고 감사기관은 보고된 성과의 정확성과 신뢰성에 대한 검증을 포함하여 성과감사를 수행해야 한다.
- 의회는 성과에 기초하여 예산과 재무 보고서를 자세히 검토하여 성과가 저조하거나 허위 정보를 제공한 경우 장관과 고위관리자에게 책임을 물어야 한다.
- 예산과 지출자료는 컴퓨터로 읽고, 접근할 수 있는 형식으로 공개되어야 한다.

⑥ 성과예산은 프로그램 평가와 지출 검토와 같이 성과개선하기 위해서 도입한 다른 제도를 보완하도록 해야 한다.

- 새로운 지출 프로그램에 대한 사전 평가는 핵심 성과지표를 포함한 프로그램 설계를 강화하고, 모니터링 및 사후 평가 프로세스를 용이하게 한다.
- 주요 지출 프로그램에 대한 사후 평가의 결과는 예산 준비과정에 체계적으로 피드백되어야 한다.
- 지출 검토는 지출의 정당성을 검토하고 목표 우선순위를 조정하고, 예산 절감을 위하여 성과예산과 연계하여 사용하여야 한다.

⑦ 성과예산 시스템과 연계한 인센티브는 성과지향의 행동과 학습을 장려하도록 해야 한다.

- 정부는 성과에 중점을 두는 관리문화를 육성하여야 한다.
- 성과측정은 서비스 제공의 효과성과 효율성을 개선하기 위한 수단으로서 유사한 기관 간의 비교와 경쟁을 하여야 한다.
- 개인과 팀은 성과목표 달성에 대하여 책임성과 책무성을 가지도록 해야 한다.
- 관리자들은 연중 정기적으로 재무와 운영 성과를 검토하기 위해 구조화된 내부 토론을 하여야 한다.
- 프로그램 성과 미달에 대하여는 개별적인 재정적 보상이나 처벌보다는 학습과 문제 해결을 강화하도록 해야 한다.

3) 전략계획과 ZBB

영기준 예산제도(Zero Based Budgeting: ZBB)는 매년 모든 비용을 재검토하여 예산을 새롭게 편성하는 제도다. ZBB는 1960년 공공부문에 도입된 이후 예산의 정치성 및 제도의 운영상 문제점 등으로 관심이 줄다가, 2000년대에 다시 주목받고 있다(박홍윤 · 박규동, 2020a). 이는 ZBB가 불필요하고 낭비적인 분야에 대한 지출을 줄이고 전략적인 부분에 더 많은 투자를 통해 성장을 추구한다는 것이다(McKinsey, 2019; Ellingrud, 2019).

2010년 이후 미국이나 캐나다의 주정부에서 ZBB를 이념으로 한 제도가 입법화되는 등 그 활용도가 늘어나고 있다. 새로운 ZBB는 종래의 이상적인 형태의 ZBB가 아닌 대안적인 예산으로 의사결정 패키지를 단순화하거나, 매년 이를 사용하기보다는 주기적(5~8년)으로 예산, 책임, 전략과 성과를 처음부터 다시 검토하도록 하고 있다. 특히, ZBB는 다음과 같은 부문에 활용될 수 있다.

- **특정 이슈 분석에 활용**: ZBB를 조직 전체에 도입하기보다는 특정한 이슈의 분석에 활용할 수 있다. 예를 들어, 방과 후 학습 프로그램을 30% 증액시키자는 주장에 대하여 ZBB 형태로 분석하여 적정 서비스 수준을 결정할 수 있다.
- **서비스 수준 결정**: ZBB를 서비스에 초점을 맞추어 지역사회가 기대하는 성과수준과 가용한 돈으로 무엇을 제공할 수 있는지를 결정할 수 있는 서비스 기반 예산 편성에 활용할 수 있다.

- **우선순위 예산**: 정부는 가용자원과 자금 배분의 우선순위를 결정하고, 이를 기준으로 우선순위에 부합하는 순서에 의하여 자금을 배분하는 형식이다.
- **프로그램 검토**: 예산 이외에 프로그램을 검토하고 다양한 대안을 비교・분석하는 방법으로 사용할 수 있다.
- **목표기반 예산**(target-based budgeting): 부서에 지출 목표액을 제시하고, 지난해 지출의 일정액(예: 85%)은 인정하고 목표치보다 많은 예산에 대하여 의사결정 패키지와 지출의 정당성을 제출하도록 하는 것이다.
- **비용평가의 도구**: ZBB의 의사결정 패키지는 정부의 각종 비용과 성과를 분석할 수 있는 도구로 활용될 수 있다. ZBB는 보다 적은 비용을 가지고 더 효과적인 대안적 활동과 방법 및 기술을 찾고, 더 효과적인 전략을 추진할 수 있게 하는 방법으로 사용할 수 있다(Kavanagh et al., 2011).

ZBB는 운영에서 여러 가지 문제점과 많은 시간과 비용이 필요하다는 어려움 등이 있지만, 공공조직에서 이를 운영할 경우 다음과 같은 이점을 얻을 수 있다(Deloitte, 2015; Kavanagh et al., 2011).

- 자동적인 예산 증액과 비교하여 적극적인 자원 배분으로 비용 절감과 예산 절감을 정당화할 수 있다.
- 정부기관이 적극적으로 프로그램의 우선순위를 정하기 위해 협력함으로써 조직 효율성을 증대시킬 수 있다.
- 부처의 임무와 우선순위를 파악하고 자원을 전략목표에 맞게 조정하도록 한다.
- 조직 내부 및 외부 대중과의 관계에서, 투명성과 책임성을 증대시켜 대중의 인식을 개선한다.
- ZBB는 조직의 점증주의적 예산편성을 억제한다.
- ZBB를 통해 입력과 출력 간의 상충관계를 보다 투명하게 할 수 있다.
- 예산 개혁에서 ZBB를 사용하면 예산결정을 중앙집중화할 수 있다.
- ZBB가 다른 예산 균형 조정 기법의 사용을 배제하지 않기 때문에 기존 예산과 조화를 이룰 수 있다.

3 우리의 재정부문 성과관리제도

1) 제도

(1) 의의

재정부문 성과관리제도는 1999년 시범사업으로 도입하였고, 2007년 성과관리 및 성과 지향적 재정운영을 목적으로 제정된 「국가재정법」에 의하여 성과 중심의 재정운용이 제도화되었다. 이에 의하여 중앙관서장이 예산요구서를 제출할 때 성과계획서와 전년도 예산의 성과보고서를 함께 보고하도록 했다. 이후 2021년 12월 「국가재정법」에 성과관리(동법 제4장의2)를 신설하여 5년 단위의 재정사업 성과관리 기본계획과 매년 재정사업 성과관리 추진계획 수립을 의무화하였다. 이를 제도화한 이유는 "효율적이고 성과지향적이며 투명한 재정운용을 위하여 재정사업 성과관리의 내용을 성과목표관리 및 성과평가로 구체적으로 설정하고, 재정사업 성과관리 기본계획의 수립, 성과목표관리를 위한 성과보고서 등의 작성 · 제출 및 성과평가의 근거를 마련하며, 재정사업 성과목표관리를 위한 담당 공무원 지정 등 추진체계를 마련하고, 기획재정부 장관으로 하여금 성과평가의 결과 등 성과정보의 관리 시스템을 구축 · 운영하여 성과정보가 공개될 수 있는 조치를 마련하도록 하며, 성과목표관리 결과를 국무회의에 보고하도록 함으로써 종전의 성과 중심의 재정운용을 확대 · 강화하기 위해서" 법을 개정하였다(국가재정법, 법률 제18585호, 2021.12.21, 일부개정 이유, 국가법령정보센터).

재정사업 성과관리는 성과관리의 실익이 있는 범부처 모든 재정사업을 대상으로 다음의 성과목표관리와 성과평가를 시행하도록 하고 있다(동법 제85조의2).

- **성과목표관리**: 재정사업에 대한 성과목표, 성과지표 등의 설정 및 그 달성을 위한 집행과정 · 결과의 관리
- **성과평가**: 재정사업의 계획 수립, 집행과정 및 결과 등에 대한 점검 · 분석 · 평가

(2) 목적

「국가재정법」은 재정사업 성과관리의 기본원칙으로 다음 세 가지를 제시하고 있다(국가재정법 제85조의3).

- 정부는 재정사업 성과관리를 통하여 재정운용에 대한 효율성과 책임성을 높이도록 노력하여야 한다.

- 정부는 재정사업 성과관리를 할 때 전문성과 공정성을 확보하여 평가 결과에 대한 신뢰도를 높이도록 노력하여야 한다.
- 정부는 재정사업 성과관리의 결과를 공개하여 재정운용에 대한 투명성을 확보하도록 노력하여야 한다.

이와 관련하여 재정성과관리제도는 기본적으로 다음과 같은 목적을 가지고 실시하고 있다(한국조세재정연구원 재정평가센터: www.kipf.re.kr).

- **정부예산의 투명성 및 책무성 제고**(accountability): 책무성 제고를 위해 정부재정사업의 구성 및 목적별 지출금액 공개, 정부재정사업의 목표와 성과 달성도 공개 및 재정사업 수혜자, 사업책임자 등에 대한 정보 공개를 하고 있다.
- **재정사업의 효율성 및 효과성 제고**(technical efficiency): 이를 위해 운영 중인 재정사업의 문제점 도출 및 환류를 통한 개선, 사업방식 개선을 통한 사업의 효과성 제고를 추구하고자 한다.
- **예산 재배분을 통한 배분적 효율성 제고**(allocative efficiency): 정책 우선순위와 효과성 중심의 재원 배분을 유도하여 국가 재원의 성과를 높이고자 한다.

2) 재정성과목표관리제도

(1) 정부업무평가 기본법의 성과관리와 국가재정법의 성과목표제

우리의 경우 중앙행정기관의 성과관리제도의 제도적 기반은 [그림 6-3]과 같이 「정부업무평가 기본법」과 「국가재정법」으로 양분되어 있다. 「국가재정법」에 따라 기관의 성과계획 수립, 성과보고서의 작성, 성과정보의 활용은 기획재정부가 담당하고, 「정부업무평가 기본법」에 따라 전략 및 시행계획의 수립, 반기별 이행점검, 자체평가, 결과활용 등은 정부업무평가위원회(국무총리실)에서 담당하고 있다.

이에 의하여 같은 사업에 대하여 기관은 〈표 6-11〉에서 보듯이 다른 형식의 계획서를 작성하고 있다. 이같이 「정부업무평가 기본법」의 정책사업과 「국가재정법」의 재정사업을 분리하여 정부의 성과관리를 수행하는 것은 중복 행정의 차원을 가지는 제도로 개선되어야 할 부분이다(국회예산정책처, 2020).

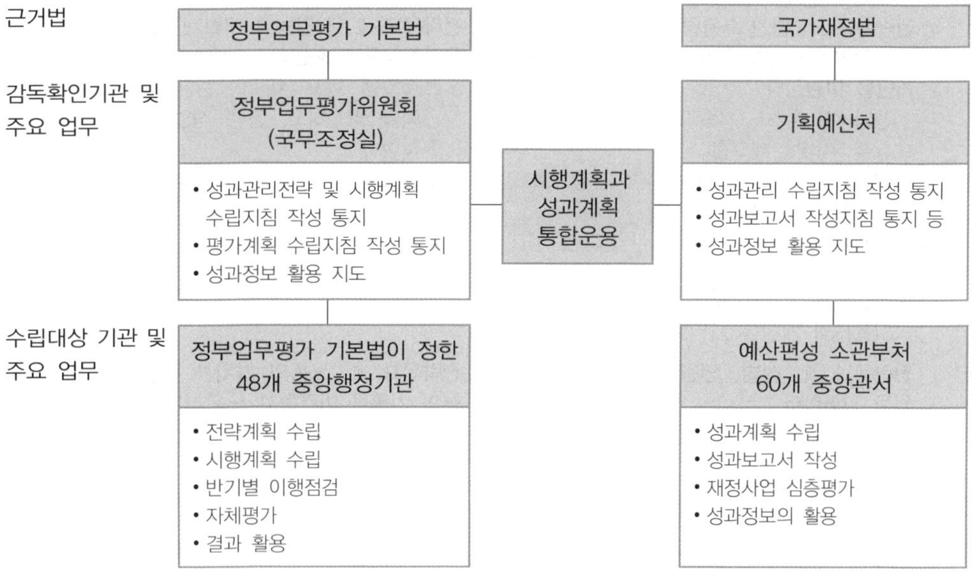

출처: 고용노동부. 『2023년도 성과관리 시행계획』; 대한민국정부. 『2023년도 성과계획서(고용노동부)』.

[그림 6-3] 우리나라 성과관리 전략 및 시행계획 수립체계 개요

〈표 6-11〉 정부업무평가 기본법과 국가재정법의 성과관리 목표체계(고용노동부)

근거	정부업무평가 기본법	국가재정법
명칭	2023년 성과관리 시행계획	2023년도 성과계획서
임무	양질의 일자리 창출 기반을 마련하고, 노동의 가치가 존중받는 사회를 만든다.	양질의 일자리를 창출하여 성장·고용·복지의 선순환이 이루어지도록 한다.
비전	상생과 연대의 노동시장 구축	국민에게 양질의 일자리를 제공한다.
	전략목표와 성과목표	전략목표와 프로그램 목표
	전략목표 Ⅰ: 노동자 보호와 노동시장의 활력 제고 기반을 마련한다. • 성과목표 Ⅰ-1. 참여·협력적 노사관계 기반을 구축해 노동이 존중받는 사회를 실현한다. • 성과목표 Ⅰ-2. 노동시장 내 취약계층의 권익을 두텁게 보호한다. • 성과목표 Ⅰ-3. 취약 근로자의 노동권 보호를 강화하고, 노사 모두에게 도움이 되는 근로여건을 조성한다. • 성과목표 Ⅰ-4. 공공부문 비정규직 처우개선과 노사관계 안정을 이룬다.	**전략목표 Ⅰ. 양질의 일자리를 창출한다.** • 프로그램 목표 Ⅰ-1. 양질의 일자리 창출 및 청년 등 수요자 맞춤형 취업지원을 강화한다. • 프로그램 목표 Ⅰ-2. 장애인의 일자리 기회를 확대한다.

	전략목표 Ⅱ. 민간 고용창출력 강화와 고용서비스·안전망 내실화를 통해 양질의 일자리 창출 기반을 마련한다. • 성과목표 Ⅱ-1. 지속가능한 민간의 일자리 창출 역량을 제고한다. • 성과목표 Ⅱ-2. 일하는 사람 대상으로 일자리 안전망을 강화한다. • 성과목표 Ⅱ-3. 수요자 중심의 고용서비스를 강화한다. • 성과목표 Ⅱ-4. 데이터 기반의 정책 대응과 고용문화 개선을 지원한다.	**전략목표 Ⅱ. 직업능력 개발체제를 구축하고, 고용안전망을 강화한다.** • 프로그램 목표 Ⅱ-1. 신산업·신기술 분야 인력을 양성하고, 평생 직업능력개발 체제를 구축한다. • 프로그램 목표 Ⅱ-2. 구직활동을 촉진하고 고용안전망을 강화한다.
	전략목표 Ⅲ. 성별·연령별 맞춤형 일자리 지원을 강화한다. • 성과목표 Ⅲ-1. 청년의 원활한 노동시장 이행을 지원한다. • 성과목표 Ⅲ-2. 초고령사회 대비 고령자 및 여성의 일자리 기회를 확대한다. • 성과목표 Ⅲ-3. 장애인 고용기회를 확대하고, 사회적 기업을 활성화한다.	**전략목표 Ⅲ. 노동의 가치가 존중받는 사회 실현의 기틀을 마련하고 노동기본권을 보장한다.** • 프로그램 목표 Ⅲ-1. 노사협력을 통한 상생의 노동시장을 구축한다. • 프로그램 목표 Ⅲ-2. 일·가정양립 등 고용 노동 평등 환경을 지원한다. • 프로그램 목표 Ⅲ-3. 취약근로자의 권익을 보호하고 근로자의 복지를 증진시킨다.
	전략목표 Ⅳ. 미래 노동시장에 대비하는 직업능력개발 체제를 구축한다. • 성과목표 Ⅳ-1. 변화하는 산업현장에 맞춰 직업능력개발 지원을 확대한다. • 성과목표 Ⅳ-2. 직업능력개발 사각지대가 없도록 빈틈없는 지원을 강화한다. • 성과목표 Ⅳ-3. 직업능력개발 제도 및 인프라를 개선·확충한다.	**전략목표 Ⅳ. 안전하고 쾌적한 일터를 조성한다.** • 프로그램 목표 Ⅳ-1. 재해근로자에 대해 신속·공정히 보상하고, 원활한 노동시장 복귀를 촉진한다. • 프로그램 목표 Ⅳ-2. 사망 재해를 예방하고, 근로자의 안전과 건강을 유지·증진한다.
	전략목표 Ⅴ. ⑤ 산업안전보건정책 패러다임 전환하여 중대재해를 획기적으로 감축한다. • 성과목표 Ⅴ-1. 위험성평가 중심의 「자기규율 예방체계」 확립을 지원한다. • 성과목표 Ⅴ-2. 중대재해 취약 분야에 대한 관리·지원을 강화한다. • 성과목표 Ⅴ-3. 산재예방 정책 효과성 제고를 위한 안전문화와 인프라를 조성한다. • 성과목표 Ⅴ-4. 직업병 예방과 산재보상체계를 고도화하여 근로자 건강을 보호한다.	

「국가재정법」을 기반으로 하는 우리의 재정사업 성과관리제도의 기본틀을 보면 [그림 6-4]와 같이 3개의 차원으로 구성되어 있다.

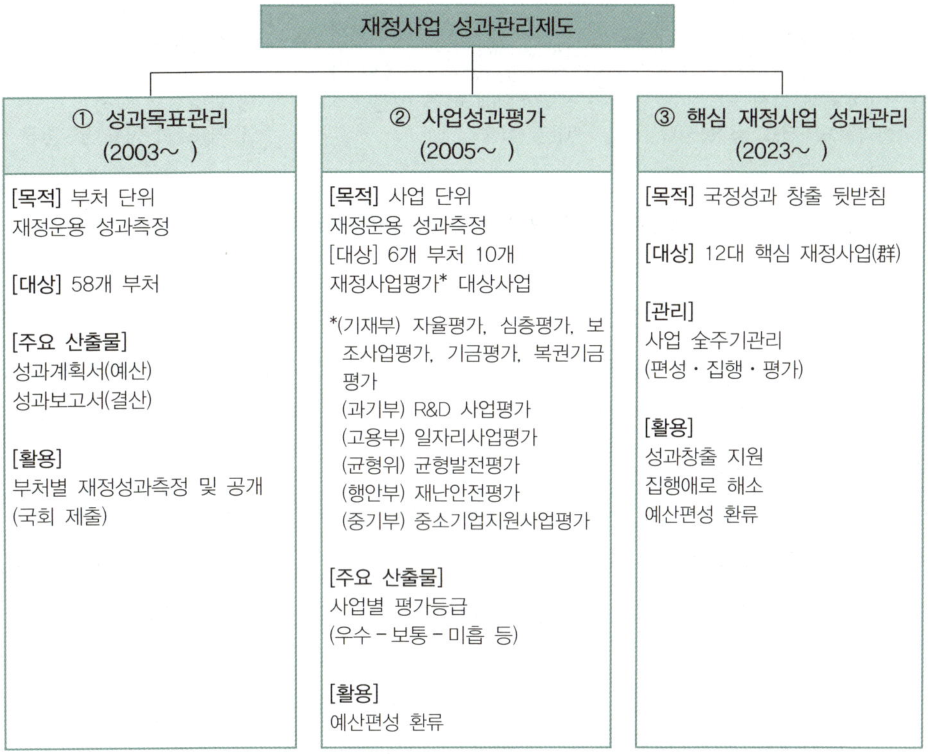

출처: 기획재정부(2023). 『2023년 재정사업 성과관리 추진방향 및 과제』.

[그림 6-4] 재정사업 성과관리체계도

(2) 재정성과목표관리제도

재정성과목표관리제도는 재정성과관리의 기본이 되는 것으로 기관의 임무목표와 연계하여 사업별로 성과목표와 성과지표를 설정하고, 성과지표의 목표치 달성 여부를 평가하여, 평가 결과를 재정운용에 활용하는 제도이다. 2003년부터 도입된 재정부문의 성과목표관리제는 예산편성 시 성과계획서와 결산 시 성과보고서를 작성하여 국회에 제출하였다. 이후 2021년 「국가재정법」의 개정과 함께 성과목표관리를 위한 성과계획서 및 성과보고서 작성 및 제출이 법으로 제도화되었다(동법 제4장의2).

우리의 재정성과목표관리제도는 기관의 임무목표와 연계하여 사업별로 성과목표와 이를 측정할 수 있는 성과지표를 설정하고, 성과지표의 목표치 달성 여부를 평가하여, 그 평가 결과를 재정운용에 활용하는 제도이다. 재정성과목표관리의 기본구조는 [그림 6-5]와 같다(원종학 외, 2018).

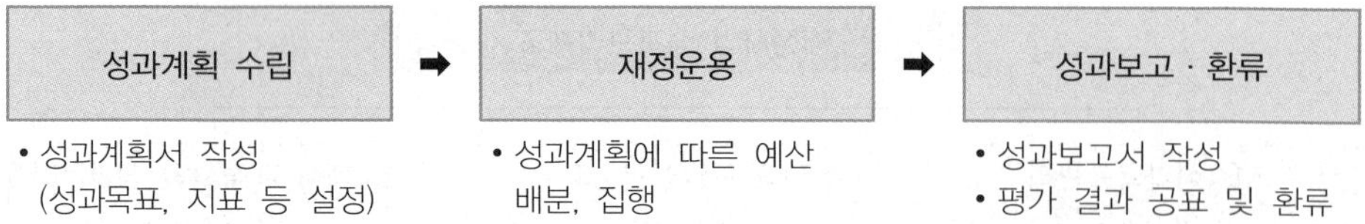

[그림 6-5] 재정성과목표관리의 기본구조

성과목표관리제는 미국의 GPRA법을 벤치마킹한 것으로 기획재정부와 의회의 예 · 결산 심사를 지원하고, 재정관리의 책무성과 투명성을 제고하기 위해서 운영하고 있다. 「국가재정법」(제85조의6)은 성과목표관리를 위한 성과계획서 및 성과보고서 작성에 대하여 다음을 제시하고 있다.

- 각 중앙관서의 장 및 기금관리주체는 재정사업 성과목표관리를 위하여 매년 예산 및 기금에 관한 성과목표 · 성과지표가 포함된 성과계획서 및 성과보고서(국가회계법 제14조 제4호에 따른 성과보고서를 말한다. 이하 같다)를 작성하여야 한다.
- 성과목표는 기관의 임무 및 상위 · 하위 목표와 연계되어야 하며, 성과지표를 통하여 성과목표의 달성 여부를 측정할 수 있도록 구체적이고 결과 지향적으로 설정되어야 한다.
- 성과지표는 명확하고 구체적으로 설정되어야 하며, 성과목표의 달성을 객관적으로 제때에 측정할 수 있어야 한다.
- 각 중앙관서의 장 및 기금관리주체는 예산안, 수정예산안, 기금운용계획안, 기금운용계획변경안 및 추가경정예산안과 그에 따라 작성된 성과계획서의 사업내용 및 사업비 등이 각각 일치되도록 노력하여야 한다.
- 기획재정부 장관은 따른 성과계획서 및 성과보고서의 작성에 관한 지침을 정하여 각 중앙관서의 장과 기금관리주체에게 통보하여야 한다.
- 기획재정부 장관은 재정사업 성과목표관리의 원활한 운영을 위하여 성과지표의 개발 · 보급 등 필요한 조치와 지원을 하여야 한다.

중앙행정부처는 연도별 성과지표 목표치(target) 등 성과목표 달성을 위한 구체적인 계획을 담은 자료인 성과계획서(performance plan)를 매년 기획재정부에 제출한다. 성

<table>
<tr><th></th><th></th><th>기획재정부</th><th>각 부처</th></tr>
<tr><td rowspan="5">(Y-1)
연도</td><td>3월 말</td><td>성과목표관리제도 시행지침
각 부처 통보</td><td></td></tr>
<tr><td>6월 말</td><td></td><td>성과계획서(안) 기획재정부 제출</td></tr>
<tr><td>7~9월 말</td><td colspan="2">성과계획서(안) 협의 보완</td></tr>
<tr><td>9월 말</td><td>성과계획서 국회 제출</td><td></td></tr>
<tr><td>국회
(예산확정 후)</td><td colspan="2">성과계획서 수정</td></tr>
<tr><td>(Y)
연도</td><td>연중</td><td colspan="2">사업집행</td></tr>
<tr><td>(Y-1)
연도</td><td>다음해
2월 말</td><td></td><td>성과보고서 기획재정부 제출
감사원 성과감사보고서 작성
기획예산처와 국회에 제출</td></tr>
</table>

[그림 6-6] 재정성과목표관리제도의 추진 절차

과계획서는 예산편성연도(Y-1년)에 각 부처가 소관 재정사업으로 예산집행연도(Y년)에 달성하고자 하는 구체적 목표치를 사전에 제시하게 된다. 기획재정부는 예·결산 심의를 위해 부처에서 제출한 성과계획서와 성과보고서를 한국조세재정연구원의 확인·점검을 거쳐 국회에 제출한다. 이의 기본 추진 절차를 보면 [그림 6-6]과 같다.

「국가재정법」을 바탕으로 하는 성과관리의 목표체계는 [그림 4-3]에서 보았다. 이러한 목표체계는 예산체계와 [그림 6-7]과 같이 연계되어 있다.

지방자치단체 성과계획서 작성 양식은 행정안전부의 '지방자치단체 예산의 성과계획서 작성기준(행정안전부 예규 제10호)'에 의해서 작성하게 된다. 이들에 대한 자료는 각 지방자치단체 홈페이지의 정보공개 메뉴에 게시되어 있다.

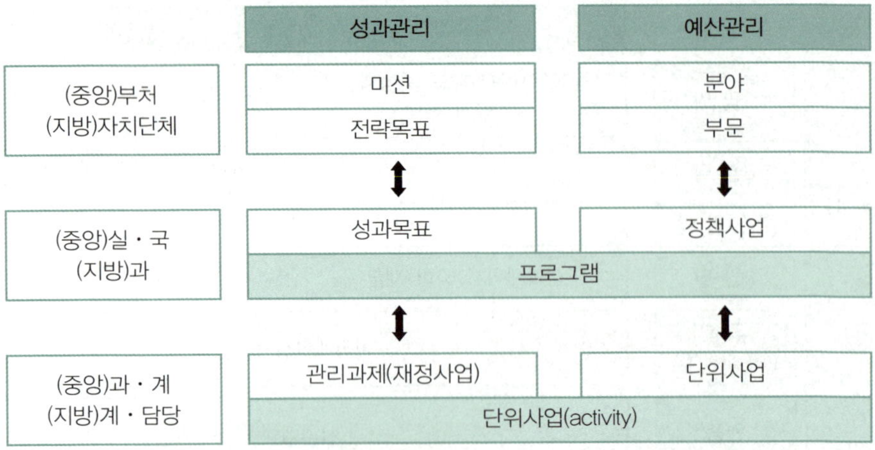

출처: 기획예산처(2004).

[그림 6-7] 행정조직과 성과 및 예산관리구조

사례 재정성과목표관리제도에서 성과계획서 형식

제1장 성과계획 목표체계

1. 임무와 비전
2. 성과계획 목표체계도
3. 목표 및 과제 현황
4. 조직 및 재정 현황

제2장 2023년도 재정운용 방향

1. 그간의 재정운용 성과
2. 2023년도 재정운용 방향
3. 2023년도 전략목표・프로그램별 재원배분계획

제3장 프로그램 목표 추진계획

전략목표 Ⅰ

전략목표 Ⅱ

전략목표 Ⅲ

전략목표 Ⅳ

【별첨】

1. 프로그램 성과지표 현황

2. 성과목표체계별 예산 현황
3. 예산사업별 성과관리 현황
4. 신규 프로그램 성과지표 현황
5. 보조사업에 대한 성과지표 현황
6. 조세지출에 대한 현황

사례 **지방자치단체 성과계획서**

- 전라남도: 2023년도 성과계획서(https://www.jeonnam.go.kr, 정보공개/재정운영)
- 서울시: 2023년 성과계획서(https://news.seoul.go.kr, 분야별 정보/행정/재정운영공시)
- 의왕시: 2023년 성과계획서(https://www.uiwang.go.kr, 행정정보/예산)

제8절 전략집행 모니터링

1 모니터링의 의의

1) 개념과 특징

전략적 기획의 핵심 활동 중 하나는 주기적으로 진행상황을 검토하는 모니터링이다. 이는 전략실행을 꾸준히 관찰하고 비교하며, 프로그램 진행상황을 일상적으로 수집하여 계획 수정에 필요한 정보를 제공한다. 공공조직에서 모니터링은 보고, 점검, 검사, 조사, 검토, 내부 컨설팅 등 다양한 형식을 띤다. 모니터링은 종종 평가의 한 형태로 논의되기도 하지만 〈표 6-12〉와 같은 차이를 가진다.

<표 6-12> 모니터링과 평가의 특성

	모니터링	평가
빈도	• 지속적이고 정기적으로 수행	• 프로그램 집행의 중간이나 프로그램이 종료된 후와 같은 중요한 이정표에서 수행
목적	• 진행과정 추적, 감독, 과정분석과 문서화 • 진행상황 보고, 장애 요인 식별, 개선조치를 취하고, 실행계획을 수정	• 심층분석, 계획과 실제 달성의 비교, 어떠한 결과가 달성되었고 달성하지 못했는가에 대한 이유 분석 • 프로그램에 대한 책임성 확보, 광범위한 교훈 확보
시기	• 프로그램 관리자, 프로젝트 집행자 및 주요 파트너가 지속적이고 체계적으로 수행	• 일시적: 집행 전, 프로그램 집행의 중간 시점 • 중요한 시점: 프로그램의 종료 시점 등
초점	• 투입, 활동, 산출, 집행과정, 계속적인 적정성, 성과수준에서의 가능한 결과에 초점, 파트너십 및 소프트한 지원활동	• 투입과 관련된 산출, 비용과 관련된 결과, 결과를 달성하는 데 사용한 과정, 전체적인 적정성, 영향, 지속가능성에 초점
물음	• 어떠한 활동이 이뤄졌고, 달성한 결과는 무엇인가에 응답 • 인과적 평가 질문이 필수적이지 않음	• 왜, 그리고 어떻게 결과를 달성했는가에 응답, 변화를 위한 이론과 모델 구성에 기여 • 인과적 질문과 변화이론(논리모형)을 분석하고 질문을 함
활용	• 관리자에게 문제점을 제시하고 활동을 수정하기 위한 방법을 제시	• 일시적 관리자에게 전략과 정책적 대안을 제시
평가자	• 프로그램 관리자, 감독자, 공동체의 이해관계자와 자금 제공자에 의한 자기평가: 주로 내부평가자	• 프로그램 관리자, 감독자에 의한 내부평가, 공동체 이해관계자, 자금 제공자, 외부평가자에 의한 외부평가, 절충적 평가
독립성	• 내부평가 중심으로 독립성이 없음	• 외부평가로 독립성을 추구
데이터	• 일상적 데이터 수집	• 모니터링 자료 활용, 다양한 자료원에서 데이터 수집

출처: UNICEF Evaluation Office(1991); WMO(2016); UNDP(2022).

2) 모니터링의 기능과 목적

모니터링은 프로젝트의 실시간 진행상황을 파악하는 활동이다. 모니터링은 프로젝트의 정상적 진행을 확인하고, 모든 이해관계자(관리자, 자금 제공자, 대상자)에게 필요한 정보를 제공함으로써 적절한 행동을 유도할 수 있다. 모니터링은 피드백, 데이터 수집, 활동 관찰, 변화 분석, 잠재적 문제에 대한 조기 경고 등 다양한 기능을 수행하며, 다음과 같은 관리 통제 활동에 활용하게 된다(WMO, 2016).

- 전략 및 성과 향상을 가져올 수 있다. 모니터링 정보는 프로그램이 계획대로 추진되고, 최대의 효과를 얻도록 필요한 영역에 자원이 집중하도록 한다.
- 모니터링은 집행과정에서 장애 요인이나 문제를 확인하여 문제를 사전 예방하기

나 집행계획을 수정하여 성과를 향상할 수 있도록 한다.

- 프로그램의 집행이 효과적이고 성과 지향적인지를 확인할 수 있도록 한다.
- 모니터링은 프로그램 평가와 연계하여 평가활동을 용이하게 한다.
- 모니터링은 프로그램에 대한 지속적 개선을 촉진하고, 상황의 변화에 적합한 집행방법을 확보할 수 있도록 한다.
- 모니터링은 집행과정에 대한 투명성과 책임성을 확보할 수 있도록 한다.

3) 모니터링 도구

(1) 일반 도구

공공기관에서는 주간, 월별, 분기별 회의 및 연차별 실적 보고, 관리자의 현장 방문, 여론조사, 주민간담회나 전문가 집단회의 등을 통해 사업 진행상황을 모니터링한다. 모니터링에 사용되는 방법을 보면 〈표 6-13〉과 같은 방법이 활용된다.

〈표 6-13〉 모니터링 도구

보고와 분석	확인	참여
• 주간, 월별, 분기별 회의 • 연차별 프로젝트 보고서 • 월별 분기별 보고서 • 작업계획 • 프로젝트와 프로그램 전달 기록 보고서 • 기타 프로젝트 문서	• 현장방문 • 현지 체크리스트 방문 • 외부 사정/모니터링 • 고객 여론조사 • 평가	• 성과 그룹 • 조정위원회/조정 기구 • 이해관계자 회의 • 포커스 집단 회의 • 연차별 감사

(2) 전략 검토회의 운영

조직전략이나 사업전략의 경우 전략계획의 집행상황을 검토하기 위한 대표적인 방법으로 전략 검토회의를 운영하는 방법이 있다(UN, 2018). 전략 검토회의의 기본적인 방법은 다음과 같다.

- 전략 검토회의의 빈도와 주기: 회의는 분기별로 실시하는 것이 적절하다. 특별하게 관심을 가질 필요가 있는 경우에는 주간이나 월간 검토회의를 운영하는 것도 효과적이다.
- 전략 검토회의 구성: 전략 검토회의에는 최고관리자와 주요 이해관계자 및 집행담당자가 참여하여야 한다.

• 검토회의 구성 및 시간: 효과적인 검토회의는 2~4시간 정도가 적절하고, 회의 의제의 선택은 다음과 같은 것에 초점을 두고 선정하여야 한다.
  ✓ 실적이 저조할 수 있는 목표
  ✓ 최근에 중요한 이정표를 달성한 목표
  ✓ 외부 일정으로 인해 시기적절한 목표(예: 예산 주기)
• 회의의 준비: 회의의 효과성 확보를 위해 필요한 정보, 즉 회의자료를 준비하여야 한다. 이에는 전략목표의 전반적인 현황, 최근의 성과정보, 고위 리더가 고려하거나 결정을 내려야 할 사항 등이 포함되어야 한다.

4) 모니터링 원리

좋은 모니터링을 위해서는 다음과 같은 기준 및 원리를 준수할 필요가 있다(UNDP, 2002; OMB, 2018).

• 좋은 모니터링은 결과와 그 후속 조치에 초점을 둔다. 좋은 모니터링은 의도한 결과를 달성하고자 할 때 무엇이 잘 진행되고 잘 진행되지 않고 있는가를 밝히고, 이를 바탕으로 개선을 위한 의사결정을 한다.
• 참여적 모니터링 방법에 의해 성과에 대한 책임감, 소유의식, 모니터링에 의한 수정활동 및 환류 등의 이익을 얻을 수 있도록 해야 한다.
• 좋은 모니터링 활동은 모니터링 결과에 의해 좋은 교훈을 얻어서 모니터링 과정 이외에 성과를 제고하기 위한 활동의 개선에 활용하여야 한다.
• 좋은 모니터링 활동을 위해서 협력자와의 파트너십 형성과 협조적 관계를 구성해야 한다.
• 모니터링은 명확하고 일차원적인 지표로 표현되는 목표가 있어야 한다.
• 모니터링은 질 좋은 데이터와 정보를 기반으로 수행되어야 한다.
• 모니터링은 논리적으로 프로그램 활동과 연계되고 프로그램으로 발생하는 변화를 측정하여야 한다.
• 모니터링은 프로그램 집행 중에 집행과정을 수정하는 데 유용하여야 한다.

2 중앙행정기관의 모니터링 제도

1) 자체 모니터링

중앙행정기관의 자체평가체계에서 이행상황 점검 단계는 모니터링 활동에 속한다. 중앙행정기관장은 '성과관리 시행계획' 이행상황에 대한 반기별 자체 점검을 하도록 하고 있다(정부업무평가 기본법 제6조 제4항). 모니터링의 대상은 평가 대상이 되는 관리과제이고, 모니터링 방법은 자체평가 대상과제(주요 정책 · 재정사업 · R&D 사업 · 행정관리역량)에 관리과제별 추진계획 대비 추진실적을 점검하여 부진사항 및 개선 · 보완이 필요사항을 확인하여 조치하도록 하고 있다.

점검 결과는 전자통합평가시스템(e-IPSES)에 등록한다. 모니터링 결과는 성과관리 시행계획의 수정에 활용하고, 중앙행정기관 성과평가에 활용한다. 중앙행정부처에서 자체 점검은 부처별로 다양한 형태로 운영되고 있다. 자체점검은 대부분 자체평가위원회가 자체평가계획에 의한 평가항목을 중심으로 이루어진다.

중앙부처의 성과관리 시행계획의 이행상황에 대한 점검결과는 국무조정실에 제출하도록 하고 있다. 이 보고서에서는 관리과제별로 추진계획, 추진실적, 점검 결과를 표로 작성하고, 관리과제별로 개선 · 보완 필요사항과 향후 조치계획(일정 포함)을 정리하도록 하고 있다. 특히, 전년도 자체평가 결과 미흡 · 부진과제에 대한 조치계획(조치시한), 점검 결과, 향후 계획을 작성하여 자체평가보고위원회에 보고한 결과를 제출하도록 하고 있다.

상반기 이행상황 점검 결과를 바탕으로 성과관리 시행계획을 수정할 수 있도록 하고 있다. 수정은 관리과제, 성과지표, 성과목표, 전략목표 등 성과관리 전략계획도 수정을 할 수 있다. 수정할 때는 변경 유형(조정, 삭제, 추가)과 변경사유 유형(1. 국제환경 · 대북관계 변화, 2. 자연재해 발생, 3. 정책방향 전환, 4. 기타 행정환경 변화)과 함께 구체적인 변경 사유를 명시하도록 하고 있다. 이들 자체 모니터링은 각 부처의 자체평가평가 운영지침이나 훈령 등에 규정되고 있다.[2]

---

2) 예로, 『관세청 훈령 제1054호: 관세청 정부업무평가 운영에 관한 시행세칙』 등이 있다.

2) 국무조정실 및 정부업무평가위원회의 검토

국무조정실과 정부업무평가위원회는 중앙행정기관이 제출한 성과관리 시행계획을 검토하여 수정・보완이 필요한 경우에 정부업무평가위원회 심의・의결 후 보완 요청한다. 이에서 국무조정실은 정부의 국정목표와 부처 성과관리계획의 정합성 등 계획의 타당성을 검토한다. 중앙행정기관의 장은 정부업무평가위원회의 결과에 따라서 성과관리 시행계획을 수정・보완하여 최종제출(e-IPSES 등록)하고, 최종본은 국회 소관 상임위원회에 보고하고 있다.

한편 중앙행정기관장은 자체 이행상황 검토 결과를 국무조정실에 제출하고, 이행상황 검토를 바탕으로 한 성과관리 전략계획 및 성과관리 시행계획에 대하여 수정한 내용을 국무조정실과 정부업무평가위원회의 검토를 거쳐서 수정을 승인하게 된다. 이 성과관리 시행계획의 수정 대상 및 기준은 매년도 발표하고 있는 『정부업무 성과관리 운영지침』에 제시되고 있다.

3) 핵심 재정사업 성과관리체계

2023년의 경우 국정운영 핵심 가치를 반영한 12대 핵심 재정사업군을 대상으로 핵심 재정사업별 해당 분야 민간전문가(PM), 기획재정부, 소관 부처로 별도 전담 성과관리팀을 구성하여 성과관리 및 평가방향 등에 대해 수시 자문하도록 하고 있다. 연중 성과관리는 현장방문, 재정성과점검회의 등을 통해 집행상황・성과달성도를 지속 점검하고, 필요시 애로사항을 신속하게 해소하고자 계획하고 있다(기획재정부, 2023). 또한 핵심재정사업 종합성과 및 제도개선 방향 등 성과관리 결과물을 차년도 예산안에 반영하는 환류체계를 운영한다.

3 모니터링에서 고려할 것

미국의 경우 GPRA에서 2010년 GPRAMA로 개정되면서 성과관리에서 분기별 진행사항과 개선을 위한 환류 과정을 강화하는 등 집행에 대한 모니터링을 중시하고 있다. 주요 검토사항을 보면 다음과 같은 것이 있다(OMB, 2022).

- **목표 검토:** 분기 초에 수립된 기관의 우선 목표를 목표 지도자(goal leader)가 검

토하여 우선순위 조정 등을 한다. 이에서는 목표와 기관의 임무 및 전략목적과의 일치 등을 확인한다.

- **진행상황 평가:** 분기 동안 각 목표에 대한 진행상황을 평가한다. 성과지표를 중심으로 진행상황을 평가하고, 이를 바탕으로 조정의 필요성을 결정한다.
- **당면 과제 및 장애물 분석:** 검토과정에서 목표를 향해 나아가는 데 방해가 되는 과제나 장애물을 확인한다. 여기에는 자원의 제약, 규제 변경, 예기치 않은 상황 또는 내부 문제 등을 확인하게 된다.
- **학습 주제 확인:** 분기 동안 배운 교훈을 검토하는 것으로 무엇이 잘 작동하고 계속되어야 하는지, 무엇이 잘 작동하지 않고 조정이 필요한지 결정한다. 이들 결과는 문서화하여 미래의 계획 및 의사결정에 활용하도록 한다.
- **목표 및 전략 조정:** 모니터링, 검토 및 분석을 토대로 기관의 우선순위 목표 수정, 새로운 목표 설정 이외에 일정 조정, 자원 재할당 등이 이루어지게 된다.
- **커뮤니케이션 및 보고:** 분기별 검토 결과를 바탕으로 종합 보고서를 작성하여 고위 경영진, 팀원 및 주요 이해관계자와 보고서를 공유하도록 한다.
- **다음 분기 계획:** 검토를 통해 얻은 통찰력을 활용하여 다음 분기에 대한 계획을 수립하거나 새로운 목표를 설정하고, 실행계획을 수립하고, 그에 따라 자원을 할당하는 활동을 반복한다.

특히, 기관의 성과개선담당관(PIO)이 집행과정에 대한 검토에서 고려할 것으로 다음을 제시하고 있다(오영민 외, 2017).

- 바람직한 변화가 도출되었다면 이러한 성과를 직접 측정 가능한지 검토해보고 대리지표나 다른 평가의 수단으로 계측할 수 있는지 확인
- 산출 및 결과지표를 포함하여, 전략적 목표와 관련해 가장 최근의 연간 성과계획(APP)에서 명시된 성과목표에 따른 진행상황 검토
- 전략적 목표 또는 연계된 프로그램에 대한 심사, 탐색적 연구, 데이터 및 정책분석 또는 평가
- 동일하거나 유사한 목표를 달성하고자 하는 벤치마킹 가능한 정보 또는 핵심 프로세스 존재 여부 확인
- 운영상의 일정(milestone)에 부합하면서 서비스 전달의 파트너들과 협력하고, 부서 간 경계를 넘어 조율을 통해 효과성 달성

- 향후 1~2년 내 발생 가능한 위험요소가 프로그램 전달 및 성과에 명백히 영향을 줄 수 있는지 식별하고 평가하여 우선순위를 매김
- 예산, 규제, 입법적 제약사항이 과정에 미치는 영향

제7장

전략적 평가와 활용

평가는 창조이다. 평가는 그 자체로 우리가 소중히 여기는 모든 것 중 가장 귀중한 보물이다.

– 니체(Friedrich Nietzsche)

제1절 전략적 평가의 의의

1 전략적 평가의 개념과 특징

모든 조직은 생존과 발전을 위해 환경변화에 따라 조직의 운영방향을 지속해서 검토·평가하여 전략을 수정하는 등 계획을 변화시켜야 한다. 전략적 관리에서 평가는 하나 이상의 프로그램, 정책, 조직의 효과성과 효율성을 평가하기 위해 체계적으로 자료를 수집하고 분석하여 사정(assessment)하는 것이다. 전략적 평가는 종래의 단기적, 미시적, 단편적 산출 중심의 평가활동과 달리 조직 전체를 대상으로 한 거시적, 장기적 성과에 중점을 두는 평가활동이다. 특히, 성과관리 차원의 평가활동은 전략계획의 집행을 관리하고, 집행성과를 평가하며, 전략을 새롭게 만드는 지속적 관리 메커니즘이다.

이러한 기본적인 기능을 수행하는 전략적 평가는 기존의 평가 시스템과 비교하여 다음과 같은 특성을 가진다(Wheelen et al., 2014; Rossi et al., 2003).

- **목표 지향**: 전략적 평가는 단기보다는 장기적인 조직의 사명, 비전, 전략목표 달성에 어떠한 기여를 했는가?에 초점을 두고 평가를 한다.
- **체계적 평가**: 전략적 평가는 전략적 관리 차원에서 조직관리, 프로그램, 개인을 대상으로 하는 다양한 평가활동을 체계적으로 연계하여 평가한다.
- **종합**: 전략적 평가는 프로그램, 조직, 인력, 재무, 고객만족 등의 다양한 측면을 고려하여 전체 전략계획 또는 조직관리의 성과를 평가한다.
- **미래 지향**: 전략적 평가는 과거의 성과를 평가하는 동시에, 미래 지향적이고 지속적 성장의 관점에서 전략의 변화를 위한 통찰력을 제공하는 데 중점을 둔다.
- **참여적 평가**: 공공조직의 평가는 참여적 전략적 관리의 차원에서 다양한 구성원과 이해관계자의 참여(engagement)에 의한 평가를 강조한다.
- **활용 중심의 평가**: 전략적 평가는 평가 결과를 전략계획의 수정 및 전략적 관리과정의 의사결정에 활용할 것을 강조한다.
- **유연성 및 적응성**: 전략적 평가는 내부 및 외부 요인에 유연하고 적응적인 평가체계를 요구한다. 이를 바탕으로 조직의 전략목표, 환경조건 및 사업 우선순위의 변화를 수용할 수 있도록 유연한 평가기준 또는 측정기준을 수용한다.

- **평가의 제도화:** 전략적 평가에서는 평가를 중시하여 평가 시스템과 활동을 제도화한다.
- **평가의 공개성:** 공공조직의 전략적 평가는 전략계획 및 평가의 책임성, 객관성을 확보하기 위해 평가 결과를 적극적으로 공개한다.

2 전략적 평가의 유형

공공조직의 전략적 성과관리에서 평가활동은 매우 다양하게 수행된다. 그 가운데 가장 대표적인 평가는 다음과 같다. 이 책에서는 주로 성과관리 차원에서 기관 성과평가에 초점을 두고 논의하게 될 것이다.

1) 정책 및 프로그램 평가

정책평가 또는 프로그램 평가란 정부 개입의 과정과 산출물 및 그 결과의 장점, 유용성, 가치 등을 정밀하게 사정하여 미래의 실제적 행동에 반영하는 회고적 사정활동이다(Vedung, 1997). 우리의 「정부업무평가 기본법」(제2조)에서는 "평가라 함은 일정한 기관·법인 또는 단체가 수행하는 정책·사업·업무 등에 관하여 그 계획의 수립과 집행과정 및 결과 등을 점검·분석·평정하는 것을 말한다"고 정의하고 있다. 정책 및 프로그램 평가는 정부 개입 활동의 개선, 정부 개입 활동의 책임성 향상, 공공조직의 학습 조직화 등을 목적으로 수행하게 된다. 정부의 정책 및 프로그램 평가는 내부의 자체 평가 형태로 이루어지기도 하나 많은 경우 외부 전문 평가기관이 중심이 되어 수행되는 경우가 많다.

정책 및 프로그램 평가는 정책의 전 과정을 대상으로 이루어지게 된다. 정책을 시행하기 전에 이루어지는 사전평가, 집행과정에서 이루어지는 중간평가, 사업이 종료된 뒤에 이루어지는 종료평가, 정책 및 프로그램이 정책 대상집단에 미친 영향을 평가하는 사후 영향평가 등이 있다. 정책 및 프로그램 평가에서는 프로그램의 적정성, 일관성, 효과성, 효율성, 영향, 지속가능성 등이 평가상황에 따라서 다양하게 이루어진다.

정책 및 프로그램 평가는 성과평가 결과가 바람직하게 평가되었다고 하여도 근본적인 사업성과가 이루어지지 않고 있는 경우에 그의 근본적인 문제와 원인을 규명하고자 할 경우에 사용할 필요가 있다. 우리의 경우 이들 연구 결과는 정책연구관리시스템

(https://www.prism.go.kr)에 공개되어 있다.

사례 정책 및 프로그램 평가 사례

- 농림축산부(2018). 『친환경농업 정책성과평가와 패러다임 전환 연구』.
- 여성가족부(2021). 『장애인 지원정책 특정성별영향평가』.
- 국토교통부(2020). 『혁신도시 성과평가 및 정책지원』.
- 일자리기획단(2021). 『한국의 공공일자리 정책 개선방안』.

출처: 정책연구관리시스템(https://www.prism.go.kr)

2) 기관 성과평가

기관의 성과평가(performance evaluation)는 전략계획 및 집행계획에 의하여 사전에 설정한 기준이나 목표 달성 정도를 사정하는 활동이다. 성과관리 차원에서 이루어지는 성과평가는 프로그램 평가와 종종 혼용되어 사용되고 있지만 〈표 7-1〉과 같은 차원에서 차이를 보인다. 정책 및 프로그램 평가는 종종 일회성으로 이루어지는 데 반해, 성과평가는 지속적이다. 프로그램 평가는 인과적 분석을 위한 질문(why and how)을 던지는 데 비해, 성과평가는 성과측정을 위한 질문(what)을 제기한다. 정책 및 프로그램 평가는 프로그램 목표를 달성하지 못한 경우에 그 원인이 무엇인지를 분석하는 데 초점을 두나 성과평가는 현상의 실태 분석에 초점을 둔다. 반면에 정책이나 프로그램

〈표 7-1〉 정책평가와 성과평가

정책평가	성과평가
일반적으로 주기적으로 수행, 일회성이 많음	지속적으로 수행
프로그램 외부의 중립적 평가자가 수행	성과측정 책임자 및 평가 책임자와 협의로 프로그램 관리자가 수행
프로그램 또는 정책의 작동 여부, 이유 및 방법뿐만 아니라 프로그램 자체에 기인할 수 있는 결과를 설명하는 데 중점	성과평가를 위해 목표와 비교하여 성과지표 및 진행률을 사용하여 측정
프로그램이 가져온 성과측정으로 확인된 문제 확인과 해결방법을 비교하기 위해 사용	문제를 식별하는 데 유용한 경우가 많음
비유: 자동차의 성능을 설명하고 개선하기 위해 차의 '후드 아래를 살펴봄'	비유: 자동차의 대시 보드, 속도, 엔진온도, 연료계를 봄

평가는 사전에 설정하지 않은 정책과정과 의도하지 않은 결과도 평가한다는 면에서 차이를 가진다.

주로 기관평가 형식의 성과평가를 하는 우리의 「정부업무평가 기본법」의 적용을 받는 정부업무평가체계를 보면 〈표 7-2〉와 같다. 이외에 〈표 7-3〉의 개별법에 의한 평가도 특정 사업을 대상으로 다른 부처를 평가하는 기관평가의 형태로 기관평가와 프로그램 평가가 혼재되어 있다(장효진 · 이환성, 2022).

〈표 7-2〉 정부업무평가체계도

<table>
<tr><th colspan="5">중앙행정기관</th></tr>
<tr><th>평가유형</th><th colspan="2">평가부문</th><th>근거법률</th><th>평가주관</th></tr>
<tr><td rowspan="5">특정평가(45개)</td><td colspan="2">일자리 · 국정과제</td><td rowspan="5">정부업무평가기본법</td><td rowspan="5">국무조정실 등</td></tr>
<tr><td colspan="2">규제혁신</td></tr>
<tr><td colspan="2">정부혁신</td></tr>
<tr><td colspan="2">정책소통</td></tr>
<tr><td colspan="2">적극행정</td></tr>
<tr><td rowspan="8">자체평가(46개)</td><td colspan="2">주요 정책</td><td>정부업무평가기본법</td><td>국무조정실</td></tr>
<tr><td rowspan="4">재정사업</td><td>일반재정사업</td><td>국가재정법</td><td>기획재정부</td></tr>
<tr><td>R&D</td><td>연구성과평가법</td><td>과학기술정보통신부</td></tr>
<tr><td>재난안전</td><td>재난안전법</td><td>행정안전부</td></tr>
<tr><td>균형발전</td><td>국가균형발전법</td><td>국가균형발전위원회</td></tr>
<tr><td rowspan="3">행정관리역량</td><td>조직</td><td rowspan="3">정부업무평가기본법</td><td>행정안전부</td></tr>
<tr><td>인사</td><td>인사혁신처</td></tr>
<tr><td>정보화</td><td>행정안전부</td></tr>
<tr><td colspan="3">개별평가</td><td>개별근거법률</td><td>주관부처</td></tr>
</table>

<table>
<tr><th colspan="4">지방자치단체</th></tr>
<tr><th>평가유형</th><th>평가부문</th><th>근거법률</th><th>평가주관</th></tr>
<tr><td>합동평가</td><td>25개 기관, 116개 지표</td><td>정부업무평가기본법</td><td>행정안전부 등</td></tr>
<tr><td>자체평가</td><td>중앙행정기관과 동일</td><td>정부업무평가기본법</td><td>지자체장</td></tr>
<tr><td colspan="2">개별평가</td><td>개별근거법률</td><td>주관부처</td></tr>
<tr><th colspan="4">공공기관</th></tr>
<tr><td colspan="2">공기업(36개)</td><td rowspan="2">공공기관운영법</td><td rowspan="2">기획재정부</td></tr>
<tr><td colspan="2">준정부기관(96개)</td></tr>
<tr><td colspan="2">기금(존치평가 24개, 자산운용평가45개)</td><td>국가재정법</td><td>기획재정부</td></tr>
<tr><td rowspan="5">과학기술분야연구기관(47개)</td><td>국가과학기술연구회 소관(25개)</td><td rowspan="5">과학기술기본법, 과기출연기관법</td><td>국가과학기술연구회</td></tr>
<tr><td>과학기술정보통신부 산하(16개)</td><td>과학기술정보통신부</td></tr>
<tr><td>해양수산부 산하(3개)</td><td>해양수산부</td></tr>
<tr><td>원자력안전위원회 산하(2개)</td><td>원자력안전위원회</td></tr>
<tr><td>방위사업청 산하(1개)</td><td>방위사업청</td></tr>
<tr><td colspan="2">경제 · 인문사회 분야 연구기관(26개)</td><td>정부출연기관법</td><td>경제 · 인문사회연구회</td></tr>
<tr><td colspan="2">지방공기업(241개)</td><td>지방공기업법</td><td>행정안전부</td></tr>
</table>

출처: 국무조정실, 『2023년도 정부업무평가 시행계획』.

〈표 7-3〉 개별평가제도 현황

평가주관 기관	평가제도	평가대상	평가단위
고용부	① 지역노사민정 협력 활성화 지원사업 추진 실적 평가, ② 지역일자리 목표공시제 평가	지자체	프로그램평가/기관단위
국토부	① 지자체 건축행정 평가, ② 교통물류체계의 지속가능성 조사평가, ③ 교통약자 이동 편의 실태조사, ④ 도로시설물 정비사업평가	지자체	프로그램평가/기관단위
과기정통부	① 국가지식재산 시행계획 점검평가	중앙부처, 지자체	프로그램평가
국민권익위	① 부패방지시책평가, ② 공공기관 청렴도 측정	중앙부처, 지자체, 공직유관기관	프로그램평가/기관단위
농진청	① 지역전략 작목 산학연협력 광역화 사업평가, ② 농촌지도사업 우수기관평가	산학협력단 도농업기술원	프로그램평가/기관단위
문체부	① 전국도서관 운영평가, ② 지역기반형 콘텐츠코이라랩 평가	전국도서관, 지자체	프로그램평가/기관단위
복지부	① 취약계층 아동통합서비스 지원사업평가, ② 지역복지 사업평가, ③ 지역자율형 사회서비스 투자사업 시도성과평가, ④ 자살예방 시행계획 추진실적평가, ⑤ 노인일자리 성과진단(시장형, 인력파견형), ⑥ 노인일자리 성과진단(공익형)	지자체	프로그램평가/기관단위
산업부	① 지자체 에너지 이용 합리화 시행결과평가, ② 지방투자촉진사업 우수지자체평가	지자체	프로그램평가/기관단위
식약처	식품안전관리 우수기관 평가	지자체	프로그램평가/기관단위
소방청	국민행복 소방정책 종합평가	지자체	프로그램평가/기관단위
여가부	① 청소년정책분석평가, ② 성희롱 방지조치 점검, ③ 성폭력 예방교육 점검, ④ 성매매 예방교육 점검, ⑤ 가정폭력 예방교육 점검	중앙부처, 지자체, 공공기관	프로그램평가/기관단위
인사처	중앙행정 적극행정 종합평가	중앙부처	정책평가/기관단위
조달청	정부물품관리 종합평가	중앙부처	프로그램평가/기관단위
해수부	해수욕장 평가	지자체	프로그램평가/기관단위
행안부	① 재난관리평가, ② 지방세외수입 운영실적 분석평가, ③ 지방자치단체 재정분석, ④ 지방재정 신속집행, ⑤ 민원서비스 종합평가, ⑥ 기록관리평가, ⑦ 특수상황지역 개발사업 점검, ⑧ 지방혁신평가	중앙부처, 지자체, 교육청, 국공립대 등	프로그램평가/기관단위
환경부	① 폐기물처리시설 설치운영실태평가, ② 공공부문 온실가스에너지 목표관리제 이행결과평가, ③ 일반수도사업 및 공공하수도 운영실태평가, ④ 지자체 배출업소 환경관리실태평가	중앙부처, 지자체	프로그램평가/기관단위

출처: 라영재(2020). 재인용.

3) 개인 성과평가

개인을 대상으로 한 성과평가는 개인의 직무 책임에 따라서 부여한 업무를 얼마나 잘 수행하고, 사전에 설정한 목표의 달성 여부를 판단하는 활동이다. 공공조직에서 개인을 대상으로 하는 성과평가는 평가대상 공무원을 체계적이고 정기적으로 평가하여 각종 인사관리의 기초자료로 활용하고, 조직 전체의 능률을 향상하는 데 목적이 있다(인사혁신처). 우리의 경우 성과관리 차원에서 이루어지는 평가는 고위공무원을 대상으로 하는 성과계약 등 평가가 이에 해당한다.

3 바람직한 평가를 위해 고려할 것

1) 평가의 규범적 기준

전략적 평가를 포함한 각종 평가활동에서 준수하여야 할 원칙이나 기준을 각국의 평가학회나 주요 국제기구들이 제시하고 있다(박홍윤 · 박규동, 2023). 대표적으로 미국 교육평가기준 합동위원회(Joint Committee on Standards for Educational Evaluation: JCSEE)의 프로그램 평가기준(Program Evaluation Standards)은 유용성, 실현 가능성, 적정성, 정확성, 책임성을 제시하고 있다(Yarbrough et al., 2011). 참고로 영국 평가학회(UK Evaluation Society, 2017)의 기준을 보면 다음과 같다.

- 명확성(clarity): 평가는 평가에 참여하는 모든 사람에게 투명하고 명확한 목적을 갖고 설계 · 수행 및 보고되어야 한다.
- 완전성(integrity): 평가 실무는 합의된 윤리원칙에 따라 참가자에게 책임을 입증해야 하고, 조사 결과의 정확성과 유효성을 보장해야 한다.
- 독립성(independence): 평가는 기득권과 권력으로부터 독립적이어야 한다.
- 접근성(accessibility): 평가 결과는 공공영역에서 이용할 수 있어야 하며 합의된 청중에게 전달될 수 있어야 한다.
- 신뢰(trust): 평가를 효과적으로 하려면 모든 사람에게 공정하고 정의로운 행동 및 보고에 대한 합의된 윤리적 절차를 통해 신뢰를 개발하고 육성해야 한다.
- 형평성(equity): 전문적 맥락이나 사회구조에서의 지위와 관계없이 참가자와 이해관계자의 관점과 인간 존엄성을 존중하는 방향으로 평가를 수행해야 한다.

- **투명성**(transparency): 평가의 기초가 되는 원칙, 접근방식, 윤리적 관행, 제약사항 및 용도 등이 모든 이해관계자에게 명시되어야 한다.
- **다양성**(diversity): 평가는 문화, 성별 및 나이의 차이를 존중해야 하고, 전통적으로 박탈당하거나 소외되거나 반영하기 어려운 모든 관점을 포함하도록 노력해야 한다.

2) 바람직한 전략적 평가 시스템의 조건

전략적 평가 시스템이 효과적으로 작용하려면 다음과 같은 조건과 기준에 따라 운영할 필요가 있다.

- 전략적 평가활동은 경제적이어야 한다. 너무 많은 정보는 너무 적은 정보와 마찬가지로 나쁜 것이다. 너무 많은 평가는 더 많은 해를 끼칠 수 있다.
- 전략적 평가활동은 의미 있는 것이어야 한다. 평가가 의미 있는 것이 되기 위해서는 조직의 목표와 구체적으로 연계되어야 한다.
- 전략적 평가활동은 적시에 정보를 제공해야 한다. 개략적이지만 적시성을 가지는 정보는 정확한 정보보다 더 바람직할 수 있다. 너무 자주 이루어지는 평가는 통제활동을 오히려 파괴할 수 있다. 통제의 시간적 차원은 측정하고자 하는 사건의 시간 범위와 일치되어야 한다.
- 전략적 평가는 무엇이 일어나고 있는가에 대한 진정한 모습을 제공하도록 계획되어야 한다.
- 전략적 평가과정이 의사결정을 억압하면 안 된다. 평가가 상호 이해와 신뢰 및 공유의식을 촉진해야 한다. 평가가 조직 간 협력을 파괴해서는 안 된다.
- 전략적 평가는 단순해야 한다. 복잡한 평가체계는 종종 사람들을 혼란스럽게 하고, 얻는 것이 별로 없게 된다. 특히, 평가를 준비하기 위해 전략의 집행이나 일상적인 활동이 저해되어서는 안 된다.
- 전략적 평가는 활용 중심의 평가가 되어야 한다. 전략적 평가는 조직의 성과관리에 활용하여 조직의 성과에 기여하고 전략적 기획과정의 의사결정에 정보를 제공하여야 한다.
- 전략적 평가는 참여적 평가가 되어야 한다. 이에는 내부 구성원의 참여와 이해관계자의 참여가 모두 필요하다. 참여적 평가는 평가의 활용을 확대하게 된다.

제2절 성과평가

1 성과평가의 의의

1) 성과평가의 특성

성과관리의 핵심이 되는 성과평가(performance evaluation)는 성과검토(review), 성과사정(appraisal), 성과측정(measure)으로 불리기도 한다. 이에서 성과측정은 활동 결과를 측정하는 것, 성과평가는 목표 달성 정도를 평가하는 것으로 구분하기도 하나 일반적으로 성과평가에서는 이 둘을 포함하고 있다. 성과평가는 개인, 집단, 조직의 성과에 관한 정보를 수집, 분석, 보고, 활용하는 과정을 의미한다. 전략적 성과관리에서 성과평가는 다음과 같은 기본적인 특성을 가진다.

- 성과평가는 목표 지향적이다. 성과평가는 주로 사전에 설정한 목표의 달성 여부에 초점을 둔다. 성과평가의 목표는 결과목표 이외에 투입, 과정 목표도 포함된다.
- 성과평가는 공식적 과정이다. 정책평가가 임시적인 특성이 강하지만 성과평가는 성과관리 법규나 지침 등의 제도에 의한 공식적인 관리과정에 속한다. 이에 성과평가는 일회적이지 않고 주기적이고 지속적인 과정으로 이루어진다.
- 성과평가는 환류기능을 포함한다. 바람직한 성과평가는 평가 결과를 개인이나 팀 및 조직에 환류하여 프로그램, 조직의 성과 향상을 위한 정보를 활용하도록 하는 활동을 요구한다. 이외에 성과평가는 인사, 교육, 리더십, 고객서비스 등의 다양한 관리목적에 활용한다.
- 성과평가는 사전에 설정한 기준과 방법에 의해서 수행된다. 정책이나 프로그램 평가와 달리 성과평가는 사전에 설정한 기준, 지표, 자료 및 방법으로 평가하여 평가의 객관성과 공평성을 확보하고자 한다.
- 성과평가는 평가 사용자나 대상자의 의견을 반영한 맞춤형 평가를 수행할 수 있다. 이를 위해 참여적 성과평가를 요구한다.

2) 사례

다음의 [사례]는 교육부의 자체평가 중 관리과제 3에 대한 평가이다.

사례 교육부 2021년 자체평가 사례

[관리과제 3] 온라인 학부모교육 및 학부모 학교교육 참여 활성화 | 4등급

(1) 평가 결과

■ 주요 성과

○ 온라인 학부모교육 지원

- 코로나19 상황에 따른 비대면 온라인 교육과정 운영, 다문화가정의 자막서비스 도입, 온라인 콘텐츠 신규 개발 등을 통해 연중 운영 활성화를 도모함
- 지역 특성을 기반으로 하는 수요자 맞춤형 전문강사 지원사업, 체험형 온라인 부모-자녀동행 프로그램 등을 안정적으로 운영함
- 전국학부모지원센터 누리집, 웹매거진, 블로그 및 SNS 등을 통해 주요 교육정책과 최신 교육정보를 제공함과 동시에 학부모교육의 법적 기반 조성에 집중함

○ 학부모 학교교육 참여 활성화 지원

- 온라인 찾아가는 교육정책서비스로 정책설명회, 토크 콘서트, 간담회 등을 다양하게 진행함
- 학부모회에 대한 사회적 공감대 증가로 시·도교육청의 조례 제정이 확대되었으며, 시·도 학부모지원센터와 협력하여 다양한 학부모 프로그램을 운영함
- 학부모 모니터단을 통해 교육정책 모니터링, 의견수렴을 위한 모니터단 성과회를 운영하여 학부모 우수체험사례 확산에 노력함

■ 개선보완 필요사항

○ 코로나19로 인한 소외계층 학부모교육 지원 확대 필요

- 코로나19 상황이 지속됨에 따라 학부모교육의 사각지대가 발생할 수 있는 만큼 이들에 대한 별도 지원책이 마련될 필요가 있음
- 학부모교육 지원사업 추진과정에 있어서 시·도교육청과의 역할 정립에 대한 논의와 협의를 확대할 필요가 있음
- 학부모 생애주기별 특성에 따른 부모 역할 프로그램 운영을 정교화하는 연구가 다원적으로 추진될 필요가 있음

(2) 평가지표별 평가 결과

평가지표	평가 결과	평정근거 및 제언
1. 계획 수립의 적절성	4등급	• 관리과제는 국정과제와의 관련성 등을 반영하여 적절한 것으로 보임 • 과제 목표 달성을 위해서는 학부모 온라인 만족도를 성과지표로 적절하게 반영하였으며, 예산, 조례 제정, 교육 기본법 등의 개정이 적절한 수준임
2. 집행과정의 충실성	4등급	• 과제추진계획은 계획 대비 모두 완수하였음 • 전년도 자체평가 결과 지적사항은 충실하게 반영하였음 • 과제 추진과정에서 정책설명회, 토크 콘서트, 간담회를 온라인 중심으로 진행하였으며, 학부모 모니터단을 대상으로 주요 교육정책에 대한 의견을 실시간 수렴하였음 • 과제 추진 시 관련 부처 및 부서와의 협력 노력하고 있음
3. 성과목표 달성도	4등급	• 성과지표는 학부모 지원센터 온라인 교육정책 체감도 만족도로 당초 목표치를 달성함 • 성과지표는 학부모교육 참여 활성화 차원에서 관련 법적 근거 마련과 학부모 생애주기별 교육과정 개발 등과 같은 지표도 개발할 필요가 있음
4. 정책효과	4등급	• 코로나19의 비대면 상황에서 온라인 학교와 학부모와의 의사소통 활성화에 당초 계획대로 성과를 가져옴 • 학부모 온누리 교육과정 추진과정에서 소외계층 학부모에 대한 배려와 지원 등을 위한 노력이 구체적으로 반영될 필요가 있음

출처: 교육부(2022). 『2021년 자체평가 결과보고서』.

2 성과평가의 기능과 목적

성과평가는 '우리가 성공했는지 또는 설정한 목표를 달성하였는지를 우리는 어떻게 알 수 있는가?'라는 물음에 답하기 위한 활동이다. 이 물음은 다음과 같은 것을 포함한다(AGC, 1998).

- 우리는 우리가 해야 할 것을 했는가?(책임성)
- 우리의 활동이 구체적인 결과를 달성했는가?(효과성)
- 효율적인 방법으로 이러한 결과를 달성했는가?(효율성)
- 우리는 그것을 더 잘할 수 있는가?(지속적 개선)

오스본과 게블러(Osborne & Gaebler, 1992)는 결과 지향의 성과평가가 가지는 힘으로 다음과 같이 이야기하고 있다.

- 결과를 측정하지 않는다면, 실패로부터 성공을 말할 수 없다.
- 성공을 볼 수 없다면, 성공으로부터 보상을 받을 수 없다.
- 성공으로부터 보상을 받을 수 없다면, 아마도 실패라는 보상이 있을 것이다.
- 성공을 볼 수 없다면, 성공으로부터 교훈을 얻을 수 없다.
- 실패를 알지 못하면, 실패를 수정할 수 없다.
- 결과를 보여줄 수 없다면, 대중의 지지를 얻을 수 없다.

공공조직에서 성과평가 또는 성과를 측정하는 이유와 목적은 다양한 차원을 가진다(Behn, 2003; State of California, 2007).

- **정부업무의 평가**: 성과평가는 정부업무를 평가하여 현재의 프로그램이 개선되고 있는지 아니면 악화되고 있는지 성과를 사정하기 위해서 이루어진다.
- **책무성 확보**: 성과평가는 구성원이 해야 할 일이 무엇이고 그 일을 얼마나 잘 수행했고, 올바르게 수행하였는지를 알 수 있게 하고, 이를 통하여 구성원을 통제하여 책임성을 확보하도록 한다.
- **정부예산 수립**: 성과평가는 공공부문의 예산 배정과 관리에 유용한 정보를 제공하여 기관의 성과를 향상할 수 있다. 특히, 성과예산이나 결과 지향의 예산에서 성과평가 자료는 유용한 예산 배정의 자료가 된다.
- **동기부여**: 조직관리에서 자신이 수행하여야 할 업무나 목표를 명확하게 제시하고, 그의 성과를 인식하도록 하면 업무에 대한 성취감을 자극하여 조직 전체의 성과 향상에 기여할 수 있다.
- **정부의 홍보**: 성과지표는 정부나 정권의 업적을 시민에게 알리는 데 유용한 수단이 된다. 성과에 대한 홍보는 정부 활동에 대한 국민의 지지를 얻어서 프로그램의 성과를 향상할 수 있는 중요한 수단이 될 수 있다.
- **성과에 대한 인정과 보상**: 성과에 대한 개인과 기관에 대한 인정 및 보상은 구성원에게 공유된 목적을 가지고 성과에 대한 관심을 높이고, 성취감을 강화하여 기관의 성과를 향상할 수 있다.
- **성공과 실패로부터의 학습**: 성과평가는 실패와 성공의 원인을 알려주지 않는다는 주장도 있지만, 간접적으로 성과 향상을 위해서 무엇을 해야 하는지에 대한 정보를 주어서 학습을 할 수 있도록 한다.
- **성과개선 방안의 모색**: 성과정보의 활용과 환류가 성과 향상을 가져올 수 있다는

것에 대하여 다양한 주장이 있지만, 성과평가를 활용할 수 있는 능력이 향상되면 성과평가는 프로그램의 개선에 도움을 줄 수 있다.

3 성과평가의 한계와 문제점

신공공관리를 이념적 배경으로 한 결과 중심의 성과관리에 핵심을 이루는 성과평가와 성과측정은 평가와 측정을 통하여 기관의 성과를 향상할 수 있다는 전제에서 2000년대 이후 많은 국가에서 제도화하여 운영하고 있다. 이에 의하여 오늘날을 '평가의 시대' 또는 '감사 폭발(audit explosion)'이라고 부르기도 한다(Mendez & Bachtler, 2011). 이와 관련하여 우리나라도 '평가 공화국'이라고 부를 만큼 모든 사업에 대하여 평가가 일반화되고 있다.

이러한 성과평가의 문제점과 한계로 양적인 성과지표와 활동 간의 약한 상관관계로 평가의 의미를 확보할 수 없고, 큰 비용과 인력을 소모하고, 기관의 이익을 위하여 평가의 실질적 목적보다는 좋은 평가를 받는 데 집중하고, 평가를 정치적으로 활용하는 등 평가와 기관의 성과 간에 긍정적인 관계를 볼 수 없다는 연구들도 있다(Lavertu & Moynihan 2012; Bischoff & Blaeschke 2016; Gerrish 2016; 오영민, 2020). 특히, 성과측정과 평가에서 좋은 평가를 받기 위해서 이루어지는 다음과 같은 행태적 · 제도적인 병폐 현상은 성과평가의 효과를 떨어뜨리는 중요한 요인으로 지적되고 있다(이정철 · 이정욱, 2021). 이러한 병폐을 보면 〈표 7-4〉와 같은 것들이 지적된다.

〈표 7-4〉 성과관리의 왜곡을 유발하는 행태적 · 제도적 병폐의 유형

구분			내용
행태적 (의도적) 왜곡현상	성과목표 설정 및 달성	터널 비전 효과	달성하기 쉽고 측정이 용이한 업무(지표)에 집중하는 경향
		차선 추구	조직 전체적 성과목표보다 지엽적 성과목표에 집중하는 경향
		근시안 효과	장기적보다 단기적 성과달성에 유리한 업무(지표)에 집중하는 경향
		톱니바퀴 효과	차년도 성과목표가 당해 성과를 기준으로 설정되는 경우, 차년도 목표가 지나치게 높게 설정되지 않도록 당해 성과를 일정 수준에서만 달성하는 데 그치는 경향
		문턱 효과	달성하기 쉬운 업무(지표)에 집중하는 경향

	평가 결과의 도출	특정 성과지표에의 고착	성과를 성공적으로 표출하기에 가장 유리한 업무(지표)에만 집중하는 경향
		왜곡된 결과 보고	성과평가에 긍정적인 자료만을 제공하거나 업무 실적을 의도적으로 조작 · 변형하여 평가 결과가 실제 성과와 괴리되는 경향
제도적 (비의도적) 왜곡현상		왜곡된 결과 해석	성과정보가 완벽하더라도 이를 잘못 해석 · 판단하는 경향
		평가의 객관성 결여	평가자의 주관이 개입되거나 평가지표의 민감성이 떨어져 정확하고 공정한 성과 결과를 도출하지 못하는 경향
		평가의 비변별성 및 변동성	성과등급 간 변별성이 약하거나 평가방식의 미세한 조정에도 결과가 크게 달라지는 경향
	평가 결과의 활용 및 학습	인센티브 미흡	성과 달성과 인센티브 간 연계성이 낮아 동기부여 효과가 미비한 경향
		피드백 미흡	평가 결과에 따른 피드백이 이루어지지 않아 학습 효과가 미비한 경향
	성과관리 시스템의 운영	조직의 경화	경직된 성과평가 시스템에 고착되어 혁신 및 창의적 성과 달성이 어려운 경향

출처: 박순애 · 이영미(2018).

4 바람직한 성과평가를 위해 고려할 것

바람직한 성과측정과 평가를 위해서는 다음과 같은 것을 고려할 필요가 있다(State of California, 2007).

- 성과측정은 측정이 용이하거나 이미 측정하고 있는 것이 아니라 전략적으로 중요하고, 고객에 가치가 있는 것을 측정해야 한다.
- 성과측정은 기관이나 책임자가 책임을 지는 것을 측정해야 한다.
- 기관이나 개인의 책임영역에서 핵심적인 소수의 지표에 대한 측정은 계속해서 이루어져야 한다.
- 직접 또는 간접적으로 통제할 수 있는 것을 측정하도록 한다. 직접 통제할 수 있는 것일수록 더 정확하게 평가할 수 있다.
- 성과와 결과를 평가하기 위한 여러 가지 방법을 고려하도록 한다.
- 데이터가 신뢰할 수 있는 것이라면 이미 가지고 있는 정보를 사용하여 평가한다.
- 고객이나 이해관계자에게 무엇을 측정해야 하는지 물어보도록 해야 한다.
- 성과평기와 프로그램 평가는 명확하게 구분되어서 활용하여야 한다.

- 좋은 성과평가는 "알게 되어서 좋습니다"라고 하는 정보보다 사용할 수 있는 성과평가가 되도록 해야 한다.
- 좋은 성과평가는 평가가 실행 가능성을 가져야 한다.
- 성과평가가 평가의 목적과 이유를 말해주는지를 확인하도록 해야 한다. 이를 통하여 측정의 실수를 확인할 필요가 있다.
- 특정 프로그램 또는 기능에 대해 쉽게 사용할 수 있는 측정값이 없는 경우가 있다. 이때는 측정값을 생성하고 데이터 수집을 시작하도록 한다.

5 성과평가 과정

1) 성과평가계획 수립

모든 활동을 합리적으로 수행하기 위해서는 계획을 수립해야 한다. 평가계획 수립은 성과평가의 준비 단계로 왜(why), 무엇을(what), 누가(who), 언제(when), 어떻게(how), 무엇으로(resources) 평가할 것인가를 사전에 결정해야 한다. 평가를 위해서는 평가조직, 예산, 인력이 필요하고, 이를 위해 평가관리에 대한 성과평가계획을 수립해야 한다. 준비 단계에서는 평가를 수행하게 될 조직이 구성되어야 한다. 성과평가는 기관이 스스로 평가조직을 구성하여 수행하는 자체평가가 일반적이다.

성과평가계획은 평가 일정, 평가자, 평가대상, 평가기준, 평정 및 판단기준, 평가 자료 및 정보 등을 포함한 평가설계를 요구하며, 대다수 공공조직은 전략 실행계획을 작성할 때 이를 지침, 매뉴얼, 편람 등의 형태로 제시한다. 법규에 의해 제시되는 사업계획의 경우, 평가 관련 기본사항이 법규에 따라 규정된다.[1] 이외에 공모사업은 사업을 공고할 때 선정평가 및 성과평가를 사업계획에 반영하여 공개한다.

성과관리에서는 전략집행계획을 수립할 때 성과목표에 대한 성과지표와 지표측정 방법까지 제시하게 된다. 이에 성과평가에서는 이를 기본으로 계획을 수립한다. 특히, 공모사업의 경우에는 사업계획의 수립 단계에서 사업에 대한 성과목표와 성과평가 방법을 제시하기 때문에, 성과평가를 감안하여 사업계획을 수립하여야 한다.

우리의 경우 성과평가와 관련하여서는 국무조정실과 정부업무평가위원회에 의하여

1) 예: 「지능정보화 기본법」 제56조.

매년 『정부업무평가 시행계획』, 지방자치단체는 행정안전부가 주관하여 『지방자치단체 합동평가 실시계획』, 『지방공기업 경영평가 실시계획』, 공공기관평가에 대하여는 기획재정부가 계획을 발표하고 있다. 이를 바탕으로 평가 대상기관은 자체평가실시계획을 수립하게 된다.

바람직한 평가를 위해 〈표 7-5〉와 같은 자료 수집계획 등이 필요하다.

〈표 7-5〉 평가자료 수집계획

평가질문	지표	필요한 자료	자료원	자료 수집 방법	수집자	수집 시기	예산

사례 성과평가 계획 사례

- 국무조정실: 『2023년 정부업무평가 시행계획』.
- 행정안전부: 『2023년(2022년도 실적) 지방공기업 경영평가 실시계획』.
- 행정안전부: 『2023년(2022년도 실적) 지방자치단체 합동평가 실시계획』.
- 기획재정부: 『2023년도(2022년도 실적) 공공기관 경영실적평가 계획』.
- 기획재정부: 『2023년도 공공기관 경영평가 편람』.
- 고용노동부: 『2023년도 자체평가계획』.
- 서울시: 『2021년 성과관리 시행 및 평가계획』.

출처: https://www.evaluation.go.kr 및 관련 기관 홈페이지 참고

2) 평가시행

성과평가도 일반적인 평가과정과 같이 자료 수집 및 처리 → 자료 분석 → 자료 해석 및 판단 → 권고안 작성의 과정을 거쳐서 이뤄지게 된다.

(1) 자료 수집 및 처리

바람직한 평가를 위해서는 무엇보다 평가를 위한 자료가 평가하고자 하는 것과 직접 관련성을 가져야 한다는 적정성, 같은 대상에 대하여 반복 측정했을 때 동일한 값을

얻을 수 있는 신뢰성, 그리고 측정하고자 하는 것을 정확하게 측정할 수 있는 타당성을 확보해야 한다. 일반적으로 프로그램 집행자가 자료를 수집하고, 이를 체계적으로 관리하기 위한 시스템이 필요하다. 우리나라는 전자통합평가시스템(e-IPSES)을 통해 평가자료를 과제별로 체계적으로 관리한다.

이러한 평가자료를 체계적으로 관리하기 위해 다음과 같은 것을 고려하여야 한다(OMB, 2020).

- 법이 요구하지 않더라도 데이터를 신중하게 관리하고, 사전 동의를 중시하는 조직문화를 육성하여야 한다.
- 평가자는 데이터의 수집, 이용, 공개에 대한 법적 권한과 참여자 데이터의 기밀유지 등에 대하여 이해하고, 문서화하며, 당사자에게 알려야 한다.
- 평가 데이터에 개인 식별이 가능한 정보나 민감한 정보가 포함된 경우 공개의 위험을 평가하고, 완화하기 위해 관련 법규를 준수한다.
- 개인정보를 다루는 것에 대한 법적조건 등을 지키는 것과 관련된 훈련이나 자격증 등을 소유하여야 한다.
- 기관은 평가 데이터 관리를 위한 템플릿 등을 제작하여 제공한다.
- 평가 데이터를 관리할 때 이차적으로 이용할 수 있도록 관리하여 데이터 관리의 중복성 등을 방지하도록 한다.

기관의 성과평가에 필요한 자료는 다음과 같은 다양한 자료원으로부터 얻게 된다. 자료 수집 담당자나 평가계획자들은 각각의 자료원이 가지는 장단점을 고려하여 평가에 적합한 자료를 수집하여야 한다.

- **프로그램 및 활동 기록**: 대부분 조직이나 프로그램은 관리적 목적을 위해 고객과 업무활동 내용을 기록하고 있다. 프로그램의 운영이나 활동 기록으로부터 성과자료를 수집하는 것은 가장 널리 활용되는 방법이다.
- **현장조사 및 관찰**: 현장조사 및 관찰에 의한 방법은 훈련된 관찰자들이 프로그램의 상태를 눈이나 육감으로 자료를 수집하게 된다. 성과 결과를 육감으로 측정할 때 등급을 부여하여 수집하는 방법도 있다.
- **기술적 장비의 활용**: 소음수준, 공해수준, 물의 오염 정도, 도로상황과 같은 정보를 얻기 위해 기술적인 장비를 활용할 수 있다. 이의 장점은 정확하고 신뢰할 수 있으며, 실시간으로 정보를 얻을 수 있다는 것이다. 반면에 장비의 구매, 운영, 유지

에 비용이 수반되고, 이용을 위해 재구성이 요구된다.

- **설문조사 및 인터뷰**: 설문조사는 고객이나 이해관계자에게 직접 질문하는 방법으로 자료를 수집한다. 설문조사는 질과 양적 정보 모두를 수집할 수 있다.
- **외부 산출 통계의 구매**: 정부 통계 및 민간이 수집하여 관리하는 통계를 활용하거나 구매하는 방법으로 자료를 수집할 수 있다. 정부의 통계는 상대적으로 신뢰할 수 있고 일관성을 가지고 수집 · 관리되어 비교자료로 활용될 수 있다. 반면에 민간에서 산출된 정보들은 비정기적인 방법으로 통일성과 통제되지 않은 바이어스를 가지는 자료들이 많이 있다.
- **동료의 검토/전문 패널 평가**: 연구개발(R&D) 프로그램에 대한 평가의 전통적인 접근방법은 동료가 평가하는 것이다. 이 접근방법은 전문가 평가방법이다.
- **경제적 접근방법**: 경제적 접근방법으로 비용편익분석과 비용효과분석은 프로그램의 경제적 평가의 가장 대표적인 양적 자료 수집방법이다.
- **사례연구**: 좋은 사례연구는 다음과 같은 자료 및 정보를 얻을 수 있다. 성과평가에서 사례연구는 프로그램의 성공과 실패의 실증적인 예를 보여주고, 프로그램의 문제를 확인할 수 있게 한다. 사례연구는 일반화에 문제점을 가지지만, 특정 이론과 전략을 검증하거나 더 많은 연구와 비교를 위한 프로그램의 공통요소를 확인하는 데 도움을 준다.
- **내용분석**: 내용분석은 질적 자료에 대해 코딩하여 분석하는 방법이다. 질적 자료에 활용되는 자료에는 문서로 된 자료, 사례연구, 현장 보고서, 포커스 집단의 보고서, 개방형 설문조사지 등이 있다.
- **포커스 집단**: 포커스 집단은 주로 여론과 반응조사를 위해 표적 대상에서 추출한 소수의 고객과 이해관계자 집단을 의미한다. 포커스 집단에 의한 자료 수집은 신속하고 심층적인 정보를 얻기 위해 사용된다.
- **국가 및 사회 통계**: 기관대표 지표 등의 평가자료는 통계청에서 관리하는 각종 통계에서 확보할 수 있다.

수집된 자료는 일정한 기준에 의해 정리하고 처리하여야 한다. 정량자료의 경우 주로 Excel 등을 통하여 기술통계(합계, 평균, 상호 대조, 비교) 방법으로 정리한다. 대부분 정량지표의 경우 정책이나 프로그램 평가와 달리 성과평가에서는 처리만으로 평가가 완료되는 경우가 많다.

(2) 자료 분석

성과평가자는 제출된 성과 입증자료 및 처리 결과를 가지고 평가를 하기 위해서 자료를 분석하고 해석해야 한다. 분석은 수집된 자료와 처리 내용을 가지고 성과목표의 달성 정도를 해석하기 위해 체계적으로 분석하는 것이다. 정책이나 프로그램 평가에서는 전략집행과 성과 간의 인과관계를 분석하나 성과평가에서는 주로 사실만을 분석하게 된다. 특히, 정성평가의 경우 평가자의 지식과 경험을 바탕으로 분석하게 된다.

(3) 자료 해석 및 판단

성과평가에서 자료 해석 및 판단은 앞서 이루어졌던 자료 처리와 분석을 바탕으로 평가기준 및 판단기준과 비교하여 이루어지게 된다. 이 해석과 판단활동은 평가자의 논리적 추론과 비판적 사고 역량이 필요한 활동이다. 대부분 평가의 객관성을 확보하기 위해서 평가지표별 평가기준 및 판단을 위한 기준을 제시한다.

사례 평가지표별 평가기준 및 판단기준의 예

- 행정안전부:『2022년 부내 성과평가 기본계획: 조직성과평가 및 개인성과평가』. https://www.mois.go.kr: 업무안내/기획조정실/성과 및 고객관리
- 행정안전부・인사혁신처:『2022년 중앙행정기관 자체평가「행정관리역량 부문」계획 수정(안)』. http://www.evaluation.go.kr
- 교육부(2023):『2주기 대학의 평생교육체제 지원 사업(LiFE 2.0)』. https://univ.nile.or.kr/ 사업자료실
- 기획재정부:『2023년도 공공기관 경영평가 편람』. http://www.evaluation.go.kr

평가자는 자료 분석, 해석을 통하여 "우수, 보통, 미흡" 또는 "S, A, B, C"와 같이 판단하게 된다. 성과평가에서 정당한 결론을 도출하기 위해서 다음과 같은 것을 고려해야 한다(Yarbrough et al., 2011; 日本 總務省, 2010).

- 이해관계자들의 지식 틀과 방법론적인 선호가 결론을 도출하는 토의와 추론에 영향을 줄 수 있다는 것이라는 것을 명확하게 해야 한다.
- 평가팀의 구성원과 주요 이해관계자가 정확한 해석, 결론, 권고안을 구성하는 데 책임이 있다는 것을 명확하게 해야 한다.

- 결과, 자료의 해석과 결론은 이를 도출하고 판단을 하는 사람들에 의해 정의된 구성과 프로그램의 이론적 용어를 반영한다는 것을 확인시켜야 한다.
- 정확한 결과와 결론을 도출하기 위해 서로 다른 평가질문에 의해 얻는 정보를 어떻게 반영할 것인가를 결정해야 한다.
- 일차적인 해석과 결론이 내려진 조건과 상황을 명확하게 해야 한다.
- 평가팀의 관점에서 정확하다고 한 결론을 이해관계자들이 그대로 수용할 것으로 생각해서는 안 된다.
- 기술적으로 적합한 방법이 결론과 결정을 정당화하기 위한 유일한 필요조건이라고 생각해서는 안 된다.
- 전체적으로 최종 판단에서는 평가의 왜곡 가능성과 평가에 반영하지 못한 외생변수가 있을 수 있다는 것을 인정하고 신중하게 판단해야 한다.
- 적절한 이해관계자의 의견이 판단에 반영될 수 있도록 해야 한다.

(4) 권고안 작성

성과평가의 활용을 위하여 기관이나 사업평가의 경우 평가 결과를 바탕으로 프로그램 개선을 위한 개선안 또는 권고안을 제시한다. 권고안은 프로그램을 어떻게 해야 하는가에 대한 규범적인 언명으로 성과분석과 검토, 결과에 대한 해석의 종합을 통해 이루어지는 문제 해결 대안으로 의사결정자의 결정에 참고될 수 있는 정보를 창출하는 것을 목적으로 한다.

권고안이 프로그램의 성과 향상에 활용성을 높이기 위해서는 다음과 같은 것을 고려하여 작성할 필요가 있다(WHO, 2013; UNEG, 2016).

- 권고안은 실현 가능해야 한다. 권고안은 활용을 염두에 두어 너무 규범적으로 제시되어서는 안 된다. 이를 위해 평가자는 조직의 환경, 자원과 예산의 제약, 정치적 압력, 기타 집행에 영향을 미치는 조건들을 고려해야 한다.
- 권고안은 적시성을 가져야 한다. 권고안의 활용도를 높이기 위해서는 적시성을 가져야 한다. 의사결정이 마무리된 뒤에 제시되는 권고안은 의미가 없다.
- 권고안은 구체적이어야 한다. 권고안과 교훈은 구체적이고 실제적이지 않으면 아무도 받아들이지 않는다. 권고안은 모호하고 탁상공론은 피하고, 개별적이고 구체적이어야 하며, 가능한 범위 내에서 우선순위나 시간 계획을 설정하고(예: 단기적, 중·장기적 제언 등), 다음 행동과 연결되도록 해야 한다.

- 권고안은 참여적으로 작성되어야 한다. 권고안의 활용도를 높이기 위해서는 이를 활용할 사람을 고려해 작성해야 한다. 권고안을 작성하고 교훈을 도출하는 과정은 이해관계자와 충분히 의사소통하면서 진행되어야 한다. 참여적인 권고안 작성은 교훈의 활용도를 높이고 사업 개선으로 이어질 것을 기대할 수 있다.
- 권고안은 확고한 증거와 분석에 의한 평가 결과를 바탕으로 작성되어야 한다. 권고안은 자료 분석과 해석에서 얻은 정보를 바탕으로 도출되어야 한다. 권고안은 결론을 반복하지 않으면서 결론과 관련이 있어야 한다. 권고안이 분석 결과로부터 도출되지 않고 이해관계자의 특정한 이익이 반영된다면 보고서의 신뢰성을 떨어뜨리게 된다. 평가보고서와 무관한 권고안은 다르게 제시되어야 한다.
- 권고안은 너무 많지 않도록 한다. 권고안이 너무 많으면 관심도를 떨어뜨린다. 권고안은 핵심적인 것을 축약해 작성되어야 한다. 그리고 권고안은 우선순위를 설정해 제시하는 것도 필요하다.

6 성과평가의 평가자

1) 전문가 중심 평가의 의의와 한계

일반적으로 성과평가는 관련 분야의 전문가로 구성된 전문가 평가로 이루어진다. 이는 관련 분야에 대한 전문적 지식과 경험을 가진 사람이 관련 분야의 지식과 경험을 바탕으로 이루어지는 평가로 휴리스틱 평가(heuristic evaluation)로도 불린다. 우리나라의 각종 평가 및 성과평가는 내부 관리자가 평가자로 참여하기도 하나 대부분 외부 전문가 중심의 외부평가로 진행되고 있다. 「정부업무평가 기본법」(제14조 제2항)은 '중앙행정기관의 장은 자체평가조직 및 자체평가위원회를 구성·운영하여야 한다. 이 경우 평가의 공정성과 객관성을 확보하기 위하여 자체평가위원의 3분의 2 이상은 민간위원으로 하여야 한다.' 이에 중앙부처 및 지방자치단체의 법규는 대부분 이를 기준으로 구성한다. 그러나 실제에서는 내부위원은 평가 관련 부서장 등 소수만이 위원이 되고, 대부분 외부평가위원으로 자체평가위원회를 구성하고 있다. 예로, 2022년 행정안전부 자체평가위원에서 내부위원은 기획조정실장 1명뿐이다. 2022년 기준 중앙행정기관의 전체 자체평가위원을 보면 평균 23.7명이고, 직업별로 약 50%가 대학교수, 23.5%가 연구원으로 구성되어 있다(국무조정실, 2022).

전문가 평가는 특히 정성적 평가에서 평가의 신뢰성과 객관성을 확보할 수 있는 장점을 가진다. 우리의 중앙행정기관의 자체평가위원회 위원들의 경우 스스로 평가가 공정하다고 인식하고 있다(강정석, 2015). 그러나 전문가 중심의 평가는 다음과 같은 한계를 가질 수 있다. 이러한 한계를 극복하기 위해서 대부분 전문가 평가는 복수의 평가자로 평가하게 된다.

- 제한된 관점과 범위: 전문가는 특정 영역에 깊은 지식을 가지고 있을 수 있지만, 더 넓은 시각에서 평가하지 못할 수 있다.
- 객관성 결여: 전문가 평가는 평가자의 주관적 평가에 의존하기 때문에, 객관성이 결여될 수 있는 위험이 상존한다.
- 높은 비용: 전문가 평가는 비용이 많이 들 수 있다.
- 적합한 전문가를 찾는 데 어려움: 관련 분야의 전문가를 찾는 것이 어려울 수 있다.
- 평가 결과의 검증 문제: 전문가 평가는 특히 주관적인 판단이나 개인적인 의견에 의존하기 때문에, 평가의 재현이나 검증하기 어려울 수 있다.

이외에 다른 평가방법과 달리 전문가 평가는 평가자에 의존하기 때문에, 평가자가 가질 수 있는 후광효과, 관대화 오류, 뿔 오류와 같은 일반적인 오류의 가능성을 항상 가지게 된다(박홍윤 · 박규동, 2023).

2) 평가자에게 요구되는 역량

전문가 평가의 질은 전문가의 평가역량(competency)에 달려 있다. 평가 역량이란 "프로그램 평가자가 건전한 평가 수행기준을 달성하는 데 필요한 배경, 지식, 기술 및 성향"을 의미한다(Stevahn et al., 2005). 성과평가에서 평가자는 다음과 같은 업무를 수행함에 필요한 역량이 있어야 한다(박홍윤 · 박규동, 2023).

- 전문적 역할: 평가자는 평가수행과 관련된 전문적 지식을 바탕으로 평가계획 수립, 자료 수집, 자료 분석, 평가기준 설정, 결론의 도출과 평가 결과에 대한 활용 활동을 수행한다.
- 대인관계 역할: 평가자는 평가와 관련된 다양한 이해관계자와 커뮤니케이션을 통해 참여적이고 합리적인 평가활동이 될 수 있도록 적절한 인간관계를 구축하고 유지하는 역할을 한다.

• **행정적 역할**: 평가자의 원활한 평가수행을 지원하기 위한 관리활동을 한다.
• **사회 · 정치적 역할**: 정책평가는 정치적인 과정으로 평가자는 프로그램 및 평가와 관련된 다양한 이해관계자와 조직의 사회적 · 정치적 맥락을 평가과정에 반영하는 역할을 한다.

이러한 업무를 수행하기 위해 각국의 평가학회나 국제기구 등에서 평가에 필요한 역량과 윤리적 행동규범을 제시하고 있다. 이들에서 공통으로 제시하고 있는 것을 보면 다음과 같다(박홍윤, 2015).

• **신뢰성**(credibility): 평가자는 개인과 평가활동 및 결과에 대하여 신뢰성을 확보해야 한다.
• **공평성**(impartiality): 평가자는 평가를 수행하면서 참여자 및 다양한 이해관계자를 명확하고, 공정하며, 공평하게 대우하고 판단해야 한다.
• **투명성과 공개**(transparency and openness): ① 평가는 투명하고 공개적으로 수행하여야 한다. ② 평가자는 평가목표, 방법, 결과에 대하여 의뢰인과 이해관계자에게 명확하고 정확하게 알려야 한다. ③ 평가 결과 보고에서 재정지원 내용을 공개하고 명확히 한다.
• **인권 보장**(human rights): 평가자는 평가과정에서 대상집단, 평가참여자, 자료제공자와 이해관계자의 인권과 복지를 보호해야 한다.
• **책임성**(responsibility/accountability): 평가자는 자신의 평가와 평가 이해관계자에 대하여 책임을 져야 한다.
• **문화적 다양성**(cultural diversity): ① 평가자는 평가에서 인종, 종교, 성별, 장애, 나이, 관습 등의 문화적 차이를 존중하고 고려해야 한다. ② 평가의 문화적 다양성을 확보하기 위해 평가자는 문화적 능력이 있어야 한다.
• **독립성**(independence): ① 평가자는 평가 및 판단의 독립성 확보와 평가 결과와 권고안을 독립적으로 제시해야 한다. ② 평가자는 평가의 독립성을 저해하거나 부적절한 평가를 거부해야 한다.
• **공익**(public interest): 평가자는 ① 평가를 통하여 공공의 복지와 공익에 이바지하여야 하고, ② 사회적 약자나 소외된 사람의 이익을 보호해야 한다.
• **정직과 성실성**(honesty and integrity): 평가자는 평가 전 과정에서 정직과 성실성을 확보하도록 해야 한다.

7 우리나라의 주요 성과평가[2)]

1) 중앙행정기관 성과평가

(1) 특정평가

특정평가는 국무총리가 중앙행정기관을 대상으로 국정을 통합적으로 관리하기 위하여 필요한 정책 등을 평가하는 것을 말한다. 「정부업무평가 기본법」(제20조)은 2 이상의 중앙행정기관 관련 시책, 주요 현안시책, 혁신관리 및 대통령령이 정하는 대상부문에 대하여 특정평가를 실시하고, 그 결과를 공개하도록 하고 있다. 특정평가의 대상은 시행령(제14조)에 규정하는 부문이 대상이 된다.

2022년에는 45개 중앙행정기관을 대상으로 주요 정책, 규제혁신, 정부혁신, 정책소통, 적극행정(가점)을 대상으로 평가가 이루어졌다. 평가방법은 부문별 평가주관기관이 정부업무평가 시행계획상 평가지표에 따라 정량적 · 정성적 평가를 병행한다. 평가의 객관성 · 공정성을 위해 민간전문가 평가단에 의한 평가와 일반국민 대상 국민만족도 조사를 병행하였다. 〈표 7-6〉은 2022년 특정평가사항을 요약한 것이다.

〈표 7-6〉 2022년도 특정평가 내용

평가부문	배점	평가항목	주관	평가단(명)	일반국민(명)
주요 정책	50	160개 주요 정책과제 추진성과 등	국조실	100	20,400
규제혁신	20	규제혁신 성과 · 체감도 등	국조실	15	1,929
정부혁신	10	기관의 혁신역량 및 성과, 체감도 등	행안부	18	11,076
정책소통	20	정책소통 활동 및 성과, 체감도 등	문체부	81	(20,400*)
적극행정(가점)	3	적극행정 활성화 노력, 성과, 체감도 등	인사처 국조실	10	1,586
합계				224	34,991

* 주요 정책 국민만족도 조사 대상자에 대해 정책소통 만족도 조사도 함께 실시.
출처: 국무조정실, 『2022년도 정부업무평가 결과』.

평가 결과는 장관급 기관과 차관급 기관으로 분류하여 등급화(A, B, C)하여 공개한다. 평가 결과 우수기관에 대하여는 포상금 지급과 유공 포상 및 개선 보완을 위한 후

2) 이 부분은 국부조정실(2023)을 정리.

속조치를 하도록 하고 있다.

(2) 자체평가

성과관리 차원에서 46개 중앙행정기관을 대상으로 하는 성과평가인 자체평가는 중앙행정기관장 책임 하에 소관 정책 등을 스스로 평가하고, 평가 결과를 정책・예산・조직・인사 등에 반영하여 국정운영의 효율성 및 책임성 제고를 위해서 추진한다.

〈표 7-7〉 평가 부문(대상) 및 평가 총괄기관

부문		평가 대상 과제	평가 총괄기관
주요 정책		• 성과관리 시행계획의 관리과제	국무조정실
재정사업	일반재정	• 예산, 기금이 투입되는 모든 성과관리대상 재정사업 * R&D, 재난안전, 균형발전, 일자리, 중소기업지원 사업 제외	기획재정부
	R&D	• 전체 정부연구개발 사업 중 3년 평가주기가 도래한 사업	과학기술정보통신부
	재난안전	• 재난안전사업	행정안전부
	균형발전	• 균형발전세부사업	균형발전위원회
	일자리	• 재정지원 일자리사업	고용노동부
	중소기업	• 중소기업지원사업	중소벤처기업부
행정관리역량		• 조직 · 인사 · 정보화 분야 행정관리역량	행정안전부 인사처

출처: 국무조정실(2023). 『2023년도 정부업무평가 시행계획(안)』.

2023년 중앙행정기관의 평가부문과 평가 총괄기관 현황은 〈표 7-7〉과 같다. 중앙행정기관장은 자체평가위원회 운영규정 등을 제정하여 매년 자체평가계획을 수립하여 성과평가를 한다. 「정부업무평가 기본법」은 평가의 공정성과 객관성을 확보하기 위하여 중앙행정기관은 자체평가위원회를 구성하여 평가하고, 자체평가위원의 3분의 2 이상은 민간위원으로 하도록 하고 있다(동법 제14조, 제18조). 자체평가위원회는 30명 이내로 구성하고 위원회는 소위원회를 운영하여 소관사항별로 평가한다. 기관의 자체평가위원회의 활동을 지원하기 위해서 기관에서는 내부 구성원을 중심으로 평가지원팀을 구성하여 운영하고 있다.

자체평가의 성과평가 대상이 되는 것은 성과관리 시행계획의 관리과제가 대상이 된다. 관리과제는 성과목표 달성을 위해 추진하는 정책 또는 사업을 의미한다. 2022년의 경우 중앙행정기관 성과평가의 대상이 된 것은 주요 정책부문의 경우 전체 1,980개이며 기관별로 평균 43.1개이고, 이와 관련된 성과지표는 기관 평균 94.8개이다. 참고로 과학기술정보통신부의 2022년 자체평가 일정을 보면 〈표 7-8〉과 같다.

평가 결과는 상대 등급화하여 개인성과 등에 활용할 수 있도록 7개 등급기준을 적용하여 평가하도록 하고 있다. 계량적인 평가와 함께 평가대상 과제별로 서술적 분석을 하여 결과보고서에 과제의 효과 진단, 성과부진 원인 및 대안 제시 등 질적 측면에 대해 정성평가를 병행하도록 하고 있다.

평가항목 설정 시 '성과 달성도 · 정책 효과성' 관련 항목의 배점을 최소 60%로 설정(권고사항)하고, 그 외 항목은 자율운영하도록 하고 있다. 평가지표 개발 시 자체평가위원과 외부컨설팅을 적극 활용하고, 성과지표 목표치의 적극성을 확인할 수 있는 지표를 포함하도록 권고하고 있다. 이외에 국민이 체감할 수 있는 결과 중심의 대표성 있는 성과지표를 설정하였는지를 확인할 수 있는 지표를 평가지표에 포함해야 하고, 현장 의견수렴 및 정책반영 노력, 협업 관련 평가지표 설정(권고사항) 및 평가 결과의 변별력 확보를 위한 측정방법을 수립하고, 과제수행 난이도 · 중요성 · 자원투입량 등을 고려하여 평가대상 과제별로 가중치를 부여할 수 있도록 하고 있다.

〈표 7-8〉 자체평가 일정

구분	추진일정(주관부서)	주요 논의사항
자체평가계획 심의 · 의결	'22.3월 (혁신행정담당관)	의견수렴 등 자평위 심의
상반기 이행실적 중간점검 (정책설명회)	'22.7월 (평가지원팀/총괄팀)	소관 과제에 대한 상반기 추진실적 점검
정책현장방문 및 워크숍	'22.9~10월 (혁신행정담당관)	평가위원에 대한 정책이해도 제고
정책만족도 조사	'22.11~12월 (혁신행정담당관)	성과목표단위의 정책 고객만족도 조사
하반기 최종점검 및 평가 (정책설명회)	'22.12월~ (평가지원팀/총괄팀)	정보제공 및 설명을 통해 평가위원의 이해도 제도
자체평가 결과보고서 의결 (주요 정책부문)	'23.1~2월 (혁신행정담당관)	과제별 추진실적 우수 및 부진사항 등 평가

출처: 과학기술정보통신부(2022). 『2022년도 자체평가계획』.

> **사례** **자체평가 관련 규정 및 관련 자료(예)**
>
> - 국토교통부: 『성과관리 운영규정』.
> - 국토교통부: 『2023년 자체평가계획』.
> - 국무조정실: 『2022년도 정부업무평가결과』.
> - 행정안전부: 『2022년도 자체평가결과보고서』.
>
> 출처: 각 부처 홈페이지

2) 재정사업 성과평가

(1) 재정사업 자율평가

2005년부터 도입된 재정사업에 대한 성과평가는 「국가재정법」(제85조의8)에 의해서 제도화되어 있다. 재정사업 자율평가 가운데 기획재정부가 주관하는 일반재정사업에 대하여는 사업 수행부처가 소관 재정사업을 자율적으로 평가하고, 기획재정부가 한국조세재정연구원과 함께 평가를 확인 · 점검하여 평가 결과를 재정운용에 활용하는 제도이다. 재정사업 자율평가는 예산과 기금이 투입되는 모든 재정사업이 대상이 된다.

재정사업 부문 자율평가의 일반재정 부문의 평가 단위는 기존의 단위 사업에서 세부사업 단위로 개편하였다. 평가항목은 공통항목(집행률, 목표 달성도, 사업 설계 · 관리의 적정성, 성과우수도)을 제외하고는 기관이 자율적으로 결정한다. 평가 결과는 지표별 점수를 종합하여 3단계로 등급화하고 상대평가(우수 20% 이하, 보통 70% 내외, 미흡 10% 이상)한다. 평가 결과는 열린재정 재정정보공개시스템(https://www.openfiscaldata.go.kr)"에 공개하고 있다. 이들 재정사업평가는 5월 말까지 완료하여 다음 연도의 예산편성에 반영할 수 있도록 하고 있다. 〈표 7-9〉는 재정사업 자율평가의 예이다.

〈표 7-9〉 고용노동부 재정사업 자율평가(사례)

부처 담당자(작성자): 디지털노동대응TF ○○○ 사무관 (전화번호: 044-202-7559)

부처명	고용노동부	평가사업명	근로복지정보시스템 구축(정보화)	평가 결과	미흡
주요 미흡 사유	ㅇ(집행률) 구축 중인 중소기업퇴직연금기금 통합플랫폼 구축사업 계약기간('22.4.1～'23.6.1) 미도래에 따른 잔금 2,296백만 원 이월, 낙찰 차액 4백만 원 불용으로 인한 집행률(86.5%) 미흡 ㅇ(성과지표 달성) 성과지표의 목표 달성 실적(96.75%) 확인 결과, '포털이용자 만족도' 지표 상대적 저조: ※ 성과지표(가중치): 포털 이용자 만족도(0.5)와 접속건수(0.5)				

<table>
<tr><td></td><td colspan="2">ㅇ(성과우수성) 근로복지지원사업과 중소기업퇴직연금 관련 국정과제 등의 목표 달성기여 및 정보화 측면의 사회적 가치 실현 미흡(7점/10점)</td></tr>
<tr><td>성과관리 개선계획 주요 내용</td><td colspan="2">ㅇ(예산 집행률 제고) 분기별 예산 집행계획 이행 정도 점검을 통한 집행률 제고
- 대규모 정보시스템 구축을 위한 정보화사업 추진 시 총사업비 기준으로 연차사업으로 소요예산을 분산 편성하여 회계연도별 집행
ㅇ(성과지표 달성률 제고) 대국민 평가가 반영되는 '포털이용자 만족도'와 사용자 편의성·접근성에 대한 객관적인 지표인 '포털 접속건수'의 달성률 제고
- 포털이용자 만족도 제고를 위한 정보서비스 적기 제공과 사용자 이용 편의성 강화를 위한 서비스 개선 지속 추진
- 포털 접속건수 상승을 위해 지표 관리부서의 협조를 받아 대국민 맞춤형 서비스 제공 및 신규 사업 적극 홍보 등을 통한 근로자 중심의 고객서비스 향상 방안 마련
ㅇ(성과우수성 제고)
- 법령 개정 및 제도 개선사항을 적절한 시기에 반영하기 위한 개발·개선 적극 추진
- 내용연수를 초과한 PC 등 전산장비를 사회 취약계층에 지원하는 등 방안을 통해 정보서비스 이용 편의성 향상 및 사회적 가치 실현</td></tr>
<tr><td rowspan="4">주요 추진일정</td><td>1분기</td><td>ㅇ 2023.3: 2023년 1분기 세부사업별 예산 집행계획 이행 여부 점검
ㅇ 2023.3: 2023년 상반기 법·제도 개선사항 점검</td></tr>
<tr><td>2분기</td><td>ㅇ 2023.4: 2023년 상반기 근로복지정보시스템(정보화) 성과지표 점검
ㅇ 2023.5: 2023년 2분기 세부사업별 예산 집행계획 이행 여부 점검</td></tr>
<tr><td>3분기</td><td>ㅇ 2023.8: 2023년 3분기 세부사업별 예산 집행계획 이행 여부 점검
ㅇ 2023.9: 2023년 하반기 법·제도 개선사항 점검</td></tr>
<tr><td>4분기</td><td>ㅇ 2023.10: 2023년 하반기 근로복지정보시스템(정보화) 성과지표 점검
ㅇ 2023.11: 2023년 4분기 세부사업별 예산 집행계획 이행 여부 점검</td></tr>
</table>

출처: 기획재정부(2023). 『2022년도 소관별 재정사업 자율평가보고서』.

(2) 재정사업 심층평가제도

「국가재정법 시행령」(제39조의3)은 다음 각 호의 어느 하나에 해당하는 사업에 대해서는 심층평가를 할 수 있도록 하고 있다.

- 재정사업 자율평가 결과 추가적인 평가가 필요하다고 판단되는 사업
- 부처 간 유사·중복 사업이나 비효율적인 사업추진으로 예산낭비의 소지가 있는 사업
- 향후 지속적 재정지출 급증이 예상되어 객관적 검증을 통해 지출효율화가 필요한 사업
- 그 밖에 심층적인 분석·평가를 통해 사업추진 성과를 점검할 필요가 있는 사업

재정사업 심층평가와 관련하여 기획재정부훈령(제587호)으로 '재정사업 심층평가 운용지침'이 제정되어 있다. 심층평가는 학계나 정부출연연구기관의 전문가로 구성된

심층평가단이 계량적·비계량적 방법을 통하여 사업(군)의 정책효과를 분석하는 제도로 평가목적은 재정사업 추진성과 점검 및 분석을 통해 지출 효율화 방안을 마련하여 향후 재정운용의 성과 제고하는 데 있다. 이들 정보는 예산편성 및 기금운용계획의 수립, 재정사업의 집행 및 성과관리, 재정운용 관련 제도개선 등에 활용한다.

심층평가에서는 다음과 같은 것이 주로 평가된다. 이는 성과평가보다는 정책 및 프로그램 평가의 성격을 가진다고 할 수 있다.

- **적절성**(relevance): 사업은 정부의 역할로서 적절한가? 사업수행방식은 적절히 설계되어 있는가?
- **효과성**(effectiveness): 사업의 결과로서 사업의 특정목표 및 일반목표가 달성되었는가?
- **효율성**(efficiency): 여러 투입이 얼마나 경제적으로 사용되어 산출 및 중간 결과로 전환되었는가?
- **효용성**(utility): 사업의 결과 실제로 사업에 대한 수요가 얼마나 충족되었는가?
- **지속가능성**(sustainability): 사업이 중단되었을 때 사업으로 인한 긍정적인 변화가 얼마나 오랫동안 지속할 수 있을 것인가?

사례 **재정성과 자율평가 관련 자료**

- 국무조정실·정부업무평가위원회(2007). 『재정성과부문 자체평가 매뉴얼 및 결과보고서 양식』.
- 기획재정부(2023). 『2023년 재정사업 성과관리 추진방향 및 과제: 2023년 재정사업 성과관리 추진계획』.
- 기획재정부(2023). 『2022년도 소관별 재정사업 자율평가보고서』.
- 한국개발연구원(2012). 『공공투자관리센터(2012) 재정사업 심층평가 지침(사업군평가)』.

3) 지방자치단체 자체평가와 합동평가

「정부업무평가 기본법」(제18조)는 지방자치단체의 장은 그 소속기관의 정책 등을 포함하여 자체평가를 실시하도록 의무화하고 있다. 이를 바탕으로 지방자치단체는 '주요업무 자체평가규칙'과 같이 관련 규칙을 제정하여 자체평가를 실시하고 있다.

서울시는 '서울특별시 업무 등의 평가에 관한 규칙'을 제정하여 평가하고 있다. 이 규칙은 평가의 목적으로 '업무추진의 효율성을 높이고 책임성을 확보하여 서울특별시의 업무에 대한 시민의 신뢰를 높임을 목적'으로 하고 있다. 평가 대상은 성과관리계획서의 성과목표 · 주요 사업과 주요 업무계획 · 시행계획의 주요 시책 및 사업을 대상으로 하고 있다. 평가는 자체평가와 종합평가로 구분하고, 평가 유형에 따라서 정기평가, 수시평가, 기관평가, 합동평가, 시민평가 등을 할 수 있도록 하고 있다. 평가는 주로 성과평가 중심으로 수행되고, 평가 결과는 시정명령, 모범사례 확산, 우수기관 등에 대한 포상 등을 하고 있다. 평가를 위해 시장 소속으로 서울특별시업무평가위원회를 구성하고 있다.

「정부업무평가 기본법」은 지방자치단체의 국가사무, 국고보조사업 그 밖에 대통령령이 정하는 국가의 주요 시책 등에 대하여 국정의 효율적인 수행을 위하여 행정안전부 장관이 관계 중앙행정기관의 장과 합동평가를 할 수 있도록 하고 있다. 합동평가는 국정의 통합성, 효율성, 책임성 확보 및 지방자치단체 부담 완화를 위해서 도입되어 운영하고 있다. 대상은 17개 시 · 도(기초자치단체 실적 포함)를 대상으로 평가하고 있다. 합동평가는 합동평가 실시계획에 의하여 시 · 도가 자체평가를 하고 합동평가단이 검증하여 순위를 결정한다. 평가 결과를 바탕으로 우수사례 공유, 부진 분야 행정 컨설팅, 시정 권고 등의 환류 과정을 거치게 된다. 행정안전부는 매년 평가계획과 함께 '지방자치단체 합동평가 지표 매뉴얼'을 제시하고 있다. 합동평가에 대한 계획과 결과 등에 대한 종합적인 공개는 행정안전부의 '내고장 알리미(https://www.laiis.go.kr)'에서 이루어지고 있다.

4) 공공기관 성과평가

「정부업무평가 기본법」에 의한 공공기관 가운데 「공공기관의 운영에 관한 법률」 제4조에 의해 지정된 공기업 및 준정부기관을 대상으로 하는 공공기관 성과평가는 공공기관의 경영 노력과 성과를 평가하고, 그 결과를 인사 및 성과급 등에 반영하여 기관의 자율책임경영 체제 확립과 공공기관의 공공성 · 경영 효율성 향상 및 대국민 서비스 제고를 위해서 수행한다. 2022년 평가 대상 기관은 130개이다.

공공기관 성과평가는 매년 공기업 · 준정부기관의 경영실적보고서를 기초로 한 전년도 경영실적을 매년 발표하는 『공공기관 경영평가 편람』에 따라 평가한다. 기획재정부가 주관기관으로 평가의 전문성·공정성 확보를 위해 교수·회계사 등 민간전문가들로 구성된 경영평가단이 평가하게 된다. 평가 결과는 국회와 대통령에게 보고하고 평가 결과에 따라서 인사상 또는 예산상의 조치에 대한 건의 및 요구, 성과급 지급률 결정 등의 후속조치를 할 수 있도록 하고 있다. 공공기관 경영평가 결과는 정부업무평가 포털(https://www.evaluation.go.kr)과 알리오(https://www.alio.go.kr)를 통하여 공개하고 있다.

5) 개별사업 성과평가

각 부처는 개별사업에 대한 성과평가를 다양한 형태로 수행하고 있다. 특히, 계속사업의 경우 연차별 평가, 중간평가, 최종평가 등의 형태로 성과평가를 수행한다. 개별사업의 경우 대부분 사업계획을 수립할 때 성과평가의 공통기준과 자율 성과목표를 제시하도록 하고 이를 평가한다. 평가는 주로 외부 전문가 평가 형태로 이루어지고, 평가 결과를 바탕으로 사업비의 조정, 사업 탈락 등을 결정하는 기준으로 활용되고 있다. 2022년 현재 중앙부처 차원에서 수행하고 있는 개별평가는 87개에 달하고 있다(장효진·이환성, 2022). 법규를 바탕으로 하는 개별사업평가로는 〈표 7-10〉과 같은 것이 있다.

〈표 7-10〉 개별평가 사례

부처	개별평가
행정안전부	재난관리평가, 국가핵심기반 재난관리 평가, 국민 안전교육 실태점검 및 평가, 공공데이터 제공 운영실태 평가, 기록관리평가, 민원서비스 종합평가
국토교통부	도로정비평가
보건복지부	사회보장 기본계획 추진실적 평가
환경부	공공부문 온실가스에너지 목표관리제 이행 결과 평가
기획재정부	보조사업 연장평가, 부담금 운용평가, 재정사업 심층평가
고용노동부	재정지원 일자리 사업평가
과학기술정보통신부	과학관 육성 시행계획 추진실적 평가, 국가초고성능컴퓨팅 시행계획 추진실적 평가
국무조정실	청년정책 시행계획 평가, 국제개발협력(ODA) 시행기관 역량진단
국민권익위원회	공공기관 부패방지 교육실적 점검, 공공기관 종합청렴도 평가
여성가족부	성희롱 방지조치 및 폭력 예방교육 점검
인사혁신처	공직윤리제도 운영실태 지도점검, 중앙행정기관 적극행정 종합평가
공정거래위원회	소비자정책에 관한 시행계획 추진실적 평가

문화체육관광부	도서관발전종합계획 시행계획 추진실적 평가
법무부	외국인정책 시행계획 추진실적 평가
법제처	법제업무평가
개인정보보호위원회	공공기관 개인정보 관리수준 진단
조달청	정부물품관리 종합평가
국가정보원	정부 보안업무 평가

출처: 정부업무평가위원회 홈페이지.

사례 **개별사업 성과평가 사례**

- 교육부 산학협력취창업지원과(2023). 『창업교육 혁신 선도대학(SCOUT) 사업 기본계획』. https://www.nrf.re.kr: 사업안내
- 과학기술정보통신부(2023). 『2023년 블록체인 공공분야 집중 · 확산사업 사업자 공모안내서』. https://www.msit.go.kr: 소식/사업공고
- 농림축산식품부 식량정책과(2023). 『2023년 해외곡물망 확보 융자지원 사업지침』. https://www.mafra.go.kr: 알림소식/공지 · 공고

8 메타평가

1) 메타평가의 의의

메타평가(metaevaluation)는 평가를 평가한다(evaluation of evaluation)는 면에서 상위평가로 부르기도 한다. 메타평가는 평가의 과정과 결과의 질적 측면을 판단하기 위해 평가를 체계적으로 다시 조망하는 일련의 과정(Cooksy & Caracelli, 2005)으로, 평가계획 · 집행 및 완료된 평가를 다시 평가하는 것을 말한다. 「정부업무평가 기본법」 제2조에서는 메타평가를 재평가로 규정하고 재평가를 "이미 실시된 평가의 결과 · 방법 및 절차에 관해 그 평가를 실시한 기관 외의 기관이 다시 평가하는 것"으로 정의하고 있다. 오늘날 메타평가는 내부평가가 확대되면서 평가의 질을 확보하기 위해서 그 필요성이 커지고 있다.

메타평가는 일반적인 평가와 같은 맥락에서 다음과 같은 일곱 가지의 전제를 가진다(Stufflebeam, 2011).

- 메타평가는 평가활동의 가치를 사정하는 것이다.
- 메타평가는 사전적으로 의사결정을 지원하는 정보를 제공하고, 평가자의 과거 평가에 대한 책임성과 관련된 회고적인 정보도 제공해야 한다.
- 메타평가는 평가목적, 평가설계의 적정성, 집행의 적합성, 평가 결과의 질과 중요성을 사정해야 한다.
- 메타평가는 평가활동을 기술하고 판단하여 평가활동을 개선하도록 권고해야 한다.
- 메타평가는 내부에 의한 형성평가와 외적 판단을 위한 총괄평가가 이뤄져야 한다.
- 메타평가는 평가에서 다루게 될 평가질문의 형성과 질문에 답을 얻는 데 필요한 정보를 수집·분석하는 활동, 그리고 적절한 의사결정과 책임성을 확보하는 데 활용할 수 있는 정보를 제공하는 과정이 필요하다.
- 메타평가도 일반적인 평가와 같이 기술적인 적합성, 유용성 및 비용/효과를 고려해야 한다.

2) 메타평가의 목적

메타평가의 목적은 평가의 질을 향상하는 데 기본적인 목적이 있다. 메타평가는 특정 프로그램이나 개입의 평가를 넘어 평가연구 및 접근방법의 품질, 관련성 및 효과를 검토하는 데 초점을 두고 시행한다. 이를 통하여 메타평가는 평가의 책임성을 확보하여 평가의 신뢰성 및 평가의 질을 확보하는 것을 목적으로 한다. 메타평가의 주요 목적은 다음과 같다.

- **평가 품질 평가**: 메타평가는 평가의 방법론, 데이터 수집 기법, 분석 및 보고를 검토하여 평가의 엄격성과 신뢰성을 높이고자 한다.
- **일반적인 결과 및 패턴 식별**: 메타평가는 여러 평가 결과를 종합하여 평가와 관련하여 반복되는 주제, 패턴 또는 추세를 식별하여 평가제도에 대한 이해와 개선 방향을 모색하기 위해서 실시한다.
- **평가의 관련성 및 적용 가능성 평가**: 메타평가는 평가의 맥락과 관련성을 고려하여 다양한 설정, 모집단 또는 개입에 대한 일반화 가능성과 적용 가능성을 결정한다.
- **평가 관행 개선**: 메타평가는 향후 평가의 품질과 효과를 향상하기 위한 통찰력과 권장사항을 제공한다. 지식의 격차, 평가방법론의 개선영역을 파악하고 평가 결과의 유용성과 사용을 개선하는 방법을 모색하기 위해서 실시한다.

• 의사결정 및 정책 개발에 대한 정보 제공: 메타평가의 결과와 권장사항은 의사결정자, 정책입안자 및 실무자가 증거기반 의사결정을 내릴 때 정보를 제공할 수 있다.
• 평가 질 확보: 전반적으로 메타평가는 평가의 품질을 향상하고 프로그램 효과에 대한 지식을 증진하여 증거기반 의사결정을 알려줌으로써 평가 체계를 개선하기 위해서 실시한다.

3) 우리나라 성과평가와 관련된 메타평가

우리의 경우 「정부업무평가 기본법」을 기반으로 하여 성과평가와 관련한 메타평가가 이루어지고 있다. 동법 제17조에 따라 중앙행정기관의 자체평가 결과를 확인 · 점검 후 평가의 객관성 · 신뢰성에 문제가 있다고 판단되면, 위원회의 심의 · 의결을 거쳐 메타평가를 실시할 수 있도록 하고 있다. 이외에 행정안전부와 인사혁신처가 주관하는 중앙행정기관 성과관리 · 자체평가(행정관리역량 부문) 운영실태 점검, 과학기술정보통신부가 주관하는 과학기술분야 출연연구기관 상위평가, 기획재정부의 일반재정사업에 대한 각 부처의 자체평가 결과 확인 · 점검, 국가균형발전위원회의 균형발전 자체평가 결과에 대한 상위평가 등이 있다.

이 가운데 중앙행정기관 성과관리 · 자체평가(행정관리역량 부문) 운영실태 점검은 행정안전부와 인사혁신처가 주관하여 행정관리역량 부문에 대하여 매년 중앙행정기관이 자체평가한 결과를 가지고, 그의 적절성을 점검하고 있다. 점검은 외부전문가에 의해서 이루어진다. 2020년 점검의 경우 점검지표(배점)은 자체평가 운영의 충실성(20), 자체평가 내용의 적절성(30), 우수사례의 탁월성(20), 평가 결과 환류의 적절성(30)을 평가하고 있다. 평가 결과 우수 · 보통 · 미흡 기관으로 등급화하고, 우수기관에 대하여 포상을 하고, 특별히 점수가 낮은 분야 및 미흡기관에 대해 컨설팅을 하고 있다. 이외에 내부 메타평가에 속하는 것으로 각 부처나 자치단체에서 성과지표 개발과 관련된 연구도 메타평가의 영역에 해당한다.

기획재정부의 재정사업평가를 통합한 통합 메타평가에서는 '평가과정의 충실도, 평가 결과의 적정성, 지출구조 조정의 적정성과 가점과 감점 등을 기준으로 평가한다.

사례 **성과평가에 대한 메타평가**

- 정부업무평가위원회 · 국무조정실(2023). 『2022년도 정부업무평가 결과』.
- 행정안전부 · 인사혁신처(2021). 『2020년 중앙행정기관 성과관리 · 자체평가「행정관리역량 부문」 운영실태 점검결과』.
- 행정안전부(2022). 『2022년(2021년도 실적) 지방자치단체 합동평가 결과』.
- 기획재정부(2022). 『2022년(2021년도 실적) 공공기관 경영실적 평가결과』.
- 과학기술정보통신부 과학기술혁신본부(2021). 『과학기술분야 출연연구기관 2020년 평가결과 및 2021년 기관평가 추진계획(안)』.

출처: https://www.evaluation.go.kr

제3절 공무원 성과평가

1 전략적 인적자원관리에서 성과평가

1) 의의

공무원 성과평가란 공무원이 기관의 성과에 기여한 것을 평가하는 것을 의미한다. 성과평가는 조직의 인적자원관리뿐만 아니라 전체 조직관리에서 중요한 역할을 한다. 신공공관리와 함께 공공부문의 인적자원관리도 전략계획과 연관된 전략적 인적자원관리(Strategic Human Resource Management: SHRM)로의 패러다임이 변화를 가져오고 있다. 여기에서 전략적이란 말은 두 가지 의미를 포함한다(Farazmand, 2007). 첫 번째는 판단(judgment)을 위한 것으로 직원의 조직 전체 목적에의 기여 정도를 평가하는 것이고, 두 번째는 개발(development)을 위한 것으로 성과평가를 바탕으로 직원의 부족한 면을 파악하여 교육 훈련 등을 위한 정보를 제공하는 것이다. 전략적 인적자원관리에서 성과평가는 개발보다는 조직의 성과 향상에 초점을 둔다. 그러나 현실적으로 성과평가는 주로 인사 담당자들의 승진, 인사이동, 복리후생, 보수와 관련된 결정에 주로 사용되고 있다. 바람직한 인적자원관리를 위해 성과평가의 두 개의 목적 및 기능을 균형되게 강조하여야 한다. 이들의 구체적인 목적과 활용방법을 보면 다음과 같다.

- **직무 관련 목적**: 공무원 성과평가는 조직목적과 연계된 성과평가를 통하여 직무의 성과를 향상하는 것을 기본적인 목적으로 한다. 성과평가는 업무통제의 한 방법으로 공무원이 주어진 업무를 명확하게 인식하고, 목표 지향적 사고를 통하여 직무에 집중하여 성과를 향상하는 수단이 된다. 성과관리 차원에서 공무원 성과평가는 조직목적과 개인목적을 연계한 평가를 통하여 조직의 성과를 향상하고자 한다.
- **인적자원관리 목적**: 공무원 성과평가는 평가를 통하여 개인의 강점과 약점을 파악하고, 교육 훈련의 기본 정보를 제공하여 개인의 경력 발전에 기여하는 것을 목적으로 한다. 이외에도 성과평가에 의한 정보는 개인과 집단의 학습역량을 키울 수 있다. 공무원 성과평가는 승진, 보직관리, 보수와 같은 인적자원관리에 필요한 정보를 제공한다.
- **커뮤니케이션 목적**: 공무원 성과평가는 조직의 목적을 달성하기 위해서 개개인이 해야 할 일과 방법을 명확하게 하는 수단이 되고, 관리자와 피평가자 간의 업무목표와 성과 합의, 평가 결과의 환류 등을 통하여 조직의 계층적인 커뮤니케이션을 활성화할 수 있다.

2) 공무원 성과평가의 요건

공무원 성과평가가 전략적 기획과 성과관리에 기여하고, 성과평가의 목적을 제대로 수행할 수 있도록 하기 위해서는 다음과 같은 것을 고려하여야 한다.

- **전략계획과 연계**: 평가의 대상이 되는 성과는 전략계획 및 집행계획의 성과 및 결과를 기반으로 정의되어야 한다.
- **명확하고 측정 가능한 목표**: 평가 대상이 되는 성과에 대하여 명확한 기대치 또는 성과목표를 제시하여야 한다. 이는 공정하고 객관적인 평가 및 평가에 대한 신뢰 확보를 위해서 필요하다. 이와 관련하여 포괄적이고 직무와 관련된 성과지표가 개발되어야 한다.
- **360도 평가**: 평가의 공정성과 다양성을 확보하기 위해 감독자, 동료, 부하 직원 및 기타 관련 당사자로부터 수집한 자료와 정보를 바탕으로 포괄적으로 평가가

이루어져야 한다.

- **정당하고 균형적인 성과평가 과정**: 성과평가 과정은 모든 직원에게 공정하고 균형되게 진행되어야 한다.
- **투명성과 공정성**: 공무원 성과평가 과정은 투명하고 공정해야 한다. 평가기준, 방법 및 프로세스를 모두에게 공지하고, 일관되게 적용하여 편견 없이 운영되어야 한다. 이와 함께 평가는 객관적인 증거를 바탕으로 이루어져야 한다.
- **참여적 성과평가**: 평가 기대치, 방법 등에 대하여 관리자는 피평가자인 직원과 협의 및 조정을 통하여 합의를 형성하여야 한다. 특히, 피평가자의 이의 신청이나 자유로운 의사표현을 할 수 있도록 해야 한다.
- **정기적 피드백**: 성과에 대하여 정기적인 피드백을 제공해야 한다. 연말에 한번 평가하는 것이 아닌 분기나 수시로 진행상황 등에 대한 피드백을 통하여 개선할 기회를 제공하여야 한다.
- **개발 기회 제공**: 직원들에게는 공정하게 성과개선을 가져올 기회로 교육, 멘토 등을 제공하여야 한다. 이에는 협력적인 조직 분위기도 요구된다.
- **후속조치**: 평가에 대한 후속조치를 해야 한다. 평가를 바탕으로 개인의 성과개선 활동 등의 계획이나 실천에 대한 검토 등의 후속조치가 수반되어야 한다.
- **평가교육**: 성과평가를 담당하는 감독자는 평가과정의 일관성과 신뢰성을 보장하기 위해 성과평가의 기술과 방법에 대한 교육이 요구된다.

2 공무원 성과평가 방법

1) 성과평가기준

1970년대까지의 전통적인 직원 평가는 조직에 대한 충성도, 능력, 직업윤리, 성실성, 열정 등 업무 성과와 무관한 것들을 평가항목으로 활용하였다. 그러나 결과 중심의 관리를 강조하는 신공공관리가 도입됨에 따라 직무 관련성 및 성과가 평가항목에서 강조되고 있다.

성과측정은 신뢰할 수 있고, 담당자가 활용할 수 있도록 실제적이며 담당자가 통제할 수 있는 것을 측정하여야 한다. 미국의 경우에는 성과평가 시스템을 구축하는 법적인 기준으로 직무분석, 직무에 따를 구체적 작업 행동, 피평가자와 의사소통, 감독자 평가 훈련, 문서화와 평가에 대한 모니터링을 요구하고 있다(Burchett & De Meuse, 1985). 이외에 지속적인 환경변화에 따른 조직 전반의 성공에 필요한 기술, 지식, 능력도 평가하기도 하나, 이는 직무성과와 관련성이 높을 때만 타당성을 가진다. 그러나 단기적인 성과에 초점을 둔 평가는 장기적인 성과나 이익을 등한시하는 문제를 가지고, 성과평가가 지나치게 형식화될 위험도 상존한다. 특히, 전략적 인적자원관리 차원에서는 전략적 기획력과 사고역량 등이 중요한 평정요소로 강조되고 있고, 개인의 윤리적 행위도 중요한 요소가 된다.

2) 성과평가 방법

가장 일반적인 평가방법은 피평가자의 직속상관이 평가하는 것이다. 이는 직속상관이 피평가자와 그의 직무를 가장 잘 알기 때문에 정당화된다. 상관의 평가는 평가를 관리 통제의 수단으로 활용할 수 있고, 피평가자의 자기계발에서 코칭과 상담이라는 관점에서 그 필요성을 인정하고 있다. 이러한 감독자 평가를 보완하는 평가방법으로 다음과 같이 다양한 평가방법 및 도구가 제시되고 있다(Pynes, 2009).

- **행동적으로 고정된 등급 척도**(Behaviorally Anchored Ratings Scales: BARS): 이 평가방법은 성과와 관련된 성공적인 행동을 측정하기 위해 고안된 방법이다.
- **체크리스트**(check list): 이 평가방법은 성과 달성에 이바지하는 행동과 관련된 체크리스트를 기반으로 평가자가 평가하는 방법이다.
- **중대사건 방법**(critical incident method): 평가자가 조직의 성과에 긍정적 또는 부정적인 영향을 미친 중요한 사건에 대한 기록을 바탕으로 사건이 성과에 미친 중요도를 바탕으로 평가한다.
- **에세이 방법**(essay method): 평가자는 직원의 성과와 관련된 강점과 약점을 에세이 형식으로 작성하여 평가한다. 이에는 직원들의 의견도 포함될 수 있다.
- **그래픽 등급 시스템**(graphic rating systems): 평가자는 사전에 설정한 범주별로 설정된 척도에 점수를 부여하고 등급을 정하여 평가한다.
- **순위 매기는 방법**(ranking methods): 평가자가 조직 전체 차원에서 피평가자의 기여도로 순위를 매겨 평가한다. 이 방법은 직원의 참여가 부족하다.
- **작업 표준**(work standards): 작업 표준은 생산조직에서 사용되며, 이에서는 국가산업 표준과 같은 것을 사용하여 표준 생산량을 설정하고, 이를 기준으로 상대적

으로 직원을 평가하는 방법이다.

3) 성과평가 방법으로 MBO

전략계획과 성과평가를 연계하는 가장 대표적인 방법으로 조직목표와 개인목표 간에 적절한 균형을 바탕으로 이루어지는 피터 드러커(Peter Drucker, 1954)가 제안한 목표에 의한 관리(Management by Objectives: MBO) 방법을 들 수 있다. 목표에 의한 관리는 관리자와 담당자가 합의로 개인이 달성하여야 할 목표를 설정하고, 이를 달성하기 위해 공동으로 협력하고 최종 성과를 평가하여 조직의 성과 및 생산성을 높이려는 관리방법이다.

기본적으로 MBO는 관리자와 직원 간의 커뮤니케이션을 개선하고, 이를 통하여 직원의 동기부여와 참여의식을 향상하여 직원의 성과 향상을 통하여 조직의 성과를 개선하고자 한다. MBO에서 설정된 합의된 목표는 직원의 성과를 쉽게 평가하고, 평가에 대한 신뢰성을 확보할 수 있도록 한다. MBO는 사업의 집행과정에서 정기적인 검토와 피드백을 통하여 성과개선을 추구하고, 관리자의 헌신과 담당자의 참여라는 상호작용을 통하여 직원들은 자신의 목표와 조직의 현실을 연결할 수 있도록 한다.

3 우리나라 공무원 성과평가

1) 개관

우리의 전략계획과 전략적 인적관리를 연계하는 공무원 성과평가는 전략계획에 의한 집행성과를 공무원 성과평가와 연계하여 조직의 성과를 향상하고자 한다. 「국가공무원법」, 「공무원 성과평가 등에 관한 규정」, 「공무원 성과평가 등에 관한 지침」에 의해서 운용되는 우리의 공무원 성과평가는 기본적으로 목표관리제에 의한 평가방법을 취하고 있다. 이를 바탕으로 각급 행정기관은 공무원 성과평가를 위하여 매년 소속 공무원에 대한 성과평가, 성과면담, 평가 결과의 활용 및 성과향상을 위한 지원 등을 포함한 부처 내 평가 전반에 대한 계획을 수립하여 인사혁신처장에게 통보하고, 이를 기반으로 성과평가를 한다.

공무원 평가에서 5급 이하 공무원을 대상으로 하는 근무성적평가는 성과관리와 관련된 성과평가라 할 수는 없다. 성과평가는 고위공무원단 소속 공무원을 포함한 4급 이상 공무원과 연구관·지도관 및 5급 이하 공무원 중 성과계약 등 평가가 적합하다고 인정하는 공무원을 대상으로 평가한다. 공무원 성과평가는 조직목표와 개인목표를 유기적으로 연계하고 결과 중심의 평가지표를 설정함으로써, 개인 또는 부서에 대한 성과평가를 통해 조직의 성과 향상을 도모하며, 성과계약 내용을 바탕으로 상·하급자 간에 주기적인 성과면담과 피드백, 코칭을 실시하여 개인의 능력발전을 도모함을 목적으로 시행하고 있다(인사혁신처 예규 제145호: 공무원 성과평가 등에 관한 지침).

2) 평가과정

공무원 성과평가는 [그림 7-1]과 같이 성과평가는 해당 기관의 임무 등을 기초로 평가 대상 공무원과 평가자 및 확인자가 협의하여 연초에 성과목표를 선정하여 성과계약을 체결하고, 진행상황에 대한 중간점검을 한 뒤에 매 연말기준으로 성과계획의 성과목표 달성도 등을 고려하여 개인실적, 부서실적, 직무수행능력 등을 평가항목으로 선정하게 된다.

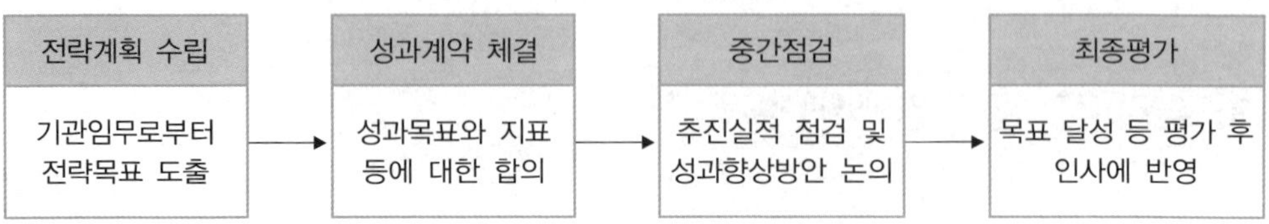

[그림 7-1] 성과계약 등 평가과정

3) 평가항목

성과평가 항목은 기관별로 기관의 특성에 따라서 다르게 정할 수 있다. 이에 의해 소속 장관은 4급 이상 공무원(고위공무원단 포함)에 대한 성과평가에서 부처 내 직종·직위·직무특성 등을 감안하여 개인의 업무실적에 대한 성과목표 달성도 평가 결과, 부서 또는 조직단위의 각종 부서운영 평가 결과, 그 밖에 직무수행과 관련된 자질 또는 능력 등에 대한 평가 결과 중에서 하나 또는 그 이상으로 평가항목을 정할 수 있도록 하고 있다. 「공무원 성과평가 등에 관한 지침」은 평가항목별 예시로 다음을 제시하고 있다.

- **개인 성과목표 달성도 평가(개인실적)**: 조직의 전략목표와 평가지표를 바탕으로 개인의 성과목표와 지표를 도출하여 평가자와 평가대상 공무원 간에 성과계약을 체결하고, 평가지표 측정 결과에 따른 목표 달성도를 기준으로 평가
- **부서운영 평가 결과(부서실적 평가)**: 조직(본부-지원부서 · 사업부서, 소속 기관) 및 부서단위(과 · 팀, 관 · 국 · 실 등)의 성과를 측정 · 관리하기 위한 각종 평가(예: 정책 만족도, 민원 만족도, 전화 친절도, 지식관리, 규제개혁 등 부서단위 각종 평가 결과)
- **직무수행과 관련된 자질 또는 능력평가(직무수행능력평가)**: 개인 및 부서 업무실적에 대한 평가 외에 직무수행과 관련된 자질과 능력에 대한 평가(예: 역량평가, 청렴도 평가 등)

4) 평가

공무원 성과평가는 기관의 성과평가 기본계획에 의해서 평가하게 된다. 예로, 2022년 행정안전부 성과평가의 경우 과장급에 대한 평가는 부서실적 평가(80%)와 직무수행능력평가(20%)에 개인 가감점(±5점)의 합계로 등급을 정하고 있다. 평가과정을 다음과 같이 요약할 수 있다. 우선 과장급 공무원이 성과관리 시스템에 성과목표 및 지표를 등록하고, 목표과제가 정상적으로 진행되고 있는지를 확인하는 중간점검을 실시한다. 다음으로 평가대상자의 평가지표를 측정한 결과인 주요 업무추진실적을 성과관리 시스템에 등록하고, 평가자(직상위자, 실 · 국장)가 직무수행능력을 평가하고, 확인자가 실 내의 서열화를 하며, 평가자가 대상자의 실적 · 능력에 대한 평가의견을 입력한다. 평가 결과에 대하여 피평가자는 이의를 신청할 수 있다. 평가 결과를 바탕으로 성과계약 등 평가위원회(위원장: 차관/위원: 본부 실 · 국장)에서 최종 등급을 확정(±5점 가감점 부여 가능)한다. 등급은 매우 우수(S): 20%, 우수(A): 30%, 보통(B): 40%, 미흡 · 매우 미흡(C · D): 10%로 상대평가를 한다. 특히, 지침에 의하여 다음의 경우에 최하위 등급을 부여하도록 하고 있다.

- **성과에 관한 사항**: ① 성과계약서상 성과목표 달성도가 50% 이하인 경우, ② '미흡' 등급 2년 연속 부여+다음연도 성과평가(3년째)에서도 '미흡' 이하를 부여하고자 하는 경우 반드시 최하위 등급(매우 미흡) 부여

- 직무태만에 관한 사항: ① 소관 업무에 문제가 발생하여 자체 · 외부 감사 결과 해당 고위공무원에 대한 징계의결이 확정된 경우, ② 소관 업무에 문제가 발생하여 자체 · 외부 감사 결과 소속 직원의 중징계의결이 확정된 경우
- 업무상 비위 등: ① 업무상 비위로 인해 징계의결 되거나 형사사건 기소된 경우, ② 품위손상으로 인해 중징계 의결된 경우

5) 평가 결과의 활용

성과평가 결과는 「공무원 보수 등의 업무지침」에 의한 성과급 결정을 위한 기초자료로 활용하고, 성과관리카드에 수록하여 각종 인사운영에 반영하도록 하고 있다. 그리고 평가의 책무성을 확보하기 위해서 평가자가 평가대상자에게 부여한 평가등급은 평가자의 성과관리카드에 기록하여 관리하도록 하고 있다.

사례 공무원 성과평가 관련 자료

- 인사혁신처: 『인사혁신처 예규 제145호: 공무원 성과평가 등에 관한 지침』.
- 행정안전부(2022): 『2022년 부내 성과평가 기본계획』.
- 국방부: 『국방부 훈령 제2380호, 국방부 성과평가 등 운영 훈령』.
- 기상청: 『기상청 훈련 제1054호, 기상청 성과평가 규정』.

제4절 성과평가 보고서 작성과 보고

1 성과평가 보고서의 작성

성과평가 보고서의 작성은 평가 결과의 활용과 공개를 위해서 필요하다. 평가 결과를 담당자와 이해관계자에게 환류하지 않으면 평가 결과를 활용할 수 없고, 활용하지 않으면 성과관리의 기본목적을 달성하지 못하게 된다. 성과평가 보고서는 성과평가 항

목에 대한 답과 그 답에 대한 근거 및 평가방법 등을 설명한 공식적 문서이다.

성과평가 보고서에는 최소한 다음과 같은 내용이 포함될 필요가 있다(OMB, 1999).

- 실제 성과와 성과계획에서 성과목표로 제시한 성과수준과 비교
- 성과목표가 달성되지 못했을 때 목표를 달성하지 못한 이유
- 달성하지 못한 목표에 대한 앞으로의 계획과 일정에 대한 설명
- 달성하지 못한 목표가 비현실적이거나 달성할 수 없다고 결론을 내릴 때 그 이유와 권고활동에 대한 설명

대부분 평가보고서는 기관평가 및 사업평가에 대한 평가주관 기관에서 검토하고 순위를 결정하는 수단이 되기 때문에, 법규, 평가편람이나 계획서에 보고서의 내용 및 기본양식을 제시하게 된다. 미국의 성과보고서에는 성과지표, 성과목표, 전년도 사업 성과 명시, 성과목표의 달성 여부를 명시, 미달성 시에는 미달성 사유, 앞으로 성과목표 달성을 위한 추진 계획을 기술하고, 성과목표가 비현실적일 경우에는 조치 요망사항을 기술하도록 하고 있다(OMB, 2022).

우리의 경우 각 부처에서 국무조정실과 해당 국회 소관 상임위원회에 제출하는 자체평가 결과보고서의 기본양식을 매년 제시되고 있는 『정부업무 성과관리 운영지침』에 포함하고 있다. 이에는 요약본 작성 양식 등을 제시하고 있다. 사업계획의 경우에도 사업 관련 지침이나 매뉴얼 등에 평가보고서의 양식, 분량 등을 제시하고 있다. 이들 보고서는 기관이나 사업의 순위를 평정하는 기준이 되기 때문에, 기본양식과 분량 등을 준수하여 작성할 필요가 있다.

사례 성과보고서 양식

- 국무조정실(2022). 『2022년 정부업무 성과관리 운영지침』.

성과보고서 사례

- 교육부(2022). 『2021년 자체평가 결과보고서(주요 정책부문)』.
- 보건복지부(2022). 『2021년 자체평가 결과보고서(주요 정책부문)』.

* 중앙행정기관의 주요 정책부문의 성과보고서는 자체평가 결과보고서의 별첨으로 '전략목표 성과분석 보고서'로 작성.

출처: https://www.evaluation.go.kr/web/index.do

재정성과보고서

- 기획재정부(2023). 『2022년도 소관별 재정사업 자율평가보고서』. https://www.openfiscaldata.go.kr

사업계획 성과보고서

- 건축공간연구원(2021). 『건축정책(2019~2021) 건축정책 성과보고서』. https://www.codil.or.kr

2 성과평가 보고서의 보고와 공개

1) 의의와 목적

전략적 성과관리 활동의 필수적 구성요소인 성과평가 결과의 보고는 성과의 내용과 결과를 이해관계자에게 알리는 활동을 의미한다. 성과평가에서 보고활동이 없으면 활용하지 못하고 성과평가의 의미가 없게 된다. 성과평가 결과를 보고하고 공개하는 목적은 보면 다음과 같다.

- 프로그램의 성과 또는 영향을 입증
- 정부운영의 투명성과 책임성 확보
- 정부 프로그램의 개선 현황 제시
- 구성원의 학습 촉진
- 추가적 지원의 필요성을 정당화
- 내부의 지원 및 조정 확보

이러한 목적을 위해 대부분 국가에서는 사업에 대한 성과평가의 결과를 법이나 제도적으로 공개를 의무화하고 있다. 미국의 GPRAMA에서는 연방정부의 각 부처는 매년 대통령과 의회에 과거 3년 간의 성과보고서 제출을 의무화하고, 보고서는 인터넷을 통하여 공개하도록 하고 있다. 우리의 「정부업무평가 기본법」(제27조)은 "국무총리는 매년 각종 평가 결과보고서를 종합하여 이를 국무회의에 보고하거나 평가보고회를 개최하여야 한다." 그리고 "중앙행정기관의 장은 전년도 정책 등에 대한 자체평가 결과(위원회에서 심의 · 의결된 것을 말한다)를 지체 없이 국회 소관 상임위원회에 보고하여야 한다"고 규정하고 있고, 이외의 행정기관도 "성과관리 및 자체평가의 예에 따라 성과관리 및 자체평가계획을 수립 · 시행하고, 그 결과를 공개하도록 노력하여야 한다"(동법 제32조)고 규정하고 있다. 「국가재정법」(제85조의7)도 각 중앙관서의 장은 예산요구서를 제출할 때 다음 연도 예산의 성과계획서 및 전년도 예산의 성과보고서를 함께 제출하여 의회의 예산심의에 활용하도록 하고 있다.

내부적으로 성과평가에 대한 과정평가의 성격을 가지는 모니터링 결과를 보고하기 위해 월별 · 분기별로 정기적인 검토회의를 가지는 것도 집행에 대한 통제를 위해 매우 효과적이다. 이 밖에 필요한 경우 직원회의 등에서 간단하게 보고하는 것도 보고활동에 속한다.

2) 보고 대상 및 방법

보고는 보고 대상에 따라서 내부보고와 외부보고로 구분할 수 있다. 내부보고는 주로 의사결정을 위한 것으로, 이를 통하여 프로그램의 개선과 수정 및 구성원의 학습목적으로 이루어진다. 이에 내부보고에서는 주로 진행상황, 활동 내용, 장애 요인, 자원 등에 초점을 두고서 이루어진다. 한편 외부보고는 의회나 대중과 같이 외부 이해관계자에게 보고하는 것으로, 주요 목적은 책임성 확보에 있다. 이에 주로 결과 지향의 성과에 초점을 두고 보고하게 된다.

보고활동은 보고서 이용의 효용성을 높이기 위해 행동 지향적으로 이루어져야 하고, 보고 대상자의 특성에 적합하게 맞춤형 보고가 이루어져야 한다. 이에 보고나 대상자에게 프레젠테이션하기 전에 다음과 같은 것을 고려하여 준비할 필요가 있다.

- 누가 청중인가?
- 평가보고의 목적(의사결정 지원, 단순 정보 전달, 성과 모니터링 등)이 무엇인가?
- 전달해야 할 기본적인 내용은 무엇인가?(현재 상황, 성과 정도 등)
- 어떤 형식으로 결과를 제시할 것인가?(보고서, 브로슈어, 구두보고 등)
- 자료와 가정에서 우선하여 설명해야 할 것은 무엇인가?

보다 구체적으로 보고 대상에 따라서 고려하여야 할 것을 보면 다음과 같다.

① 선거직과 고위관리자

조직의 최고관리자를 중심으로 한 선거직 공직자에게는 가장 핵심적인 전략적 이슈와 관련된 정보를 중심으로 보고서가 작성되어 제공될 필요가 있다. 이들 성과정보는 대부분 조직의 목적이나 임무와 연계된 정보이다. 주요 정책 및 전략결정의 책임이 있는 이들에게는 평가 결과를 더 잘 이해할 수 있도록 좋은 성과와 나쁜 성과를 구체적으로 설명하는 것이 좋다. 그리고 평가에 사용된 자료가 어떻게 확인되고 검증되었는가를 간단하게 설명해야 한다. 보고서의 형태는 사용자 지향적이게 그래프, 차트, 표 등으로 간단하게 표현하는 것이 좋다.

② 중간관리자

주요 프로그램의 관리자들에게는 정기적이고 상시 정보를 제공하는 것이 좋다. 특히, 일선관리자에게는 선거직이나 고위관리자보다 더 자주 보고되는 것이 좋다. 이를 위해 성과평가 결과가 나오게 되면 항시 제공될 수 있는 제도적 메커니즘이 구축되어야 한다. 이들에게는 특히 고객과 관련된 인구학적 또는 지리적으로 분류된 정보의 제공이 필요하다.

③ 고객 및 일반국민

사업과 관련하여 고객이나 일반국민에게 공청회 등을 통하여 보고하고자 할 경우에는 세부적인 내용보다는 핵심적인 성과 결과의 변화 모습을 중심으로 작성되는 것이 효과적이다. 일반국민에게 제공되는 정보 가운데 성과가 낮은 분야에 대해서는 앞으로 계획을 개괄적으로 제시할 필요가 있다. 그리고 보고서는 알기 쉬운 형태로 제공될 수 있도록 요약된 형태의 보고서나 인포그래픽 형식이 바람직하다.

3) 바람직한 성과정보의 보고와 공개

성과정보의 보고와 공개 활동을 위해서 보고와 공개는 다음과 같아야 한다(INTOSAI Development Initiative, 2020).

- 결과에 초점: 성과보고는 무엇을 했는가 하는 활동을 보고하는 것이 아니라 활동의 결과로 성과목표와 연계하여 이루어져야 한다.
- 증거기반: 성과보고는 성과에 대한 입증된 정보와 이에 대한 분석을 기반으로 한 보고서를 통하여 이루어져야 한다.

- **투명성과 미래 지향:** 보고는 성과와 그 이유를 투명하고 명확하게 설명하여야 하고, 성과가 낮은 경우 해결방안을 보여주어야 한다.
- **관련성:** 종종 외부에 보고할 경우에 너무 많은 것을 보여주고자 한다. 바람직한 보고가 되기 위해서는 핵심된 것을 중심으로 간결하게 이루어져야 한다.
- **경제성:** 보고는 그에 따른 시간과 비용 및 효과를 생각하여 이루어져야 한다.

이외에 성과정보의 보고와 공유과정에서 그의 효용성을 높이기 위해서 다음과 같은 조건을 확보할 필요가 있다(Yarbrough et al., 2011).

- 평가의 정확성을 확보하기 위해 평가의 보고와 공유에 대한 커뮤니케이션 계획을 수립할 필요가 있다. 이 계획은 상황에 따라 신축적이고 대응적이어야 한다.
- 평가과정에서 공식적 · 비공식적인 보고일정은 정보 이용자의 욕구에 의해 결정해야 한다.
- 보고서 작성자의 의도와 이용자가 보고서를 이해하는 것이 일치되는지를 점검할 수 있도록 해야 한다.
- 정보 수집을 공식적 · 비공식적인 보고를 위한 기회로 활용하라. 예를 들어, 초점집단 면접에서 프로그램에 대한 예비 결과를 보고하여 의견을 수렴할 수 있다.
- 공식적 보고에 앞서 특별한 청중에게 어떻게 하면 최선의 보고를 할 수 있는지에 대해 예비보고를 하는 것도 필요하다.
- 공식적 · 비공식적 보고상황에서 정확성에 영향을 줄 수 있는 평가자 및 기타 관련인의 배경적인 특성에 대한 정보를 얻어야 한다.
- 공식적 보고의 내용과 범위가 정확성을 확보하게끔 지침을 만들어야 한다.
- 보고의 정확성을 제고하기 위해 동영상이나 사진 등과 같은 매체를 적극적으로 이용한다.

4) 성과평가 결과의 공개방법

전략적 성과관리를 위해 성과평가 결과는 다양한 형태로 공개되어야 한다. 성과정보의 공개는 성과관리에 대한 책무성 확보에 핵심을 구성하는 활동이다. 그리고 성과정보의 공개는 고객과 이해관계자들이 정부에 활동에 관심을 가지고 성과개선을 위해 논의와 토론을 촉발할 수 있게 한다. 성과정보의 공개는 의사소통의 활성화를 위해 높은 접근성과 정보에 대한 이해를 쉽게 할 수 있도록 이루어져야 한다.

성과정보의 공개는 효과적인 의사소통을 위해 대상 청중이 정보에 접근하고 이해할 수 있도록 해야 한다. 특히, 이해를 도모하기 위해 일반인이 이해할 수 없는 전문용어나 복잡한 데이터가 없는 간결하고 명확한 형식으로 표시되어야 한다. 오늘날에는 이해를 쉽게 하도록 다양한 형태의 시각화를 통하여 성과정보를 제공하고 있다. 이의 대표적인 방법이 성과 대시보드(Dashboards) 또는 스코어카드(Scorecard) 형식으로 제공하거나 간략화하여 인포그래픽(Infographic)이나 맵(maps) 등을 활용하여 성과정보를 공개하고 있다. 이들 정보는 보고서 이외에 예산 문서, 뉴스레터, 인터넷 기관 홈페이지 등과 통합되어 사용되고 있다.

성과정보에 대한 오늘날 가장 대표적인 방법은 인터넷 매체를 통하여 공개하는 것이다. 미국의 경우 'https://www.performance.gov'에 연방정부 기관의 성과평가 및 성과관리와 관련된 각 부처의 정보를 통합적으로 관리하고 있다. GPRAMA는 이 사이트의 관리 및 제공해야 할 기본정보의 내용, 공개일정 등을 규정하고 있다.

우리의 경우 「정부업무평가 기본법」(제26조)은 "국무총리 · 중앙행정기관의 장 · 지방자치단체의 장 및 공공기관평가를 실시하는 기관의 장은 평가 결과를 전자통합평가체계 및 인터넷 홈페이지 등을 통하여 공개하여야 한다"고 규정하고 있고, 「국가재정법」(제85조의12)도 "기획재정부 장관은 재정사업 성과정보관리 시스템을 구축 · 운영하여야 하며, 성과정보가 공개될 수 있도록 필요한 조치를 마련하여야 한다"고 규정하고 있다. 이외에 공공기관의 성과관리 활동은 「공공기관이 정보공개에 관한 법률」의 대상이 되는 정보로 공개가 의무화되어 있다. 우리의 주요 성과평가 결과의 공개 현황을 보면 〈표 7-11〉과 같다.

〈표 7-11〉 성과정보 공개 현황

구분	평가 유형	공개 사이트
중앙행정기관	특정평가	정부업무포털(https://www.evaluation.go.kr)
	자체평가	정부업무포털(https://www.evaluation.go.kr)
	개별평가	주관 부서 홈페이지 등 다양한 방법으로 공개
지방자치단체	합동평가	내고장 알리미(https://www.laiis.go.kr/)
	자체평가	기관 홈페이지, 보도자료 등 다양한 방법으로 공개
	개별평가	기관 홈페이지, 보도자료 등 다양한 방법으로 공개
	재정성과평가	지방재정 365(https://www.lofin.mois.go.kr/)

공공기관	공기업·준정부기관 평가	기획재정부(https://www.moef.go.kr) 알리오(https://www.alio.go.kr) 각 기관 홈페이지
	기금평가	기획재정부(https://www.moef.go.kr) 알리오(https://www.alio.go.kr)
	국가과학기술연구회 소관	국가과학기술연구회(https://www.nst.re.kr)
	과학기술정보통신부 산하	국가과학기술지식정보서비스(https://www.ntis.go.kr)
	경제·인문사회 분야 연구기관	경제·인문사회연구회(https://www.nrc.re.kr)
	지방공기업 평가	행정안전부(www.mois.go.kr) 클린아이(www.cleaneye.go.kr)

제5절 성과정보의 활용

1 성과정보 활용의 의의

성과 모니터링과 성과측정 및 성과평가를 하는 이유는 이를 통하여 얻은 정보를 활용하여 성과관리체계를 효율적이고 효과적으로 운용하여 조직의 성과를 향상하는 데 있다. 성과관리 과정에서 확보한 성과정보를 활용하지 않는다면 모니터링이나 성과평가는 의미가 없게 된다. 성과관리에서 성과정보의 활용에 의한 환류활동이 활발할수록 사업성과 제고, 예산 배분 효율성 증대, 목표 달성도 향상 등에서 우수한 성과를 창출한다(유화선·박형근·박형준, 2021).

정책이나 프로그램 평가와 비교하여 성과관리체계 내에서 핵심 부분을 구성하는 성과평가는 그 활용에 초점을 두고 있다. 시스템적 관점에서 성과정보의 활용은 성과관리체계에서 환류기능을 하면서 지속적 발전을 위한 핵심적인 역할을 한다. 긍정적 환류의 차원에서 성과정보의 활용은 환경의 변화 등에 적응하여 조직의 성과를 향상하고, 부정적 환류의 차원에서 성과정보의 활용은 잘못된 것을 수정하여 성과 시스템의 안정성을 확보할 수 있도록 한다.

성과측정으로부터 얻어진 성과정보는 조직관리 및 의사결정과 관련하여 거의 모든 분야에 활용될 수 있다(Dooren et al., 2015). 특히, 성과측정으로 얻어진 성과정보는 조직의 전략적 변화에 영향을 미치고, 조직의 리더와 구성원의 높은 성과를 달성하도록 하는 데 핵심적 기능을 수행한다(Latham et al., 2008; Epstein et al., 2005).

2 성과정보의 활용 영역

성과정보는 〈표 7-12〉와 같이 크게 세 가지 영역에 사용될 수 있다(Dooren, 2015). 첫째는 성과정보를 정책이나 프로그램의 개선과 관련된 의사결정에 활용하는 것이고, 둘째는 성과를 위한 활동이 계획대로 추진되도록 하는 통제활동에 활용하는 것이며, 셋째는 성과를 개선하기 위한 활동과 결과를 보여주기 위한 것이다. 전략적 기획과 성과관리에서는 책임성 확보나 통제보다는 미래 지향적인 학습에 활용하여 정책이나 프로그램의 개선활동에 활용할 것을 강조한다.

성과관리에서 성과평가의 활용영역을 구체적으로 살펴보면 다음과 같다(Kusek & Rist, 2004; Abramson et al., 2018; NIST, 2020).

〈표 7-12〉 성과정보의 세 가지 활용방법

구분	학습을 위해	조정과 통제를 위해	성과에 대한 설명을 위해
핵심 질문	정책이나 관리를 어떻게 개선할 것인가?	활동을 어떻게 통솔할 것인가?	성과를 어떻게 전달할 것인가?
지향점	변화/미래	통제/현재	생존/과거

출처: Dooren(2015).

① 전략계획 및 성과계획의 개선에 활용

이는 가장 직접적인 성과정보의 활용영역으로 성과정보를 전략계획이나 집행계획의 수정과 관련된 의사결정에 활용하는 것이다. 성과평가를 통하여 전략계획의 목적이나 목표, 집행계획의 성과목표와 전략을 수정・개선하거나, 효과가 없는 목표나 전략을 종결하기 위한 정보로 활용할 수 있다.

② 기존 프로그램의 개선에 활용

집행과정에 대한 성과평가 정보는 다음과 같은 활동에 필요한 정보를 제공하여 기존 프로그램의 서비스 전달체계의 개선에 활용할 수 있다.

• 프로그램과 그의 영향에 대한 이해를 증진

- 서비스 전달과 과정에 대한 이해 증진
- 프로그램의 바람직한 변화 요인의 확인
- 프로그램 집행과정의 장애 요인과 성공 요인의 확인
- 프로그램 내부 및 프로그램 간의 자원 재배분 대안 제공
- 모니터링 정보는 관리자에게 사전 경고의 기능을 하여 위기에 대한 대응 등을 하도록 함
- 성과평가 결과 우수사례는 집행의 벤치마킹 기능을 하도록 함

③ 책임성 향상

성과 결과의 공개 및 낮은 성과에 대한 제재는 프로그램에 대한 책임 있는 기관과 담당자로 하여금 해야 할 일에 더 집중하도록 하여 성과를 향상하게 하는 역할을 한다. 성과정보는 의회에 보고되고 국민에게 공개됨으로써 책임성을 확보할 수 있다. 이외에도 성과정보는 대내적으로 업무에 대한 책임성을 향상하고 관리자에게 통제수단을 제공한다.

④ 조직관리에 활용

성과평가 결과에서 얻어진 정보는 예산, 인적자원관리, 조직 거버넌스 관리 등에 활용할 수 있다.

- 성과평가 결과에 의하여 우선순위가 높은 프로그램에 재원을 우선 배정하여 재원의 효용성을 제고할 수 있다.
- 구성원 개인에 대한 성과평가를 한 결과는 인적자원관리에서 보수 결정, 승진, 배치 등에 활용되고, 이를 통하여 직원에게 동기를 부여하고 직원의 책무성을 향상할 수 있다.
- 성과평가는 구성원에게 자기가 무엇을 해야 하고, 어떻게 해야 하는지에 대한 명확한 목표의식과 로드맵을 제공한다.
- 프로그램 운영에 필요한 고객 또는 일반국민 및 이해관계자와의 관계에 대한 정보를 얻어서 조직의 합리적인 거버넌스 관리에 활용할 수 있다.
- 참여적인 성과평가는 조직의 커뮤니케이션 기능을 활성화하는 기회를 제공한다.

⑤ 학습조직화

학습조직은 구성원 간 지속적 학습과 개발을 중시하고 촉진하는 조직이다. 이는 지

식정보화 사회에서 지식의 창출 · 공유 · 활용이 중시되면서 조직발전의 중요 요인이 된다. 성과평가는 조직 및 성과관리에 필요한 정보와 지식을 창출하는 데 활용된다.

⑥ 상징적 활용

성과평가나 성과평가 결과의 공개는 종종 정치적 목적으로 사용되기도 한다. 기관(장) 홍보 등의 목적으로 성과정보를 활용하는 긍정적인 측면도 있지만, 성과평가에 대한 왜곡된 정보를 창출할 위험도 상존한다.

3 성과정보 활용 촉진방법

1) 좋은 성과정보의 창출

좋은 성과정보를 창출하여야 성과정보의 이용을 촉진할 수 있다. 질(quality)이 확보되지 않은 성과정보를 활용하면 오히려 문제가 확대될 위험이 있다. 성과정보의 활용에 도움이 될 수 있는 좋은 성과정보는 〈표 7-13〉과 같은 특성이 있는 정보이다.

〈표 7-13〉 좋은 성과정보의 특징

특성	구성요소
관련성 (relevant)	(증거를 바탕으로 목표에 초점을 맞추면서 목표와 연계) • 목표와 실제 업적 간의 논리적 관계 • 실제 업적은 증거를 바탕으로 양적 · 질적 지표를 이용하여 보고 • 초점은 결과, 비용 관련 정보와 핵심적인 성과에 둘 것 • 정보는 적시에 생산되어야 함
이해 용이성 (understandable)	• 프로그램의 맥락(위임사항, 임무, 외부환경, 프로그램과 주요 전략 포함)이 목표와 관련되어 설명 • 목표와 관련하여 명확하고, 측정 가능하고 일관된 기대를 설정 • 실제와 기대하는 성과 간의 비교가 다른 조직 및 시간에 따른 변화 경향을 알 수 있도록 함 • 정보원과 자료의 한계, 분석과 표현에 대한 설명 • 정보는 선택적이고 축약적이어야 함
기여도 (attributable)	• 산출과 중간 결과 및 최종 결과와의 연계가 설명되어야 함 • 성공에 대한 기여가 설명되어야 함. 이에는 기여에 대한 증거와 외부 요인의 역할이 제시되어야 함
정확성 (accurate)	(올바른 자료 분석과 표현) • 적절한 자료의 수집, 분석, 표현 방법이 제시 • 사용된 성과지표는 측정하고자 하는 것을 정확하게 표현 • 결론은 증거에 의해 뒷받침되어야 함

균형성 (balanced)	(성과의 모든 핵심적 요인을 포함) • 모든 성과목표를 포함하도록 함 • 성과의 중요한 핵심적 측면을 보고: 성과가 좋으냐 나쁘냐와 관계없이 어느 정도 달성되고, 어느 정도 비용-효과적이고 능률적인지, 의도하지 않은 중요한 효과, 교훈이 되는 것 등

출처: AGC(1998).

2) 성과평가 정보와 관리 시스템의 통합

성과정보를 조직의 관리활동에 활용을 촉진하기 위해서는 성과평가 정보와 조직관리를 통합한 통합 성과관리 시스템을 구축하여 운영하여야 한다. 이를 통합하는 방법으로 다음의 것들이 있다.

- **예산과정과 통합:** 매년 예산을 편성할 때 성과결과 보고서를 첨부하도록 제도화하는 것이 필요하다. 이는 예산편성 및 심의에 매우 귀중한 정보가 될 수 있고, 이에 따라 예산을 편성할 때 우선순위에 의한 자원 배분을 가능하게 한다.
- **인력관리 시스템과 통합:** 조직 차원에서 전략적 성과측정 시스템이 성숙하고 잘 운영되도록 하려면 개인에 대한 성과평가와 통합할 필요가 있다. 이의 대표적인 방법이 기관의 성과평가 결과를 공무원 성과평가에 활용하는 것이다.

3) 평가회의 개최

정기적으로 검토나 평가회의를 개최하여 평가 결과를 어떻게 활용할 것인지에 대하여 토론하는 것이 필요하다. 이를 바탕으로 전략계획 및 행동계획을 수정하고 집행하는 과정이 필요하게 된다. 이는 월별, 분기별, 연차별 회의로 제도화하는 것이 필요하다. 특히 매년 새로운 성과계획서를 작성하기 전에 집행 모니터링 및 성과평가에 대한 종합적 검토회의를 하고, 이를 성과계획에 반영하도록 한다.

4) 성과정보 이용 활성화를 위해 고려할 것

성과정보의 이용을 촉진하려면 정보 활용을 성과정보 시스템의 설계에 반영하고, 이용을 의무화 또는 제도화해야 한다. 성과관리 시스템을 개발하는 팀은 시스템의 설계 과정에서 연관성이 있고, 적절하며, 정확하고 타당한 지표를 선택하고, 사용자 지향적인 설계를 해야 한다. 특히, 다음을 고려할 필요가 있다.

- 성과평가체계를 이론이나 방법 중심이 아닌 활용 중심의 평가체계로 구축해야 한다.
- 측정방법을 주요 이용자와 협력하여 개발함으로써 측정에 대한 지지기반을 구축하는 것이 필요하다.
- 특히, 주요 의사결정자에게 어떠한 종류의 정보를 원하고, 그들이 원하는 형식이 어떠한 것인지를 확인하고 이를 반영하여야 한다.
- 과정보다는 결과 지향적으로 측정 시스템을 구축해야 한다.
- 과도한 업무 부담 없이 효율적으로 자료를 수집하는 방법을 찾아야 한다.
- 자료의 출처와 개별 성과지표 측정방법을 상세히 검토한다.
- 사용자들이 쉽게 이해할 수 있도록 보고서를 작성한다.
- 측정 결과가 정확하고 사용자가 받아들일 수 있도록 충분한 시간을 가지고 성과측정 시스템을 구축한다.
- 명확한 보고 지침을 만들어서 성과정보의 정확성과 완전성을 향상한다.
- 평가정보의 활용을 제도화하고 활용에 대하여 성과관리에서 확인한다.
- 데이터의 분석 및 해석 능력을 향상한다. 여기에는 통계분석, 데이터 시각화 기술 또는 데이터 분석도구를 사용하여 추세, 패턴 및 상관관계를 식별하는 것이 포함될 수 있다.
- 성과평가의 결과에 대한 활용자와 이해관계자에게 적시에 올바른 수단으로 전달할 수 있어야 한다.

4 우리나라 성과정보의 활용

1) 기관평가

우리의 「정부업무평가 기본법」은 평가 결과의 활용과 관련하여 다음을 명시하고 있다(동법 제5장).

- **평가 결과의 예산 · 인사 등에 연계 · 반영:** 중앙행정기관의 장은 평가 결과를 조직 · 예산 · 인사 및 보수체계에 연계 · 반영하고, 다음 연도의 예산요구 시 반영하고, 기획재정부 장관도 예산편성 시 반영하여야 한다(동법 제28조).
- **평가 결과에 따른 자체 시정조치 및 감사:** 중앙행정기관의 장은 평가의 결과에 따라

정책 등에 문제점이 발견된 때에는 지체 없이 이에 대한 조치계획을 수립하여 당해 정책 등의 집행중단 · 축소 등 자체 시정조치를 하거나 이에 대하여 자체감사를 실시하고, 그 결과를 위원회에 제출하여야 한다(동법 제29조). 이를 통하여 정책을 개선하고, 업무의 효율성을 증진하게 된다. 이외에 많은 사업에서 평가 결과가 미흡한 경우에 경영 및 기관에 대한 컨설팅을 받도록 하기도 한다.

- **평가 결과에 따른 보상 등**: 중앙행정기관의 장은 평가의 결과에 따라 우수사례로 인정되는 소속 부서 · 기관 또는 공무원에게 포상, 성과급 지급, 인사상 우대 등의 조치를 하고, 그 결과를 위원회에 제출하여야 한다. 그리고 평가 결과 우수기관에 대하여 표창 수여, 포상금 지급 등의 우대조치를 할 수 있도록 하고 있다(동법 제30조). 한편 우수사례는 인터넷을 통하여 공개하거나 책자로 만들어 널리 활용하도록 하고 있다.

재정사업 성과관리 결과에 대하여 기획재정부 장관은 국무회의에 보고하고, 재정사업의 성과평가 결과를 재정운용에 반영할 수 있으며, 중앙관서의 장은 재정사업 성과관리의 결과를 조직 · 예산 · 인사 및 보수체계에 연계 · 반영할 수 있다. 그리고 정부는 재정사업 성과관리 결과 등이 우수한 중앙관서 또는 공무원에게 표창 · 포상 등을 할 수 있도록 하고 있다(국가재정법 제85조의10). 재정성과평가 결과 '미흡' 사업 중 예산삭감이 곤란한 사업은 각 부처의 예산요구 시 미흡 원인분석 및 제도개선 계획 제출을 의무화하고, 2년 연속 '미흡' 사업은 사업 재설계(부처) 및 컨설팅(재정 당국) 실시, 3년 연속 '미흡' 사업은 원칙적으로 사업을 폐지하도록 하고 있다(기획재정부, 2022a).

공공기관경영평가에서 기획재정부 장관은 평가 결과 경영실적이 부진한 공기업 · 준정부기관에 대하여 운영위원회의 심의 · 의결을 거쳐 기관장 · 상임이사의 임명권자에게 그 해임을 건의하거나 요구할 수 있다(공공기관의 운영에 관한 법률 제48조 제8항). 그리고 기획재정부 장관은 경영실적 평가 결과 인건비 과다 편성 및 경영지침 위반으로 경영부실을 초래한 공기업 · 준정부기관에 대하여는 운영위원회의 심의 · 의결을 거쳐 향후 경영책임성 확보 및 경영개선을 위하여 필요한 인사상 또는 예산상의 조치 등을 취하도록 요청할 수 있다(동법 제48조 제9항).

2) 중앙행정기관의 업무추진 성과 종합평가

국무조정실과 정부업무평가위원회에 의한 45개 중앙행정기관의 업부추진 성과를 종합평가한 『2022년도 정부업무평가 결과』에 따른 후속조치를 보면 다음과 같다.

① 평가 결과 공개

각 부처의 부문별 기관종합의 등급(A · B · C)과 주요 정책 등 부문별 주요 실적, 개선 · 보완 필요사항에 대하여 정부업무평가위원회 홈페이지에 공개하도록 하고 있다.

② 우수기관 포상금 지급 및 유공 포상

기관종합 및 부문별 A등급기관에 대하여 포상금을 지급한다. 포상금은 부문 간 배점 비중 차이를 고려하여 배분하여 지급하고 있다. 그리고 유공자에 대하여 포상을 하고, 인사 관련 점수를 약 30점(훈장, 포장, 대통령표창, 국무총리 표창)을 부여한다.

③ 개선 · 보완 필요사항 후속조치

평가시 지적된 개선 · 보완 필요사항에 대해 부처별로 개선을 추진하고, 후속조치 추진 결과를 점검하여 연말 기관평가에 반영하도록 하고 있다. 이와 관련하여 각 부처는 자체평가 결과보고서에 평가 결과에 따른 조치계획을 제시하도록 하고 있다.

3) 중앙부처별 자체평가 활용

각 중앙부처가 매년 수립하는 자체평가계획에는 자체평가 결과의 활용 및 조치와 관련한 내용이 있다. 예를 들어, 고용노동부는 『2023년도 자체평가 계획』에서 다음을 제시하고 있다.

① 정책

- 평가 결과를 차년도 성과관리 전략계획 및 시행계획에 반영하여 정책의 연속성 확보 및 성과 향상을 도모
- 특히, 평가 결과가 일부 개선 필요(6등급) 이하인 과제는 개선 · 보완 필요사항을 지속 관리하고, 부진 과제(최하위 등급)의 경우 별도의 개선계획을 수립하여 자체평가위원회에 보고 후 지속적인 모니터링 및 관리

② 예산

- 재정사업 부문 평가 결과 "미흡" 사업은 지출구조 조정방안 및 성과개선대책 마련
- 평가 결과가 우수 이상이거나 미흡 이하인 사업은 중기재정계획 및 차년도 예산과 연계
- 차년도 예산편성 내부심의 시 평가 결과를 반영하여 과목 통 · 폐합 등 구조조정, 사업 효율성이 높은 쪽으로 예산반영 등 추진

③ 조직

- 주요 정책 분야 및 조직진단 분야 평가 결과 등을 종합하여 부서별 인력조정, 조직개편 및 중기인력운영계획 수립 시 반영

4) 공공기관 경영실적 평가

2022년(2021년도 실적) 공공기관 경영실적 평가 결과에 대한 후속조치를 보면 다음과 같다(기획재정부, 2022a).

① 인사상 조치

종합등급(상대)이 아주 미흡(E) 또는 2년 연속 미흡(D)인 기관 중 현재 재임 중인 기관장에 대한 해임 건의

② 기관장 · 감사 경고조치

기관평가 결과 미흡(D)인 실적 부진기관, 중대재해가 발생한 기관 중 현재 재임 중인 기관장에 대하여 경고조치

③ 경영개선계획 등 조치

평가 결과 종합등급 미흡(D) 이하 기관에 대하여 경영개선계획을 제출받아 이행상황을 점검(기획재정부 · 주무부처)하고, 내년도 경상경비 삭감(0.5~1%p) 등 기관 예산편성에 반영, 중대재해 발생기관에 대하여는 중대재해 발생 방지 등 안전 관련 개선계획을 제출받아 이행상황 점검(기획재정부 · 주무부처)

④ 성과급 지급

경영평가를 종합하여 탁월(S), 우수(A), 양호(B), 보통(C), 미흡(D), 아주 미흡(E)으

로 등급화하고, C등급 이상에 대하여 공기업·준정부기관 예산운용지침에 의하여 성과급을 지급한다.

⑤ 우수지표 평가 면제 조치

경영관리 중 2년 이상 연속으로 우수 등급 이상(A+, A0)을 받은 지표는 해당 지표에 한해 다음 연도 평가 시 우수 등급 이상(A+, A0)을 부여한다.

⑥ 맞춤형 경영컨설팅 실시

평가 결과 실적 부진기관 및 다년간 실적 부진 상태가 지속하는 기관에 대해 경영개선 및 구조개선을 위한 컨설팅을 실시한다.

사례 **평가 결과에 따른 조치계획 사례**

- 보건복지부(2022).『2021년 자체평가 결과보고서(주요 정책부문)』. http://www.mohw.go.kr: 정보/주요계획
- 국토교통부(2023).『2022년 자체평가 결과보고서(주요 정책부문)』. http://www.molit.go.kr: 정보공개/사전공표정보게시판

성과평가결과 활용으로 후속조치 사례

- 국무조정실(2023).『2022년도 정부업무평가 결과』.
- 기획재정부(2022).『2022년(2021년도 실적) 공공기관 경영실적 평가결과』.
- 과학기술정보통신부(2023).『과학기술분야 출연연구기관 2022년 평가결과 및 2023년 기관평가 추진계획(안)』.
- 행정안전부(2022).『2022년(2021년도 실적) 지방공기업 경영평가 결과』.
- 행정안전부(2022).『2023년(2022년도 실적) 지방자치단체 합동평가 실시계획(안)』.

출처: https://www.evaluation.go.kr/자료마당/평가자료

제6절 전략계획의 변화

1 전략계획 변화의 의의

1) 계획의 변화 필요성

모든 계획은 수립되자마자 시대에 뒤떨어진 것이 된다. 전략계획의 수정은 이미 계획서가 발간되기 이전부터 그 필요성을 잠재적으로 가지게 된다. 조직은 지속적 발전을 위해 계획을 계속해서 수정하여 새로운 것을 추구해야 한다. 이러한 변화가 이루어지지 않으면 조직은 정체된다. 확실한 것은 전략계획이 세부적인 측면에서 곧 잘못될 수 있다는 것이다.

이외에도 집행을 위한 연차별 시행계획이 수립된 이후에도 다양한 상황변화로 인하여 계획을 수정할 수 있다. 예를 들어, 「정부업무평가 기본법」(제5조 제2항)에 따라 주로 5년 단위의 계획인 중앙행정기관의 성과관리 전략계획은 성과관리 전략계획에 당해 기관의 임무 · 전략목표 등을 포함해야 하고, 최소한 3년마다 그 계획의 타당성을 검토하여 수정 · 보완 등의 조치를 해야 한다. 성과관리 시행계획의 경우 정책환경의 변화 등을 반영하여 부처에서 자체평가위원회의 심의 · 의결을 거쳐 시행계획 수정안을 국무조정실에 제출하고 승인을 받아서 수정하는 과정을 거치고 있다.

사례 전략계획과 시행계획의 수정 사례

- 국무조정실(2022). 『중앙행정기관 성과관리 전략계획 수립 및 성과관리 시행계획 수정 결과』.

2) 계획 변화의 시기

'전략계획을 언제 수정할 것인가?'에 대해서 다양한 주장이 있다. 환경이 복잡해지고 불안정성이 증대하면서 계획의 실행 가능성을 높이기 위해 계획이 더욱 빈번하게 수정되어야 한다는 주장이 있을 수 있다. 반면에, 동적인 환경에서는 환경을 예측하는 것이 어려우므로 장기계획을 자주 평가하고 수정하는 것이 효용성이 떨어진다는 주장도 있다.

조직은 전략적 기획의 한 순환과정을 완료했거나 진행과정이나 계획을 재평가할 때 전략계획을 갱신할 필요가 있다. 정기적인 수정활동 이외에 기획팀은 전략적 기획의 기본 가정이 변화할 때 수정을 검토해야 한다(Wells, 1996). 전략계획이 전제하는 다양한 가정이 변화할 때 즉시 수정을 할 것인지, 아니면 정기적인 수정활동까지 기다릴 것인지를 결정해야 한다. 전략계획의 가정에는 리더십의 스타일, 조직 내외부의 환경변화, 고객의 욕구 변화, 예산 등의 자원 변화, 기술의 변화 등을 들 수 있다. 이 밖에 전략계획을 수정해야 할 이유로 다음을 들 수 있다.

- 환경의 영향과 외부 조건의 변화
- 전략목적과 목표를 달성했을 때
- 평가 결과로 수정이 필요하다고 할 때
- 고위 리더가 교체되었을 때
- 정기적인 기획의 순환과정이 끝났을 때(예: 1년이 지났을 때)

2 전략 변화의 유형

호그우드와 피터스(Hogwood & Peters, 1983)는 정책의 변화를 크게 네 가지의 차원-정책쇄신, 정책유지, 정책승계, 정책종결-로 구분한다. 이를 기준으로 하여 전략의 변화도 같은 맥락으로 살펴볼 수 있다.

1) 전략의 쇄신

전략의 쇄신은 과거에 개입하지 않던 분야에 새롭게 개입하는 전략을 수립하는 것을 의미한다. 공공조직의 전략적 기획에서 전략의 쇄신은 법규의 변화, 조직의 활동 영역의 변화, 또는 고객의 새로운 욕구 등에 의해 나타나게 된다. 전략의 쇄신은 새로운 전략적 기획과정을 요구한다. 전략의 쇄신은 성장전략으로서 기존 전략에 대한 자원 배분의 변화를 가져온다. 또한 전략의 우선순위에 변화를 주기 위해 전략계획의 기본 틀을 변화시켜야 할 수도 있다. 전략의 쇄신은 정치적인 접근을 요구한다.

2) 전략의 유지

전략의 유지(maintenance)는 전략계획이 추구하는 기본적 목적과 이를 달성하기 위한 전략에 변화가 없는 상태를 의미한다. 전략의 유지는 기존 전략이 성공적으로 집행되었을 때 이루어진다. 성과가 없더라도 자원의 추가적인 투자나 전략상황이 유리하게 변화될 것이라는 예측 속에서도 전략을 유지할 수 있다. 후자의 경우 기존 전략의 타당성을 제시해야 한다. 전략의 유지상황에서는 점증주의적 변화를 추구하는 경향이 있다. 왜냐하면, 큰 변화는 이전에 만들어진 상황을 손상할 위험이 있기 때문이다. 기존 전략을 유지하거나 작은 변화를 추구하고자 할 때는 집행자에게 의존하고, 고객의 요구를 받아들이며, 지지자의 참여를 유도하는 것이 필요하다. 전략을 유지할 때 전략 성공에 핵심이 되는 요인에 많은 관심을 두고, 지속적 투자로 성공에 필요한 능력을 유지해야 한다. 지속적 투자로는 직원에 대한 교육, 전문성 향상, 물리적 인프라 투자, 조직 네트워크 유지, 자원 동원의 유지 등이 있다.

3) 전략의 승계

전략의 승계(succession)는 전략이 추구하는 기본목적은 유지하면서 이를 달성하기 위한 수단인 전략을 변경하는 것이다. 전략의 승계는 새로운 이슈 등장, 갈등, 정책선호 행태의 변화 등으로 발생한다. 전략의 승계는 다음의 형태를 취할 수 있다.

- 선형적 승계(linear succession): 선형적 승계는 기존의 전략이나 사업을 종결하고, 과거와 같은 목적을 달성하기 위해 새로운 전략을 수립하는 것이다.
- 전략의 통합(consolidation): 통합은 두 개 이상의 사업을 완전히 또는 부분적으로 종결하고, 이들이 추구하는 목적을 달성하기 위해 하나의 새로운 전략을 채택하는 것이다.
- 전략의 분할(splitting): 분할은 통합과는 반대로 기존 전략을 두 개 이상의 사업으로 나누어 추진한다. 기존 전략을 좀 더 효율적으로 추진하기 위함이다.
- 부분 종결(partial termination): 부분 종결은 기존 전략의 일부는 유지하고 일부는 종결하는 것이다. 이는 자원의 부족, 문제의 변화 등의 이유로 발생한다.
- 복합적 전략 승계: 복합적 승계는 앞서 언급한 여러 개의 승계 유형이 복합적으로 나타나는 현상을 의미한다. 앞에 있는 것들이 하나의 이념형이라면 실제는 대부분 복합적 승계 형태를 보인다.

4) 전략의 종결

전략의 종결이란 특정한 목표와 목표를 달성하기 위한 전략을 폐지하고, 이를 대체할 전략을 수립하지 않는 것을 의미한다. 전략의 종결은 전략 변화 가운데에서 가장 급격한 형태의 변동이다. 공공조직에서 전략의 종결은 기능 종결, 조직 폐지, 사업 종결, 예산 삭감 등의 형태로 나타난다. 전략의 종결에 관한 의사결정은 다른 변화보다도 갈등이 심한 정치적 결정을 요구한다. 전략은 다양한 이유로 종결 또는 중단될 수 있다. 전략의 종결은 전략적 이슈가 없어진 경우, 전략목표를 달성한 경우, 전략목표 달성이 불가능한 경우, 전략이 오히려 문제를 악화시킨다고 생각하는 경우 등에 이용된다. 이를 구체적으로 살펴보면 다음과 같다(Bryson, 2018).

- 전략은 좋으나 전략을 집행할 만한 충분한 자원이 없을 때 전략은 중단된다.
- 전략적 이슈 자체가 변화되는 경우에 중단될 수 있다. 문제의 변화는 새로운 전략을 요구하고, 문제가 해결된 경우에는 집행이 중단된다.
- 전략과 관련된 상호작용으로 집행이 중단될 수 있다. 실제 문제는 다양한 전략이 상호 연계되어 있는데, 그 상호작용에 변화가 발생할 때 중단되기도 한다.
- 조직의 정치적 환경의 변화에 따라 중단될 수 있다. 전략이 제도화되어 있다고 하더라도 사람들의 관심은 변화될 수 있다. 전략계획에 대해 지지 집단이나 지원자의 변화에 따라 전략계획의 추진이 중단될 수 있다. 특히, 최고관리자의 변화는 이러한 변화의 중요한 요인이 되곤 한다.

그러나 전략의 종결이나 감축과정은 다음과 같은 저항에 직면한다. 이러한 저항은 특히 기존 수혜자와 정책추진자에게서 많이 나타난다. 이를 극복하기 위해서는 저항하는 다양한 연합체와의 합의 도출이 필요하다(Sabatier & Weible, 2014).

- **심리적 저항:** 집행 담당자나 기존 전략의 수혜자들은 사업이 없어지거나 축소되는 것에 대해 심리적으로 저항할 수 있다.
- **관료조직의 영구성:** 관료조직이 가지는 안정성과 영속성의 특징은 조직이나 사업의 종결에 대해 저항하게 된다.
- **동태적 보수주의:** 관료조직이 가지는 보존 본능으로 목표를 승계하는 등의 행태를 가져와서 전략의 종결이나 축소에 대해 저항을 하게 된다.
- **전략 변화에 반대하는 정치적 연합:** 전략의 종결이나 축소는 관련 이해관계자, 의

원, 이익단체와 고객이 연합하여 반대 세력을 구축할 수 있다.

- **법적 장애**: 공공조직은 사업의 종결이나 축소를 위해 법의 개정 및 폐지가 필요한 때가 많다. 이러한 제도적 장치가 사업 종결에 장애가 될 수 있다.
- **높은 비용**: 사업의 종결은 기존에 투자한 매몰 비용이나 최고관리자나 의회의 정치적 부담으로 저항할 수 있다.

3 전략계획 변화에서 고려할 것

다양한 요인으로 전략계획을 변경할 때에는 다음의 요인을 고려해야 한다(Wells, 1994; Sandfort & Moulton, 2015; Bryson, 2018).

- 전략 수정과 변화에 대한 역할과 책임이 명확하게 배분되어야 한다. 명확한 책임이 없게 되면 수정활동은 실패할 위험이 있다. 역할과 책임의 배분은 전략적 기획과정의 역할과 책임을 준거로 하여 설정하는 것이 좋다.
- 전략계획을 언제 변경할 것인지를 정해야 한다. 전략계획의 변경은 전략적 기획의 모든 과정에서 가능하고, 최소 1년에 1회 정기적으로 수행되어야 한다.
- 전략계획을 변경할 때 전략적 기획과정도 수정되어야 한다. 좀 더 성숙한 조직으로 발전하고 성공적 전략적 기획을 위해서는 과거의 경험을 바탕으로 전략뿐만 아니라 전략계획을 수립하는 과정도 개선할 필요가 있다. 종종 새로운 문제는 새로운 접근방법을 요구한다.
- 조직의 최고관리자가 바뀐 후 전략계획을 변경하고자 할 때는 새로운 리더를 기획과정에 참여시켜야 한다. 이때 새로운 리더가 조직과 전략계획에 대해 충분히 이해한 후에 변화를 추진할 필요가 있다.

참고문헌

[국내 문헌]

강정석(2015). 『중앙행정기관 자체평가에 대한 인식조사』. 한국행정연구원 사회조사센터.

고영선 외(2004). 『공공부문의 성과관리』. 한국개발연구원.

국무조정실(2022). 『중앙행정기관 성과관리 전략계획 수립 및 성과관리 시행계획 수정 결과』.

______(2023a). 『2023년 정부업무 성과관리 운영지침』.

______(2023b). 『2023년도 중앙행정기관 성과관리 시행계획 및 자체평가계획 수립 결과』.

국무조정실 · 정부업무평가위원회(2022). 『2022년도 정부업무평가 결과』.

국회예산정책처(2020). 『재정활동의 성과관리체계 평가: 중앙행정기관을 중심으로』. 국회예산정책처.

기획예산처(2004). 『보도자료: 정책 · 성과 중심의 프로그램 예산체계 도입 재정운용의 효율성 · 책임성 제고』.

기획재정부(2022a). 『22~26 재정사업 성과관리 기본계획』.

______(2022b). 『2022년(2021년도 실적) 공공기관 경영실적 평가결과』.

______(2023). 『2023년 재정사업 성과관리 추진방향 및 과제: 2023년 재정사업 성과관리 추진계획』.

김신복(1982). 우리나라 경제개발계획의 비교고찰, 수립과정과 주체, 목적과 수단 등을 중심으로. 『행정논총』, 20(2): 1-20.

나태준 · 김성준(2003). 『공공조직의 전략적 기획체제 구축방안』. 서울시정개발연구원.

대한민국정부(2021). 『제3차 해양수산발전 기본계획(2021~2030)』.

라영재(2020). 정책평가의 이론기반평가: 평가원칙과 적용의 실제: 정부업무평가와 공공기관 경영평가 사례를 중심으로. 『정책분석평가학회보』, 30(3): 43-78.

박순애 · 이영미(2018). 성과관리의 역설: 성과관리 왜곡의 실태 및 영향요인에 관한 실증연구. 『한국행정학보』, 52(4): 151-176.

박홍윤(2007). 주요 업무계획의 전략방향 진술 형식과 일관성 분석, 『한국공공관리학보』,

21(2): 57-85.

______(2008). 지방자치단체의 전략적 비전에 대한 내용분석. 『지방행정연구』, 22(3): 31-67.

______(2013). 『조직을 위한 전략적 관리기법 200가지』. 이담북스.

______(2014). 『조직문화 기업문화』. 유페이퍼.

______(2023). 『전략적 사고』. 학송기획.

박홍윤 · 박규동(2020a). 『공공관리 기법: 경영관리 기법의 공공부문에 응용』. 학송기획.

______(2020b). 『미래를 보는 시나리오 기획』. 학송기획.

______(2023). 『정책평가론: 실제와 사례』. 대영문화사.

배귀휘 · 임승후(2008). 전략적 인적자원관리(SHRM)의 공공부문 도입에 관한 탐색적 연구: 자원기반이론(RBV)의 관점에서. 『한국사회와 행정연구』, 18(4): 63-89.

오영민(2020a). 재정사업평가제도 현황과 발전방향. 『한국정책분석평가학회, 동계학술대회발표논문집』, 5-18.

오영민(2020b). 중앙부처 성과평가담당자의 평가부담이 정부성과평가제도의 효과성에 미치는 영향에 대한 탐색적 연구. 『현대사회와 행정』, 30(3): 1-27.

오영민 · 이광희 · 오윤섭 · 이삼열(2017). 『우리나라 정부성과평가제도에 대한 메타평가 연구』. 한국조세재정연구원.

원종학 · 봉재연 · 박은정(2018). 『재정사업 자율평가(2005~2018)』. 한국조세재정연구원 재정성과평가센터.

유화선 · 박형근 · 박형준(2021). 국가연구개발사업 성과평가 환류 활동이 성과제고에 미치는 영향. 『정책분석평가학회보』, 31(2): 59-83.

이광희 외 옮김(2006). 『정책평가와 성과관리』. 대영문화사.

이윤식 · 제갈돈 · 김주환 · 김흥률 · 심광호 · 윤기석 · 박재신 공저(2006). 『정부성과관리와 평가제도』. 대영문화사.

이정철 · 이정욱(2021). 성과측정과 성과역설에 관한 연구. 『2021 한국행정학회 하계학술대회 발표논문집』, 1-26.

인사혁신추진위원회 · 인사혁신처(2017). 『인사비전 2045』. 도서출판 지식공감.

장효진 · 이환성(2022). 『개별평가 생애주기 관리방안(Ⅰ): 신규평가 사전협의와 평가 일몰관리를 중심으로』. 한국행정연구원.

한국조세재정연구원(2017). 『우리나라 재정사업평가제도 현황과 제도개선을 위한 정책과제』. 한국조세재정연구원.

행정안전부(2011). 『과학적 조직관리를 위한 조직진단 매뉴얼』.

[국외 문헌]

Abrahams, M. D.(2023). Performance Management: Back to Basics. in Holzer, M., & Ballard,

A.(eds.) *The Public Productivity and Performance Handbook*(3th ed.). Routledge.

Abramson, M., Chenok. D., & Kamensky, J.(2nd eds).(2018). *Government for the Future: Reflection and Vision for Tomorrow's Leaders*. Lanham, MD: Rowman & Littlefield, Publishers, Inc.

AGC(Office of the Auditor General of Canada) and the Commissioner of the Environment and Sustainable Development(1998). *1998 Report of the Commissioner of the Environment and Sustainable Development*. https://publications.gc.ca/site/eng/9.647002/publication.html

______(2007). *2007 October Report of the Commissioner of the Environment and Sustainable Development*. http://www.oag-bvg.gc.ca

Albrechts, L., & Balducci, A.(2013). Practicing Strategic Planning in Search of Critical Features to Explain the Strategic Character of Plans. *Planning Review*, 49(3): 16-27.

Albrechts, L., Balducci, A., & Hillier, J.(eds.).(2016). *Situated Practices of Strategic Planning*. New York: Routledge.

Allen, R.(1995). On a Clear Day You Can Have a Vision: A Visioning Model for Everyone. *Leadership and Organization Development Journal*, 16(4): 39-44.

Allison, M., & Kaye, J.(1997). *Strategic Planning for Nonprofit Organizations: A Practical Guide and Workbook*. New York: Wiley.

______(2015). *Strategic Planning for Nonprofit Organizations: A Practical Guide for Dynamic Times Workbook*(3rd ed.). John Willey & Sons, Inc.

Alvesson, M., & Spicer, A.(2021). A Stupidity-Based Theory of Organizations. *Journal of Management Studies*, 49(7): 1194-1220.

Ambler, T. E.(2007). Strategic Issues: The Pivotal Process for Strategic Success. https://www.cssp.com/CD0799/ProcessForStrategicSuccess/

Andersen, B., & Fagerhaug, T.(2015). Eight Steps to a New Performance Measurement System. https://www.researchgate.net/publication/233862690_Eight_Steps_to_a_New_Performance_Measurement_System

Ansoff, H. I.(1980). Strategic Issue Management. *Strategic Management Journal*, 1(2): 131-148.

______(1988). *The New Corporate Strategy*. New York: John Wiley & Sons. 박동준 옮김.

______(1993). 『앤소프의 최신 전략경영』. 소프트전략경영연구원.

Argenti, J.(1997). Stakeholders: The Case Against. *Long Range Planning*, 30(3): 442-445.

Armstrong, M.(2000). *Performance Management: Key Strategies and Practical Guidelines* (2nd ed.). Kogan Page.

______(2017). *Strategic Human Resource Management. A Guide to Action*(4th ed.). London:

Kogan Page.

Armstrong, M., & Brown, D.(2019). *Strategic Human Resource Management: Back to the Future? A Literature Review*. Institute for Employment Studies. www.employment-studies.co.uk

Arnstein, S.(1969). A Ladder of Citizen Participation. *Journal of the American Institute of Planners*, 35(4): 216-224.

Atkinson, A. A., & James, Q. M.(1997). Strategic Performance Measurement in Government. *CMA Magazine*, 71(3): 20-23.

Atkinson, A. J., John H. W., & Wells, R. B.(1997). A Stakeholder Approach to Strategic Performance Measurement. *Sloan Management Review*, 38(3): 25-37.

Badzik, V.(2023). Why Strategic Initiatives Fail: Lessons from a Practitioner. in Holzer, M. & Ballard, A. *The Public Productivity and Performance Handbook*(3rd ed.). Routledge.

Baile, K. C. A.(1998). *Study of Strategic Planning in Federal Organization*, A Dissertation Article Philosophy in Public Administration and Policy. Virginia: Falls Church.

Baldrige Performance Excellence Program(2023). *Proven Leadership and Management Practice for High Performance(2023~2024)* Business, nonprofit, government. NIST.

Banfield, E. C.(1977). Corruption as a Feature of Governmental Organizations. *Journal of Law and Economics*, 20: 587-605.

Barber, M., Levy, A., & Mendonca, L.(2007). *Global Trends Affecting the Public Sector*. McKinsey and Company, June: 1.

Barry, B. W.(1986). *Strategic Planning Workbook for Nonprofit Organizations*. St. Paul, Minn.: Amherst Wilder Foundation.

Bates, D. L., & Dillard Jr, J. E.(1993). Generating Strategic Thinking Through Multi-Level Teams. *Long Range Planning*, 26(5): 103-110.

Beer, M., & Eisenstat, R. A.(2000). The Silent Killers of Strategy Implementation and Learning. *Sloan Management Review*, 41(4): 29-41.

Behn, R. D.(2003). Why Measure Performance? Different Purposes Require Different Measures. *Public Administration Review*, 63(5): 586-606.

Bennis, W., & Nanus, B.(1985). *Leaders: The Strategies for Taking Charge*. New York: Harper & Row.

Benveniste, G.(1989). *Mastering the Politics of Planning: Crafting Credible Plans and Policies That Make a Difference*. San Francisco: Jossey-Bass.

Berry, F. S., & Wechsler, B.(1995). State Agencies' Experience with Strategic Planning: Findings from a National Survey. *Public Administration Review*, 55(2): 159-168.

Bischoff, I., & Blaeschke, F.(2016). Performance Budgeting: Incentives and Social Waste from Window Dressing. *Journal of Public Administration Research and Theory*, 26(2): 344-358.

Blackerby, P.(1994). History of Strategic Planning. *Armed Forces Comptroller Magazine*, 39(1): 23-24.

Block, Peter(1999). *Flawless Consulting: A Guide to Getting Your Expertise Used*(2nd ed.). San Francisco: Jossey-Bass.

Boland, M., Thomas, T., & Danny, W.(2018). *Four Steps to High-Impact Strategic Planning in Government*. BCG.

Bolt, J. F.(1985). Tailor Executive Development to Strategy. *Harvard Business Review*, 63(6): 168-176.

Bonn, I.(2001). Developing Strategic Thinking As a Core Competency. *Management Decision*, 39(1): 63-70.

______(2005). Improving Strategic Thinking: a Multilevel Approach. *Leadership & Organization Development Journal*, 26(5): 336-354.

Borins, S.(2014). *The Persistence of Innovation in Government*. Washington, DC: Brookings Institution.

Bovaird, T.(2005). Public Governance: Balancing Stakeholder Power in a Network Society. *International Review of Administrative Sciences*, 71(2): 217-226.

Bozeman, B.(1984). Dimension of Publicness: An Approach to Public Organization Theory, B. Bozeman & J. Straussman(eds.), *New Directions in Public Administration*. Monterey, CA: Brooks/Cole.

______(1987). *All Organizations are Public*. San Francisco: Jossey-Bass.

______(1988). Exploring the Limits of Public and Private Sectors: Sector Boundaries as a Maginot Line. *Public Administration Review*, 48(2): 627-674.

Bracker, J.(1980). The Historical Development of the Strategic Management Concept. *Academy of Management Review*, 5(2): 219-224.

British Columbia(2021). *Competencies for Strategic Leaders*. https://www2.gov.bc.ca/gov/content/careers-myhr/job-seekers/about-competencies/strategic-leaders

Bryson, J. M.(2010). The Future of Public and Nonprofit Strategic Planning in the United States. *Public Administration Review*, December, Special Issue: S255-S267.

______(2018). *Strategic Planning for Public Service and Non-Profit Organizations: A Guide to Strengthening and Sustaining Organizational Achievement*(5th ed.). San Francisco: Jossey-Bass.

Bryson, J. M., Ackerman, F., & Eden, C.(2016). Discovering Collaborative Advantage: The Contributions of Goal Categories and Visual Strategy Mapping. *Public Administration*

Review, 76(6): 837-989.

Bryson, J. M., & Alston, F. K.(2004). *Creating and Implementing Your Strategic Plan*(2nd ed.). San Francisco: Jossey-Bass.

______(2011). *Creating and Implementing Your Strategic Plan: A Workbook for Public and Nonprofit Sector Organizations*(2nd ed.). San Francisco: Jossey-Bass.

Bryson, J. M., Crosby, B. C., & Stone, M. M.(2015). Designing and Implementing Cross-Sector Collaboration-Needed and Challenging. *Public Administration Review*, 75(5): 647-663.

Bryson, J. M., & Edwards, L. H.(2017). Strategic Planning in the Public Sector. in R. Aldag(ed.). *Oxford Research Encyclopedia of Business and Management*. Oxford: Oxford University Press.

Bryson, J. M., Edwards, L. H., & Van Slyke, D. M.(2018). Getting Strategic about Strategic Planning Research. *Public Management Review*, 20(3): 317-339.

Bryson, J. M., & George, B.(2020). Strategic Management in Public Administration. in Thompson, W. R.(ed.). *Oxford Research Encyclopedia, Politics. Oxford University Press.*

Bryson, J. M., & Roering, W. D.(1988). Initiation of Strategic Planning by Governments, *Public Administration Review*, 48(6): 995-1004.

Buchanan, B.(1974). Government Managers, Business Executives and Organizational Commitment. *Public Administration Review*, 35(3): 339-347.

Bunning, C. R.(1992). Effective Strategic Planning in the Public Sector: Some Lear. *The International Journal of Public Sector Management*, 5(4): 54-59.

Burchett, S. R. & De Meuse, K. P.(1985). Performance Appraisal and the Law. *Personnel*, 62(7): 29-37.

Caiden, G. E.(1971). *The Dynamics of Public Administration*. Hinsdale, Ill.: Dryden Press.

Campbell, A.(1997). Stakeholders: The Case in Favour. *Long Range Planning*, 30(3): 446-449.

Campbell, A., & Yeung, S.(1991). Creating a Sense of Mission. *Long Range Planning*, 24(4): 10-20.

Campbell, R. W., & Garnett, J. L.(1989). Implementing Strategy: Models and Factors. in J. Rabin, G. J. Miller, & W. B. Hildreth(eds.). *Handbook of Strategic Management*. New York: Marcel Dekker: 257-278.

Cavid, F. R., & David, F. R.(2017). *Strategic Management: A Competitive Advantage Approach, Concepts and Cases*(6th ed.). Pearson.

Chadwick, G.(1971). *A Systems View of Planning*. Oxford: Pergamon Press.

Chandler, A. D.(1962). *Strategy and Structure: Chapters in the History of the American*

Business Enterprise. Cambridge, MA: MIT Press.

Child, J., Elbanna, S., & Rodrigues, S.(2010). The Political Aspects of Strategic Decision Making. in Nutt, P. C., & Wilson, D.(eds.). *The Handbook of Decision Making*. Chichester: Wiley.

Collins, A.(2022). How to Strategic Plan in 7 Steps. https://www.performance.gov/blog/strategic-plan-7-steps/

Cooksy, L. J., & Caracelli, V. J.(2005). Quality, Cntext, and Use: Issues in Achieving the Goals of Metaevaluation. *American Journal of Evaluation*, 26: 30-42.

Cote, C.(2020). How to Set Strategic Planning Goals. *Harvard Business School Online*. https://online.hbs.edu/blog/post/strategic-planning-goals

Council of Europe, Centre of Expertise for Good Governance(2022). *Strategic Municipal Planning*. https://www.coe.int/en/web/good-governance/centre-of-expertise

Covey, S. R.(1995). Shared Vision. *Executive Excellence*, 12(11): 9-10.

Covington, M.(2014). Strategic Thinking and the Fear of Failure. in Segal, J. W., Chipman, S. F., & Glaser, R. *Thinking and Learning Skills: Volume 1: Relating Instruction to Research*. London: Routledge: 398-416.

Crittenden, W. F., & Victoria L. C.(1997). Strategic Planning in Third-Sector Organizations, *Journal of Managerial Issues*, 9(1): 86-103.

Cyert, R. M., & March, J. G.(1963). *A Behavioral Theory of the Firm*. Englewood Cliff, NJ: Prentice-Hall.

Daltas, A., & McDonald, P.(1987). Barricades to Strategic Marketing Thinking. *Planning Review*, 15(1): 8-15.

Davenport, S., & S. Leitch(2005). Circuits of Power in Practice: Strategic Ambiguity as Delegation of Authority. *Organisation Studies*, 26(11): 1603-1623.

David, E. M., & Lee, C. S.(2021). *Public Sector Strategy Design: Theory and Practice for Government and Nonprofit Organizations*. New York: Routledge.

David, F. R. & David, F. R.(2017). *Strategic Management: Concepts and Cases*(16th ed.). Pearson.

DCIPS(Defense Civilian Intelligence Personnel System)(2009). *Guide to Writing Effective Performance Objectives, Self Accomplishments and Evaluations*. https://dcips.defense.gov

Deloitte(2015). Zero-Based Budgeting: Zero or Hero? https://www2.deloitte.com

DiNapoli, T. P.(2003). *Local Government Management Guide: Strategic Planning. State Comptroller, State of New York*. https://www.osc.state.ny.us/taxonomy/term/264046

DOE(U.S. Department of Energy), Office of Strategic Planning Budget and Program Evaluation(1996). *Guidelines for Performance Measurement*(DOE G 120.1-5). https://www.directives.doe.gov/directives-documents

Dooren, W. V., Bouckaert, G. & Halligan, J.(2015). *Performance Management in the Public Sector*(2nd ed.). Routledge.

Downs, Anthony(1966). *Inside Bureaucracy*. Boston: Little, Brown.

Dror, Yehezkel(1968). *Public Policymaking Reexamined*. San Francisco, Calif.: Chandler Publishing Company.

Drucker, P. F.(1974). *Management: Task, Responsibilities, and Practices*. New York: Harper & Row.

______(2002). *The Effective Executive*. New York: HarperCollins Publishers Inc.

Dunn, W. N.(1981). *Public Policy Analysis*(4th ed.). Boston: Pearson.

Dyson, R. G., & Foster, M. J.(1982). The Relationship of Participation and Effectiveness in Strategic Planning. *Strategic Management Journal*, 3(1): 77-88.

Eadie, D. C.(1989). Building the Capacity for Strategic Management. in J. L. Perry(ed.). *Handbook of Public Administration*. San Francisco: Jossey-Bass: 162-175.

EFQM(2021). The EFQM Model: An Overview. www.sfqm.org

Eisenhardt, K. M., Jean, L. K,, & Bourgeois III, L. J.(1997). Conflict and Strategic Choice: How Top Management Teams Disagree. *California Management Review*, 39(2): 42-62.

Ellingrud, K.(2019). Four Reasons Why Zero-based Budgeting Works. https://www.forbes.com/sites/kweilinellingrud/2019/04/01/four-reasons-why-zero-based-budgeting-works/?sh=4ae5fc8a19dc

Emmert, M. A., & Crow, M. M.(1988). Public, Private and Hybrid Organizations: An Empirical Examination of the Role of Publicness. *Administration and Society*, 20(2): 216-244.

Epstein, P. D., Coates, P. M., Wray, L. D. & Swain, D.(2005). *Results that Matter: Improving Communities by Engaging Citizens, Measuring Performance, and Getting Things Done*(ed.). San Francisco: Jossey-Bass.

ESCWA(United Nations Economic and Social Commission for Western Asia)(2020). *Behavioral Insights and Strategic Planning: Handbook*. https://archive.unescwa.org/sites/www.unescwa.org/files/page_attachments/behavioural_insights_strategic_planning_handbook_0.pdf

Farazmand, Ali(2007). *Strategic Public Personnel Administration: Building and Managing Human Capital for the 21st Century*. Praeger Publishers

Ferlie, E., & Ongaro, E.(2015). *Strategic management in Public Sector Organizations:*

Concepts, Schools, and Contemporary Issues. New York: Routledge.

Fink, A., & Schlake, O.(2000). Scenario Management: An Approach for Strategic Foresight. *Competitive Intelligence Review*, 11(1): 37-45.

Freedman, L.(2013). *Strategy: A History*. New York: Oxford University Press.

GAO(1995). *Managing for Results: State Experiences Provide Insights for Federal Management Reforms*(GAO/GGD-95-22). U.S. General Accounting Office.

______(1999). *Agency Performance Plans: Examples of Practices That Can Improve Usefulness to Decisionmakers*(GAO/GGD/AIMD-99-69). U.S. General Accounting Office. https://www.gao.gov/products/ggdaimd-99-69

______(2016). *Open Innovation: Practices to Engage Citizens and Effectively Implement Federal Initiatives*. https://www.gao.gov/products/gao-17-14

George, B., & Desmidt, S.(2014). A State of Research on Strategic Management in the Public Sector: An Analysis of the Empirical Evidence. in P. Joyce & A. Drumaux(eds.). *Strategic Management in Public Organizations: European Practices and Perspectives*. Routledge.

George, B., Walker, R., & Monster, J.(2019). Does Strategic Planning Improve Organizational Performance? A Meta-Analysis. *Public Administration Review*, 79(6): 810-819.

Gerrish, E.(2016). The Impact of Performance Management on Performance in Public Organizations: A Meta-Analysis. *Public Administration Review*, 76(1): 48-66.

Glaister, K. W., & Falshaw, J, R.(1999) Strategic Planning: Still Going Strong. *Long Range Planning*, 32(1): 107-116.

Glueck, W. F., & Jauch, L. R.(1984). *Business Policy and Strategic Management*(4th ed.). New York: McGraw-Hill.

Goldbard, A.(1999). *The Pitfalls of Planning. National Endowment for the Arts-Lessons Learned*. www.nea.gov/resources/Lessons/GOLDBARD.HTML

Goldstein, J.(1999). Emergence as a Construct: History and Issues. *Emergence*, 1(1): 49-72.

Government of Newfoundland and Labrador Treasury Board(2004). *Excellence in Strategic Planning: Master Template for Category 1 Public Entities*. https://www.gov.nl.ca/publicat/

Gray, Daniel H.(1986). Uses and Misuses of Strategic Planning. *Harvard Business Review*, 64(1): 89-97.

Gregory, A.(2003). The Ethics of Engagement in the UK Public Sector: A Case in Point. *Journal of Communication Management*, 8(1): 83-94.

Grundy, T.(1998). Strategy as Simplicity: Rediscovering the Essence of Strategic Management. *Strategic Change*, 7(December): 459-468.

Gulick, L.(1937). Note on Theory of Organization, in Luther Gulick & L. Urwick(eds.).

Papers on the Science of Administration. New York: Institute of Public Administration.

Guth, W., & MacMillan, I.(1986). Strategy Implementation Versus Middle Management Self-Interest. *Strategic Management Journal,* 7(4): 313-327.

Haan, K., & Main, K.(2023). *Strategic Human Resource Management*(2023 Guide). https://www.forbes.com/advisor/business/strategic-human-resource-management/

Hamlin, R. E., Van Ravensway, J., Mastej, M., & Hamlin, A.(2019). Strategic Planning in US Municipalities. in C. E. Hinţea et al.(eds.). *Strategic Planning in Local Communities, Governance and Public Management.* Palgrave MacMillan.

Harvard Business School(2010). *Thinking Strategically; Expert Solutions to Everyday Challenges.* Harvard Business Review Press.

Hax, A. C., & Majluf, N. S.(1996). *The Strategy Concept and Process: a Pragmatic Approach*(2nd ed.). Englewood Cliffs, New Jersey: Prentice-Hall.

Hay, Michael & Williamson, P.(1997). Good Strategy: The View from Below. *Long Range Planning,* 30(5): 651-664.

Helgason, S.(1997). *International Benchmarking: Experiences from OECD Countries.* Paris: OECD. http://www.oecd.org/dataoecd/11/55/1902957.pdf

Henderson, B. D.(1989). The Origin of Strategy. *Harvard Business Review,* 67(6): 139-143.

Heracleous, L.(1998). Strategic Thinking or Strategic Planning. *Long Range Planning,* 31(3): 481-487.

Hill, M., & Hupe, P.(2014). *Implementing Public Policy: An introduction to the study of operational governance*(3rd ed.). SAGE publication Inc.

Hinţea, C. E., Profiroiu, M. C., & Ţiclău, T. C.(eds.).(2018). *Strategic Planning in Local Communities: A Cross-National Study of 7 Countries.* Palgrave Macmillan.

Horwath, R.(2019) The Strategic Thinking, Manifesto. https://www.strategyskills.com/pdf/The-Strategic-Thinking-Manifesto.pdf

Hunt, J. G., Boal, K. B., & Dodge, G. E.(1999). The Effects of Examination of Two Kinds of Charismatic Leadership. *Leadership Quarterly,* 10(3): 423-448.

ICMA(the International City/County Management Association)(2019). *Getting Started: Performance Management for Local Government*(2nd ed.). Washington: ICMA.

ICN(2010). Agency Effectiveness Handbook: Ch.1. Strategic Planning and Prioritisation. https://www.fne.gob.cl/icn-2010-agency-effectiveness-handbook-chapter-1-strategic-planning-and-prioritisation/

Iglesias, A.(2015). Making Strategic Planning Work in Local Government: An Empirical Study of Success and Failure. *Strategic Public Management Journal,* 1: 40-55.

INTOSAI Development Initiative(2020). *Strategic Management Handbook for Supreme Audit*

Institutions. https://www.idi.no/elibrary

Ireland, R. D., & Michael A. H.(1999). Achieving and Maintaining Strategic Competitiveness in the 21st Century: The Role of Strategic Leadership. *Academy of Management Executive*, 13(1): 43-57.

Janus, Irving & L. Mann(1977). *Decision Marking*. New York: Free Press.

Johnsen, Åge(2017). Impacts of Strategic Planning and Management in Municipal Government: An Analysis of Subjective Survey and Objective Production and Efficiency Measures in Norway. *Public Management Review*, 20(3): 397-420.

Johnson, A.(2016). Strategic Planning and Management in Local Government in Norway: Status after Three Decades. *Scandinavian Political Studies*, 39(4): 333-365.

Johnson, G., Scholes, K., & Sexty, R. W.(1989). *Exploring Strategic Management*. Ontario: Prentice-Hall.

Joyce, P., & Drumaux, A.(eds.).(2014). *Strategic Management in Public Organizations: European Practices and Perspectives*. New York: Routledge

Kamensky, J. M.(2023). Three Parallel Movements to Improve Government Decision-Making: Performance, Evidence, and Behavioral Public Administration. in Holzer, Marc & Ballard, Andrew(eds.). *The Public Productivity and Performance Handbook* (3th ed.). Routledge.

Kantabutra, S.(2008). What Do We Know About Vision? *The Journal of Applied Business Research*, 24(2): 127-138.

Kaplan, R. S., & Beinhocker, E. D.(2003). The Real Value of Strategic Planning. *Sloan Management Review*, 44(2): 71-76.

Kaplan, R. S., & Norton, D. N.(1996). Using the Balanced Scorecard as a Strategic Management System. *Harvard Business Review*, 74(1): 75-85.

Katz, D., & Kahn, R. L.(1978). *The Social Psychology of Organizations*. New York: Wiley.

Kaufman, B. E.(2015). The Evolution of Strategic HRM as Seen Through Two Founding Books: A 30th Anniversary Perspective on Development of the Field. *Human Resource Management*, 54(3): 389-407.

Kaufman, J. L., & Jacobs, H. M.(1987). A Public Planning Perspective on Strategic Planning. *Journal of the American Planning Association*, 53(1): 23-33.

Kavanagh, S.(2011). Zero-Based Budgeting: Modern Experiences and Current Perspectives. http://www.gfoa.org/sites/default/files/GFOAZeroBased Budgeting.pdf

Kellogg Foundation(2017). *The Step-by-Step Guide to Evaluation: How to Become Savvy Evaluation Consumers*. W.K. Kellogg Foundation.

Kingdon, J. W.(2014). *Agendas, Alternatives, and Public Policies*(2nd ed.). Pearson.

Klijn, E. H., & Koppenjan, J.(2020). Debate: Strategic Planning after the Governance Revolution. *Public Money & Management*, 40(4): 260-261.

Koteen, J.(1989). *Strategic Management in Public and Nonprofit Organizations*. New York: Praeger.

Kotter, J. O., & Schlesinger, L. A.(2008). Choosing Strategies for Change. *Harvard Business Review*, July-August.

Kounzes, J. M., & Posner, B. Z.(2017). *The Leadership Challenge*(6th ed.). New Jersey: John Wiley & Sons, Inc.

Kusek, J. Z., & Rist, R. C.(2004). *A Handbook for Development Practitioners: Ten Steps to a Results-Based Monitoring and Evaluation System*. Washington, DC: The World Bank.

Landsbergen, D., & Orosz, J. O.(1996). Why Public Managers Should Not be Afraid to Enter the Gray Zone: Strategic Management and Public Law. *Administration & Society*, 28(2): 238-265.

Latham, G. P., Borgogni, L., & Petitta, L.(2008). Goal Setting and PERF in the Public Sector. *International Public Management Journal*, 11(4): 385-403.

Lavertu, S., & Moynihan, D. P.(2012). Agency Political Ideology and Reform Implementation: Performance Management in the Bush Administration. *Journal of Public Administration Research and Theory*, 23(3): 521-549.

Leavitt, H.(1965). Applied Organizational Change. in J. March(ed.). *The Handbook of Organizations*. Chicago, IL: Rand McNally: 1144-1170.

Lee, D., McGuire, M., & Kim, J. H.(2018). Collaboration, Strategic Plans, and Government Performance: The Case of Efforts to Reduce Homelessness. *Public Management Review*, 20(3): 360-376.

Lenz, R. T.(1987). Managing the Evolution of the Strategic Planning Process. *Business Horizens*, 30(1): 34-39.

Liddell-Hart, Basil H.(1968). *Strategy*(2nd ed.). New York: Frederick Praeger.

Liedtka, J. M.(1998). Linking Strategic Thinking with Strategic Planning. *Strategy & Leadership*, 26(4): 30-35.

Locke, E. A., & Latham, G. P.(1990). *A Theory of Goal Setting and Task Performance*. Englewood Cliffs. NJ: Prentice-Hall.

Long, E., & Franklin, A. L.(2004). The Paradox of Implementing the Government Performance and Results Act: Top-Down Direction for Bottom-Up Implementation. *Public Administration Review*, 64(3): 309-319.

Lynn, L. E. Jr.(1987). *Managing Public Policy*. Boston: Little, Brown.

Mainzer, L. C.(1973). *Political Bureaucracy*. Glenview, Ill.: Scott, Foresman.

March, J. G., & Olsen, J. P.(1989). *Rediscovering Institutions: The Organization Basis of Politics*. New York: Free Press.

Martin, R. L.(2014). The Big Lie of Strategic Planning. *Harvard Business Review*, 92(2): 6.

McAdam, R., Hazlett, S., & Casey, C.(2005). Performance Management in the UK Public Sector: Addressing Multiple Stakeholder Complexity. *International Journal of Public Sector Management*, 18(3): 256-273.

McKinsey(2019). Zero-based Budgeting Gets a Second Look. https://www.mckinsey.com/business-functions/strategy-and-corporate-finance/our-insights/zero-based-budgeting-gets-a-second-look

McNabb, D. E. & Lee, C. S.(2021). *Public Sector Strategy Design: Theory and Practice for Government and Nonprofit Organizations*. Routledge.

Mendez, C., & Bachtler, J.(2011). Administrative Reform and Unintended Consequences: An Assessment of the EU Cohesion Policy. *Journal of European Public Policy*, 18(5): 746-765.

Miller, C. C., & Cardinal, L. B.(2010). Strategic Planning and Firm Performance: A Synthesis of More than Two Decades of Research. *Academy of Management Journal*, 37(2): 1649-1665.

Miller, G. F.(1989). Unique Public Sector Strategies. *Public Productivity and Management Review*, 13(2): 133-144.

Mintzberg, H.(1987). The Strategy Concept: Five P's for Strategy. *California Management Review*, 30(1): 11-25.

______(1994a). *The Fall and Rise of Strategic Planning*. New York: Free Press and Prentice-Hall International.

______(1994b). Rethinking Strategic Planning Part I: Pitfalls and Strategies. *Long Range Planning*, 27(3): 12-21.

Mintzberg, H., Ahlstrand, B., & Lampel, J.(2009). *Strategy Safari: Your Complete Guide Through the Wilds of Strategic Management*(2nd ed.). London: Prentice Hall. 윤규상 옮김(2012). 『헨리 민츠버그 전략 사파리』. 비즈니스맵.

Mintzberg, H., & Waters, J. A.(1985). Of Strategies, Deliberate and Emergent. *Strategic Management Journal*, 6(3): 257-272.

Mulgan, G.(2009). *The Art of Public Strategy: Mobilizing Power and Knowledge for the Common Good*. OUP Oxford.

Nartisa, I., Putans, R., & Muravska, T.(2012). Strategic Planning and Management in Public and Private Sector Organizations in Europe. *European Integration Studies*, 6: 240-248.

National Performance Management Advisory Commission(2010). *A Performance Mana-*

gement Framework for State and Local Government. https://www.gfoa.org/materials/pmcommission-framework

Newman, W. H.(1963). *Administrative Action, The Technique of Organization and Management.* Englewood Cliffs, N.J.: Prentice-Hall.

Nickols, Fred(2012). Strategy: Definitions and Meanings. https://www.nickols.us/strategy_definition.htm

NIST(National Institute of Standards and Technology)(2020). *2021-2022 Baldrige Excellence Bulder.* https://www.nist.gov

Northouse, P. G.(2020). *Introduction to Leadership: Concepts and Practice*(5th ed.). Sage.

NPR(National Performance Review)(1997). *Serving the American Public: Best Practice in Performance Measurement.* https://govinfo.library.unt.edu/npr/library/papers/benchmrk/nprbook.html

Nutt, P. C.(2000). Decision-Making Success in Public, Private and Third Sector Organizations: Finding Sector Dependent Best Practice. *Journal of Management Studies,* 37(1): 77-108.

Nutt, P. C., & Backoff, R. W.(1992). *Strategic Management of Public and Third Sector Organizations: a Handbook for Leaders.* San Francisco: Jossey-Bass.

OECD(1997a). *In Search of Results: Performance Management Practices.* Paris: OECD. https://www.oecd.org/sweden/36144694.pdf

______(2002). *Public Management Service, Strategically Oriented Management and Planning.* Paris: OECD. http://www.oecd.org/puma/mgmtres/pac/strategic.htm

______(2003). *Performance Movement Reforms and the Role of the Centre of Government.* GOV/PUMA/MPM(2003)2. Paris: OECD.

______(2004). *Public Sector Modernisation: Governing for Performance(OECD Policy Brief).* Paris: OECD.

______(2007). *Towards Better Measurement of Government, OECD Working Papers on Public Governance.* OECD Publishing. https://www.oecd.org/governance/digital-government/38134037.pdf

______(2010). *Managing Competencies in Government: State of the Art Practices and Issues at Stake for the Future.* Paris: OECD.

______(2019). *OECD Best Practices for Performance Budgeting.* Paris: OECD Publishing. http://doi.org/10.1787/c90b0305-en

OFM(Office of Financial Management, Budget Civision)(2018). *2019-21 Strategic Plan Guidelines.* https://ofm.wa.gov/sites/default/files/public/budget/instructions/other/2019-21StrategicPlanGuide.pdf

OMB(Office of Management and Budget)(1999). *Circular A-11 Part 2, Preparation and Submission of Strategic Plans and Annual Performance Plans and Annual Program Performance Reports.* https://clintonwhitehouse5.archives.gov/media/pdf/pt2toc.pdf

______(2022). *CIRCULAR NO. A-11: Preparation, Submission, and Execution of the Budget.*

Osborne, D., & Gaebler, T.(1992). *Reinventing Government: How the Entrepreneurial Spirit Is Transforming the Public Sector.* MA: Addison-Wesley.

Partnership for Public Service(2021). *Meeting the Moment: Tips for Building Bold Strategic Plans and Turning Them into Results.* https://ourpublicservice.org/publications/meeting-the-moment/

PBM SIG(Performance-Based Management Special Interest Group)(2001a). *The Performance-Based Management Handbook: Volume 1, Establishing and Maintaining Performance-Based Management Program.* https://exinfm.com/workshop_files/Performance_Based_Handbook.pdf

______(2001b). *The Performance-Based Management Handbook: Volume 2, Establi-shing an Integrated Performance Measurement System.* https://exinfm.com/workshop_files/Performance_Based_Handbook.pdf

Pearce, J. A., & Robinson, R. D.(2008). *Formulation, Implementation, and Control of Competitive Strategy*(11th ed.). McGraw-Hill/Irwin.

Performance.gov team(2022). Strategy 101: Mapping Your Plan for Success. https://www.performance.gov/blog/strategy-101/

Perrott, B. E.(1996). Managing Strategic Issues in the Public Service. *Long Range Planning.* 29(3): 337-345.

Pfeffer, J.(2010). *Power: Why Some People Have It and Others Don't.* HarperBusiness.

PIC(The Performance Improvement Council)(2023). Logic Modeling. https://assets.performance.gov/pic-resources/Logic%20Modeling.pdf

Pickton, D. W., & Wright, S.(1998). What's Swot in Strategic Analysis? *Strategic Change*, 7: 101-109.

Plant, T.(2006). Public Sector Strategic Planning: An Emergent Approach. *Performance Improvement*, 45(5): 5-6.

PMI(Project Management Institute)(2021). *PMBOK Guide*(7th ed.). Project Management Institute, Inc.

Poister, T. H.(2010). The Future of Strategic Planning in the Public Sector: Linking Strategic Management and Performance. *Public Administration Review*, 70(S1): 246-254.

Poister, T. H. & Streib, G. D.(1999). Strategic Management in the Public Sector: Concepts, Models, and Processes. *Public Productivity & Management Review*, 22(3): 308-325.

Popovich, M. G.(ed.).(1998). *Creating High-Performance Government. Organizations: A Practical Guide for Public Managers*. San Francisco: Jossey-Bass.

Porter, M. E.(1987). The State of Strategic Thinking. *The Economist*, 23(May): 21-28.

Pressman, J. L., & Wildavsky, A.(1973). *Implementation.* Berkley: University of California Press.

Pynes, J. E.(2009). *Human Resources Management for Public and Nonprofit Organizations: A Strategic Approach*. San Francisco: Jossey-Bass.

Queensland Government, Department of the Premier and Cabinet(2017). *Performance Management Framework: Measuring, Monitoring and Reporting Performance, Reference Guide*. https://www.qld.gov.au

Quick, K. S., & Feldman, M. S.(2011). Distinguishing participation and inclusion. *Journal of Planning Education and Research*, 31(3): 272-290.

Quinn, J. B.(1980). *Strategies for Change: Logical Incrementalism.* Homewood, IL: Richard D. Irwin.

Rabin, J., Miller, G. J., & Hildreth, W. B.(eds.)(1989). *Handbook of Strategic Management.* New York: Marcel Dekker, Inc.

Rainey, H. G., & Perry, J. L.(1992). Building Public Management Research and Practice. in P. W. Ingraham & D. F. Kettl(eds). *Agenda for Excellence.* Chatham, NJ: Chatham House.

Reed, M. S.(2008). Stakeholder Participation for Environmental Management: A Literature Review. *Biological Conservation*, 141(10): 2417-2431.

Renger, R., & Titcomb, A.(2002). A Three-Step Approach To Teaching Logic Models. *American Journal of Evaluation*, 23(4): 493-503.

Rigby, D., & Bilodeau, B.(2018). *Management Tools & Trends*. https://www.bain.com

Ring, P. S., & Perry, J. L.(1985). Strategic Management in Public and Private Organizations: Implications of Distinctive Contexts and Constraints. *Academy of Management Review*, 10(2): 276-286.

Robbins, S. P.(1996). *Organizational Behavior.* New Jerssey: Prentice-Hall.

Roche, C.(2005). *Impact Assessment for Development Agencies: Learning to Value Change.* Oxfam GB.

Rumelt, R. P.(2011). *Good Strategy Bad Strategy: The Difference and Why it Matters*. New York: Crown Business.

Sabatier, P.(1986). Top-Down and Bottom-Up Approaches to Implementation Research: A Critical Analysis and Suggested Synthesis. *Journal of Public Policy*, 6(1): 21-48.

Sabatier, P. A., & Weible, C. M.(2014). *Theories of Policy Process*(3rd ed.). Westview Press.

Salamon, L. M.(2011). The New Governance and the Tools of Public Action: An Introduction. *Fordham Urban Law Journal*, 28(5): 1611-1674.

Sandfort, J., & Moulton, S.(2015). *Effective Implementation in Practice: Integrating Public Policy and Management*. San Francisco: Jossey-Bass

Schein, E. H.(1992). *Organizational Culture and Leadership*(2nd ed.). San Francisco: Jossey-Bass.

Schiavo, C. S.(1999). Performance in the Public Sector. *Asian Journal of Political Science*, 7(2): 75-87.

Schneider, A., & Ingram, H.(1990). Behavioral Assumptions of Policy Tools. *Journal of Politics*, 52(2): 510-529.

Schnell, S., Miheş, D., Sobjak, A., & van Acker, W.(2021). *Performance Management in the Public Administration-Seven Success Factors*. World Bank Group.

Schoemaker, P. J. H., Krupp, S., & Howland, S.(2013). Strategic Leadership: The Essential Skills. *Harvard Business Review*, 91(1-2): 131-134.

Shapiro, J.(2017). *Strategic Planning Toolkit*. CIVICUS. www.civicus.org

Singh, K., Chandurkar, D., & Dutt, V.(2017). *A Practitioners' Manual on Monitoring and Evaluation of Development Projects*. Cambridge Scholars Publishing.

Sloan, J.(2020). *Learning to Think Strategically*(4th ed.). Routledge.

Smith, R. J.(1994). *Strategic Management and Planning in the Public Sector*. London: Longman.

Stahl, O. G.(1971). *Public Personnel Administration*. New York: Harper-Collins.

State of California(2007). *Organizational Performance Management & Measurement: Strategic Planning & Performance Measurement Staff Training Handbook*. https://www.calhr.ca.gov/Documents/performance-management-at-organizations-handbook.pdf

State of Missouri(2000). *Missouri Integrated Strategic Planning: Tips and Tools.*

State of Virginia, Department of Planning and Budget(1998). *Virginia's Planning and Performance Handbook.*

Steiner, G. A.(1979). *Strategic Planning: What Every Manager Must Know*. New York: Free Press.

Stevahn, L., King, J., Ghere, G., & Minnema, J.(2005). Establishing Essential Competencies for Program Evaluators. *American Journal of Evaluation*, 26(1): 43-59.

Stevenson, H. H.(1976). Defining Strengths and Weaknesses. *Sloan Management Review*, 17(3): 51-68.

Stobierski, T.(2020). Emergent Vs. Deliberate Strategy: How & When to Use Each. Harvard Business School. https://online.hbs.edu/blog/post/emergent-vs-deliberate-strategy

Stufflebeam, D. L.(2011). Meta-evaluation. *Journal of Multi Disciplinary Evaluation*, 7(15): 99-158.

Suddaby, R., Bitektine, A., & Haack, P.(2017). Legitimacy. *The Academy of Management Annals*, 11(1): 451-478.

Talbot, C.(2010). *Theories of Performance; Organizational and Service Improvement in the Public Domain*. New York: Oxford University Press.

Tarnow, E.(1997). Marketing Practice. *Applied Marketing Science Year*, 3(3): 184-189.

Tessema, M., Dhumal, P., Sauers, D., Tewolde, S., & Teckle, P.(2019). Analysis of Corporate Value Statements: an Empirical Study. *Int. J. Corporate Governance*, 10(2): 149-164.

Toft, G. S.(1989). Synoptic(one best way) Approaches to Strategic Planning. in J. Rabin, G. J. Miller, & W. B. Hildreth(eds.). *Handbook of Strategic Management*. New York: Marcel Dekker.

Trivedi, P.(2023). How to Judge the Quality of a Government Performance Management System. in Holzer, M. & Ballard, A.(eds.). *The Public Productivity and Performance Handbook*(3th ed.). Routledge.

Tryens, J.(1997). *Aligning Government Priorities with Societal Hopes and Expectations: Oregon's Strategic Planning Model*[PUMA/PAC(97)7]. Paris: OECD.

UK Evaluation Society(2019). *Guidelines for Good Practice in Evaluation*. http://www.evaluation.org.uk

UNDP Evaluation Office(2002). *Handbook on Monitoring and Evaluating for Results*. New York: UNDP. www.undp.org/evaluation

UNDP & WeResearch(2022). *Assessing Public Participation In Policymaking Process*. https://www.undp.org/georgia/publications/policymaking-public-participation

UNEG(United Nations Evaluation Group)(2016). *Norms and Standards for Evaluation*. New York: UNEG. http://www.unevaluation.org/about

UNICEF Evaluation Office(1991). *Evaluation: A UNICEF guide for monitoring and evaluation-making a difference?* New York: UNICEF, Evaluation Office. http://www.unicef.org/reseval/index.html

United Nations(2018). *Strategic Planning: Guide for Managers*. https://hr.un.org/sites/hr.un.org/files/4.5.1.6_Strategic%20Planning%20Guide_0.pdf

USAID Centre for Development Information and Evaluation(1998). *Guidelines for indicator and data quality. Peformance Monitoring and Evaluation TIPS Number 12*. https://pdf.usaid.gov/pdf_docs/pnaca927.pdf

U.S. Department of Agriculture(2022). *Strategic Plan Fiscal Years 2022-2026*.

U.S. Department of Commerce(2022). *U.S. Department of Commerce Strategic Plan(2022-*

2026).
US Department of Defence(2009). Guide To Writing Effective Performance Objectives.
Vedung, E.(1997). *Public Policy & Program Evaluation.* New Brunswick: Transaction Publishers. 이경옥 옮김(2009). 『정책평가개론』. 한울아카데미.
Vignieri, V.(ed.).(2018). Performance Management in the Public sector. in Ali Farazmand (ed.). *Global Encyclopedia of Public Administration, Public Policy, and Governance.* Springer.
VNG International(2005). *Strategic Planning in a Local Government Association(LGA).* https://www.local2030.org/library/329/Strategic-Planning-in-a-Local-Government-Association.pdf
Wall, A.(2001). *Power of Performance Management: How Leading Companies Create Sustained Value.* New York: Wiley.
Warwick, D. P.(1975). *A Theory of Public Bureaucracy.* Cambridge: Harvard University Press.
Weick, K. E., & Sutchiffe, K. M.(2001). *Managing the Unexpected: Assuring High Performance in an Age of Complexity.* San Francisco: Jossey-Bass.
Weihrich, Heinz(1982). The TOWS Matrix: A Tool for Situational Analysis. *Long Range Planning,* 15(2): 54-66.
Wells, Denise Lindsey(1996). *Strategic Management for Senior Leaders: A Handbook for Implementation.* Department of the Navy, Total Quality Leadership Office. https://govinfo.library.unt.edu/npr/initiati/mfr/managebk.pdf
Wernham, R.(1984). Bridging the Awful Gap Between Strategy and Action. *Long Range Planning,* 17(6): 34-42.
Western Rural Development Center, Oregon State University(1993). *Facilitating Strategic Management.* Western Rural Development Center.
Wheelen, T. L., Hunger, J. D., Hoffman, A. N., & Bamford, C.(2014). *Concepts in Strategic Management and Business Policy*(14th ed.). Pearson.
Wheeler, D., & Sillanpaa, M.(1998). Including the Stakeholders: The Business Case. *Long Range Planning,* 31(2): 201-210.
WHO(2013). *WHO Evaluation Practice Handbook.* Geneva: WHO Press.
Wildavsky, A.(1984). *The Politics of the Budgetary Process.* Boston: Little, Brown.
Witcher, B. J.(2020). *Absolute Essentials of Strategic Planning.* New York: Routledge.
WMO(World Meteorological Organization)(2016). *WMO Integrated Strategic Planning Handbook.* https://library.wmo.int/doc_num.php?explnum_id=3212
Yarbrough, D. B., Shulha, L. M., Hopson, R. K., & Caruthers, F. A.(2011). *The Program*

Evaluation Standards: A Guide for Evaluators and Evaluation Users(3rd ed.). Thousand Oaks, CA: Sage.

Young, R. D.(2013). *Perspectives on Strategic Planning in the Public Sector*. https://www.academia.edu/29947508/Perspectives_on_Strategic_Planning_in_the_Public_Sector

Zabriskie, N. B., & Huellmnatel, A. B.(1991). Developing strategic thinking in. senior management. *Long Range Planning*, 24(6): 25-32.

日本總務省(2010).『政策評価の實施rに關するガイドライン』. https://www.soumu.go.jp/main_content/000152600.pdf

찾아보기

ㄱ

ㄴ

ㄷ

ㅁ

ㅂ

ㅅ

ㅇ

ㅈ

ㅊ

ㅌ

ㅍ

ㅎ

저자 소개

■ 박홍윤(朴洪潤)

- 현 한국교통대학교 행정학부 명예교수
- 한국교통대학교 행정학과 교수(1996~2020)
- 한국교통대학교 기획협력처장/기획연구처장, 교무처장 역임
- 서울대학교 행정학 박사
- 연세대학교 행정학 석사

* 연락처: p5rk96@ut.ac.kr

■ 박규동(朴奎東)

- 현 서울시립대학교 행정학과 교수
- 광운대학교 행정학과 교수(2021~2023)
- 미국 콜로라도 대학교 행정학 박사
- 서울대학교 정책학 석사
- 서울대학교 농경제사회학부 졸업

* 연락처: gdpark29@gmail.com

제3판

전략적 기획과 성과관리

펴낸날 제1판 제1쇄 2009년 1월 10일
개정판 제1쇄 2014년 1월 10일
제3판 제1쇄 2024년 3월 4일
지은이 박홍윤 · 박규동
펴낸이 임춘환
펴낸곳 도서출판 대영문화사
주소 (본사) 사무실: 경기도 고양시 일산서구 주화로 70
우신프라자 307호 (우) 10387)
(본사) 물류센터: 경기도 고양시 일산서구 덕산로
107번길 68-50 (우) 10205)
등록 1975년 12월 26일 제3-16호
전화 (031) 913-3062, (031) 914-3884~5
팩스 (031) 913-3839
홈페이지 http://www.dymbook.co.kr

ISBN 978-89-7644-925-2
값 32,000원